KB191261

무조건
쿠팡에서
팔아라
그래야 산다

무조건 쿠팡에서 팔아라 그래야 산다

펴낸날 2024년 10월 25일 1판 1쇄
2025년 03월 20일 1판 2쇄

지은이 하지혜, 오대장
펴낸이 정병철
펴낸곳 우리네삶

등 록 2004년 12월 17일(제313-2004-000289호)
주 소 서울시 마포구 토정로 222 한국출판콘텐츠센터 420호
전 화 02)324-4578
팩 스 02)324-4560
이메일 woorinesam@naver.com

ISBN 979-11-85455-35-8 13320

* 우리네삶은 도서출판 휴먼하우스의 브랜드입니다.

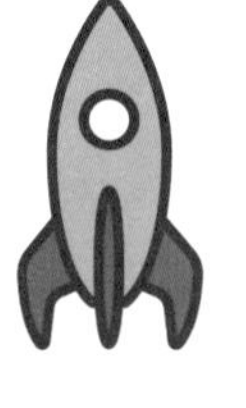

무조건 쿠팡에서 팔아라 그래야 산다

성공 셀러를 위한 **쿠팡** 판매의 정석!

하지혜 · 오대장 지음

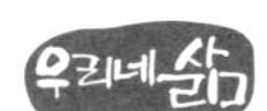
우리네삶

하지혜

MBC 〈그린실버 고향이 좋다〉 방송을 통해 전국의 아버님 어머님으로부터 많은 사랑을 받던 방송인이 이제는 농특수산물 홍보 및 판매를 하는 라이브커머스 제작사 대표가 되었다.
코로나19 팬데믹으로 갑작스레 모든 일자리를 잃게 되었을 때, 방송 촬영을 하며 만난 전국 방방곡곡의 아버님 어머님으로부터 '제발 내 농수산물 좀 팔아달라'는 간곡한 전화를 수없이 받았다.
제철 농산물은 그 시기에 판매하지 못하면 다 썩어서 버려야 했기에 그분들의 어려움을 외면할 수 없어 고심 끝에 무궁무진한 확장이 가능한 온라인 판로를 열어드렸다. 시작은 작은 핸드폰 하나였지만 라이브커머스 방송을 통해 오프라인 매장에서도 내기 힘든 억대 매출이 일어났고, 순식간에 나는 '억대 완판녀'가 되었다.

단순히 수익만 생각하고 시작했다면 그런 폭발적인 성장은 없었을 것이다. 나는 판로가 막힌 생산자분들의 희망이었고 피땀이었으며, 앞으로 나아갈 새로운 항로를 개척하는 선장이었다. 나는 낯설고 불안한 상황 속에서 정신과 마음을 가다듬고, 그분들의 생계를 지켜드리고자 진심을 다해 일했다. 결국 그 노력은 나비효과처럼 그분들의 운명을 바꾸었고 나의 운명을 바꾸었다.

라이브커머스는 유통 구조가 간단해 생산자뿐만 아니라 소비자에게도 품질과 가격 면에서 더할 나위 없이 좋은 상거래다. 이렇게 좋은 상품을 방송 때만 판매하고 마무리하는 게 너무 아쉬워 꾸준히 판매할 수 있는 방법을 고민하다 보석처럼 발견한 곳이 바로 쿠팡이다.
쿠팡은 내가 현지를 찾아가거나 직접 판매를 하지 않아도 24시간 꾸준히 매출이 발생하는 매력적인 플랫폼이었다. 무엇보다 방송인으로 15년가량 전국 팔도를 돌아다니며 일하다 보니 이동과 방송 준비에 소요되는 시간이 많았는데, 그러한 시간까지 다 유효한 판매 시간으로 확보할 수 있다는 사실이 큰 강점으로 다가왔다. 또 유통의 혁명이라 할 쿠팡의 로켓배송 시스템이 가져올 파급 효과가 어마어마할 것이라는 생각에 쿠팡에 올인했고, 내 예상은 적중했다.
라이브커머스 방송 후 쿠팡에 제품을 올려두기만 하면 내가 잠을 자는 동안에도 여행을 하는 동안에도 쿠팡에서는 꾸준히 매출이 생겼다. 매출 규모는 쿠팡의 성장과 함께 시나브로 커졌고, 상품이 많이 팔릴수록 수익성도 좋아졌다. 그러면서 나에게 라이브커머스를 의뢰했던 생산자와 업체들의 매출 안정화에 쿠팡은 엄청난 힘이 되었다.

이제 쿠팡은 나에게 과실을 일구고 거두는 온라인 논밭이자 수산물을 거둬 올리는 바다와 같다. 잘 짓고 관리한 건물에서 꾸준히 월세가 들어오듯이, 잘 준비하고 꾸준히 판매하는 셀러에게 쿠팡은 많은 소득을 가져다준다. 방송인으로서 다양한 방송과 행사를 소화하면서도 내가 쿠팡을 계속하는 이유다.

요즘 주변에서 힘들다는 소리를 부쩍 많이 듣는다. 사업하는 분들, 소박한 월급을 받으며 직장생활을 하는 분들, 경력이 단절된 채로 아이를 양육하고 있는 분들 등 각자의 사정과 환경에서 성실하게 생활하는 분들이다. 이분들은 큰 욕심 없이 조금의 여유를 바라는 마음으로 내가 운영하고 있는 '커머스의신 아카데미'를 찾아온다. 작은 카페 하나 차려볼까 하다 막상 최소 몇천만 원의 자본금이 든다는 이야기를 듣고 좌절해서 찾아오는 분들이다.
그러면 나는 내가 지난 몇년 간 걸어오며 충분히 겪어본 쿠팡을 가감 없이 이야기해준다. 쿠팡을 추천하는 이유는 초기 자본금이 많이 들지도 않고, 자본금 회수까지 몇 년이 걸리지도 않으며, 시간과 아이템 기획력만 있으면 얼마든지 본업 외에 추가 소득을 올릴 수 있기 때문이다.
쿠팡은 자본의 규모나 직업, 경력, 지역 상관없이 누구에게나 열린 기회의 땅이다. 씨앗을 뿌리고 열매를 맺게 하는 것을 자신의 노력만으로 충분히 해낼 수 있는 곳이 쿠팡이다.

불과 몇 년 전 우리의 장보기 모습은 주말에 길게 늘어선 대형마트 주차장 줄이 말해주었다. 하지만 지금은 어떤가. 소파에 누워 핸드폰 하나로 주문 결제를 하면 내일 아침 문 앞에 바로 물건이 도착해 있는 시대다. 피곤하게 주말에 마트 줄을 기다릴 이유가 없어졌다. 장보기만 변했을까?

돈 버는 패러다임도 극적으로 변화했다. 이제는 으리으리한 사무실이나 수백 명의 직원이 있어야만 부자가 되는 시대가 아니다. 방구석에서 온라인 하나만으로 전 세계의 소비자를 연결하고 판매를 할 수 있는 시대다. 돈 벌 수 있는 다양한 방법과 온갖 정보가 온라인에 떠다닌다. 그렇다면 이미 오픈된 정보들은 다 레드오션일까?
내가 수많은 사람들을 만나 쿠팡을 추천하고 컨설팅해 주었지만 그중 일부만이 실행했고, 실행한 분들만이 돈을 벌었다. 기회와 정보는 과거보다 훨씬 많아졌지만 이리저리 재느라 실행하지 못하고 현실에 안주하는 사람이 대부분이다.
내가 쿠팡 책을 쓰려고 결정한 이유도 비슷하다. 어차피 방법을 다 알려줘도 대부분 실행하지 않는다. 하지만 삶의 돌파구를 간절히 찾는 분들에게는 이 책이 시행착오를 줄여주고 올바른 기준을 제시해 주는 나침반이 되어줄 것이라고 믿기 때문이다. 온라인이 세상에서 사라지지 않는 한평생 먹고 살 수 있는 판매의 기술이다. 서울로 올라와 강의를 들으며 그 기술을 터득하는 분들도 계시지만, 그마저도 여유가 없는 분들에게는 이 책이 구원이 되어줄 것이다.

인생의 절반을 방송했고 지금도 방송을 하고 있지만, 직접적으로 누군가의 인생을 돕는 일은 내게 이전과는 다른 의미를 부여해 주었다. 그 가치를 알기에 앞으로도 이 길을 놓지 않고 많은 분들의 길라잡이가 되어주고 싶다. 평생 일군 가게를 폐업하고 눈물을 흘리며 내 손을 꼭 잡으시던 분들에게 건강한 웃음을 되찾아 드리고 싶다. 노력한 만큼, 시간과 에너지를 투여한 만큼 보람된 결실을 얻을 수 있는 기회를 알려드리고 싶다. 함께 하는 모든 분에게 그 마음이 가 닿기를 바란다.

커머스의신 하지혜

오대장

나는 오랫동안 다양한 온라인 플랫폼에서 제품을 판매해 왔다. 그 과정에서 쌓은 노하우와 인사이트를 공유함으로써 여러분의 성공적인 쇼핑 플랫폼 운영에 조금이나마 도움이 되고자 한다. 이 책을 통해 쿠팡 판매의 경험과 지식을 여러분과 공유하고, 함께 성공 셀러의 길로 가고자 함이다. 그렇기에 지금 이 순간 여러분이 이 책을 읽고 있다는 것은 나에게 큰 의미가 있다. 나는 오대장이다.

처음부터 내가 셀러의 길을 걸었던 것은 아니다. 20대 중반부터 자영업을 시작했고 인테리어 현장에서 10년 이상을 일했다. 열심히 노력하면서 어느 정도 자리를 잡고 결혼하고 아이들도 키우면서 나름대로의 성장을 이루어냈다.
오프라인에서 인테리어를 하면서도 온라인에 대한 갈망이 깊었다. 온라인으로 견적을 받고 싶었고, 업체를 홍보할 온라인 채널을 많이 운영하고 싶었다. 그래서 자사몰과 블로그를 운영했고, 2010년쯤 네이버 검색에서 업체 소개가 상단에 나오면서 수주 물량이 많아지는 것을 경험했다.
그러면서 온라인에 대한 열망은 점점 더 커져갔다. 그럴 즈음 인테리어 업계의 경쟁이 점점 치열해지고 있음을 현장에서 몸소 느낄 수 있었다. 그러던 어느 날, 몸이 아파 며칠 쉬던 중 문득 이런 생각이 들었다.

'내가 일하지 않으면 수익이 생기지 않는구나, 결국은 내가 내 몸 갈아서 먹고살아야 하는구나, 이걸 언제까지 할 수 있을까? 가장인 내가 아프면 당장 먹고사는 문제에 직면하겠구나.'

그래서 온라인으로 할 수 있는 것들을 찾기 시작했다. 네이버와 위메프, 티몬 등 여러 플랫폼에서 판매를 경험하던 중 사람들이 지금까지 경험하지 못한 쿠팡의 로켓배송 시스템을 알게 되었다. 이 획기적인 배송 시스템이 좋은 고객 경험을 제공해 판매자에게도 큰 기회가 될 것이라는 확신이 들었다. 그래서 판매 채널의 확장으로 쿠팡을 선택했다.

전자상거래의 세계는 끊임없이 변화하고 새로운 트렌드와 기술이 등장하면서 판매자에게는 기회와 도전이 동시에 주어진다.
처음 쿠팡을 시작했을 때는 많은 어려움과 시행착오를 겪었다. 그 과정에서 얻은 가장 중요한 교훈은 '단순한 기술적 팁을 넘어 고객의 마음을 어떻게 이해하고, 어떻게 나만의 차별화된 가치를 제공할 수 있는가'에 대한 인사이트였다.
이 책은 쿠팡에서 성공적인 판매를 위한 다양한 전략과 팁을 담고 있다. 어떤 상품을 팔 것인지, 어떻게 소싱할 수 있는지, 제품 등록부터 마케팅 전략, 광고 전략, 고객 응대에 이르기까지 실제 경험했던 내용들과 실행 가능한 조언을 제공한다. 더불어 여러분의 비즈니스를 한 단계 더 성장시킬 수 있도록 성공적인 셀러들이 사용하는 전략을 바탕으로 실용적인 정보를 소개한다.

여러분이 이 책을 통해 더 큰 성공을 이루어 나가길 바란다. 온라인 쇼핑몰 운영은 단순히 상품을 판매하는 것을 넘어 고객과 신뢰를 쌓고 브랜드 가치를 강화하는 과정이다. 때로는 어렵고 지칠 때도 있겠지만 그 여정 속에서 배움을 얻고 성장하는 것은 분명 보람될 것이다.
이 책이 여러분의 사업에 실질적인 도움이 되기를 진심으로 기원한다. 작은 변화가 큰 성공으로 이어질 수 있다는 믿음을 가지고 이 길을 걸어가길 바란다. 여러분의 멋진 성공을 응원한다.

커머스의신 오대장

차례
contents

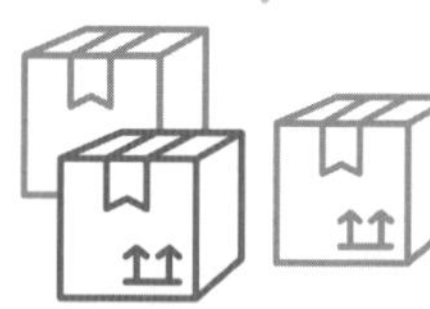

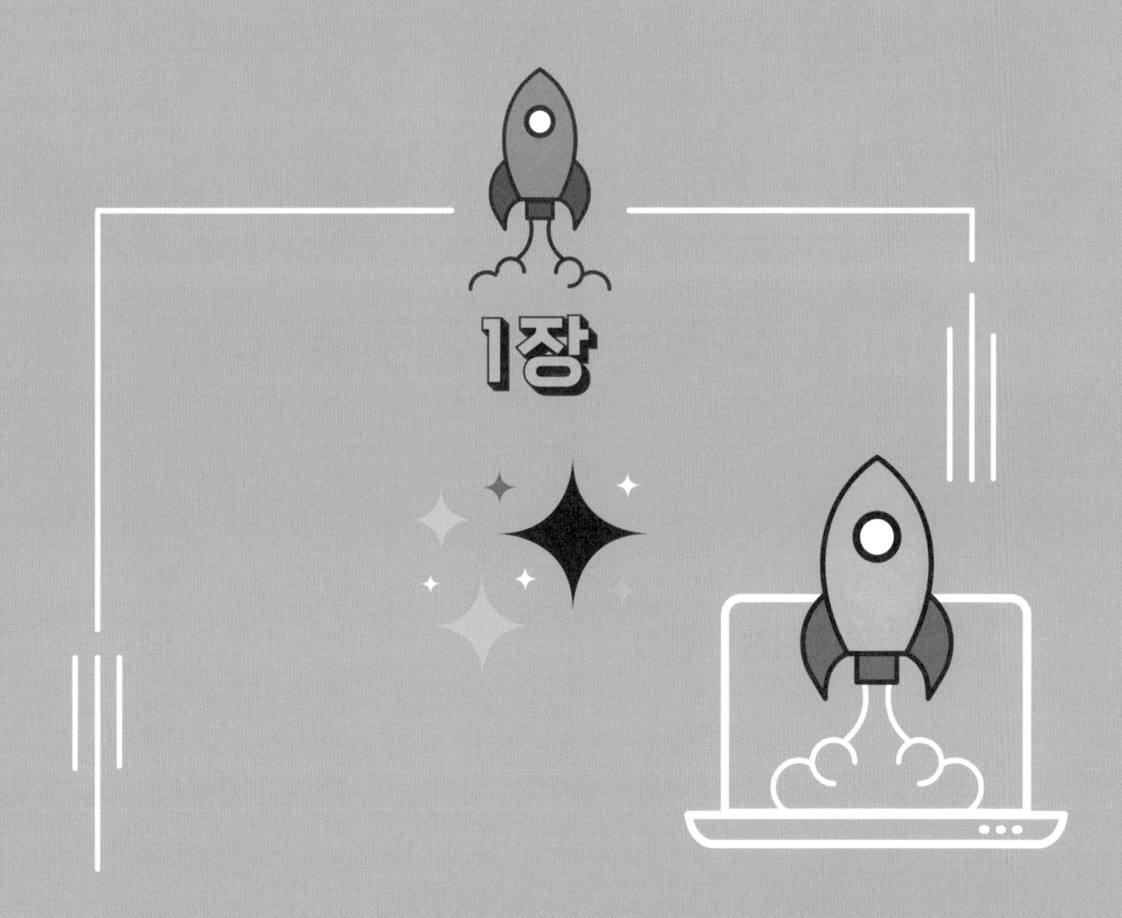

1장

최고의 오픈마켓 쿠팡에서 팔아라

01 쿠팡은 어떤 플랫폼인가?

1 쿠팡의 탄생과 성장

쿠팡은 2010년, 소셜커머스(공동구매 특가를 중개하는 온라인 플랫폼)로 시작했다. 초저가와 빠른 배송을 경쟁 무기로 등장한 쿠팡, 티몬, 위메프 등 소셜커머스 마켓은 당시 선풍적인 인기를 얻으며 온라인 시장을 선도했다. 하지만 저가 경쟁에 따른 출혈로 인해 소셜커머스의 성공은 그리 오래 가지 못했다.

창사 이래 한 번도 흑자를 내지 못한 쿠팡은 이 시기에 '계획된 적자'를 감수하면서 플랫폼과 물류센터 구축으로 돌파구를 모색했다.

2014년에 시작한 쿠팡의 '로켓배송' 서비스는 대한민국의 쇼핑 문화를 바꾸어 놓았다. 고객들이 처음 접해보는, 밤 12시 전에 주문하면 다음 날 바로 상품이 도착하는 획기적인 서비스였다. 이 빠른 배송 서비스는 이제 '새벽배송'까지 이어지고 있다.

2015년에는 쿠팡에 또 하나의 큰 변화가 있었다. 그것은 쿠팡이 사업 형태를 소셜커머스 마켓에서 오픈마켓으로 전환한 것이다. 소셜커머스 마켓에서는 대기업이나 규모가 있는 빅셀러, 쿠팡 회사가 주요 판매자였는데 오픈마켓으로 변환된 후에는 규모나 자본에 구애받지 않고 개인 판매자나 소상공인들이 많이 진입하게 되었다. 이렇게 진입 장벽이 낮아지면서 쿠팡에는 다양한 판매자가 몰리게 되었고 상품 수도 많아지게 되면서 쿠팡의 성장 동력이 되었다.

2019년에는 신선식품을 집 앞까지 배달하는 '로켓프레시' 서비스를 출시했고, 충성고객을 위한 무료배송, 무료반품 멤버십 제도인 '로켓와우'를 실시했다.

쿠팡은 전날 밤 12시 전에 주문하면 오늘 아침 7시 전까지 배송되는 '새벽배송', 오전 10시 전에 주문하면 당일에 도착하는 '당일배송' 등 타 플랫폼에서 하지 못하던 서비스를 계속해서 내놓으면서 고객들을 끌어모았다.

10여 년 넘게 이렇게 꾸준히 플랫폼 개선과 물류센터에 투자한 노력이 결실을 맺으면서 쿠팡은 점점 성장했고 2021년에는 뉴욕증시에 상장되었다. 2023년 3분기부터는 영업이익도 흑자로 전환되면서 명실상부 우리나라 최고의 오픈마켓이 되었다.

쿠팡은 2024년 3분기 집계 2250만 명의 활성 고객이 있으며, 1400만 명이 넘는 와우 멤버십 회원을 보유하고 있다.

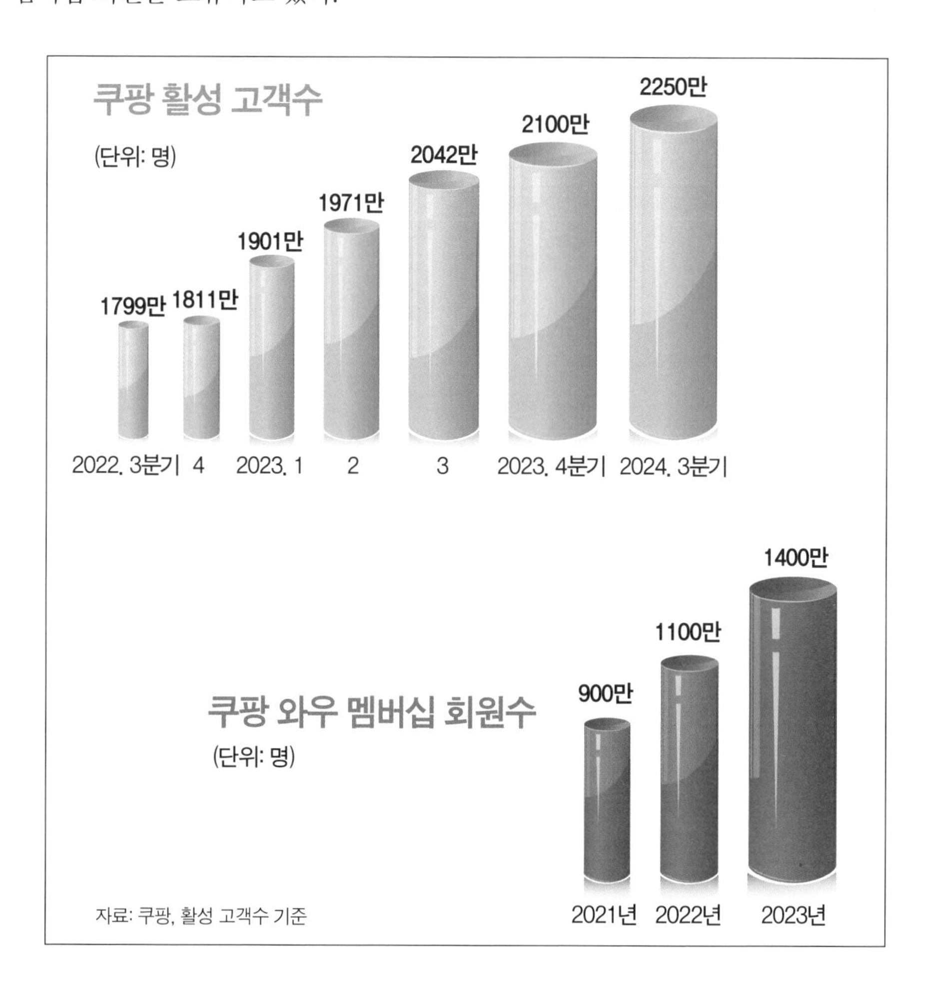

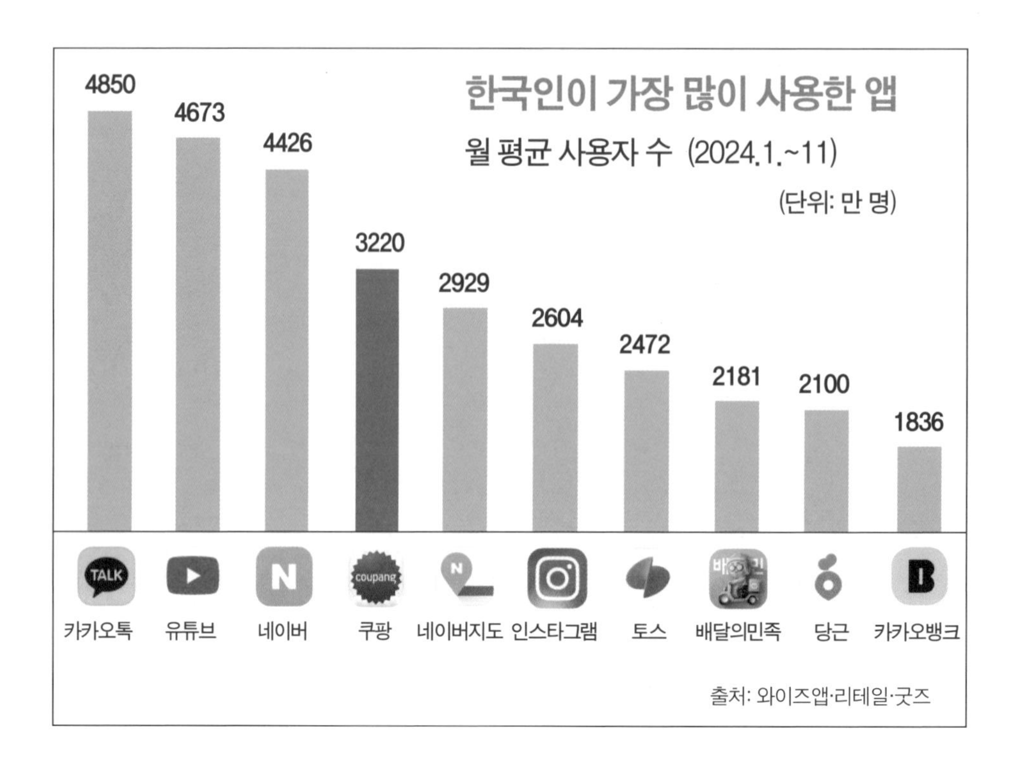

쿠팡은 우리나라 사람이 가장 많이 사용하는 쇼핑앱이다. 위 그림은 국내에서 쿠팡의 입지를 보여주는 자료로 카카오톡, 유튜브, 네이버의 뒤를 이어 온라인 마켓 앱으로는 단연 1위를 하고 있다.

2 이젠 쿠팡뿐이다

근래에 '가격이 최고'라는 슬로건과 함께 테무, 알리익스프레스 등 중국의 쇼핑 플랫폼이 한국으로 진출하고 있다. "이제 쿠팡도 끝이구나. 가격 경쟁을 무슨 수로 이길 것인가?"라는 의견도 있지만 실제 지표는 이러한 우려를 불식시키고 있다. 실제로 이들 플랫폼의 가입자 수는 많이 증가했지만 그와 더불어 이탈률 또한 크게 증가하고 있는 추세다. 저렴한 가격 때문에 가입해 본 고객들이 품질 때문에 이탈하는 것이다.

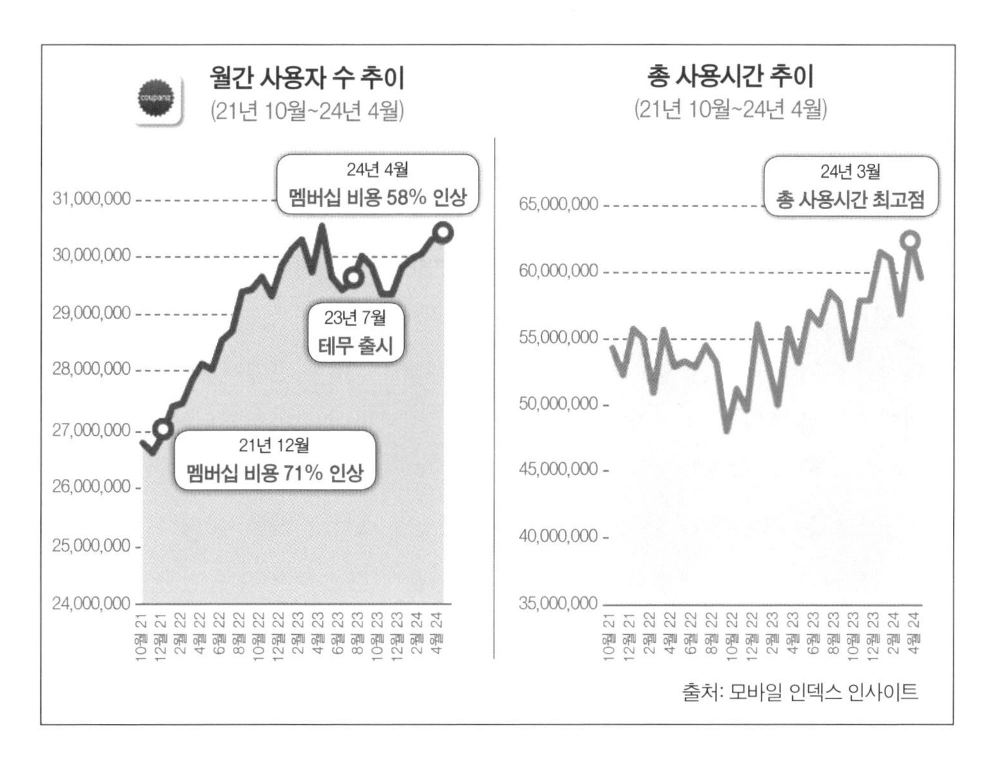

출처: 모바일 인덱스 인사이트

중국 이커머스 쇼핑몰 유입 직후 쿠팡 사용자 수는 잠시 주춤하다가 중국 쇼핑몰의 품질 논란과 함께 쿠팡 월간 사용자 수는 다시 늘어나고 있는 추세다.

이러한 지표를 볼 때 이제 이커머스 시장에서 초저가 전략만으로는 살아남을 수 없다는 것을 알 수 있다. 합리적인 가격과 좋은 품질, 빠른 배송이 온라인 판매의 핵심 요소다. 이러한 것을 모두 미리 준비하고 구축한 플랫폼이 쿠팡이다.

저자 생각에는 중국 이커머스 업체들이 자본력을 이용해 초저가 공세를 펼치면서 한국 시장에 진출하고 있지만 쿠팡의 입지에 큰 타격을 주지는 못할 것이라고 본다. 물론 향후 이들 업체가 국내에 물류센터를 건립하고 가격과 배송 등 판매에 관한 품질을 향상시킨다면 그때는 또 어떻게 될지 모를 일이다.

지금 고객은 쿠팡으로 몰리고 있다. 네이버 월간 검색량을 보면 '쿠팡'은 1000만 건이 넘는다. 돈을 벌고 싶다면 사람이 많이 있는 곳으로 이동해야 하는 것은 당연한 이치다.

전체추가	연관키워드 ⓘ	월간검색수 ⓘ	
		PC	모바일
추가	쿠팡 일부노출	5,725,400	5,294,100

3 쿠팡 VS 스마트스토어

스마트스토어는 네이버에서 만든 이커머스 플랫폼인 네이버쇼핑이 제공하는 쇼핑몰 솔루션이다.(네이버쇼핑은 2024년 10월 30일부터 '네이버플러스 스토어'와 '네이버 가격비교'로 새롭게 개편되어 서비스하고 있다.) 스마트스토어는 우리나라 사람 누구나 알고 있고 쉽게 접하는 네이버를 기반으로 단숨에 이커머스 시장의 최강자가 되었다. 몇 년 전까지만 하더라도 단연 독보적인 존재감을 과시하며, 많은 판매자들이 스마트스토어에서 판매를 했다. 그러다가 2021년부터 서서히 쿠팡이 스마트스토어를 따라잡는 모습이더니 이제는 쿠팡이 앞서고 있는 추세다.

이러한 데는 이유가 있다. 초기의 쿠팡은 '배송만 빠르고 믿을 수 없다'라는 이미지가 강했는데 이제는 '배송도 빠른데 품질도 괜찮다'라는 이미지로 변하고 있다.

건강기능식품과 같이 많은 인증이 필요한 상품과 건강과 직결되는 민감한 상품군들 판매 또한 스마트스토어를 상당히 큰 차이로 앞서고 있다.

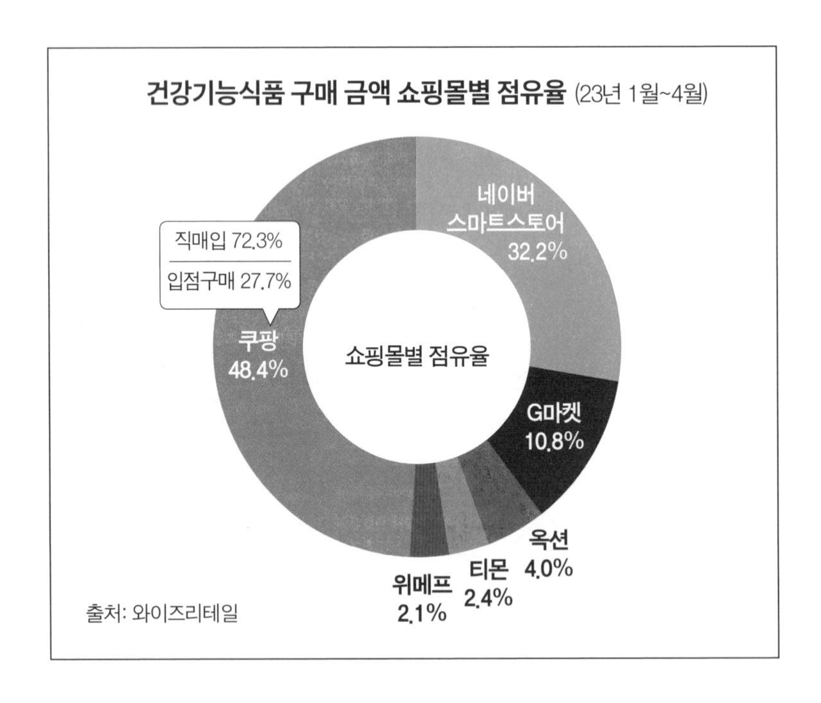

1) 수수료 체계

오픈마켓은 온라인상에서 판매자와 구매자가 전자상거래를 할 수 있는 열린 장터를 말한다. 오픈마켓은 판매자에게 온라인 마켓플레이스라는 가상의 거래 공간을 제공해 주고 판매자로부터 수수료를 받는다. 이것이 우리가 알고 있는 오픈마켓에 대한 개념이다. 대표적인 플랫폼으로 쿠팡, 11번가, 옥션, G마켓 등이 있다.

그런데 우리가 잘 알고 있는 네이버쇼핑(네이버플러스 스토어, 네이버 가격비교)은 엄밀히 말하면 오픈마켓이 아니다. 그것은 가상의 거래 공간을 제공하는 것은 맞지만, 수수료 체계가 오픈마켓과 다르기 때문이다. 오픈마켓은 가상 장터를 제공해 주고 자릿세 명목으로 카테고리별로 수수료를 받는다. 그런데 네이버쇼핑은 카테고리가 아닌 결제 시스템에 따른 수수료를 받는다. 네이버쇼핑에서는 결제뿐 아니라 상품 주문/발송관리, 배송추적, 고객관리/마케팅 등 판매자센터를 통해 제공되는 모든 서비스에 대한 명목으로 '네이버페이 주문관리 수수료'라는 것을 받는다. 엄밀히 말해 장터 제공에 대한 자릿세를 받는 것이 아니다. 이러한 이유로 네이버쇼핑은 오픈마켓이라 부르지 않으며, 각종 통계 조사에서도 오픈마켓에 포함하지 않고 있다.

사실 판매자인 우리는 이러한 것은 크게 신경쓰지 않아도 된다. 어떻게 하면 플랫폼에 맞는 상품등록으로 판매를 일으키느냐가 중요한 일이다.

2) 판매 방식

쿠팡에서의 판매 방식은 '마켓플레이스', '로켓그로스', '로켓배송' 3가지가 있다.

마켓플레이스(판매자배송) 방식은 일반적인 오픈마켓에서의 판매 방식으로, 판매자가 상품을 등록해 주문처리, 배송, 고객응대 등 판매에 관한 전반적인 업무를 직접 처리하는 방식이다. 스마트스토어 판매자도 주로 이런 방식으로 판매를 한다.

로켓그로스는 판매자가 판매 상품을 쿠팡 물류센터에 입고하면 쿠팡에서 보관, 포장, 배송, CS 등의 업무를 처리해 주는 방식이다. 쿠팡의 물류창고와 배송시스템을 이용해 빠른 배송을 할 수 있는 방식으로 '판매자로켓' 또는 '로켓배송' 배지가 붙는다.

네이버쇼핑에서는 신뢰할 만한 물류사와 연계해 네이버 풀필먼트 얼라이언스(NFA, Naver Fulfillment Alliance)를 운영하고 있다. 풀필먼트 상품은 '도착보장'이라는 배지가 붙어 빠른 배송으로 진행할 수 있다.

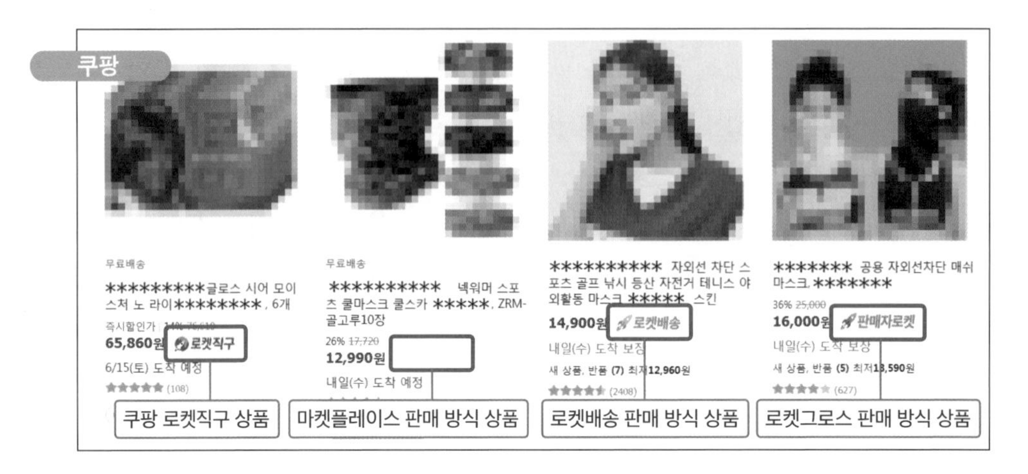

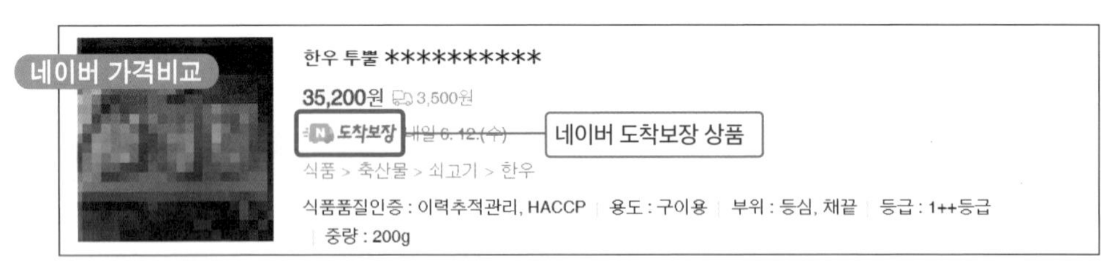

풀필먼트는 주문 이후의 물류 과정을 대행해 주는 서비스로, 상품 입고, 보관, 포장, 운송, 반품처리 등의 작업을 통합 관리해 주는 서비스를 말한다.

로켓그로스와 네이버 NFA는 둘 다 풀필먼트 서비스를 제공하지만, 쿠팡은 쿠팡 자체에서 운영하고 네이버쇼핑은 물류사와 판매자를 연결해 주는 서비스라는 것이 다르다. 따라서 배송 기일 면에서 보면 로켓배송은 주말, 공휴일 상관없이 주문 다음 날 배송받을 수 있지만, 네이버도착보장은 연계된 물류사의 사정과 휴무일에 따라 배송 기일이 달라진다.(네이버도착보장의 일부 상품은 주말, 공휴일에도 배송된다. 네이버도착보장 물류사 중의 하나인 CJ대한통운은 2025년 1월부터 주 7일 배송을 시작했다.)

로켓배송은 쿠팡에서 공급사(협력사)의 상품을 직매입해 판매하는 방식이다. 즉 쿠팡이 공급사의 상품을 구매한 후 쿠팡이 판매자가 되어 쿠팡 플랫폼에서 파는 것이다.

공급사가 '쿠팡 서플라이어'에 상품 공급가와 쿠팡 판매가, 상세페이지 등을 작성해 상품등록을 하고 제안을 하면 쿠팡 담당 BM(Brand Manager)이 허가를 해주는 방식으로 진행된다. 승인 후 공급사는 쿠팡 물류에 상품을 입고시키고 정산을 받는다. 이후의 판매 과정은 쿠팡에서 한다. 스마트스토어에는 없는 직매입 판매 방식이다.

그런데 로켓배송 상품이 있다는 것은 일반 판매자한테는 뛰어넘을 수 없는 강력한 경쟁자가 있다는 뜻이다. 내가 판매하고자 하는 아이템에 로켓배송 상품이 있으면 판매 전략을 잘 세워야 한다. 웬만해서는 로켓배송을 뛰어넘어 판매를 일으키기가 어렵다. 가격이나 배송에 있어서 로켓 상품보다 좋은 고객 경험을 제공하기 어려운 측면이 있기 때문이다. 사실 검색결과 1페이지에 로켓배송 상품이 많이 자리하고 있으면 마켓플레이스 판매로는 승산이 없다고 볼 수 있다. 물론 내가 로켓보다 저렴한 가격에 빠른 배송을 할 수 있다면 더없이 좋은 아이템이다. 로켓배송이 있다는 것은 그만큼 판매가 잘되는 상품이라는 방증이기 때문이다.

3) 상품페이지 운영 방식

쿠팡과 스마트스토어의 또 다른 점은 상품페이지 운영 방식이다.

쿠팡은 아이템 단위로 상품페이지가 운영되는 반면 스마트스토어는 판매자별로 상품페이지가 운영된다. 쿠팡은 같은 상품을 파는 판매자가 여러 명일 경우 '아이템 위너'라는 대표 상품을 선정해 그 상품 페이지를 노출해준다.

예를 들어 A, B 판매자가 같은 상품인 'C볼펜'를 판매한다고 하자. 이 경우 스마트스토어에서는 A의 C볼펜과 B의 C볼펜 상품은 서로 다른 각각의 상품페이지로 운영된다. 판매자마다 설정한 상품 정보로 페이지가 구성되고, 상품평도 다르게 구성된다. 이것이 일반적인 오픈마켓에서의 상품페이지 운영 방식이다.

그런데 쿠팡의 경우는 다르다. 쿠팡은 같은 상품을 여러 판매자가 한 페이지에서 판매하는 '아이템페이지'로 운영된다. 이 경우 같은 상품이기 때문에 A와 B의 상품은 하나의 아이템페이지에서 판매된다. 같은 아이템페이지에서는 대표이미지, 추가이미지, 상품평 등을 공동으로 사용하게 된다.

아이템페이지는 다수의 판매자가 같은 상품을 판매하는 공동 페이지로, 판매자가 상품등록 시 입력한 정보는 표준화 작업을 거쳐 아이템페이지에 제공된다. 이때 같은 상품으로 판명되면 아이템페이지에 묶이게 되고, 유일한 상품이라면 단독페이지가 생성된다. 아이템페이지에서 가장 좋은 고객 경험을 제공해 대표로 노출되는 상품을 아이템위너라고 한다. 쿠팡은 아이템위너가 되어야만 판매가 일어나는 구조다. 이는 국내의 다른 오픈마켓에서는 볼 수 없는 쿠팡만의 특징이다.

4) 상품 판매 전략

쿠팡과 네이버쇼핑은 온라인 판매자라면 입점해야 할 우리나라 대표 이커머스 플랫폼이다. 쿠팡 판매를 위해서는 '사업자등록증'과 '통신판매업신고증'이 있어야 한다. 스마트스토어는 '개인 판매자'로 판매할 때는 사업자등록증이 없어도 된다.

많은 판매자가 쿠팡과 스마트스토어에서 동시에 판매를 하고 있다. 한 곳에서 파는 것보다 두 곳에서 파는 것이 당연히 매출이 많다. 온라인 판매를 위해서는 기본적으로 상품명과 상세페이지가 필요하다. 이러한 것을 만들어놓고 플랫폼에 맞게 변경해서 등록하면 쉽게 여러 플랫폼에 상품을 등록해 판매할 수 있다.

두 플랫폼에서 판매를 할 때는 다음 부분을 유의하면서 판매 전략을 짜면 된다.

[카테고리] 쿠팡과 스마트스토어의 상위 노출 전략의 가장 큰 차이는 카테고리에 있다. 쿠팡에서는 하나의 키워드에 여러 카테고리가 매칭될 수 있다. 예를 들어 '자외선차단 마스크'를 등록한다면 스마트스토어는 반드시 이 키워드의 현재 매칭 카테고리인 '스포츠/레저 > 스포츠액세서리 > 스포츠마스크'에 등록해야 한다. 이렇게 상품명에 사용한 키워드와 카테고리가 맞아야 상위 노출이 된다.

반면 쿠팡은 스마트스토어만큼 카테고리 매칭이 엄격하지 않다. 하나의 키워드에 여러 카테고리가 매칭될 수 있다. 하지만 쿠팡에서도 상위 노출되고 있는 상품 중에서 주로 많이 등록된 카테고리를 확인하고 그 카테고리에 등록하는 것이 좋다.

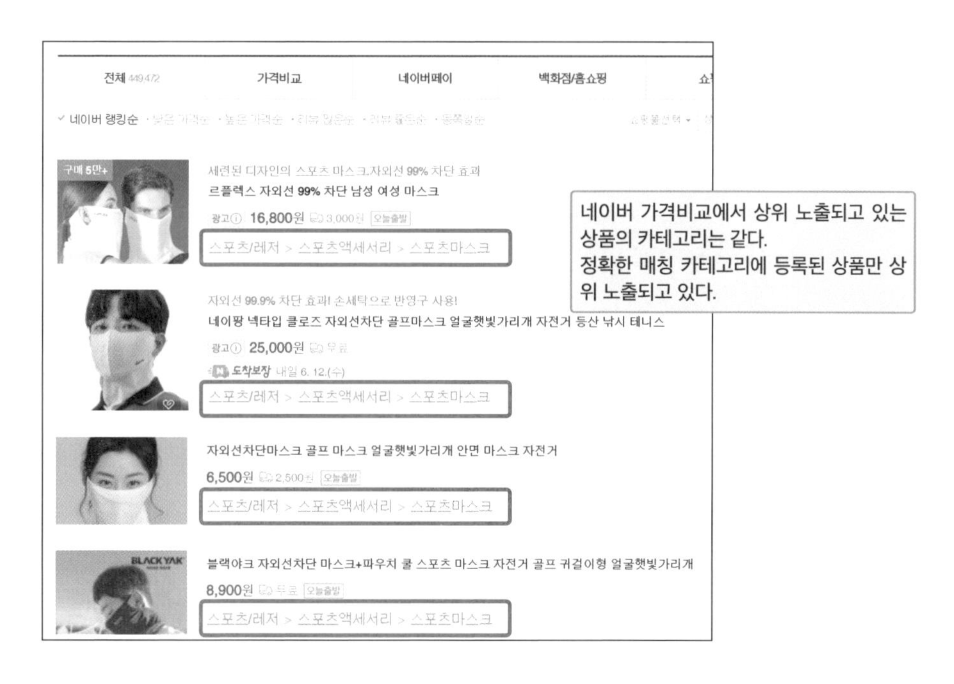
네이버 가격비교에서 상위 노출되고 있는 상품의 카테고리는 같다.
정확한 매칭 카테고리에 등록된 상품만 상위 노출되고 있다.
전체
가격비교
네이버페이
백화점/홈쇼핑
네이버 랭킹순
르플렉스 자외선 99% 차단 남성 여성 마스크
16,800원
스포츠/레저 > 스포츠액세서리 > 스포츠마스크
네이팡 넥타입 클로즈 자외선차단 골프마스크 얼굴햇빛가리개 자전거 등산 낚시 테니스
25,000원
스포츠/레저 > 스포츠액세서리 > 스포츠마스크
자외선차단마스크 골프 마스크 얼굴햇빛가리개 안면 마스크 자전거
6,500원
스포츠/레저 > 스포츠액세서리 > 스포츠마스크
블랙야크 자외선차단 마스크+파우치 쿨 스포츠 마스크 자전거 골프 귀걸이형 얼굴햇빛가리개
8,900원
스포츠/레저 > 스포츠액세서리 > 스포츠마스크

쿠팡에서 상위 노출되고 있는 상품의 카테고리는 다르기도 하다.
카테고리가 상위 노출에 크게 영향을 미치지는 않는다.
coupang
카테고리
쿠팡 홈 > 스포츠/레저 > 골프 > 골프장갑/잡화 > 골프마스크
********** 마스크 쿨 스포
그레이, 2개
쿠팡 홈 > 남성패션 > 가방/잡화 > 장갑/시즌잡화 > 패션마스크
********* 마스크 2개입
쿠팡 홈 > 남성패션 > 가방/잡화 > 손수건/머플러 > 넥워머
*********스카프 자외선차단
스버프

[상품명] 상품명은 고객이 검색하는 키워드로 구성된다. 때문에 상위 노출 로직에서 가장 중요하게 차지하는 요소다. 고객이 검색하는 키워드가 상품명에 있어야 검색에 노출된다.

쿠팡 상품명은 키워드를 최대한 많이 사용하면서 띄어쓰기를 하면서 구성하는 것이 좋다. 반면 스마트스토어는 키워드를 붙여 쓰면서 간결하게 작성하는 것이 좋다. 너무 많은 키워드를 사용하면 상품명을 복잡하게 조합해 오히려 상위 노출을 방해하기 때문이다.

[상세페이지] 쿠팡의 상세페이지 내용은 검색에 반영되지 않고 스마트스토어는 검색에 반영된다. 따라서 쿠팡의 상세페이지는 통이미지로 작성해도 무방하다. 하지만 스마트스토어의 상세페이지는 이미지와 함께 검색에 노출되도록 키워드를 입력하면서 '이미지+텍스트+이미지+텍스트'로 구성하면서 작성하는 것이 좋다.

[검색어] 쿠팡의 검색어(태그)는 검색 로직에 반영된다. 따라서 상품등록 시 관련 검색어를 최대한 많이 입력하는 것이 좋다. 그러면 상품명과 검색어가 조합되어 확장되고 더 많은 검색어에 내 상품이 노출된다. 스마트스토어의 태그는 검색 로직에 거의 반영되지 않는다.

[최신성] 쿠팡과 스마트스토어 모두 최신성을 상위 노출의 요소로 반영하지만 쿠팡이 더 강하게 반영하고 있다고 볼 수 있다. 최신성은 새로 등록한 상품에 상위 노출 점수를 더 주어 일시적으로 상위에 노출시켜주는 것을 말한다. 쿠팡에 상품을 등록하고 난 후 아무 작업도 하지 않았는데 내 상품이 상위 노출되는 경우가 있는데 이는 쿠팡의 최신성 로직이 작용하고 있기 때문이다.

이러한 플랫폼의 상위 노출 로직은 언제든 변경될 수 있다. 쿠팡과 스마트스토어는 플랫폼마다 특성이 있다. 판매를 해보면서 이러한 특성들을 파악하고 그에 맞게 판매 전략을 세우면 된다.

02 쿠팡에서 팔아야 하는 이유

1 압도적인 사용량과 이용자 수

쿠팡은 그 어떤 온라인 종합몰보다 유입량과 이용량이 압도적이다. 다른 이유를 차치하더라도 '사람이 많다'라는 이유 하나만으로도 쿠팡을 해야 하는 것은 분명하다.

이용자 수와 가입자 수는 같은 것이 아니다. 가입자 수가 많다는 것이 꼭 실제 이용자 수가 많다는 것을 뜻하는 것은 아니다. 포브스코리아에서 발표한 자료에 따르면, '2024년 한국인이 사랑한 모바일앱' 쇼핑 분야에서 쿠팡은 타 쇼핑몰 앱에 비해 압도적인 차이를 보여준다. 이처럼 오프라인 매장이 없는 쿠팡이 1위를 차지하는 것은 그만큼 실이용자 수가 많기 때문이다.

앱	점수
쿠팡	3.39
테무	3.31
당근	2.79
알리익스프레스	2.54
폴센트	2.33
다이소몰	2.03
이지웰	1.97
우리동네GS	1.96
11번가	1.79
신세계백화점	1.7
현대백화점	1.74
베네피아	1.72
다나와	1.66
이마트	1.64
G마켓	1.57
SSG.COM	1.52
GS SHOP	1.57
롯데백화점	1.54
롯데면세점	1.52
롯데마트GO	1.48

2024 한국인이 사랑한 모바일 앱(출처: 포브스코리아)

쿠팡은 증가하는 구매자 수에 맞춰 판매자 수 또한 증가하기를 원한다. 판매자가 많아야 새로운 물건이 많이 등록되고 그래야 더 많은 구매자가 유입되기 때문이다.

2 롤링 시스템-초보자도 상위 노출 가능

쿠팡에는 '롤링'이라는 시스템이 있다. 이것은 구매자가 클릭한 상품, 관심 있게 본 상품을 노출 상위로 올려주는 시스템이다. 이는 판매자 입장에서 보면 내 상품이 방금 올린 상품이더라도 어떤 구매자한테는 1페이지에 노출될 수 있다는 뜻이다. 다음은 쿠팡 검색창에서 '볼펜'을 검색한 화면이다.

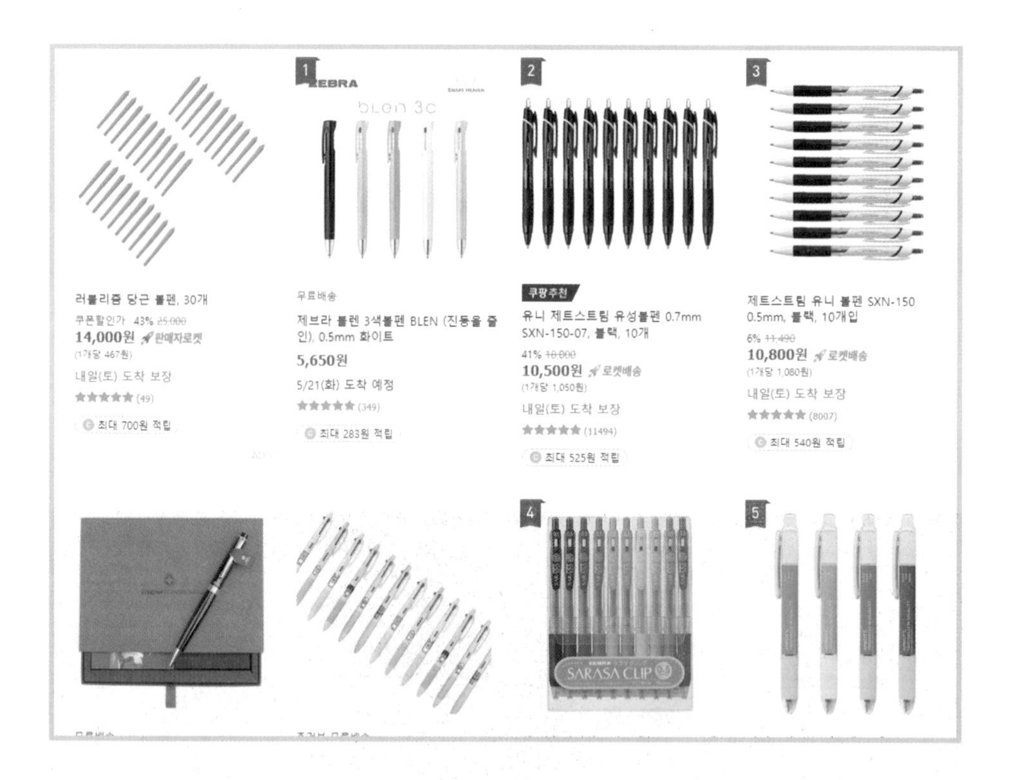

상위에 있는 제품을 기억하자. 그리고 이제 '크롬 시크릿 모드'(Ctrl+Shift+N)를 통해 쿠팡으로 들어간 후 다시 볼펜을 검색해보자.

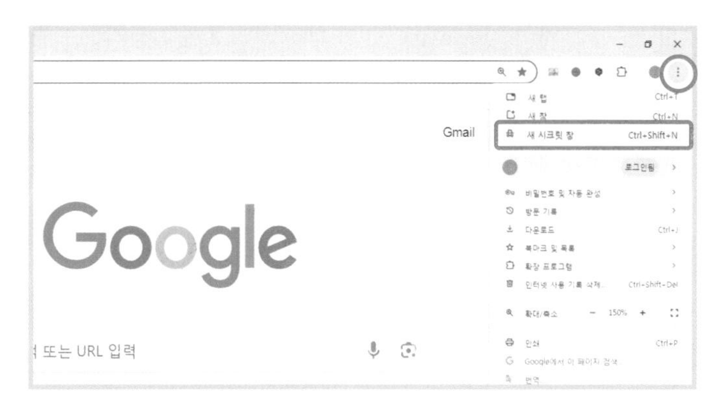

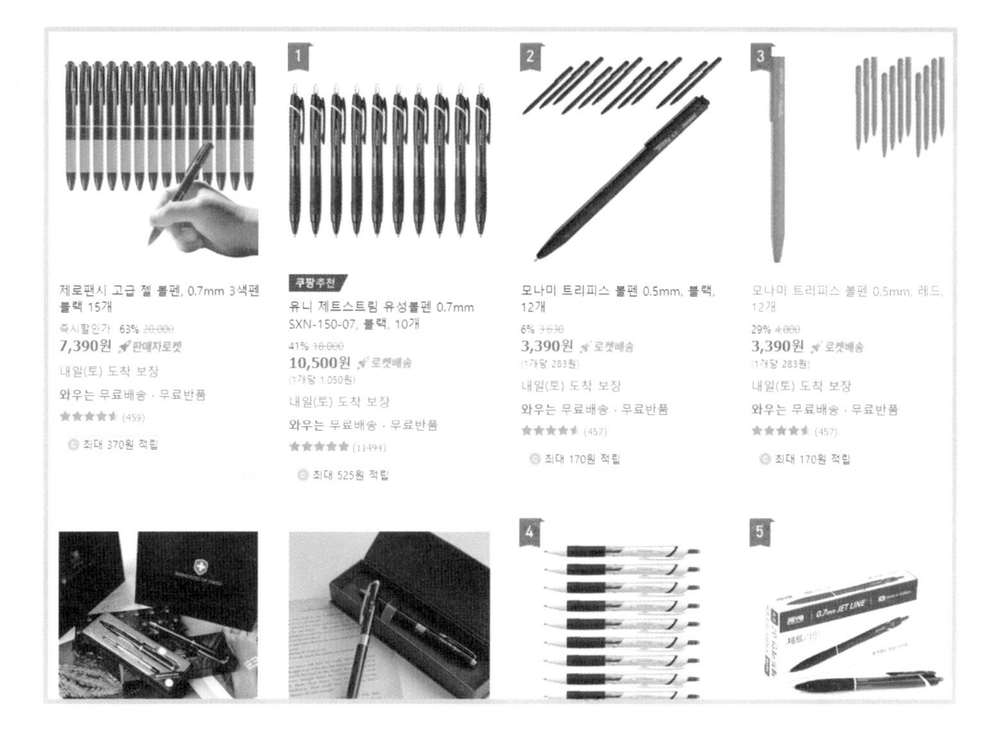

상위에 노출되어 있던 상품이 대부분 바뀐 것을 알 수 있다. 이렇게 결괏값이 다르게 나오는 이유는 쿠팡에서는 사용자가 원하는 상품을 상위에 띄어주는 시스템이 운용되기 때문이다. 순위권에 변동을 주는 '롤링 시스템'을 사용해 사용자가 검색했거나 클릭했던 상품을 상위에 노출해 주고 있다.

앞서 기본 모드의 쿠팡에서 볼펜을 검색했을 때 뜬 상위 상품은 모두 저자가 얼마

전 쿠팡에서 볼펜을 구매할 때 클릭했던 상품이며, 실제 구매했던 상품들과 많이 유사한 상품들이다.

하지만 사용자의 데이터 및 기록이 남지 않는 '크롬 시크릿 모드'에서는 저자가 구매하고 검색하고 클릭했던 기록이 없기에 대부분의 상위 순위가 바뀐 것이다.

이것은 판매자에게 시사하는 바가 크다. 쿠팡은 절대 초기 유입자, 즉 이제 막 온라인 셀러가 된 판매자라도 상위 노출을 통해 큰 성과를 이뤄낼 수 있도록 시스템적으로 도와주고 있다는 뜻이다.

3 로켓와우 충성고객

국내 인구 중 모바일 앱을 통해 쇼핑을 하는 사용자 수가 70% 정도 된다. 이 모바일 쇼핑앱 중 단연 1위는 쿠팡 앱이다.

쿠팡은 2018년부터 무료배송, 무료반품을 해주는 '로켓와우'라는 쿠팡 멤버십 구독 서비스를 운영해 왔는데, 쿠팡의 활성 이용자 대비 와우 멤버십 비중은 해마다 증가해 2023년에는 67%를 넘어섰다. 이것은 고객을 묶어두는 락인 효과(Lock-in effect)로 쿠팡 판매자의 매출 증대 효과로 이어진다.

락인 효과는 사용자가 특정 제품이나 서비스에 의존하게 되면 다른 선택지로 변경하는 것이 어렵게 되는 현상을 말하는 것으로, 쿠팡의 와우 멤버십 제도는 강력한 충성고객을 만든다. 충성고객이 많다는 것은 그만큼 시장이 안정적이고 판매 예측이 가능하다는 뜻이다. 쿠팡 와우 회원은 일반 회원보다 구매 횟수가 높다. 이러한 충성고객이 많이 있는 쿠팡은 판매자에게 최고의 플랫폼이다.

□ 쿠팡 와우 멤버십 혜택

혜택	내용
무료배송	로켓배송, 로켓와우, 로켓+2 배지가 적용된 상품은 무료배송 - 비회원은 19,800원 이상 구매 시 무료배송 - 로켓프레시와 로켓직구 상품은 19,800원 이상 구매 시 무료배송
무료반품	단순변심도 무료반품(일부 품목 제외. 로켓프레시, 로켓직구 상품은 제외)
새벽배송	해당 표시 상품 대상으로 오후 9시 이전 주문 시 다음 날 새벽 7시 이전에 새벽배송
당일배송	해당 표시 상품 대상으로 오전 10시 이전 주문 시 당일 배송
로켓직구 무료배송	로켓직구 상품 무료배송(비회원은 29,800원 이상 구매 시 무료)
로켓프레시	15,000원 이상 구매 시 로켓프레시 상품 신선식품 배송 - 오전 10시까지 주문 시 당일 오후 도착 - 밤 12시까지 주문 시 다음 날 새벽 7시 이전 도착
와우 회원가 할인	일부 품목 추가 할인 제공
쿠팡플레이 무료 시청	OTT 서비스인 쿠팡플레이 무료 시청
쿠팡이츠 무료 배달	쿠팡이츠 무료 배달(한집배달은 제외)

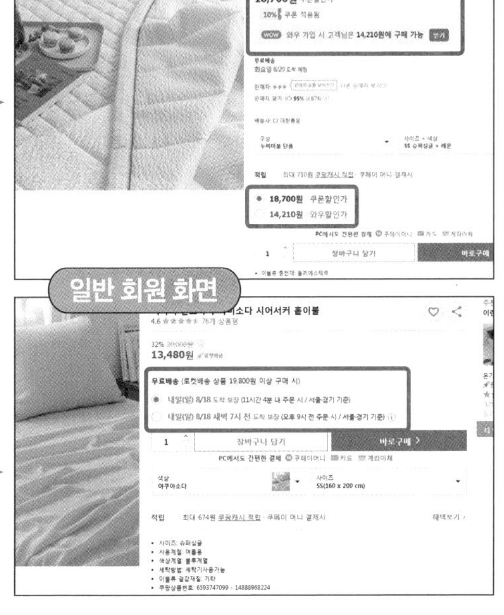

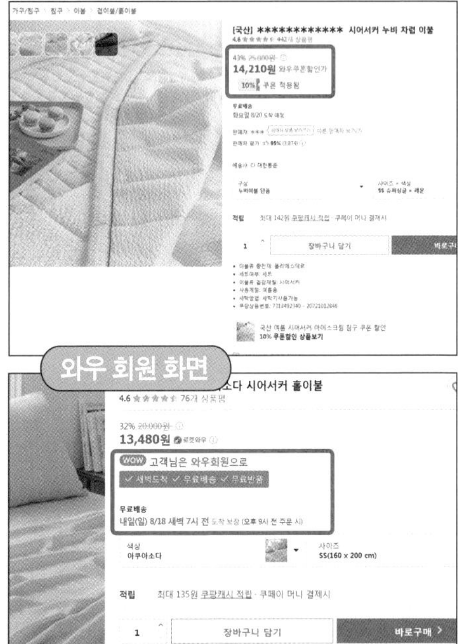

03 쿠팡의 판매 방식

쿠팡은 마켓플레이스(판매자배송), 로켓그로스, 로켓배송 판매 방식이 있는데, 기본적으로 쿠팡 마켓플레이스(쿠팡 WING)에 가입한 후 진행할 수 있다.(로켓배송은 WING에 가입하지 않더라도 쿠팡 서플라이어 허브에 가입해 진행할 수 있다.)

판매자배송, 로켓그로스, 로켓배송 차이점

구분	판매자배송	로켓그로스	로켓배송
배지 부착	해당 없음	판매자로켓	로켓배송, 로켓와우
판매 주체	판매자	판매자	쿠팡
수수료	카테고리별 상이	마켓플레이스와 동일	-
판매 가격 결정	판매자	판매자	쿠팡
판매 조건 결정	판매자	판매자	쿠팡
입고 요청	판매자	판매자	쿠팡
배송 주체	판매자	쿠팡풀필먼트서비스(CFS)	쿠팡
배송 유형	판매자 지정 배송사별 상이	당일/익일/새벽 로켓배송 (주말 및 공휴일 포함)	당일/익일/새벽 로켓배송 (주말 및 공휴일 포함)
재고 소유권	판매자	판매자	입고 후 쿠팡
반품처리	판매자	쿠팡풀필먼트서비스(CFS)	쿠팡
고객 문의 대응	판매자	쿠팡	쿠팡
판매 관리 시스템	WING	WING	Supplier Hub

1 마켓플레이스

쿠팡 판매자센터인 쿠팡윙에 가입해 상품을 판매하는 오픈마켓 판매 방식이다. 쿠팡윙에서 상품을 등록하고 주문처리 및 배송, 반품, 교환, CS 등 판매에 관한 전반적인 일들을 판매자가 직접 처리한다.

일반적인 오픈마켓 판매 방식이지만, 여타 오픈마켓이 판매자 단위로 상품페이지가 관리되는 것과 달리 쿠팡은 아이템 단위로 관리되는 아이템마켓이다. 아이템 단위로 관리되기 때문에 같은 상품이면 하나의 상품페이지를 공유한다. 판매자 단위는 같은 상품이라도 나의 상품페이지와 다른 사람의 상품페이지는 별개로 운영된다. 아이템마켓에서 같은 상품이라도 이미지와 상품명을 다르게 하면서 아이템페이지에 묶이지 않게 등록할 수 있지만, 내 상품이 브랜드 등록이 되어 있지 않다면 다른 판매자가 내 상품에 묶이는 걸 막을 수 없다.

아이템페이지에서는 가격이 낮거나 고객 경험이 뛰어난 판매자의 상품이 아이템위너가 되어 거의 모든 매출을 가져간다. 그렇기 때문에 쿠팡에서는 아이템위너가 되면 많은 판매를 올릴 수 있다. 반대로 아이템위너가 되지 못하면 매출이 거의 없다. 설상가상으로 로켓배송 상품과 아이템페이지에 묶여있다면 그 상품은 포기하고 이미지와 상품 구성 등을 달리해 새로 등록하는 것이 낫다.

타 오픈마켓에서는 판매자 단위로 상품페이지가 관리되기 때문에 판매자의 마케팅과 전략에 따라 어느 정도 판매를 일으킬 수 있지만, 쿠팡은 무조건 아이템위너가 되어야 판매가 된다. 이것이 쿠팡 마켓플레이스 판매와 타 오픈마켓의 차이점이다.

마켓플레이스 방식 판매 상품에는 어떠한 배지도 붙지 않는다.

1) 아이템위너와 고객 구매 여정

쿠팡 고객의 구매 여정은 대략 다음과 같이 진행된다.

01_ 상품 검색 후 1페이지를 훑어보고 마음에 드는 상위 노출 상품을 클릭한다.

02_ 이 페이지의 아이템위너는 현재 '로켓배송'이다.

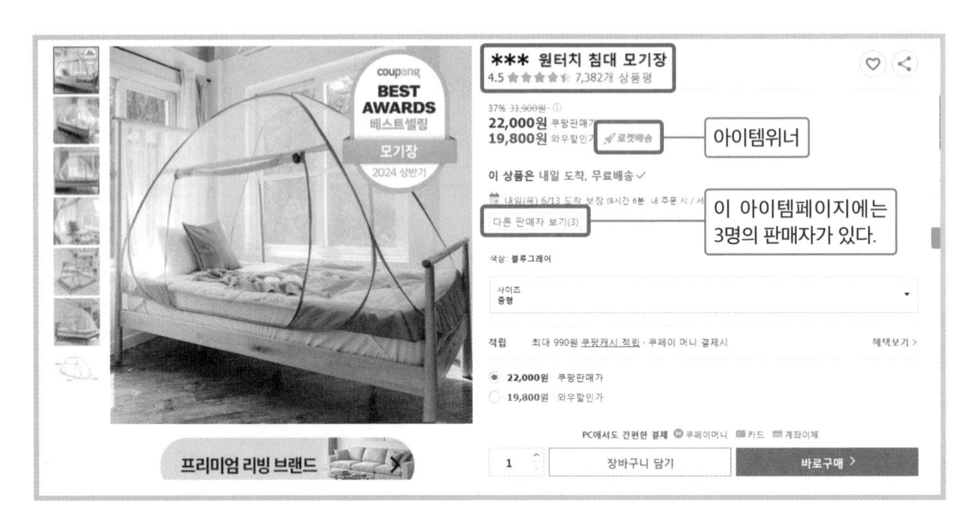

여기서 고객은 보통 **장바구니 담기**나 **바로구매**를 클릭해 구매를 마무리한다. 가격이나 고객 경험이 좋은 상품을 쿠팡이 아이템위너로 선정해 판매 페이지를 보여주기 때문이다. 여기서는 '로켓배송'이 아이템위너가 되어 이 페이지를 차지하고 있다.

03_ 다른 판매자 보기(3)를 클릭하니 3명의 판매자가 있다. 여기서 원하는 판매자를 선택하면 해당 판매자의 판매 페이지로 바뀌게 된다.

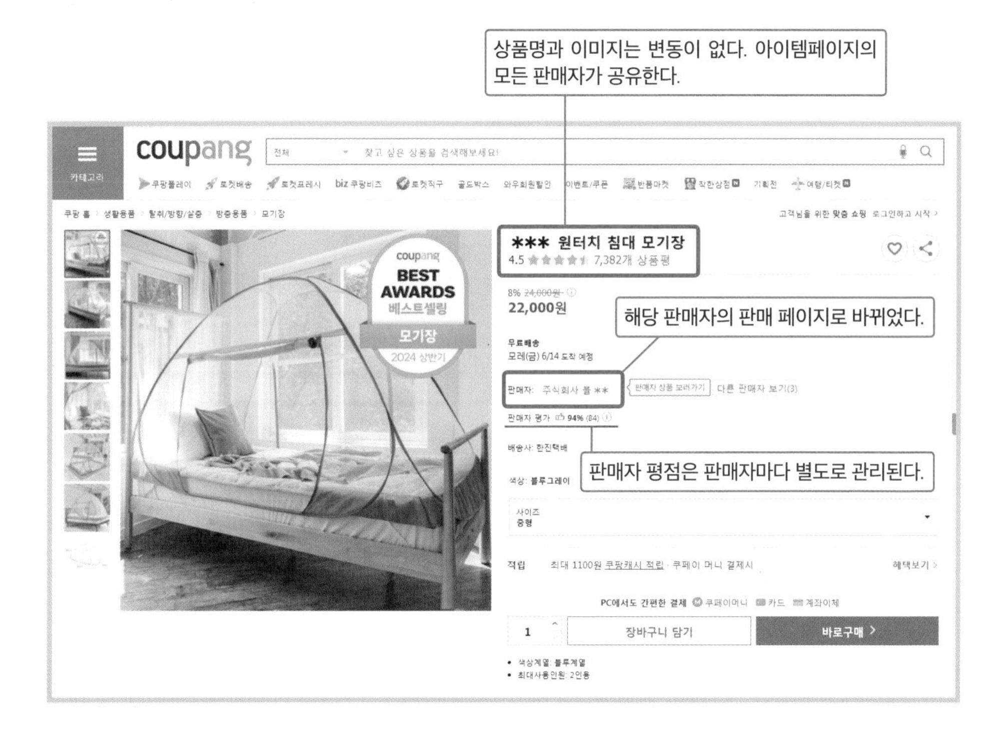

상품명, 대표이미지, 추가이미지, 상품평은 변동이 없고, 가격이나 배송 정보, 상세설명 등이 해당 판매자의 것으로 바뀌게 된다.

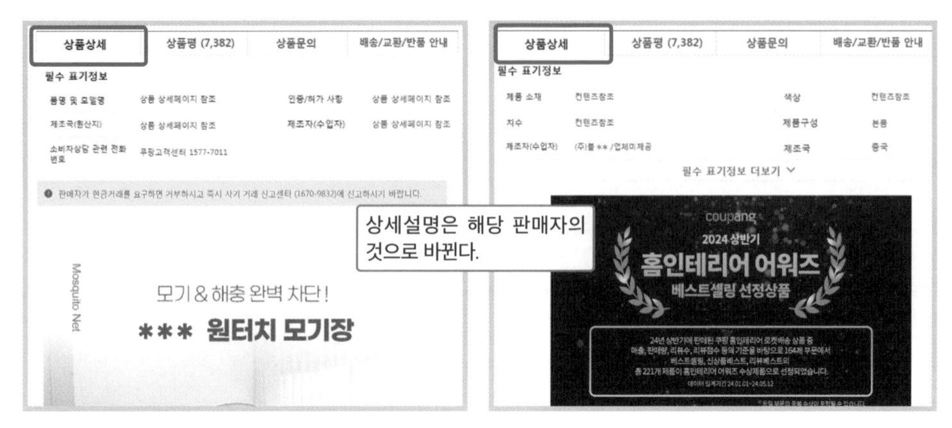

로켓배송의 상품상세

다른 판매자(***)의 상품상세

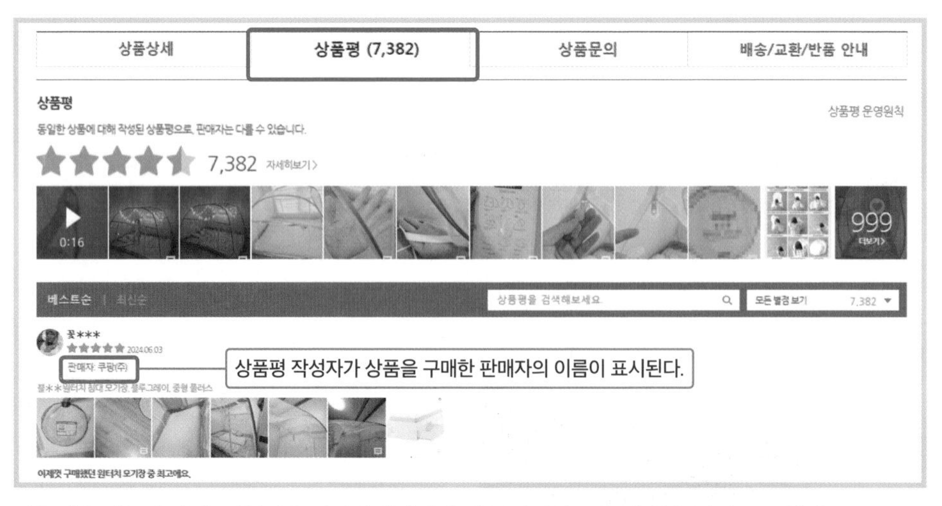

상품평은 변동이 없다. 상품평은 아이템페이지에 있는 판매자 모두의 것을 같이 공유한다.

이렇게 원하는 판매자의 상품을 선택하고 구매하면 그 판매자의 상품을 구매하게 된다. 하지만 이렇게 구매하는 사람은 거의 없다. 아이템위너가 아닌 상품은 가격이나 배송 등에서 메리트가 없기 때문인다. 그렇기 때문에 쿠팡 아이템페이지에서는 아이템위너가 되어야 판매가 일어난다.

2 로켓그로스

마켓플레이스에 가입한 판매자는 '로켓그로스' 방식으로도 판매할 수 있다. 로켓그로스는 판매자가 재고, 가격 등 판매관리를 하고, 상품 보관, 배송, 고객 응대는 쿠팡이 하는 것으로 쉽게 말하면 쿠팡의 풀필먼트 서비스다.

판매자는 로켓그로스 상품을 등록하고 쿠팡 승인이 나면 쿠팡 물류센터로 상품을 입고시키면 된다. 이렇게 물류센터에 입고된 상품은 고객 주문 시 로켓배송과 동일한 수준으로 빠른 배송이 된다. 판매자 입장에서는 로켓배송 상품과 동일한 배송 서비스를 할 수 있어 그만큼 경쟁력이 생긴다.

로켓그로스 상품은 보관료와 배송비 등 서비스 이용료를 지불해야 하며, 판매수수료는 마켓플레이스 상품과 같이 카테고리별 요율로 부과된다.

로켓그로스 상품에는 '판매자로켓'이라는 배지가 붙는데 가격 경쟁력이나 쿠팡 정책 준수 여부에 따라 미부착될 수도 있다.

1

1+1 라탄 자외선 차단 썬캡 세트 여성 여름 챙넓은 밀짚 모자 여자 햇빛 가리개 썬 넓은 밀집 챙모자 등산 비치 ...
즉시할인가 60% 24,530
9,810원 판매자로켓
내일(금) 도착 보장
(21)
최대 490원 적립

2

쿠팡추천
일상up 챙넓은 모자 햇빛가리개 와이드 버킷햇 썬캡 자외선차단 UV차단 여름모자
즉시할인가
15,900원 판매자로켓
내일(금) 도착 보장
(154)
최대 795원 적립

3

르미다 여성 빛반사 와이드 썬캡
즉시할인가 82% 39,000
6,900원 판매자로켓
내일(금) 도착 보장
(214)
최대 345원 적립

3 로켓배송

쿠팡이 옥션, G마켓, 11번가 등 타 오픈마켓과 다른 것은 '로켓배송'이 있다는 것이다. 로켓배송은 쿠팡이 공급사로부터 상품을 직매입해 판매하는 상품으로, 판매자가 '쿠팡㈜'인 셈이다. 로켓배송 상품에는 '로켓배송' 배지가 붙는다.

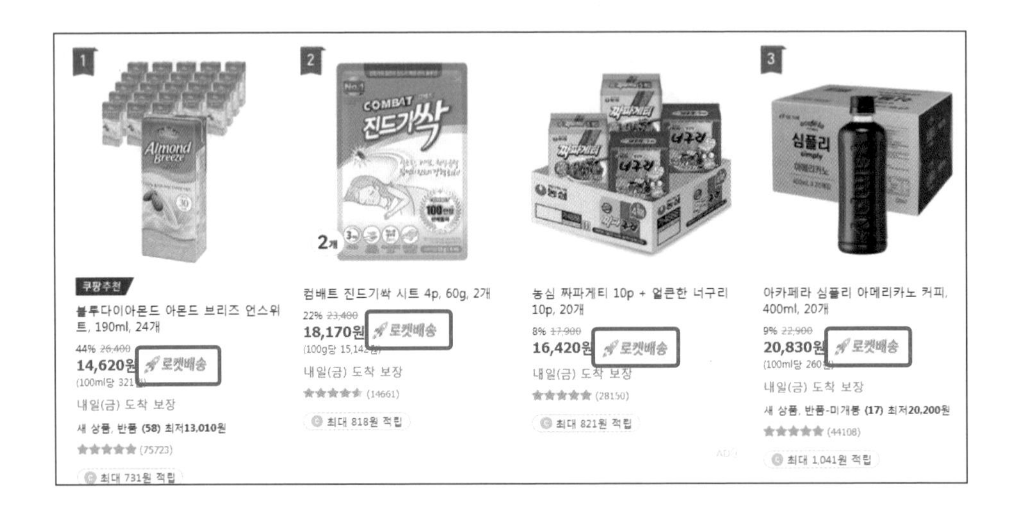

쿠팡의 시작이 로켓배송인 것을 상기하자. 오픈마켓 형태로 전환하기 전 초기의 쿠팡은 상품을 직매입해서 판매했다. 하지만 직매입 방식의 판매만으로는 고객이 원하는 다양한 상품을 갖출 수가 없었고, 플랫폼 확장에도 한계가 있었다. 그래서 더 다양한 상품과 판매자를 유치하기 위해 마켓플레이스라는 오픈마켓 판매 방식을 오픈했다.

하지만 쿠팡은 플랫폼의 근간이 되는 로켓배송 판매 방식을 버릴 수가 없었을 것이다. 쿠팡으로서는 판매자로부터 판매수수료를 받는 것보다 직접 판매를 해 이익을 남기는 편이 나을 것이다. 전국에 포진하고 있는 물류창고와 잘 짜여진 배송 시스템이 있으니 말이다. 사실 마켓플레이스 판매자가 로켓배송 상품의 가격과 빠른 배송을 뛰어넘을 서비스를 제공하기란 쉽지 않다. 그러다 보니 로켓배송 상품이 대부분 상위에 노출되고 있다.

로켓배송은 쿠팡에서 제안해 올 수도 있고 판매자가 제안할 수도 있다. 판매자가 제안할 때는 심사를 거쳐 수락 여부가 결정된다.

판매자가 로켓배송을 진행할 때는 유불리를 따져 보고 결정해야 한다. 로켓배송 공급 단가는 보통 시중 판매가의 60~70% 정도에서 협의된다. 이렇게 공급했을 때의 마진과 직접 마켓플레이스에서 판매했을 때의 마진을 고려해 봐야 한다. 직접 판매를 할 때는 상품 보관, 배송 등 판매관리 비용도 계산에 포함해야 한다. 로켓배송으로 공급할 때는 쿠팡 물류에 상품을 공급하고 정산을 받으면 그것으로 끝이다.

로켓배송의 건당 마진이 적게 나오더라도 로켓배송으로 판매할 때는 물량 면에서 더 많이 판매될 가능성이 크다는 것도 고려해야 한다. 또 로켓배송의 정산 기일은 마켓플레이스 판매보다 길다는 것도 염두에 둬야 한다. 이러한 것을 종합적으로 고려해서 로켓배송 진행 여부를 결정하면 된다.

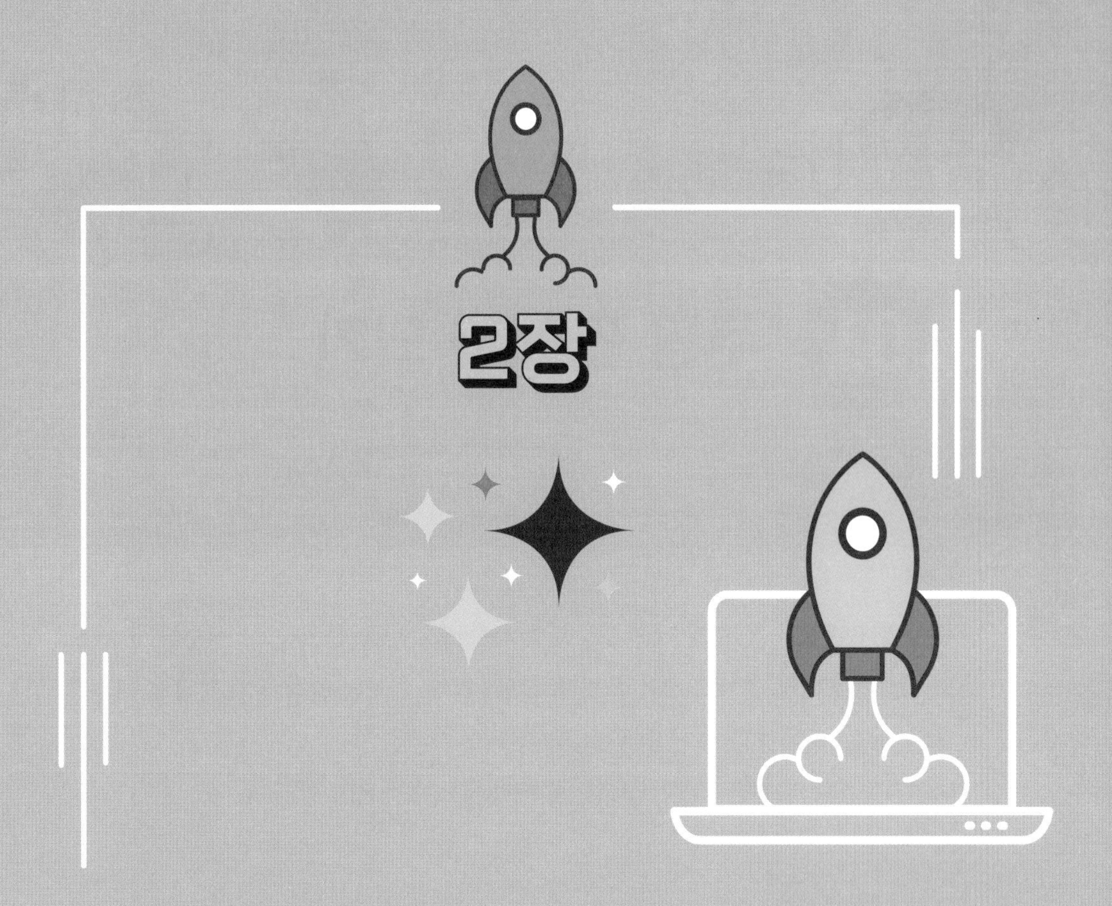

2장

쿠팡 판매자 입점하기

01 쿠팡 판매자 되기

쿠팡에서 판매를 하려면 '사업자등록증'과 '통신판매업신고증'이 필수다. 스마트스토어는 이들 서류 없이도 개인 판매자로 판매할 수 있지만 일정 금액 이상의 매출이 있으면 사업자등록증과 통신판매업신고증을 요구한다.

사업자등록증과 통신판매업 신고는 인터넷에서 쉽게 진행할 수 있다.

1 사업자등록증 신청하기

사업자등록을 하려면 사무실이 있어야 하지만 온라인 판매를 위한 '통신판매업'은 주소지를 집으로 해서 등록할 수도 있다. 사업자등록은 사업 사실을 세무서에 알리는 것으로 사업을 하려면 사업자등록증을 내야 한다. 사업자등록증은 관할세무서에 가서 신청할 수도 있고, 국세청 홈택스에서 온라인으로 신청할 수도 있다.

1) 간이과세자와 일반과세자

사업자는 '개인 사업자'와 '법인 사업자'가 있는데, 개인 사업자는 '간이과세자'와 '일반과세자'로 나뉜다. 차이는 부가가치세와 세금계산서 발행 의무 유무에 있다.

직전년도 매출액이 1억 400만 원 미만이면 간이과세자고, 1억 400만 원 이상이면 일반과세자가 된다. 처음 신고할 때 간이과세자로 했더라도 직전년도 매출이 1억 400만 원 이상이 되면 일반과세자가 된다. 만약 올해 11월에 개업해 2000만 원의 매출을 올렸다면 국세청에서는 1년 환산 매출액을 1억 2000만 원으로 봐 내년 7월부터는 일반과세자가 된다.(간이과세자와 일반과세자는 직전년도 매출액에 따라 자동으로 바뀐다.)

사업을 처음 시작할 때 간이과세자로 하면 일반과세자보다 부가가치세를 적게 낼 수 있다. 일반과세자는 '매출세액'이 '매출액×10%'로 결정되는데 반해 간이과세자는 '매출액×10%×업종별 부가가치세율'로 결정된다.(업종별 부가가치세율은 15~40% 정도다.) 그래서 처음 시작하는 사람은 간이과세자로 시작하는 경우가 많다.

그런데 간이과세자는 세금계산서를 발행할 수 없어 세금계산서를 요구하는 도매 판매나 기업체 등과 거래할 때는 문제가 될 수도 있다.(쿠팡 등 오픈마켓에서는 신용카드, 현금 결제 등으로 영수증 처리가 되므로 큰 문제는 없다.) 이러한 점과 자신의 사업 규모를 고려해서 과세 유형을 결정하면 된다

□ 개인 사업자의 과세 유형과 세금계산서 발행 의무

직전년도 매출액	과세 유형	세금계산서 발행	부가세 신고	부가세 납부
4800만 원 미만	간이과세자	세금계산서 발행 불가 영수증 발행	1번(1월)	면제
4800만 원 이상 ~1억 400만 원 미만	간이과세자(세금계산서 발급)	세금계산서 발행 의무	1번(1월)	납부
1억 400만 원 이상	일반과세자	세금계산서 발행 의무	2번(7월, 1월)	납부

□ 간이과세자의 장단점

장점	단점
- 일반과세자보다 낮은 부가가치세율 적용 - 연 매출액 4800만 원 미만인 경우 부가가치세 면제	- 세금계산서 발행 불가 - 매출보다 매입이 많아도 부가세 환급을 받을 수 없다.

2) 온라인으로 사업자등록증 신청하기

01_ **국세청 홈택스**(https://www.hometax.go.kr)에 회원 가입을 하고 로그인을 한다.

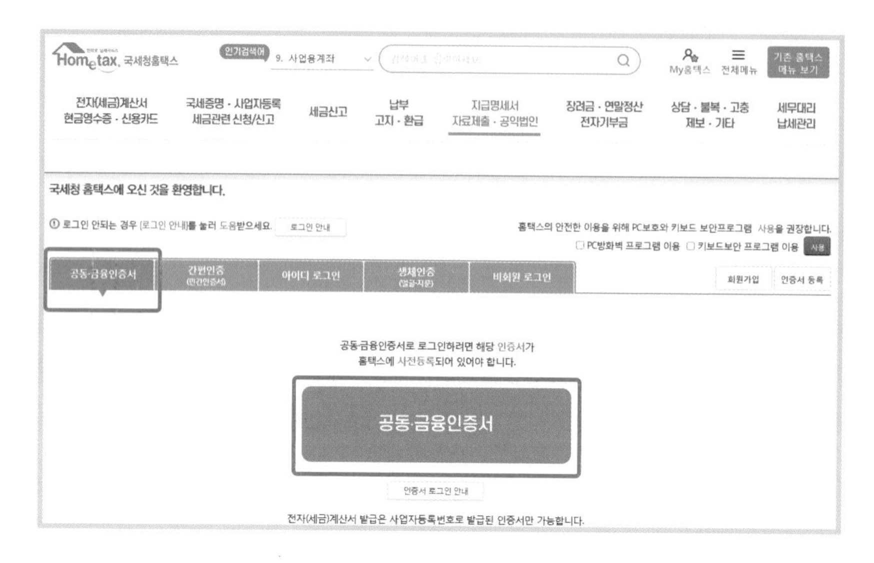

02_ 국세증명·사업자등록 세금관련 신청 / 신고 → 사업자등록 신청·정정·휴폐업 → 통신판매업 간편 사업자등록 신청을 클릭한다.

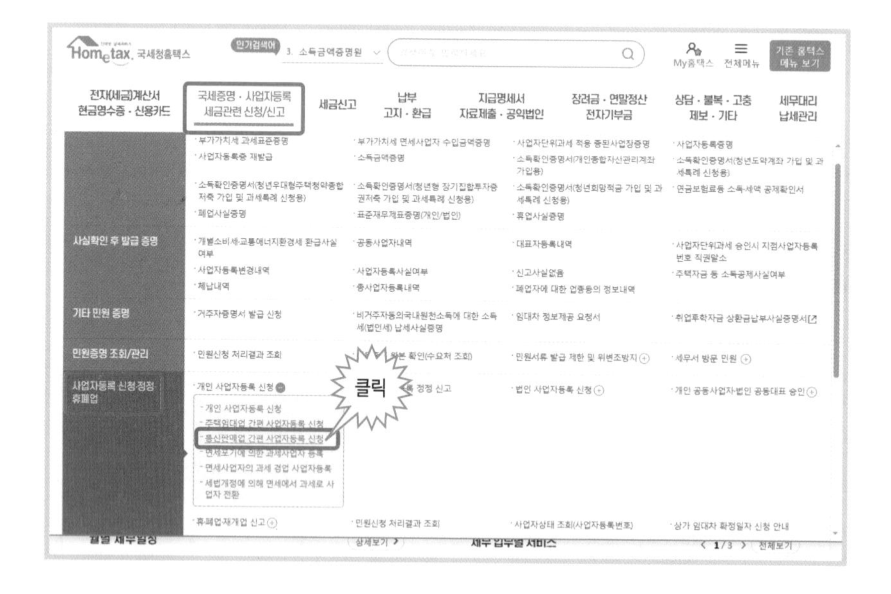

03_ 인적사항 입력 대표자의 이름과 주민등록번호가 자동으로 입력되어 있다.

≡ 국세증명 · 사업자등록 · 세금관련 신청/신고 개인 사업자등록 신청 통신판매업 간편 사업자등록 신청

통신판매업 사업자 등록신청(개인)

· 통신판매업(전자상거래, 해외직구대행, SNS마켓, 기타 통신판매업) 전용 신규 사업자등록 신청 화면입니다.
통신판매업 외 다른 사업을 겸업하는 경우 '사업자등록신청(개인)' 메뉴를 이용하시기 바랍니다.

사업자등록신청(개인) 이동하기

인적사항 입력

* 주민등록번호	****** - *******	* 성명(대표자)	* ***
휴대전화번호	선택 - -	국세정보문자수신동의	동의함 동의하지않음
전자메일주소	@ 직접입력	국세정보이메일수신동의	동의함 동의하지않음
사업장전화번호	- -	자택전화번호	- -
팩스번호	- -	* 휴대전화번호, 사업장전화번호, 자택전화번호 중 1개 연락처입력 필수	

1. 가게, 사무실 등 사업장을 빌리셨습니까?	○ 예 ◉ 아니오	※ ① 상가 또는 사무실을 빌린 경우 '예' 선택(임대차계약서 첨부) ② 본인 소유 건물 또는 주민등록상 주소지에서 사업을 하는 경우 '아니오' 선택
2. 공동사업을 하십니까?	○ 예 ◉ 아니오	※ 공동사업자의 주민등록번호 등 인적사항 기재 후 공동인증서 서명을 통하여 신청서를 최종 제출 하실 수 있습니다.
3. 서류송달장소는 사업장 주소 외 별도 주소지를 희망하십니까?	○ 예 ◉ 아니오	※ 서류를 송달 받을 장소를 사업장 이외에 주소를 희망하는 경우 '예' 선택

▶ 휴대전화번호, 사업장전화번호, 자택전화번호 중 하나는 입력해야 한다.

▶ 국세정보문자수신동의 / 국세정보이메일동의는 동의하면 납세자 본인에게 문자 서비스 및 이메일이 발송된다. 동의하지 않아도 된다.

▶ 사업장 임대 여부, 공동사업자 여부, 사업장 주소 외 별도 서류송달장소 희망 여부를 선택한다.

04_ 사업장 정보입력 상호명, 개업일자, 기본 주소 등 사업장 정보를 입력한다.

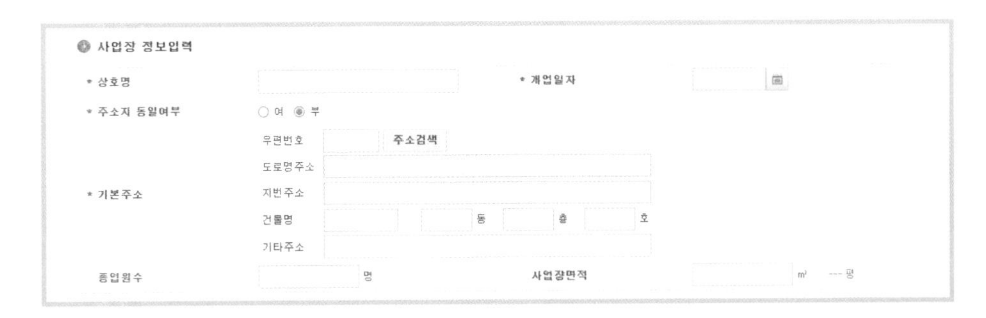

사업장 정보입력

* 상호명		* 개업일자	
* 주소지 동일여부	○ 여 ◉ 부		
* 기본주소	우편번호 주소검색 도로명주소 지번주소 건물명 동 층 호 기타주소		
종업원수	명	사업장면적	㎡ --- 평

05_ **업종 선택** 업종 입력/수정 버튼을 클릭한다. '업종 선택' 팝업창에서 우리는 오픈마켓 판매를 할 것이기 때문에 '업종코드' 525101의 선택 버튼을 클릭한다.(업종은 사업에 맞는 것을 여러 개 선택할 수 있다.) 그리고 업종 등록 버튼을 클릭한다.

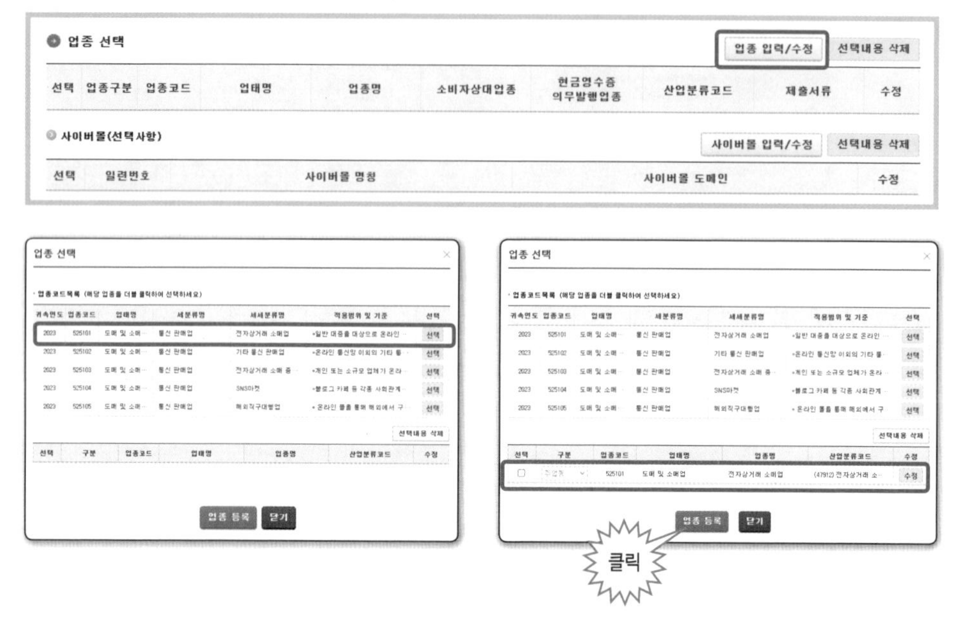

업종 선택이 완료되었다. 그 아래로 나타나는 선택사항을 설정한다.

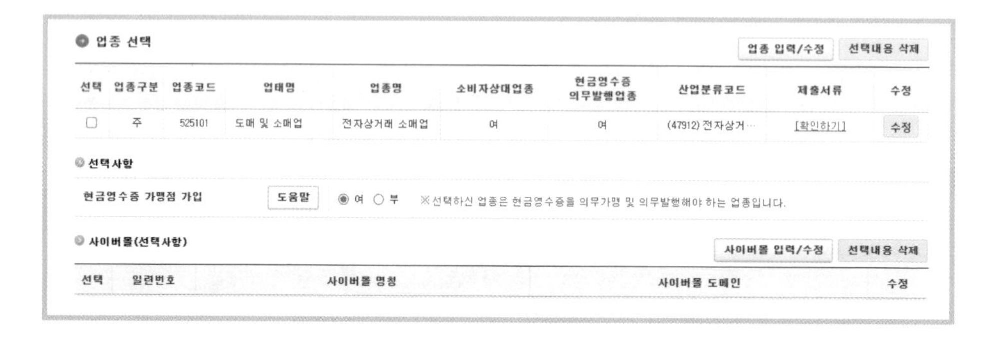

▶ **[선택 사항]**에 현금영수증 의무가맹 및 의무발행 업종이라고 나온다. '여'를 선택하면 사업자등록 완료 다음 날 가맹이 완료된다.

▶ **[사이버몰(선택사항)]**에서 사이버몰 입력/수정 버튼을 클릭하면 내 쇼핑몰이나 홈페이지를 등록할 수 있다. 선택사항이니 등록하지 않아도 된다.

06_ 사업자 유형 선택 자신의 사업 규모 및 계획을 고려해 사업자 유형을 선택한다. 가공되지 않은 식료품(농산물, 축산물, 수산물, 임산물)과 도서는 면세에 해당한다. 설정이 끝났으면 저장 후 다음 버튼을 클릭한다.

07_ '제출서류 선택' 팝업창에서 파일찾기를 클릭해 필요 서류를 업로드한다. 제출할 서류가 없다면 다음을 클릭한다.(사업장을 임차한 경우에만 임대차계약서 사본을 제출한다.) 그러면 '증빙서류 첨부 안내' 창이 뜬다. 무시하고 다음을 클릭한다.

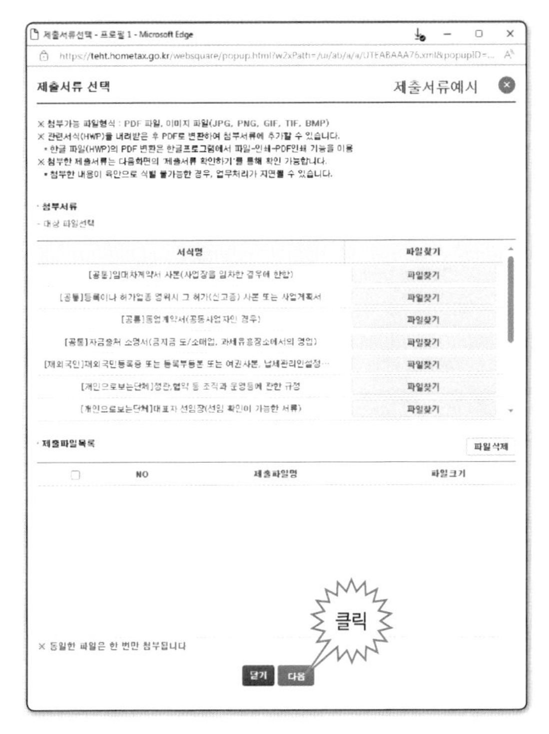

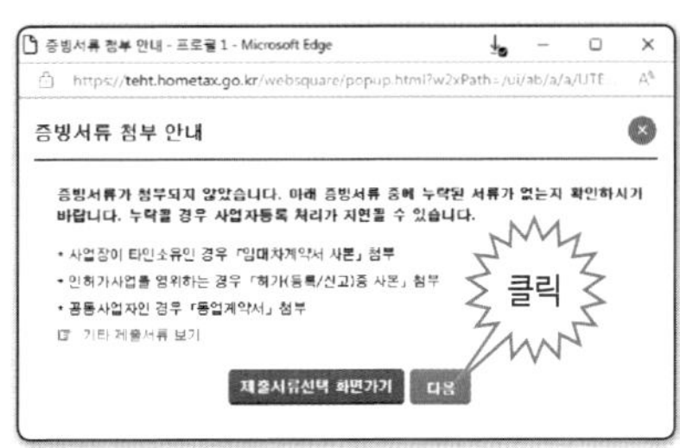

08_ '최종확인' 창이다. 제출서류 확인하기를 클릭해 서류를 확인한다.(사업자등록 신청서를 출력할 수 있다.) 이상이 없으면 신청서 제출하기를 클릭한다.

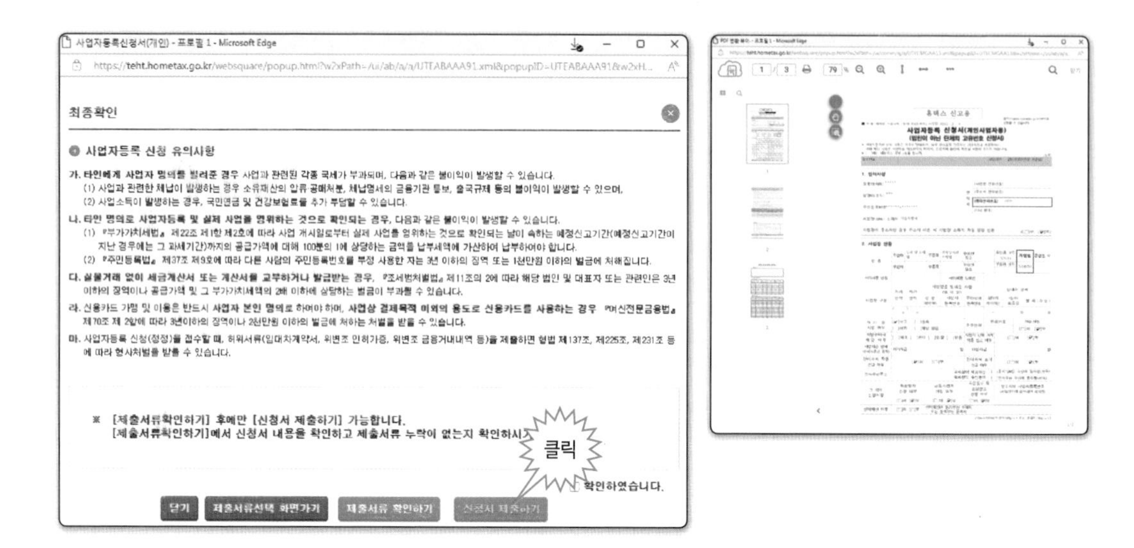

09_ 신청 완료 후 '민원신청 처리결과 조회'에서 처리 상태를 확인할 수 있다. 처리 예정 기한은 3일 정도다. 발급이 되면 발급번호를 클릭해 사업자등록증을 인쇄할 수 있다.

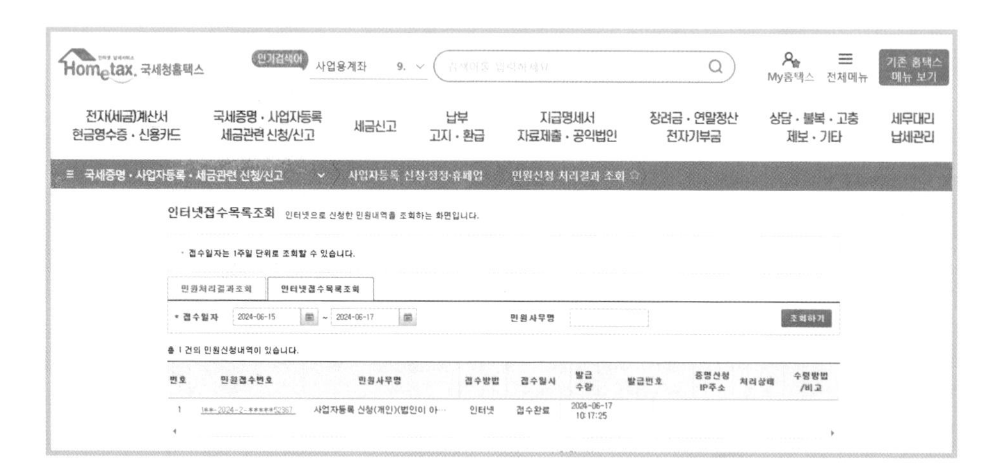

2 쿠팡 마켓플레이스 입점하기

쿠팡 판매자센터에 판매자로 회원 가입을 하고 입점을 한다. 회원 가입은 아이디와 비밀번호, 이메일주소, 휴대폰번호 인증만 하면 쉽게 가입할 수 있다. 그 후 사업자등록증과 통신판매업신고증을 업로드하고 사업자 인증을 하면 쿠팡에서 상품을 판매하고 정산을 받을 수 있다.

1) 쿠팡 판매자 회원 가입하기

01_ 검색창에 '쿠팡 판매자센터'를 검색한 후 마켓플레이스 입점을 클릭한다.

02_ 판매자 회원가입을 클릭한다.

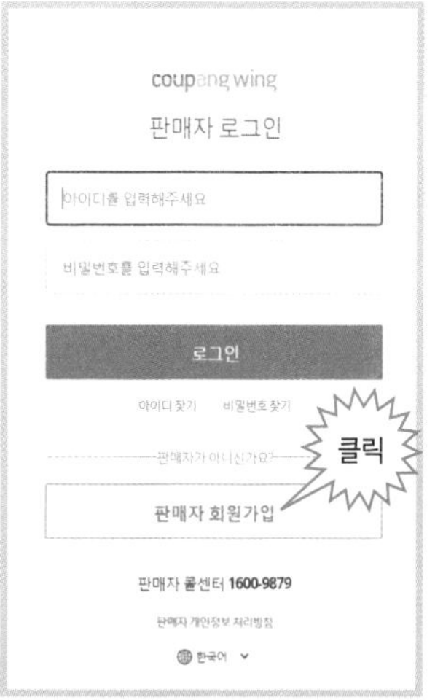

03_ 쿠팡 판매자센터에서 사용할 아이디, 비밀번호, 이메일을 입력한다. 휴대폰번호로 인증을 받고, 비즈니스 형태를 선택한다. 약관 동의에 체크 후 약관 동의하고 가입하기를 클릭하면 회원 가입이 완료된다.

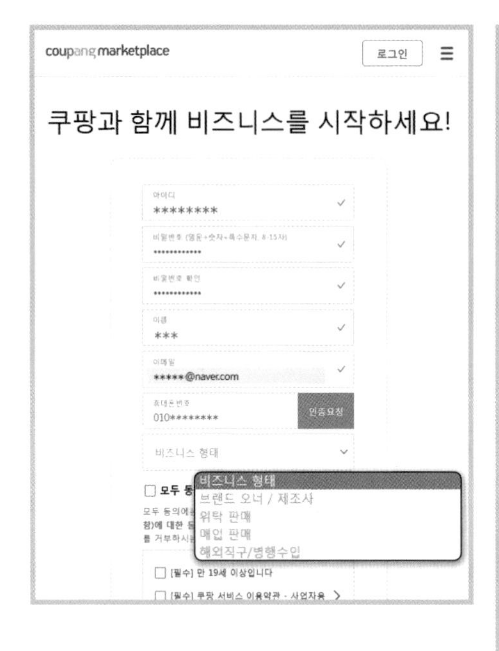

2) 사업자 인증하기

04_ 쿠팡 판매자센터인 쿠팡 WING 화면이 나온다. 정상적인 판매를 하기 위해서는 사업자 인증하기를 해야 한다. 사업자 인증하기를 클릭한다.

05_ 사업자 정보를 입력한다. 사업자등록번호를 입력하고 인증하기를 클릭해 인증받는다. 대표자명, 상호, 사업장 주소를 입력한다.

기본정보

사업자등록번호 ***-**-***** 인증하기

인증완료

대표구성 1인대표 공동대표

대표자 명 대표자 명

상호 상호

사업장 주소 우편번호 주소검색

기본주소

상세주소

통신판매업신고증 내 동일한 주소를 입력해주세요.

통신판매업신고번호 통신판매업신고번호

06_ 통신판매업신고를 하지 않은 경우 통신판매업신고번호를 입력할 수 없기 때문에 여기까지 입력하고 임시저장을 클릭한다.

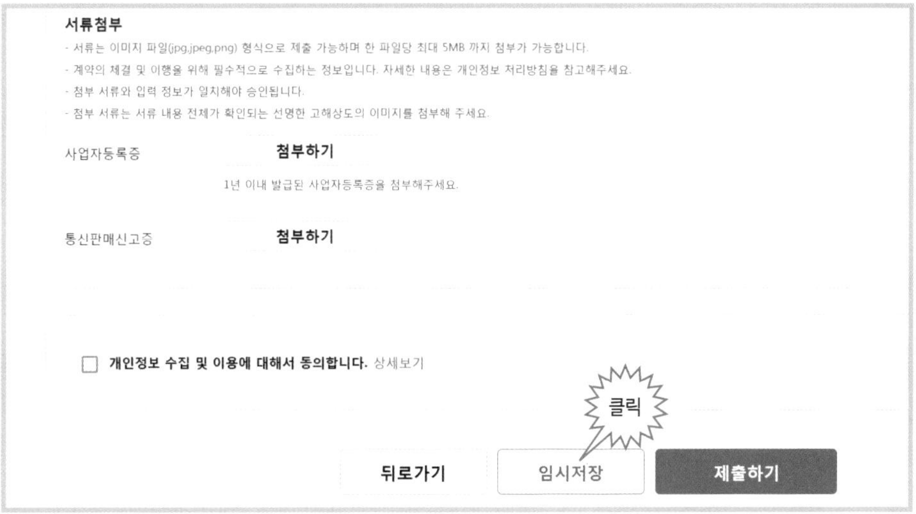

서류첨부

- 서류는 이미지 파일(jpg,jpeg,png) 형식으로 제출 가능하며 한 파일당 최대 5MB 까지 첨부가 가능합니다.
- 계약의 체결 및 이행을 위해 필수적으로 수집하는 정보입니다. 자세한 내용은 개인정보 처리방침을 참고해주세요.
- 첨부 서류와 입력 정보가 일치해야 승인됩니다.
- 첨부 서류는 서류 내용 전체가 확인되는 선명한 고해상도의 이미지를 첨부해 주세요.

사업자등록증 첨부하기

1년 이내 발급된 사업자등록증을 첨부해주세요.

통신판매신고증 첨부하기

개인정보 수집 및 이용에 대해서 동의합니다. 상세보기

클릭

뒤로가기 임시저장 제출하기

07_ 통신판매업신고번호 아래로 구매안전서비스 이용 확인증 다운로드 버튼과 신청하러 가기 버튼이 나타난다. 먼저 구매안전서비스 이용 확인증 다운로드 버튼을 클릭해 파일을 다운로드하고 저장한다.

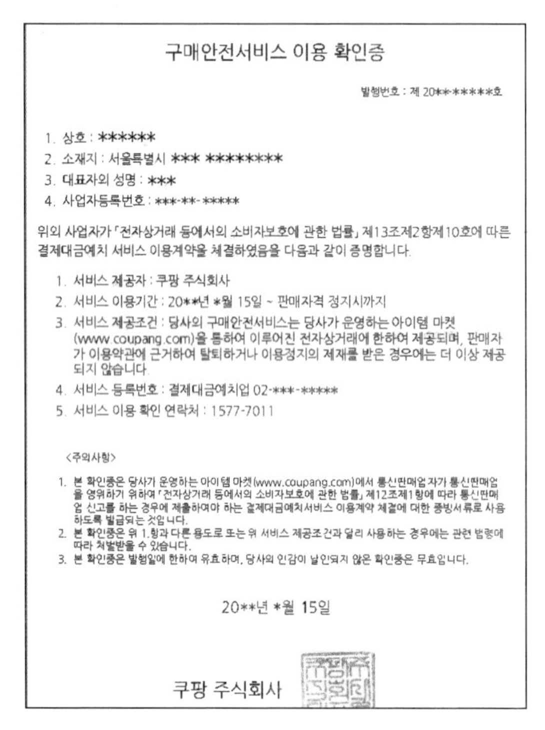

구매안전서비스 이용 확인증

발행번호 : 제 20**-*****호

1. 상호 : ******
2. 소재지 : 서울특별시 *** ********
3. 대표자의 성명 : ***
4. 사업자등록번호 : ***-**-*****

위의 사업자가 「전자상거래 등에서의 소비자보호에 관한 법률」 제13조제2항제10호에 따른 결제대금예치 서비스 이용계약을 체결하였음을 다음과 같이 증명합니다.

1. 서비스 제공자 : 쿠팡 주식회사
2. 서비스 이용기간 : 20**년 *월 15일 ~ 판매자격 정지시까지
3. 서비스 제공조건 : 당사의 구매안전서비스는 당사가 운영하는 아이템 마켓(www.coupang.com)을 통하여 이루어진 전자상거래에 한하여 제공되며, 판매자가 이용약관에 근거하여 탈퇴하거나 이용정지의 제재를 받은 경우에는 더 이상 제공되지 않습니다.
4. 서비스 등록번호 : 결제대금예치업 02-***-*****
5. 서비스 이용 확인 연락처 : 1577-7011

<주의사항>

1. 본 확인증은 당사가 운영하는 아이템 마켓(www.coupang.com)에서 통신판매업자가 통신판매업을 영위하기 위하여 「전자상거래 등에서의 소비자보호에 관한 법률」 제12조제1항에 따라 통신판매업 신고를 하는 경우에 제출하여야 하는 결제대금예치서비스 이용계약 체결에 대한 증빙서류로 사용하도록 발급되는 것입니다.
2. 본 확인증은 위 1.항과 다른 용도로 또는 위 서비스 제공조건과 달리 사용하는 경우에는 관련 법령에 따라 처벌받을 수 있습니다.
3. 본 확인증은 발행일에 한하여 유효하며, 당사의 인감이 날인되지 않은 확인증은 무효입니다.

20**년 *월 15일

쿠팡 주식회사

➔ 통신판매업신고를 하지 않은 사람은 여기서 **신청하러가기** 버튼을 클릭해 통신판매업 신고하기를 진행한다.

통신판매업신고를 한 후 쿠팡윙에서 **서류 제출하기**를 통해 다음 **9번**부터의 과정을 따라 하면 된다.

08_ 통신판매업신고를 했다면 통신판매업신고번호, 입점 담당자 명을 입력한다. 정산계좌 통장을 인증하고 첨부하기를 클릭해 통장사본을 첨부한다.

통신판매업신고번호 제20**-서울 ** - ****호

통신 판매업 신고방법 자세히 알아보기
1. 쿠팡에서 구매안전서비스 이용 확인증 을 내려받습니다.
구매안전서비스 이용 확인증 다운로드
2. 민원24 사이트에서 통신 판매업 신고 를 합니다. 관할 시군구청에서도 신청 가능합니다.
신청하러가기

입점 담당자 명 ***

정산계좌 ****
*** ************** 인증하기
통장사본.jpg

09_ '서류첨부'에서 사업자등록증과 통신판매업신고증을 첨부하고 제출하기를 클릭하면 판매자 회원신청이 완료된다.

3 통신판매업 신고하기

통신판매업신고는 정부24 홈페이지 또는 관할 소재지 구청을 방문해 신청할 수 있다. 통신판매업신고는 전기통신매체, 광고물 등을 통해 소비자와 직접 상거래가 이루어지는 통신판매업을 하고자 하는 경우 반드시 신고해야 하는 것으로, 신고 시 사업자등록증과 구매안전서비스 이용 확인증(에스크로)이 필요하다.

쿠팡에서 판매를 하기 위해서는 통신판매업 신고는 필수다.

01_ 정부24 홈페이지(https://www.gov.kr)에서 통신판매업신고를 검색한 후 '통신판매업신고-시,군,구'의 발급하기 버튼을 클릭한다.

➔ 앞의 쿠팡 WING에서 '사업자 인증하기' 진행 과정 중 '통신판매업 신고방법'의 **신고하러가기** 버튼을 클릭해서 진행할 수 있다.

'회원 신청하기'와 '비회원 신청하기'가 있다. 여기서는 **회원 신청하기**를 클릭했다.

02_ 여기서는 공동인증서를 클릭해 로그인을 진행했다.(먼저 회원 가입을 하고 공인인증서를 등록해야 한다.)

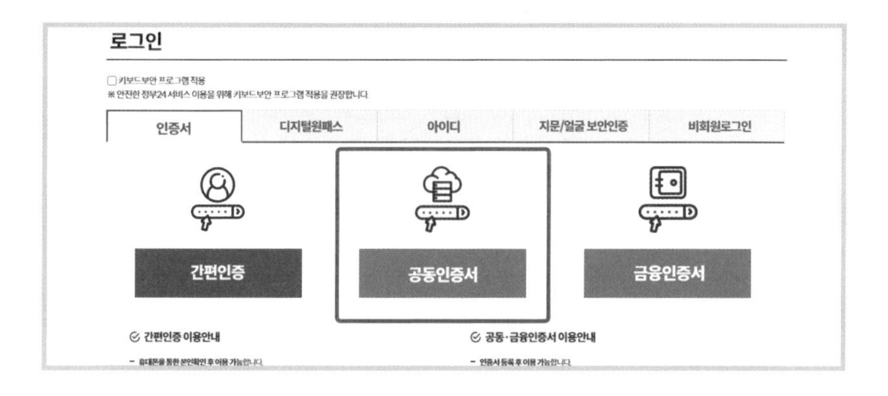

03_ '업체 정보'와 '대표자 정보'를 입력한다.

업체 정보를 작성해 주세요.

구분	개인
상호	******
사업자등록번호	8** - ** - ****
연락처	02 - **** - ****
소재지	서울특별시 *** ***** ***** [주소검색] ***

대표자 정보를 작성해 주세요.

성명	***
생년월일	****년 **월 **일
연락처	010 - **** - ****
주소	서울특별시 *** ***** ***** [주소검색] *****
이메일	****** @ naver.com naver.com

04_ 판매방식, 취급품목을 선택하고, '인터넷 도메인 이름'에 '쿠팡'을 입력한다.

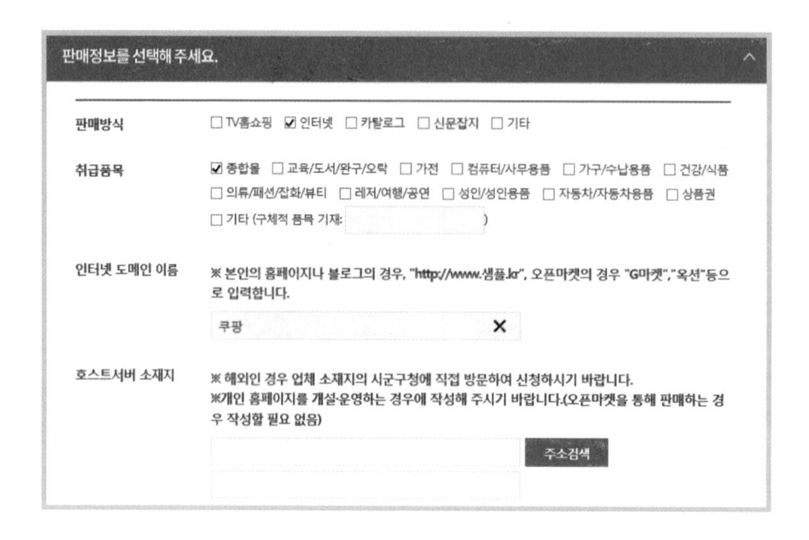

05_ 구비서류 제출방법에서 '파일첨부' 선택 후 앞서 쿠팡 WING에서 다운로드해 두었던 '구매안전서비스 이용 확인증'을 업로드한다.

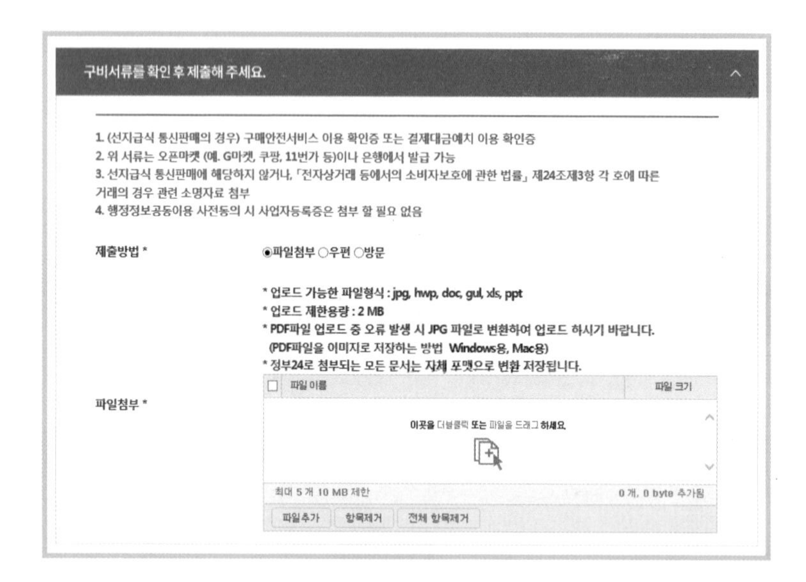

06_ 신고증 수령방법을 '온라인발급(본인출력)'과 '방문수령' 중에서 선택한다. '행정정보공동이용 사전동의'에는 사업자등록증명이 선택되어 있다. 민원신청하기 버튼을 클릭하면 신청이 완료된다.

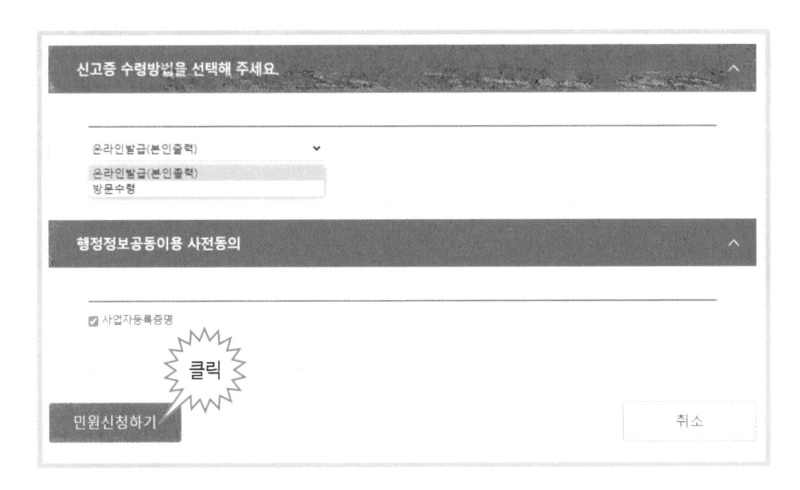

▶ 통신판매업신고를 하게 되면 등록 면허세를 내야 한다. 등록 면허세는 인구 비례에 따라 금액이 다르다. 서울의 경우 40,500원이다.

▶ 수령방법을 '온라인발급(본인출력)'으로 한 경우 사이트에서 직접 출력할 수 있고, '방문수령'을 한 경우 신고증 수령기관으로 가서 신분증을 제시한 후 수령하면 된다.

02 쿠팡 WING 세팅하기

쿠팡 마켓플레이스에 판매자 회원 가입을 하면 쿠팡 판매관리시스템인 쿠팡윙(https://wing.coupang.com/)에 로그인을 할 수 있다. 쿠팡윙에서 판매자는 상품등록, 주문 확인, 배송 처리, 반품/교환, CS, 정산 등 판매 활동의 거의 모든 것을 진행한다. 매일 아침 판매자의 하루가 시작되는 곳이라고 할 수 있다.

1 메인화면을 살펴보자

① **언어 선택**: 사이트 언어를 한국어, 영어, 중문(간체) 중에서 선택할 수 있다.

② **판매자교육**: 쿠팡 MBA 사이트로 연결. 판매자를 위한 유용한 가이드와 팁이 있다.

③ **온라인문의**: 궁금한 사항을 온라인으로 문의할 수 있다.

④ **도움말**: 궁금한 내용을 검색해서 정보를 찾을 수 있다.

⑤ **알림**: 쿠팡의 알림 메시지 개수가 숫자로 나타난다.

⑥ **판매자명**: 업체코드를 확인할 수 있고, 판매자정보, 계정정보, 담당자 관리, 비밀번호 변경, 판매자점수, 배송달력 관리, SMS/이메일 수신관리, 주소록/배송정보 관리, 로그아웃 등 서버 메뉴에서 판매자의 정보를 설정할 수 있다.

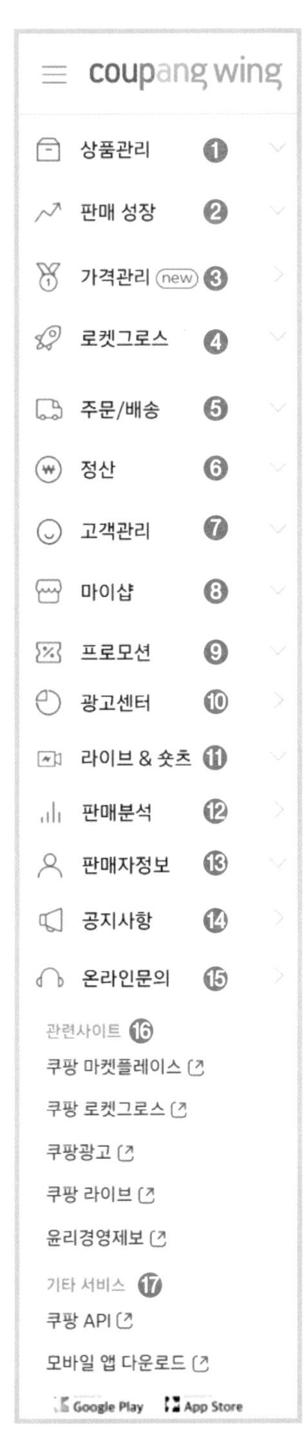

① **상품관리**: 상품등록, 상품 조회/수정, 카탈로그 매칭 관리, 상품알림 설정 등 관리

② **판매 성장**: 우수판매자 조건과 나의 현황 확인

③ **가격관리**: 아이템위너와 위너가 아닌 상품 관리

④ **로켓그로스**: 로켓그로스 상품 관리

⑤ **주문/배송**: 배송 관리, 출고중지 요청, 반품 관리, 교환 관리, 주문조회, 문자 발송 내역 관리

⑥ **정산**: 정산 현황, 매출내역 등 정산 관련 내용 확인

⑦ **고객관리**: 고객 문의, 고객센터 문의, 상품평 확인. 문의는 24시간 내 답변을 해야 판매자점수에서 좋은 점수를 받는다.

⑧ **마이샵**: 마이샵 설정 및 관리

⑨ **프로모션**: 할인 쿠폰, 할인상품 조회 등 프로모션 관리

⑩ **광고센터**: 광고 진행 및 관리

⑪ **라이브 & 숏츠**: 라이브 방송 진행, 숏츠 등록 및 관리

⑫ **판매분석**: 방문자수, 주문수, 구매전환율, 판매량, 매출액 통계, 상품별 판매 데이터 분석

⑬ **판매자정보**: 판매자정보, 계정정보, 담당자 관리, 비밀번호 변경, 추가판매정보, 판매자점수, 배송달력 관리, SMS/이메일 수신관리, 계약 관리, 주소록/배송정보 관리

⑭ **공지사항**: 쿠팡의 공지사항 확인

⑮ **온라인문의**: 온라인 문의 진행

⑯ **관련사이트**: 쿠팡 마켓플레이스, 로켓그로스, 쿠팡 광고, 쿠팡 라이브 사이트 바로가기 링크

⑰ **기타 서비스**: 쿠팡 API, 모바일 앱 다운로드 안내

화면 오른쪽은 메뉴를 선택했을 때 내용이 나타나는 화면 영역이다. 메뉴를 선택하지 않았을 때의 초기화면에는 판매/배송, 취소/반품/교환, 고객 문의, 매출/판매통계, 정산, 상품관리, 판매자점수 등 판매와 관련된 주요 현황을 보여준다.

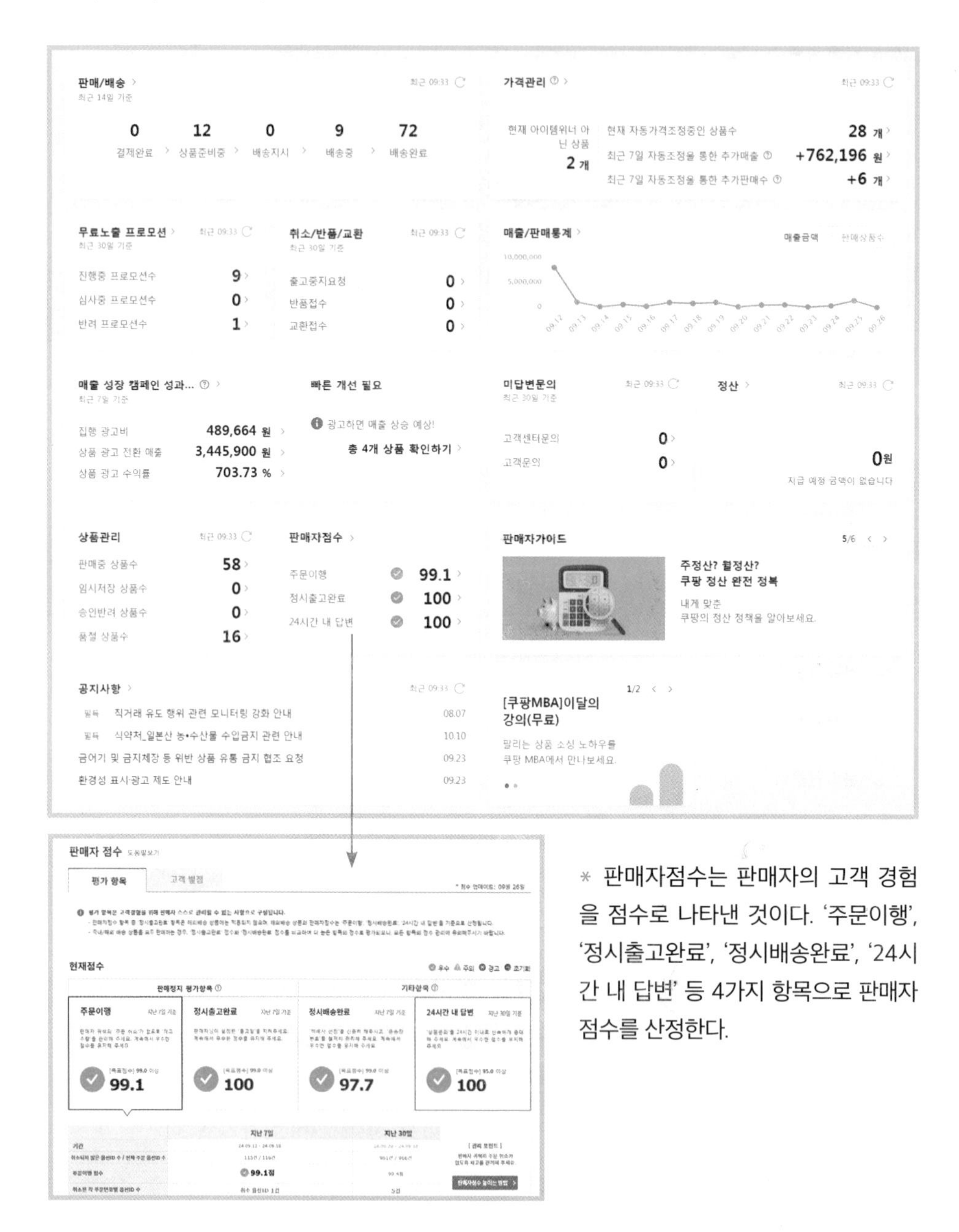

* 판매자점수는 판매자의 고객 경험을 점수로 나타낸 것이다. '주문이행', '정시출고완료', '정시배송완료', '24시간 내 답변' 등 4가지 항목으로 판매자 점수를 산정한다.

2 판매자 정보 설정하기

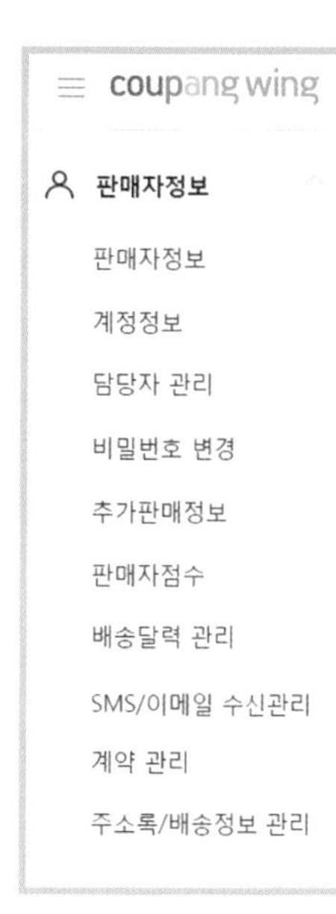

쿠팡 WING → **판매자정보** 메뉴에서 판매자와 관련된 정보를 변경 및 설정할 수 있다.

■ 판매자정보

정보 변경하기를 클릭해 대표연락처, 대표핸드폰번호, 대표이메일주소를 변경할 수 있다.

■ 계정정보 변경하기

정보 변경하기를 클릭해 담당자 이름, 비밀번호, 전화번호, 휴대전화번호, 이메일을 변경할 수 있다. '추가계정 목록'에서는 **계정 추가하기**를 클릭하면 계정을 추가할 수 있다.

■ 담당자 관리

담당자 추가하기를 클릭해 업무 담당자를 추가할 수 있다.

담당자관리

ⓘ 정산 담당자를 반드시 지정해주세요.
ⓘ 담당자 정보가 변경되었을 경우 정보를 업데이트 해주세요.

담당자 추가하기

업무	담당자명	비고(직급, 직책 등)	전화번호	휴대전화번호	이메일(세금계산서 발행)	대표여부	사용여부	수정
	***		+82 02-***-****	+82 010-****-****	**********@naver.com	Y	Y	수정

■ 추가판매정보

정산 유형 변경, 정산 계좌 변경, 해외상품 배송, 근무 정보를 확인 및 수정할 수 있고, OPEN API 키를 발급받을 수 있다.

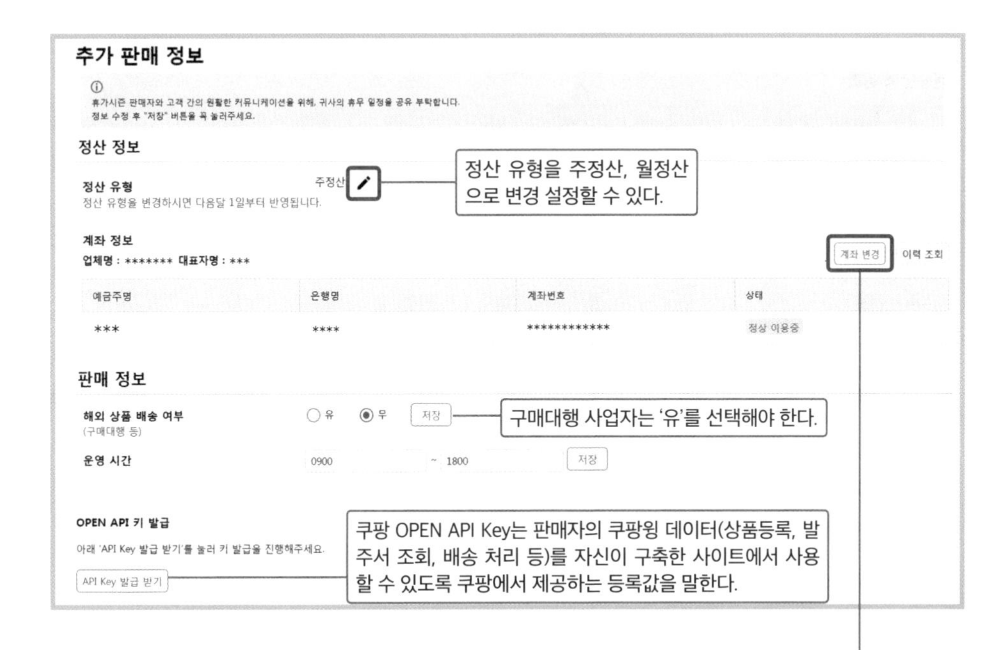

* 계좌 변경을 클릭해 정산 계좌를 변경할 수 있다. 구비서류를 업로드해야 한다.

■ 배송달력 관리

배송달력에서 근무일/휴무일을 지정해 상품을 출고할 수 없는 일자를 등록할 수 있다. 등록한 일정이 반영되어 도착 예정일이 상품페이지에 노출된다. 고객에게도 변경된 배송일자로 문자가 발송된다.

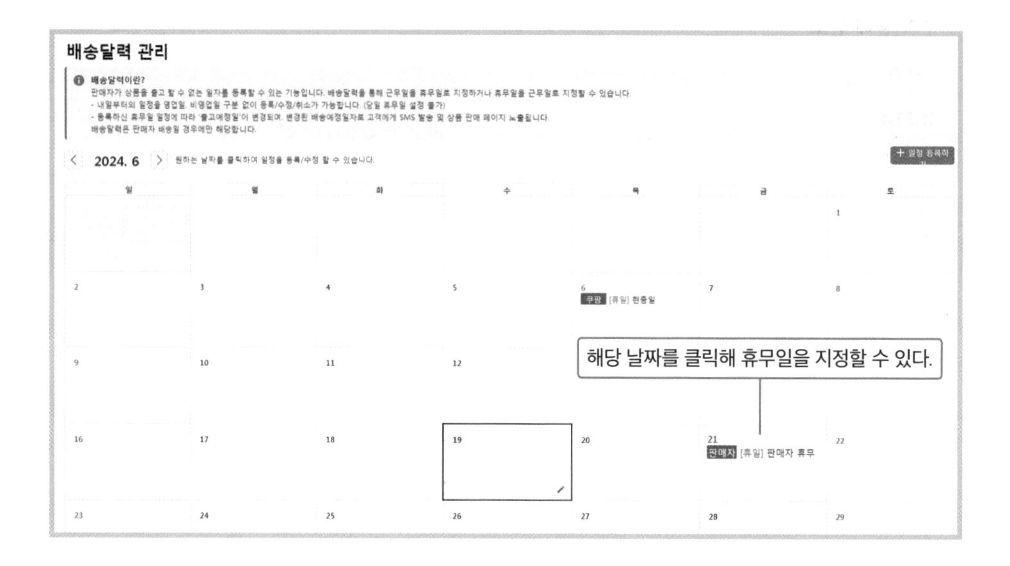

■ SMS/이메일 수신 관리하기

▶ SMS와 이메일 상품알림 수신 주기를 매일, 주간, 월간 중에서 설정할 수 있다.

▶ **상품알림 메뉴로 이동**을 클릭하면 상품별로 알림수신여부를 설정할 수 있다.

▶ **연락처 변경 및 추가하기**를 클릭하면 알림을 받는 사람을 추가 및 수정할 수 있다.

SMS/이메일 수신 관리 도움말보기

상품알림 메뉴로 이동

SMS/이메일 수신 관리는 여러 가지 상품알림 수신 주기를 설정할 수 있는 메뉴입니다. 매일, 주간, 월간 중에서 SMS와 이메일의 원하는 수신 주기를 선택하시기 바랍니다.
알림 설정을 통해 품절, 품절임박, 아이템위너가 아닌 상품, 매출 기회가 높은 상품에 대한 요약 정보를 이메일과 문자 메시지로 확인할 수 있습니다.

연락처 변경 및 추가하기

	담당자명	휴대폰번호	이메일	품절상품		품절임박상품		아이템위너가 아닌 상품		매출 기회가 높은 상품		판매 진행 현황	뱃지를 잃은 상품
				SMS 알림	이메일 알림	SMS 알림	이메일 알림	SMS/ 카카오 알림	이메일 알림	SMS 알림	이메일 알림	SMS/ 이메일 알림	이메일 알림
첫번째 행의 값을 바꾸면 같은 열의 다른 행의 값들도 변경이 됩니다.				주간 (수	주간 (수)	주간 (목	주간 (목)	주간 (금)	주간 (	주간 (화	주간 (화)	매일	없음
담당자	***	+82 010-****	**********@nave	주간 (수	주간 (수)	주간 (목	주간 (목)	주간 (금)	주간 (	주간 (화	주간 (화)	매일	4시간에 한번

✔ 저장

■ 주소록 / 배송정보 관리

새 주소지 등록 버튼을 클릭해 새로운 출고지, 반품지를 설정할 수 있다. **수정** 버튼을 클릭해 주소지 설정을 수정할 수 있다.

주소록/배송정보 관리 자세히 알아보기

ⓘ 안내사항

총 6 개

새 주소지 등록

전체

구분	주소지명	주소/전화번호		택배사	도서산간 추가배송비		배송사 승인상태	주소지 사용여부
					제주	제주 외		
반품지	위탁상품반품지	[*****] 서울특별시 *** ******** 010-****-****	수정	-	배송불가	배송불가	승인됨	사용중
출고지	위탁상품	[*****] 서울특별시 *** ******** ***** 010-****-****	수정	-	배송안함	배송안함	-	사용중

■ 사업자등록 정보 변경

▶ 사업자등록증의 대표자, 사업자명(상호), 사업장소재지(주소), 사업종류(업태 / 업종)가 변경되었다면 쿠팡윙에서 '온라인문의'로 변경 요청을 하면 된다.

> 쿠팡 WING에서 **온라인문의** → **회원정보** → **'대표자, 상호, 주소, 업태 / 업종, 전화번호, 이메일은 어떻게 바꾸나요?'**를 클릭한 후 필요서류 등 내용을 확인하고 화면 하단에 있는 **'온라인 문의하기'**를 클릭해 진행하면 된다.

▶ 사업자등록번호가 변경되었을 때는 새로운 사업자등록증으로 쿠팡에 신규로 입점해야 한다.

▶ 사업자 과세 유형이 간이 → 일반 또는 일반 → 간이로 변경되었을 때는 쿠팡에서 추가로 변경할 사항은 없다.

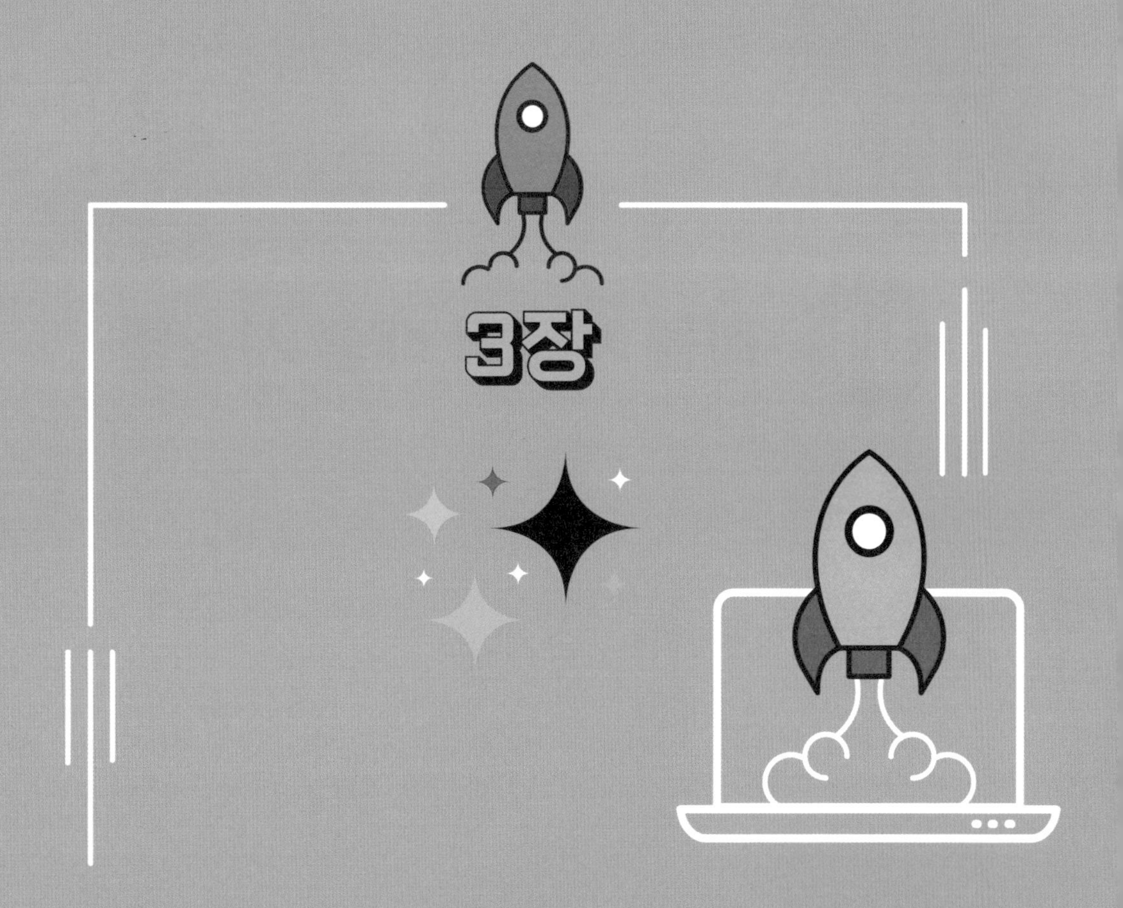

3장

판매자가 알아야 할 쿠팡 플랫폼

01 회원 제도와 배송 시스템

1 유무료 회원에 따른 배송 서비스

쿠팡은 회원 가입을 한 후 상품을 구매할 수 있다. 쿠팡 회원은 무료 회원(일반 회원)과 유료 회원(로켓와우 회원)으로 나뉘는데, 유료 회원은 매달 월 사용료 7,890원을 내는 회원이다. 당연히 쿠팡은 유료 회원에게 다양한 혜택을 주고 있다.

고객은 무료배송 상품을 선호한다. 쿠팡의 '로켓배송' 상품은 기본적으로 무료배송 상품이다. 로켓배송은 밤 12시 이전에 주문하면 다음 날 배송받을 수 있는 서비스로 주말, 공휴일 상관없이 배송된다.

쿠팡 로켓와우 회원이 되면 로켓배송 상품은 금액에 상관없이 무료배송/무료반품을 할 수 있다. 로켓와우 상품은 새벽배송 및 당일배송, 무료반품을 할 수 있다. 또 로켓프레시 상품은 15,000원 이상 구매 시 새벽배송 및 당일배송을 받을 수 있다.

일반 회원이 로켓배송 상품을 구매하려면 총구매 금액이 19,800원 이상이 되어야 한다. 예를 들어 판매 가격이 10,000원인 로켓배송 상품을 구매하려면 2개 이상을 구매하든지 아니면 이 상품을 장바구니에 담아두고 추가로 다른 상품을 장바구니에 담아 총결제 금액이 19,800원 이상이 되도록 해야 한다.

'로켓프레시'는 신선식품을 당일 및 새벽배송을 해주는 서비스다. 신선식품의 경우 와우 회원이 아닌 사람의 화면에서는 로켓프레시 상품이 아니라 일반 판매 상품

위주로 보여진다. 회원이 아닌 사람은 로켓프레시 상품을 구매할 수 없기 때문이다. 이는 로켓프레시 납품 판매자가 아닌 일반 판매자도 신선식품을 판매해서 성과를 올릴 수 있다는 의미이기도 하다.

판매자는 쿠팡 고객의 검색 화면에 상품이 어떻게 노출되고, 배송은 어떻게 되는지 등 쿠팡 시스템을 잘 이해하고 그에 맞춰 판매 전략을 짜야 한다.

검색결과 화면: 〈일반 회원〉 〈와우 회원〉

구분	일반 회원	유료 회원(로켓와우 회원)
상품 구매	가능	가능
로켓배송 상품	총구매 금액이 19,800원 이상되어야 로켓배송 상품 구매 가능	금액에 상관없이 구매 가능
로켓프레시 상품	구매 불가	15,000원 이상 주문 시 구매 가능
무료배송	불가 (19,800원 이상 구매 시 로켓배송 상품 무료배송)	로켓배송 상품은 무료배송 로켓프레시와 로켓직구 상품은 19,800원 이상 구매 시 무료배송
무료반품	불가	로켓배송 상품은 무료반품(단순변심도 30일 이내 무료반품 가능) - 일부 품목 제외 - 로켓프레시, 로켓직구 상품 제외

02 쿠팡 주요 용어

온라온 쇼핑몰이나 오픈마켓에서 판매를 해본 사람은 이머커스 용어가 익숙하겠지만, 온라인 판매가 처음인 사람은 이러한 용어가 생소하고 알아도 명확하게 알지 못하는 경우가 있다.

쿠팡 판매를 하기 전에 쿠팡에서 자주 사용하는 용어에 대해 알아보자. 다음은 쿠팡 WING → 도움말 → 이용안내 → 용어정리에 나오는 것을 요약 정리한 것이다.

판매자콜센터: 쿠팡 판매자가 정보 안내, 상담을 받을 수 있는 콜센터(전화 1600-9879)
판매관리시스템 WING (WING): 쿠팡에 상품을 등록하고 판매를 관리할 수 있는 시스템
판매자코드 (판매자ID): 쿠팡이 판매자에게 부여하는 9자리 고유 번호(예: A00012345)
로그인ID (사용자계정, 사용자ID): 쿠팡에 입점할 때 만든 ID. WING에 로그인할 때 사용
판매수수료: 전자상거래 플랫폼 및 서비스 이용 대가로 쿠팡에 납부하는 수수료. 상품이 속한 카테고리를 기준으로 수수료율이 다르다.
판매자서비스이용료: 판매자의 월 매출이 100만 원 이상일 경우 이용료 5만 원을 매월 부과한다. 단, 가전/컴퓨터/디지털 카테고리 상품은 월 매출이 500만 원 이상일 경우 이용료 5만 원을 매월 부과한다.(VAT는 별도)
상품상세페이지: 상품목록페이지에서 대표이미지를 클릭했을 때 열리는 페이지 '대표이미지 + 상세설명'으로 구성된다.

상품목록페이지: 카테고리를 선택해 검색된 상품들의 목록이 보이는 페이지

검색결과페이지: 검색어로 검색된 상품들의 목록이 보이는 페이지

마켓플레이스 (오픈마켓, 아이템마켓): 여러 판매자가 같은 상품을 한 페이지에서 파는 장터

아이템페이지: 쿠팡에서는 동일한 상품에 대해서 하나의 상품페이지로 상품이 노출된다. 여러 판매자가 동일 상품을 판매할 경우 내부 기준에 따라 선정된 아이템위너 판매자의 상품이 대표로 노출되며, 이러한 상품페이지를 아이템페이지라 한다.

아이템위너 [바이박스(Buy box)]: 여러 판매자가 같은 상품을 팔 때 가장 좋은 고객 경험을 주는 판매자의 상품을 아이템위너로 선정해 대표로 노출한다. 가격, 배송, 판매자점수 등 다양한 조건에 따라 아이템위너를 실시간으로 선정한다.

판매자점수 (판매자 평점): 판매자가 제공하는 고객 경험을 측정해 점수로 나타낸 지표. 지난 7일, 30일간의 주문이행, 정시출고완료, 정시배송완료, 24시간 내 답변, 총 4가지 평가 항목별 판매자점수를 산정한다. 판매자점수 측정기준 등은 변동될 수 있다.

브랜드 샵 (패션마이샵, 샵인샵): 패션 카테고리에서 같은 브랜드(또는 같은 판매자)의 상품을 모아 보여주는 방식. 판매자는 자신이 파는 브랜드의 여러 패션 상품을 한번에 보여줄 수 있고, 고객은 필터를 통해 원하는 상품을 손쉽게 찾을 수 있다.

쿠팡상품정보 (카탈로그 Catalog): 상품을 등록할 때 입력하는 정보

- 고객이 내 상품을 더 잘 찾게 하는 정보: 카테고리, 상품명, 검색어, 구매옵션, 검색옵션
- 고객이 내 상품을 더 사고 싶게 만드는 정보: 대표이미지, 상세설명

카테고리: 쿠팡에 등록된 상품을 고객이 찾기 쉽게 분류하는 기준. 상품과 맞지 않는 카테고리에 등록할 경우 적정 카테고리로 이동될 수 있으며, 최종 카테고리에 맞는 판매수수료가 부과된다.

등록상품명: 쿠팡에 상품을 등록할 때 판매자가 자유롭게 입력하는 상품명. 발주서에 사용되는 상품명으로, 고객에게는 보이지 않는다. 관리하기 편한 이름으로 설정한다.

노출상품명 (상품명): 실제 판매 페이지에 노출되는 상품명. '브랜드명+제품명'으로 구성해 쿠팡에서 노출하고자 하는 상품명을 입력한다.(상품등록 후 쿠팡 기준에 맞게 변경될 수 있다.)

검색어 (검색태그, 검색 키워드, 키워드): 쿠팡에서 판매자의 상품이 더 잘 검색되도록 등록하는 상품 관련 단어

옵션 (노출속성, 구매옵션): 고객이 상품을 구매할 때 선택하는 옵션

검색필터 (비노출속성, 검색옵션): 고객이 상품 검색 시 필터로 사용되는 옵션

상품이미지: 상품이미지는 '대표이미지'와 '추가이미지' 2가지로 나뉜다.

상세설명 (상품 설명, 콘텐츠): 상품상세페이지에서 상품의 특장점을 소개하는 글과 이미지

상품 [제품, 프로덕트(Product)]: 쿠팡 기준에 맞춰 분류한 상품 단위 (예: 나이키 레볼루션 R2345)

아이템: 상품을 옵션과 검색필터로 분류한 상품 단위 (예: 나이키 레볼루션 R2345 레드 220)

옵션 (벤더아이템): 아이템을 판매자별로 분류한, 쿠팡에서 실제로 판매되는 상품 단위 [예: (A판매자의) 나이키 레볼루션 R2345 레드 220]

옵션ID [벤더아이템ID(Vender item ID)]: 벤더아이템에 부여되는 고유 번호

옵션명 [벤더아이템명(Vender item name)]: 옵션의 이름. 상품명과 옵션/검색필터의 값을 조합해 만든다. (예: 나이키 레볼루션 R2345 레드 220)

등록상품ID [벤더 인벤토리 ID(Vender inventory ID), 업체상품ID]: 판매자가 등록한 상품 단위를 기준으로 부여하는 고유 번호

노출상품ID [프로덕트 아이디(Product ID), 쿠팡상품번호]: 쿠팡 기준에 맞춰 분류한 상품 단위를 기준으로 부여하는 고유 번호

출고지: 판매자가 상품을 내보내는 곳

반품지 (반품처, 반송지, 회수지): 판매자가 반품된 상품을 회수하는 곳

인당최대구매수량/기간: 고객 1명이 최대로 구매할 수 있는 수량과 기준이 되는 기간

(예: 3개/2일 = 2일간 최대 3개 구매 가능)

추가정보요청메시지: 고객이 원하는 문구를 삽입하는 주문제작 상품의 경우, 고객에게 주문 추가 메시지 입력을 요청하는 문구를 등록할 수 있다. 판매자가 상품을 등록할 때 직접 입력하거나 선택할 수 있다. (예: 화환에 넣을 문구를 입력하세요.)

상품인증정보: 「전기용품 및 생활용품 안전관리법」에 따른 생활용품, 어린이용품, 전기용품 등 일부 카테고리 상품을 온라인에서 판매할 때 필수로 게시해야 하는 안전인증 관련 정보. 법령을 준수해 안전인증 관련 정보를 입력해야 한다. 인증정보유형, 인증번호를 입력하면 상품상세페이지에 인증마크와 함께 표시한다. 인증·신고 등 정보 입력에 관련 모든 책임은 판매자에게 있으며, 허위 정보 입력 시 판매중지 될 수 있다.

묶음배송 (합포장, 합배송): 고객이 같은 판매자의 여러 상품을 한번에 구매했을 때 하나로 포장해 배송하는 서비스(동일 주문번호). 고객이 같은 판매자의 여러 상품을 나누어 구매했을 때 하나로 포장해 배송하는 서비스(다른 주문번호).

분리배송: 고객이 같은 판매자의 여러 상품을 한번에 구매했지만 판매자의 사유로 상품을 각기 나눠 배송하는 서비스

운송장 (송장): 상품의 운송 내용을 기재한 문서

운송장번호 (송장번호): 상품의 배송 현황을 관리하기 위해 택배사가 부여한 번호

기본배송비 (일반배송비): 고객에게 상품을 배송할 때 발생하는 택배비용(편도). 조건부 무료배송, 유료배송일 때에만 입력한다.

초도배송비 [초도반품배송비, 초도배송비(편도)]: 무료배송, 조건부 무료배송 상품(조건 금액 충족)을 고객이 무료로 구매했을 때 판매자가 부담한 배송비. 무료로 배송된 상품을 반품할 때 발생하는 배송비로, 무료배송일 때에만 입력한다.(= 무료배송의 기본배송비)

반품배송비 [반품배송비(편도)]: 고객이 주문한 상품을 반품/교환 시, 회수할 때 발생하는 배송비로 반품/교환 사유를 제공한 자가 부담한다.

도서산간추가배송비: 제주 및 도서산간 지역에 배송할 때 고객에게 추가로 부과하는 배송비

발주서: 주문 및 배송에 관한 정보를 담은 문서. 내려받아 주문내역을 확인하고 운송장번호를 작성해 업로드할 때 사용한다.

회수운송장 (반송장, 반품 송장): 회수되는 반품/교환 상품의 운송 내용을 기재한 문서

회수운송장번호 (반송장 번호): 회수되는 반품/교환 상품의 배송 현황을 관리하기 위해 택배사가 부여한 번호

출고소요기간: 주문이 접수될 때부터 상품을 발송할 때까지 걸리는 기간을 일 단위로 표시한 단위

배송소요기간: 상품을 발송할 때부터 배송이 완료될 때까지 걸리는 기간을 일 단위로 표시한 단위

배송예정일 (도착예정일): 고객이 상품을 수령할 것으로 예상되는 날짜. 결제완료일을 기준으로 출고소요기간과 배송소요기간을 더해 계산한다.

03 쿠팡 수수료와 판매 비용

1 상품 판매에 따른 비용

쿠팡 마켓플레이스 판매자가 기본적으로 부담해야 하는 비용은 **판매수수료**와 **판매자서비스이용료**다.

판매수수료는 쿠팡이 판매자에게 오픈마켓이라는 전자상거래 장터를 제공해 주고 판매가 일어나면 그 대가로 받는 금액이다. 쿠팡의 판매수수료는 판매 상품의 카테고리 수수료율에 따라 부과된다.

판매자서비스이용료는 쿠팡이 판매자의 판매 활동을 돕기 위해 제공하는 각종 서비스에 대한 대가로 받는 금액이다. 판매자의 월 매출이 100만 원 이상일 때 월 5만 원(부가세 별도)이 부과된다.

만일 로켓그로스로 판매한다면 판매수수료와 쿠팡풀필먼트 이용 요금(입출고 요금, 배송 요금, 보관 요금, 반품 요금, 폐기 요금, 부가서비스 요금)을 지불해야 한다.

1) 카테고리 판매수수료

쿠팡의 판매수수료는 4~10.9%(부가세 별도)로, 스마트스토어보다는 높고 타 오픈마켓보다는 낮은 편이다. 스마트스토어의 수수료는 네이버 연동수수료 2%+네이버

페이 주문관리 수수료 1.98~3.63%(부가세 포함)다.

쿠팡의 판매수수료 산정 기준 금액은 고객이 실제로 결제한 금액이다. 예를 들어 고객이 모든 할인을 적용받아 10,000원을 결제했고, 판매 상품의 카테고리 수수료가 10.8%라면 판매수수료는 10,000원×10.8%=1,080원이 된다. 여기에 부가세 108원을 더해 정산 시 1,188원을 공제하고 판매자의 계좌로 판매대금이 입금된다.

참고로 쿠팡은 배송비에도 **배송비 수수료 3%(부가세 별도)**를 부과하고 있다.

쿠팡윙에서 **도움말→판매수수료**를 검색해 **'카테고리별 수수료 자세히 보기'**를 클릭하면 수수료를 확인할 수 있다.(상품등록 시 카테고리를 설정하면 판매수수료율이 표시된다.)

(2019년 11월 25일 기준)

대분류	중분류	소분류	기준 수수료
가전디지털	기본 수수료	-	7.8%
	게임	성인용게임(19)	6.8%
		휴대용게임	6.8%
		PC게임	6.8%
		TV/비디오게임	6.8%
	냉난방가전	냉난방에어컨	5.8%
	냉방가전	멀티형에어컨	5.8%
		벽걸이형에어컨	5.8%
		스탠드형에어컨	5.8%
		이동식 스탠드형에어컨	5.8%
	카메라/카메라용품	기타카메라	6%
		디지털카메라	5.8%
		초소형/히든카메라	6%
		카메라렌즈	5.8%
		캠코더/비디오카메라	6%
		DSLR/SLR카메라	5.8%
	태블릿PC/액세서리	태블릿PC	5%

대분류	중분류	소분류	기준 수수료
가전디지털	생활가전	냉장고	5.8%
		세탁기	5.8%
	빔/스크린	빔/프로젝터	5.8%
	영상가전	영상액세서리	5.8%
		TV	5.8%
		VTR/DVD플레이어	5.8%
	컴퓨터/게임	컴퓨터	5%
	컴퓨터주변기기	3D프린터	5.8%
		기타프린터	5.8%
		레이져복합기	5.8%
		레이져프린터	5.8%
		모니터	4.5%
		복사기	5.8%
		스캐너	5.8%
		잉크젯복합기	5.8%
		잉크젯프린터	5.8%
		포토프린터	5.8%
가전디지털	컴퓨터주변기기	마우스/키보드	6.5%
		유무선공유기	6.5%
		태블릿/노트북악세사리	6.4%
		기타	6.4%
가구/홈인테리어	기본 수수료	-	10.8%
도서	기본 수수료	-	10.8%
음반	기본 수수료	-	10.8%
문구/사무용품	기본 수수료	-	10.8%
	문구/팬시용품	광학용품	8.8%
	사무용지류	포토전용지	7.8%

대분류	중분류	소분류	기준 수수료
출산/유아	기본 수수료	-	10%
	기저귀/물티슈	기저귀크림/파우더	9.8%
	영유아물티슈	영유아물티슈	8.2%
	영유아식품	-	7.8%
	분유	유아분유	6.4%
	기저귀	배변훈련팬티	6.4%
		수영장기저귀	6.4%
		일회용기저귀	6.4%
		천기저귀	6.4%
스포츠/레저용품	기본 수수료	-	10.8%
	골프용품	골프거리측정기/GPS	7.6%
		골프클럽	7.6%
		골프풀세트	7.6%
	자전거용품	성인용자전거	7.6%
		아동용자전거	7.6%
	스포츠의류	-	10.5%
	스포츠신발	-	10.5%
뷰티	기본 수수료	-	9.6%
생활용품	기본 수수료	-	7.8%
	의료위생/보조용품	금연용품(19)	10.8%
		기타금연/흡연용품	10.8%
		환자보조용품	10%
		흡연용품(19)	10.8%
	공구/철물/DIY	건전지/충전기	10.8%
		건축/도장재료	10.8%

대분류	중분류	소분류	기준 수수료
생활용품	공구/철물	가스부품	10.8%
		공구세트	10.8%
		공구함	10.8%
		기타공구및철물용품	10.8%
		대공용품	10.8%
		목장갑	10.8%
		보호복/작업복	10.8%
		수공구	10.8%
		수도부품	10.8%
		안전용품	10.8%
		자물쇠/보조키/도어락	10.8%
		철물용품	10.8%
		측적용공구	10.8%
	조명/배선/전기코드류	손전등	10.8%
		전구	10.8%
		전선/브라켓	10.8%
		LED패널	10.8%
	방향/탈취/살충제	모기퇴치용품	10%
	수납/정리잡화	기타가정용품	10.8%
		수납/정리용품	10.8%
		압축팩/커버	10.8%
		옷걸이/벽걸이	10.8%
	안전용품	가정/생활안전용품	10.8%
		안전사고방지용품	10.8%
	청소/세탁/욕실용품	-	10.8%
	해충퇴치용품	살충/방충용품	10%
	성인용품(19)	-	9.6%
	의료위생/보조용품	전자담배(19)	10.8%

대분류	중분류	소분류	기준 수수료
식품	기본 수수료	-	10.6%
	영양제	유아건강식품	7.6%
	채소류	감자/고구마	7.6%
	신선식품	쌀/잡곡류	5.8%
	면/라면	-	10.9%
완구/취미	기본 수수료	-	10.8%
	RC완구	RC드론/쿼드콥터	7.8%
자동차용품	기본 수수료	-	10%
	차량정비용품	타이어용품	9.6%
		휠/휠악세서리	9.6%
	차량용전자기기	경보기/스마트키	7.8%
		스마트기기용품	7.8%
		차량용음향기기	7.8%
		후방카메라/감지기	7.8%
	오토바이용품	-	7.6%
	방향제/디퓨저	차량용방향제	7.8%
	공기청정/방향/탈취	세정제/세정티슈	7.8%
		탈취제/세정제	7.8%
	차량가전용품	내비게이션	6.8%
		블랙박스	6.8%
		하이패스	6.8%
주방용품	기본 수수료	-	10.8%
	조리보조도구	제면기	7.8%
패션	기본 수수료	-	10.5%
	쥬얼리	순금/골드바/돌반지	4%
	패션의류	-	10.5%
	패션잡화	-	10.5%
반려/애완용품	기본 수수료	-	10.8%

2) 판매자서비스이용료

'판매자서비스이용료'는 판매자의 판매 활동을 돕기 위해 쿠팡에서 제공하는 각종 서비스에 대한 대가로 부과하는 금액이다.

배송비를 제외한 판매자의 월 매출이 100만 원 이상일 때 월 1회 5만 원(부가세 별도)을 부과한다.

기준	설명
부과 단위	판매자 단위
매출 기준	판매자 월 매출 100만 원 이상 - 단, 가전/컴퓨터/디지털의 경우 월 매출 500만 원 이상 - 매출금액 집계 시 배송비는 포함하지 않음
부과 기준	월 매출이 매출 기준 초과 시 매월 부과
판매자서비스이용료	5만 원(부가가치세 별도)/판매자
정산 차감 시점	월정산: 월정산 지급 시점 주정산: 최종액 지급 시점

일반 카테고리 상품과 가전/컴퓨터/디지털 카테고리 상품을 함께 파는 판매자에게는 한 카테고리가 월 매출 기준을 넘으면 5만 원을 부과한다. 단, 두 카테고리 월 매출이 모두 기준을 넘어도 5만 원만 부과한다.

2 판매 방식에 따른 비용과 마진 계산하기

쿠팡에서 상품을 판매하는 방식은 마켓플레이스, 로켓그로스, 로켓배송이 있는데, 이들 판매 방식에 따라 수수료와 지불해야 하는 비용이 다르다. 따라서 판매자는 어떤 방식의 판매가 자신에게 유리한지를 따져보고 판매할 필요가 있다. 판매자의 상황이나 상품 특성을 고려해 어떤 방식이 더 많은 마진이 남는지를 계산해 보고 결정하면 된다.

마켓플레이스와 로켓그로스 방식으로 판매할 때는 상품 결제 금액에 카테고리에 따른 수수료율을 적용해 판매수수료가 부과된다. 로켓그로스는 이에 더해 쿠팡풀필먼트 이용 요금(입출금 요금+배송 요금+보관 요금 등)이 부과된다.

로켓배송은 수수료 개념이 아니라 쿠팡에 물건을 공급하는 것이기에 공급가 개념이다. 쿠팡 BM과의 협의에 따라 일반적으로 마켓플레이스에서의 판매가격의 60~70% 정도에서 공급가가 결정되는데, 판매자가 공급가와 함께 상품등록을 하면 쿠팡에서 매입 여부를 결정하게 된다.

판매자는 수수료와 판매 관련 비용을 알고 있어야 정확한 마진을 계산할 수 있다. 이런 것을 모르고 무턱대고 판매하다 보면 역마진이 날 수도 있다.

1) 상품 판매에 따른 수수료와 제반 비용

쿠팡 마켓플레이스 판매자가 기본적으로 부담해야 하는 비용은 판매수수료와 판매자서비스이용료다. 판매수수료는 판매 상품의 카테고리 수수료율에 따라 부과되고, 판매자서비스이용료는 판매자의 월 매출이 100만 원 이상일 때 월 5만 원(부가세 별도)이 부과된다.

구분		마켓플레이스	로켓그로스	로켓배송
판매수수료	기준 금액	고객이 실제로 결제한 금액		-
	수수료율	카테고리별 4~10.9%(부가세 별도)		-
공급가		-	-	마켓플레이스 판매가격의 60~70%
배송비 수수료		배송비의 3% (부가세 별도)	-	-
판매 관련 추가 비용		없음(무료배송인 경우 배송비)	쿠팡풀필먼트 요금	-
판매자서비스이용료		(월 매출 100만 원 이상 시) 5만 원(부가세 별도)		-
정산주기		주정산, 월정산	주정산, 월정산	세금계산서 발행일 (입고일+1일) +60일째

2) 판매 방식별 마진 계산하기

다음과 같은 상품을 판매한다고 가정할 경우 판매 방식별 마진을 계산해보자.

- ＊ 상품명: 자외선 차단 마스크
- ＊ 상품 카테고리: 패션의류잡화>유니섹스/남녀공용 패션>공용잡화>패션마스크
- ＊ 카테고리 판매 수수료: 10.5%(부가세 별도)
- ＊ 로켓그로스 개별 포장 상품 사이즈: 극소형[입출고/배송 비용: 판매가 20,000원 이상~30,000원 미만 3,300원(프로모션 진행가, 부가세 별도)]
- ＊ 로켓배송 공급가: 마켓플레이스 판매 가격의 70%

구분	마켓플레이스	로켓그로스	로켓배송
① 판매 가격	20,000원	20,000원	14,000원
② 생산원가	10,000원	10,000원	10,000원
③ 판매수수료 11.55%(부가세 포함)	2,310원	2,310원	없음
④ 배송비	3,000원	없음*	없음*
⑤ 배송비 수수료 3.3%(부가세 포함)	99원	없음	없음
⑥ 택배 포장 비용	300원	없음	없음
⑦ 쿠팡풀필먼트 비용** (부가세 포함) (입출고 비용+배송비)	없음	**기본가: 4,235원** **프로모션가: 3,630원**	없음
⑧ 판매 마진 [① - ② - ③ - (④) - ⑤ - ⑥ - (⑦)]	**7,291원** **4,390원**(무료배송 시)	**4,060원**	**4,000원**
⑨ 부가가치세 (판매 마진×10%)	729원	406원	400원
⑩ 순이익	**6,562원**	**3,654원**	**3,600원**

* 쿠팡 물류센터로 상품 입고 시 물류 비용을 상품 개당 비용으로 산정해야 함.

** 풀필먼트 비용(부가세 별도): 2025.01.06부터 변경 및 신규 적용되었다.

1 입출고/배송 비용: 카테고리, 사이즈 유형, 판매가에 따라 입출고비 600원부터, 배송비 1,350원부터(2027.01.31까지 프로모션 진행)

2 보관비: **매 입고 시 30일 동안 무료**, 이후 CBM당 부과 / 31~60일 1CBM당 일 보관비 2,000원, 61~120일 2,500원, 121~180일 3,500원, 181일 이상 5,000원

3 반품 회수비: **매월 20개까지 무료**(판매자당) / 카테고리, 사이즈 유형, 판매가에 따라 상품당 부과 (2025.06.30까지 프로모션 진행)

4 반품 재입고비: **매월 20개까지 무료** / 판매가에 따라 300원부터(2025.06.30까지 프로모션 진행)

5 반출비: **매월 20개까지 무료**(판매자당), 이후 개당 300원(프로모션 진행중)

6 부가 서비스비: 바코드 부착비-사이즈 유형별로 125원부터

※ 자세한 요금은 쿠팡윙 → 도움말 → 로켓그로스 → 로켓그로스 서비스 비용 → '로켓그로스 판매 수수료 & 비용 안내'를 클릭해 확인할 수 있다.

이 상품은 대략 이와 같이 판매 비용과 마진을 계산해 볼 수 있다. 순이익을 보면 마켓플레이스 방식이 가장 많고 로켓그로스, 로켓배송 순이다. 그러면 여러분은 어떤 방식으로 판매할 것인가. 당연히 마진이 좋은 마켓플레이스 방식을 선호할 것이다. 그런데 그전에 고려해 봐야 할 것이 있다.

첫 번째는 판매량이다. 마켓플레이스 방식에 비해 로켓그로스나 로켓배송이 대체로 많이 팔린다.

로켓그로스는 '판매자로켓'이라는 배지를 달고 배송도 로켓배송과 동일하게 이루어진다. 빠른 배송을 원하는 고객 입장에서 보면 그만큼 메리트가 있는 것이다.

로켓배송은 쿠팡 고객이 가장 선호하는 시스템으로, 로켓배송 상품은 배송과 가격면에서 경쟁력 우위에 있는 상품이라 대부분 상위 노출되고 있다. 따라서 그만큼 잘 팔린다.

이러한 이유로 마켓플레이스 방식으로 팔 때 10개가 나간다면 로켓그로스나 로켓배송 상품은 100개가 나갈 수 있다. 그러면 개당 마진은 적다 하더라도 판매자의 총 수익금은 로켓그로스나 로켓배송이 더 많을 것이다.

두 번째는 창고 및 관리 인력 비용이다. 마켓플레이스는 위탁 판매가 아니라면 판매자가 상품을 창고에 보관해 두고 주문이 오면 택배 포장을 해서 배송한다. 창고 및 관리 인력 비용이 들어가는 것이다. 반면 로켓그로스나 로켓배송 방식은 판매자는 계약한 입고 상품을 쿠팡 물류센터로 보내기만 하면 된다. 상품 보관, 포장 및 배송, 반품 처리, 고객 응대 등 판매와 관련된 일들은 쿠팡에서 진행한다.

만일 마켓플레이스 방식으로 판매 시 창고 및 관리 인력 비용이 추가로 들어가야 하는 상황이라면 로켓그로스 방식을 고려하는 것이 유리할 수도 있다.

판매자는 이러한 판매 방식별 특성과 개별적인 상황, 상품 특성, 마진 등을 종합적으로 살펴보고 자신에게 실질적으로 더 많은 수익을 가져다주는 방식으로 판매하면 된다.

04 쿠팡의 정산 시스템

1 쿠팡 구매확정일

판매자는 쿠팡에서 물건을 판매하고 나면 쿠팡으로부터 판매금액에서 판매수수료를 공제하고 정산을 받는다.

쿠팡은 '구매확정일'을 기준으로 매출을 인식하고 정산한다.

구매확정일은 ① **고객이 상품 수령 후 직접 구매확정을 해주는 날**이거나 구매확정을 해주지 않으면 ② **배송완료일로부터 7일**(주말과 공휴일 포함)이 되는 날이 **자동 구매확정일**이다.

이 구매확정일을 기준으로 판매자가 선택한 '주정산'과 '월정산'에 따라 정산이 이루어진다.

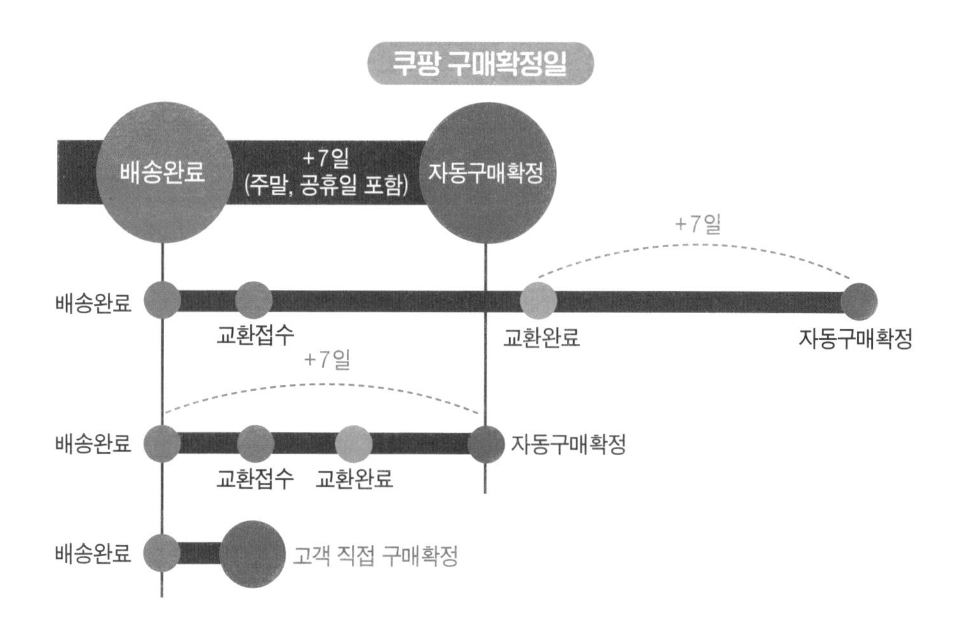

2 정산 유형

쿠팡의 정산 유형은 '주정산'과 '월정산'이 있다. 판매자가 자신의 자금 회전 상황 등을 고려해 운영에 편리한 쪽을 선택하면 된다.

정산 유형은 판매자에 따른 것이기에 개별 상품마다 다르게 설정할 수는 없다. 정상 지급일이 휴무일이면 익영업일에 지급된다.

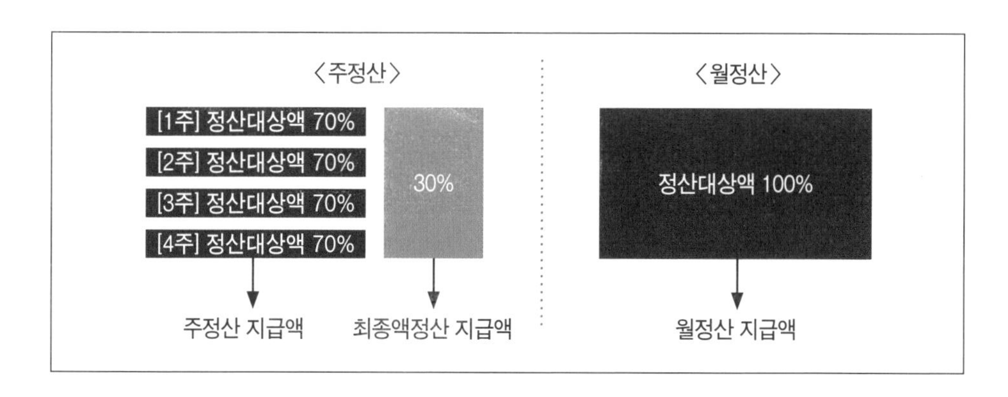

1) 주정산

구분	내용
정산대상	1주간(월요일~일요일) 구매확정 된 주문으로 발생한 매출 70%
계산방법	(매출금액 - 판매수수료) × 70% + (보류해제금액) - 공제금액
지급일	주정산 70%: 매주 일요일 기준 15영업일
	최종액정산 30%: 매월 말일 기준 익익월 첫 영업일

1주간(월~일) 구매확정된 주문으로 발생한 **매출의 70%를 15영업일째 되는 날**에 지급하고 **나머지 30%는 익익월 첫 영업일**에 지급한다.

주정산은 매출금액에서 판매수수료를 뺀 정산대상액의 70%가 주정산 지급액이다. 지급액에서 보류 해제된 보류액을 더하고 공제금액을 뺀 나머지를 최종 계산하여 정산한다. 정산대상액의 30%는 고객의 반품, 취소를 대비해 쿠팡이 유치하는 최종액으로, 최종액은 한 달치를 합산해 익익월 첫 영업일에 한번에 정산한다. 최종액도 지급액에서 보류 해제된 보류액을 더하고 공제금액을 뺀 나머지를 지급한다.

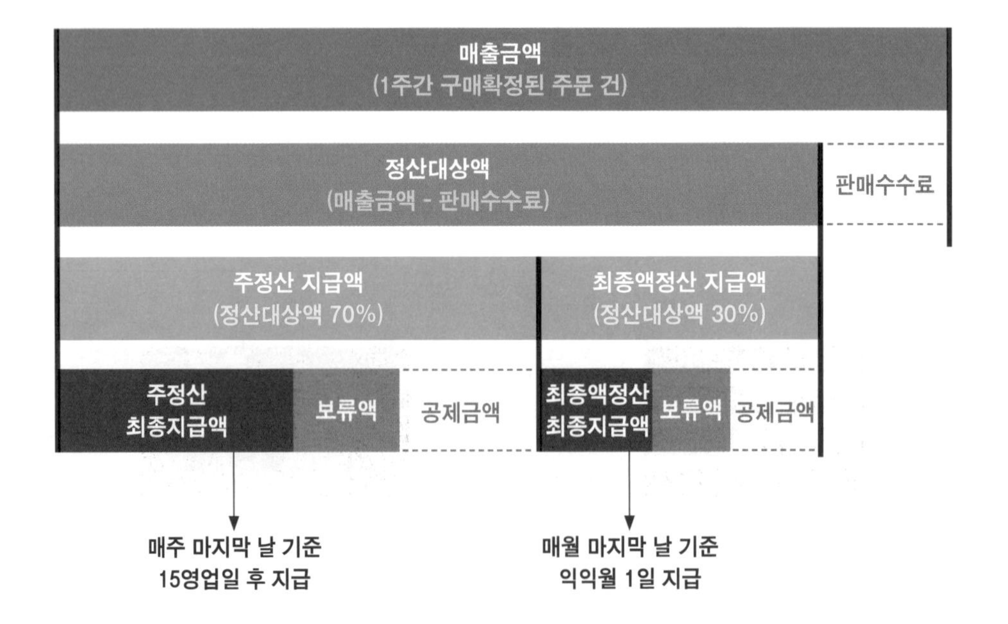

2) 월정산

구분	내용
정산대상	1달간(1일~말일) 구매확정 된 주문으로 발생한 매출 100%
계산방법	(매출금액 - 판매수수료) + (보류해제금액) - 공제금액
지급일	매달 마지막 날 기준 15영업일

한 달간(1일~말일) 구매확정된 매출을 **말일 기준 15영업일째 되는 날**에 지급한다. 이때 정산되는 최종지급액은 매출금액에서 판매수수료를 뺀 금액에서 보류액을 더하고 공제금액을 제외한 금액이다.

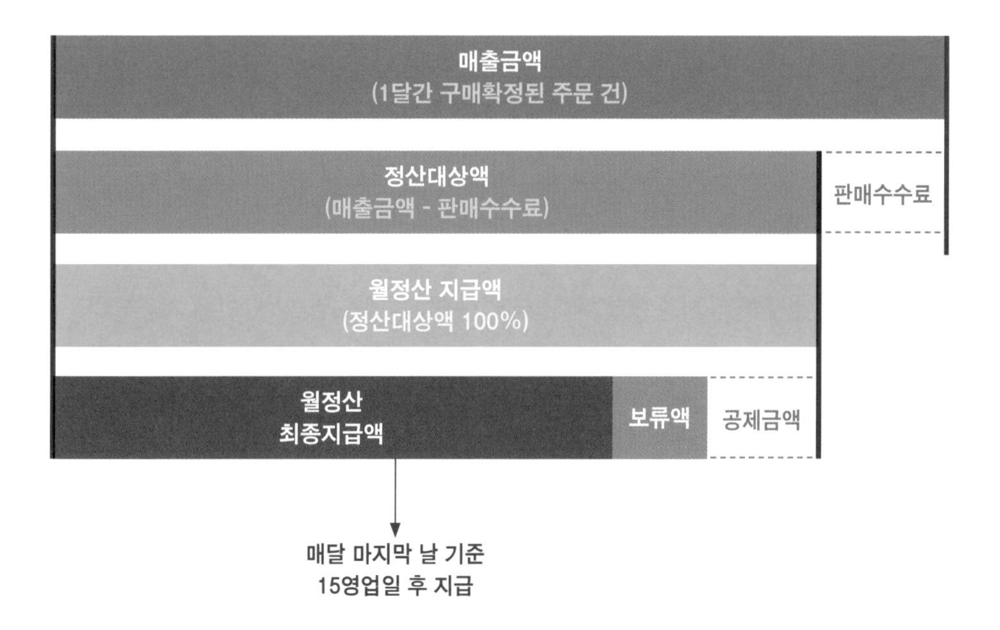

3) 추가지급

'추가지급'이란 판매자의 귀책사유가 아닌 회사(쿠팡) 또는 구매자의 귀책사유로 인하여 판매자에게 손실이 발생한 경우에 판매자의 요청에 따라 기본정산 이외에 추가로 정산을 진행하는 것을 말한다.

다음의 어느 하나에 해당하는 경우 추가지급을 진행할 수 있는데, 판매자의 귀책사유가 없음을 판매자가 입증해야 한다.

- 판매자가 회사(쿠팡)에게 불량 및 훼손을 사유로 회수된 건(사이즈 등 정량으로 표시 가능한 상품의 불량을 포함)에 대하여 확인을 요청하고, 판매자의 요청이 타당하다고 인정되는 경우
- 그 밖에 추가정산이 필요한 경우로서 판매자가 손실보전 사유가 발생한 날로부터 30일 이내에 회사(쿠팡)에 대하여 추가정산을 요청한 경우

판매자가 추가지급 요청을 하면 쿠팡이 사실관계를 확인한 후 정당한 손실에 한해 지급한다. 지급기준은 회사(쿠팡)와 판매자의 협의에 따라 산정된 지급가(판매자에 대한 해당 상품 정산가)를 기준으로 한다. 심사 승인 후 다음주 5영업일에 지급된다.

구분	추가지급 요청 방법
쿠팡확인요청	배송비가 부족하거나 회수한 상품에 문제가 있을 때 접수한다. 회수한 상품을 받은 날부터 168시간 이내에만 접수 가능하다.

3 정산 유형 설정하기

01_ 쿠팡 WING→판매자정보→추가판매정보를 클릭한다.

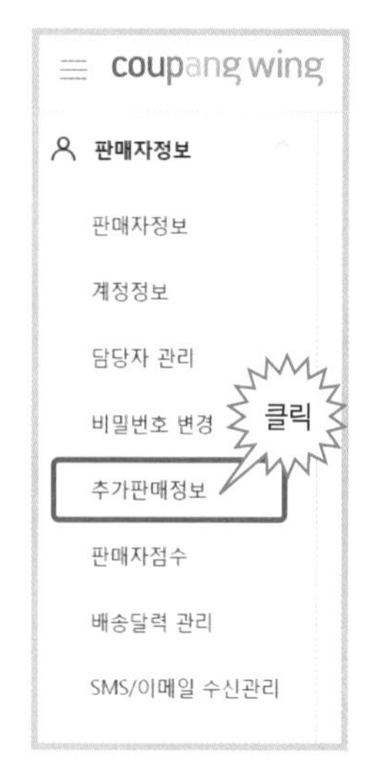

02_ 비밀번호를 입력한 후 확인을 클릭한다. '정산 정보'에서 '정산 유형'에 있는 **연필 아이콘**을 클릭한다.

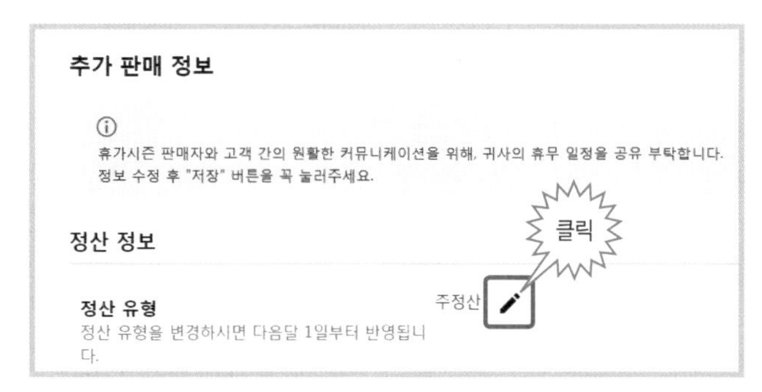

03_ 콤보 버턴을 클릭해 원하는 정산을 선택한 후 저장을 클릭하면 된다. 정산 유형을 변경하면 다음 달 1일부터 반영된다.

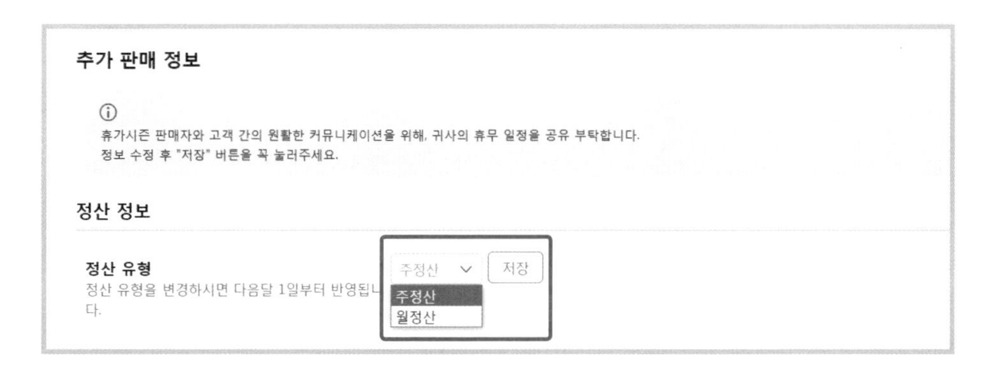

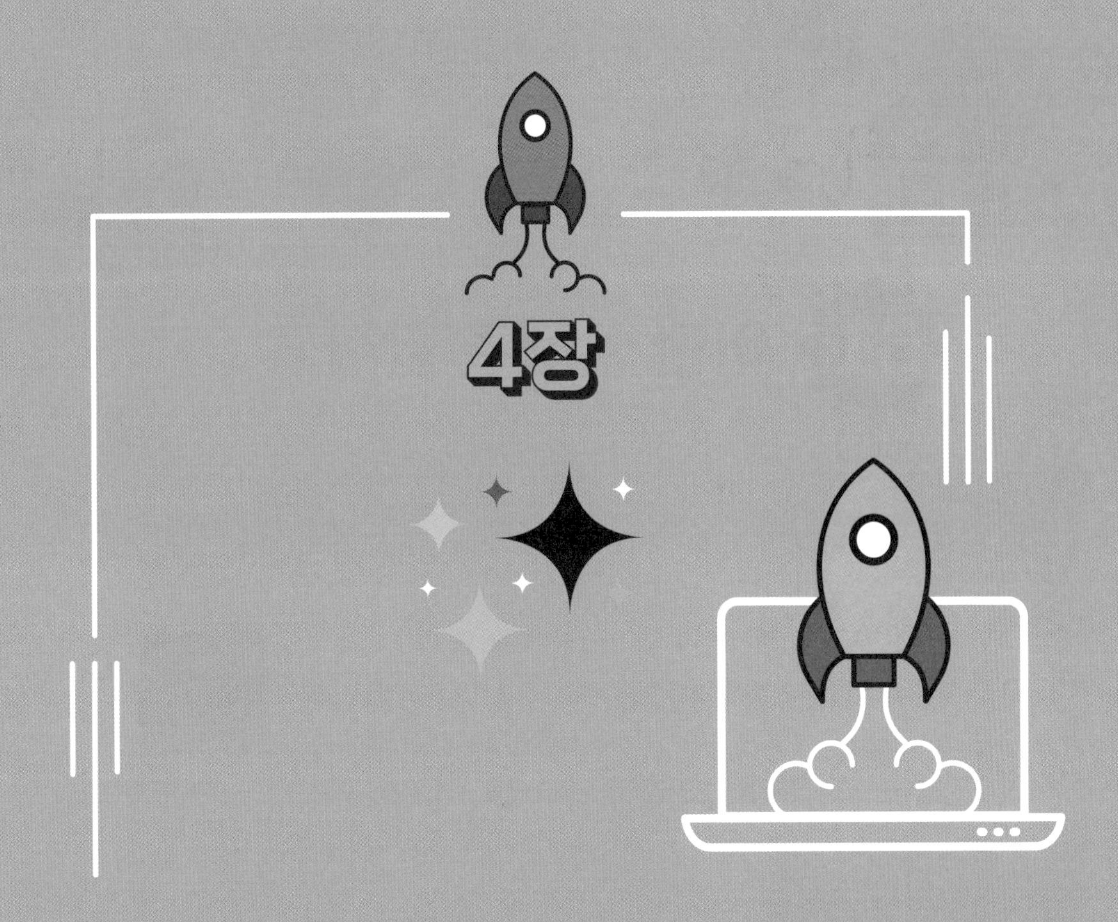

4장

팔리는 키워드와 아이템 찾기

01 어떤 상품을 팔까?

쿠팡에는 상품을 판매할 수 있는 다양한 카테고리가 존재한다. 대부분의 오픈마켓이 그렇듯이 쿠팡도 패션의류/잡화, 식품, 주방용품, 생활용품 등이 전통적인 인기 카테고리다. 특히 2023년부터는 식품 카테고리의 약진이 두드러진다. 쿠팡의 식품 카테고리는 국내 식품 시장의 성장률(6%)보다 3배 이상이 높은 20%의 상장률을 보였다.

쿠팡 메인화면의 대카테고리 순서는 고객의 인기를 반영한다고 할 수 있다. 어떤 플랫폼이든 인기 있는 카테고리를 먼저 보여준다.

쿠팡 판매자 중에는 제조사나 유통사 등 이미 자신이 팔아야 할 상품을 가지고 있는 사람도 있겠지만 그렇지 않은 사람도 많다. 아직 판매 아이템이 없는 사람은 다양한 방법과 노력으로 사람들이 좋아하는 아이템을 찾아야 한다. 나는 잘 모르지만 많은 사람이 알고 있는 또는 특정 마니아들만 알고 있는 그런 아이템이 있다. 판매자는 아이템을 찾아 끊임없이 공부해야 한다. 그래야 성공할 수 있다.

1 초보자가 피해야 할 카테고리

쿠팡의 다양한 카테고리 중에서 초보자나 규모가 작은 소상공인이 접근하기에는 힘든 카테고리가 있다. 아무리 좋은 아이템이라도 내가 진행할 수 없는 것이 있는 것이다. 여기서 말하는 것은 일반적인 이야기로 개별 판매자에 따라 다를 수 있으니 참고만 하기 바란다.

가전제품 및 전자제품

전자제품 및 가전제품은 'KC인증'이 필요한 상품군이다. 사람들은 인증과 검증이 끝난 브랜드 제품을 선호한다. 따라서 개인이나 소상공인이 쉽게 접근할 수 없는 카테고리다. 초보자는 가전제품과 전자제품을 판매하기보다는 '전자레인지용 용기'와 같은 연관 상품을 판매하는 것이 좋다.

식품

식품은 사람이 먹는 것으로 인체에 영향을 주는 것이기에 민감한 상품이다. 따라서 검증되지 않은 것은 판매하기가 어렵다. 건강과 관련 있기 때문에 이 상품군 구매자는 꼼꼼하게 비교하고 검증한 후 구매한다. 또 '마켓컬리' 등 식품군만을 전문적으로 취급하는 경쟁 플랫폼도 존재한다는 것도 상기해야 한다.

하지만 앞서 이야기한 것처럼 쿠팡의 식품 카테고리는 최근 들어 높은 성장률을 보이고 있다. 쿠팡의 로켓배송과 신선배송으로 인해 식품군의 온라인 판매량은 계속 증가하는 추세다. 식품 카테고리는 검증된 상품을 가져올 수 있거나 직접 상품을 제조하는 사람이라면 쿠팡에서 판매해도 좋은 카테고리라고 할 수 있다.

2 초보자가 시작하기 좋은 카테고리

초보자가 시작하기 좋은 카테고리는 먼저 '시즌 상품'이다. 시즌 상품은 장마철에 필요한 우산, 학기 초 학용품과 같이 어떤 특정 시기에 필요한 상품을 말한다. 이러한 상품들은 시기별로 수요량이 급격하게 증가하기 때문에 초보 판매자의 상품도 판매가 많이 될 가능성이 상당히 높다.

1) 시즌 상품 확인하기 - 네이버 데이터랩

그럼 시즌 상품은 어떤 것이 있는지 확인하는 방법을 알아보자. 네이버 데이터랩의 자료를 활용해 시즌 상품을 찾아볼 수 있다.

■ 클릭량 추이와 인기검색어 확인하기

01_ 네이버 데이터랩(https://datalab.naver.com/)에서 쇼핑인사이트 탭을 선택한다. '분야'에서 검색할 카테고리를 선택하고 2분류, 3분류까지 선택한다. '기간'은 '1년'을 선택하고 조회하기를 클릭한다.

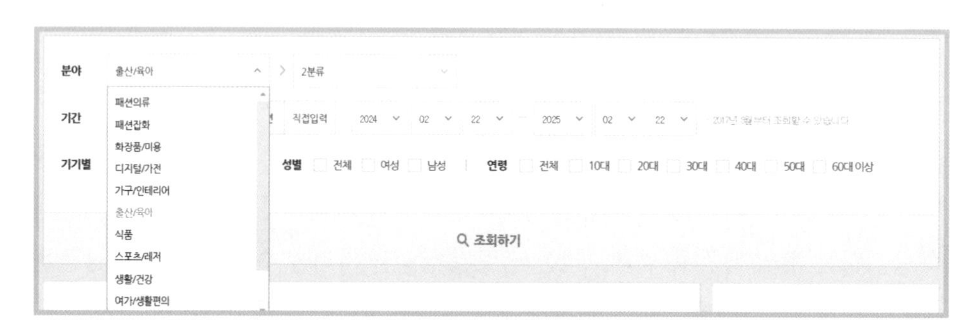

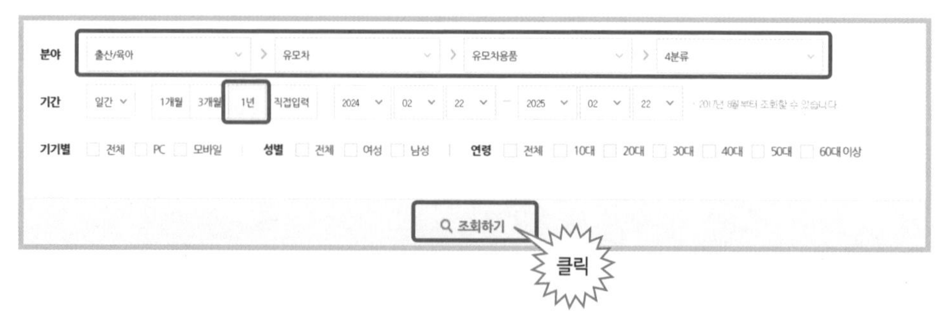

02_ 클릭량 추이와 인기검색어를 살펴본다.

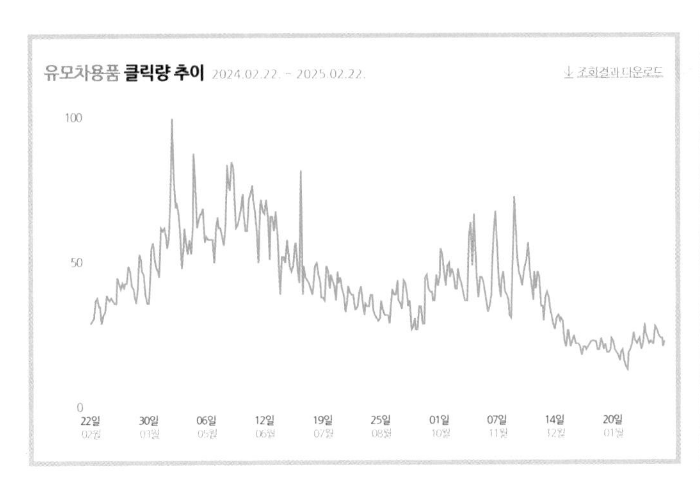

▶ 클릭량 추이는 특정 상품군이 어느 시기에 가장 많이 팔릴지를 확인할 수 있는 아주 중요한 지표다.

▶ 오른쪽의 인기검색어를 확인한다. 인기검색어는 선택한 카테고리에서 가장 인기 있는 검색어가 무엇인지를 확인할 수 있으며, 이는 무엇을 판매해야 할지를 말해주는 중요한 키워드다.

03_ 인기검색어 중에서 '유모차햇빛가리개'를 클릭한 후 조회하기를 클릭한다.

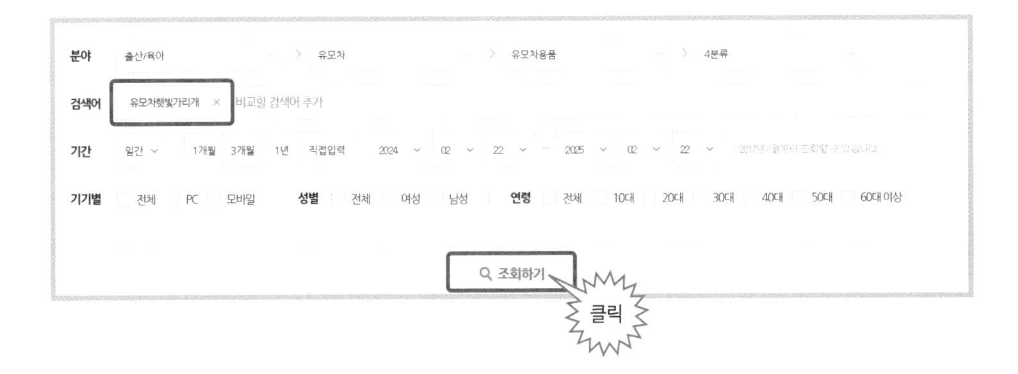

04_ 이 페이지에서도 기간을 설정해 상품이 잘 팔리는 시기를 확인해보자.

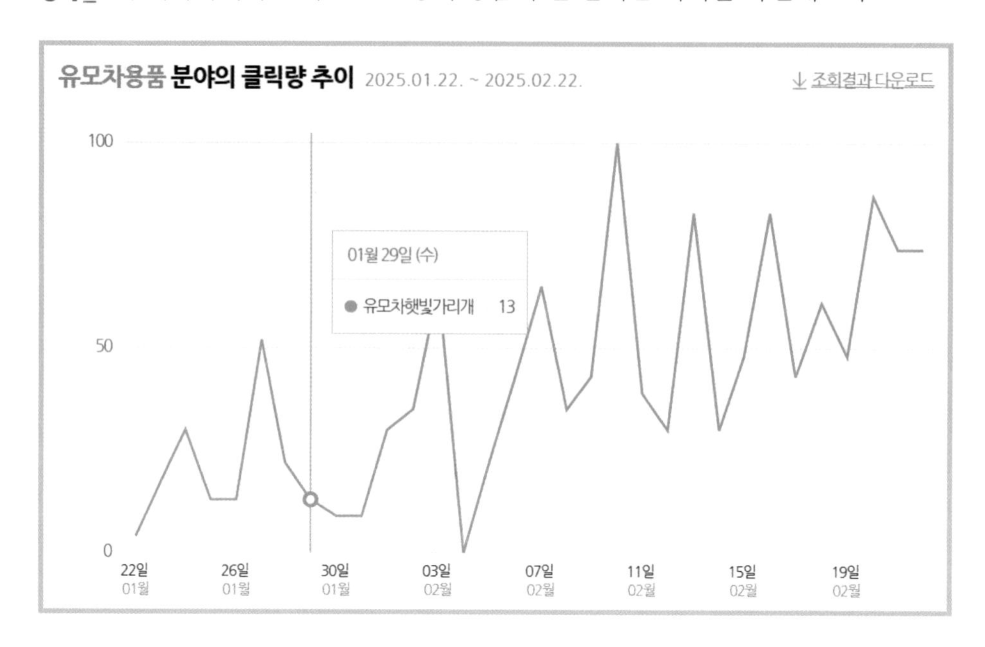

▶ 클릭량 추이를 확인해 상품이 잘 팔리는 시기를 예측하고, 미리 상품을 등록할 준비를 할 수 있다.

■ 검색어 트렌드 확인하기

01_ 데이터랩에서 상단 검색어트렌드 탭을 클릭한다.

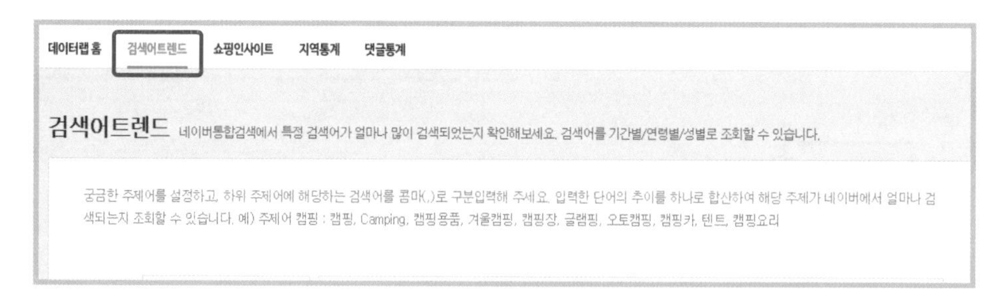

02_ 판매를 원하는 상품의 키워드를 '주제어'에 넣고 기간을 설정해 네이버 검색 데이터 조회를 클릭한다.

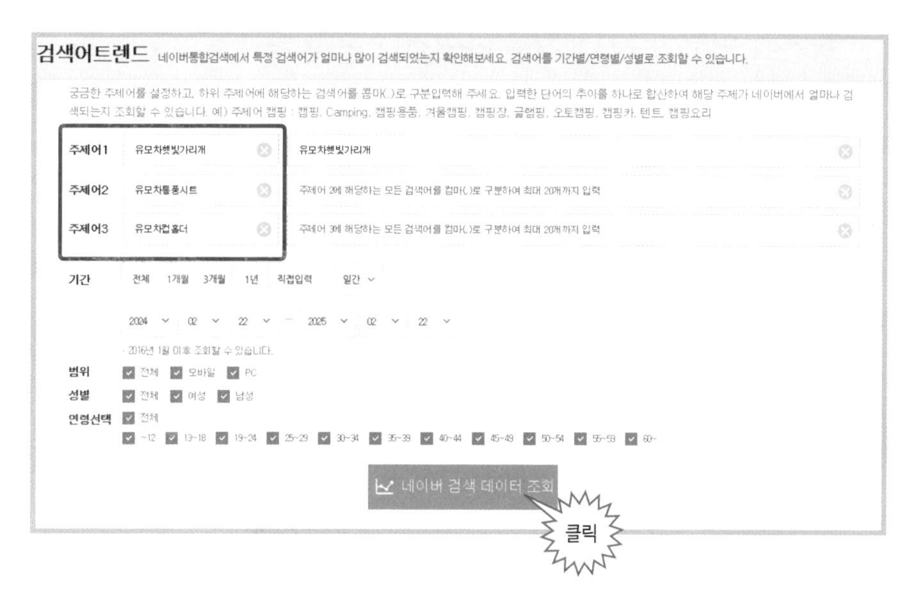

03_ 검색한 키워드의 클릭량과 추이를 보고 상품등록을 언제할지, 팔리는 상품일지를 판단한다.

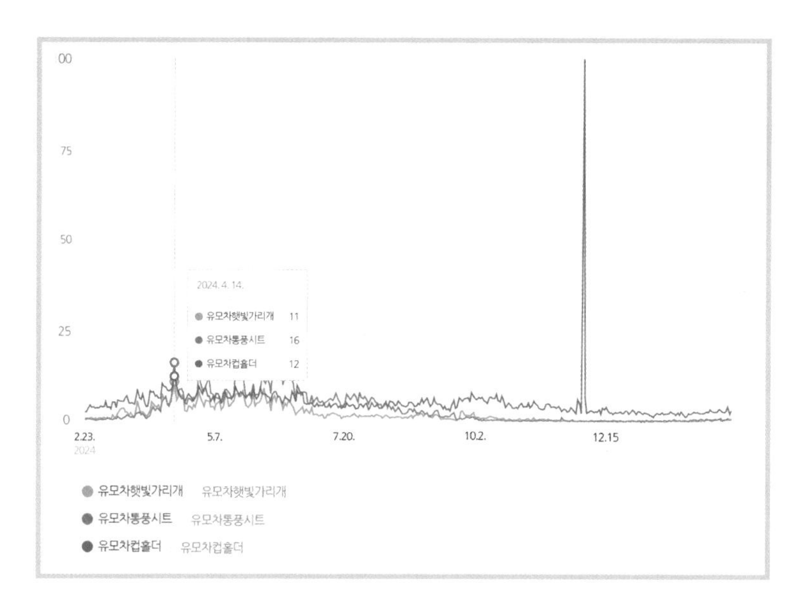

* '유모차햇빛가리개'와 '유모차통풍시트'는 봄이 되면서 검색량이 피크를 찍는 것을 알 수 있다.
* '유모차햇빛가리개'와 '유모차통풍시트'는 가을이 되면서 검색량이 줄어드는 반면 '유모차컵홀더'는 가을에도 변함이 없다. 유모차컵홀더는 가을까지도 판매를 기대할 수 있다는 것을 알 수 있다.

2) 시즌 상품 확인하기 - 통계청 온라인쇼핑 동향 자료

통계청 사이트를 활용해 시즌 상품을 찾을 수 있다.

01_ **통계청 홈페이지**(https://kostat.go.kr/)에서 **보도자료** 우측의 +더보기를 클릭한다.

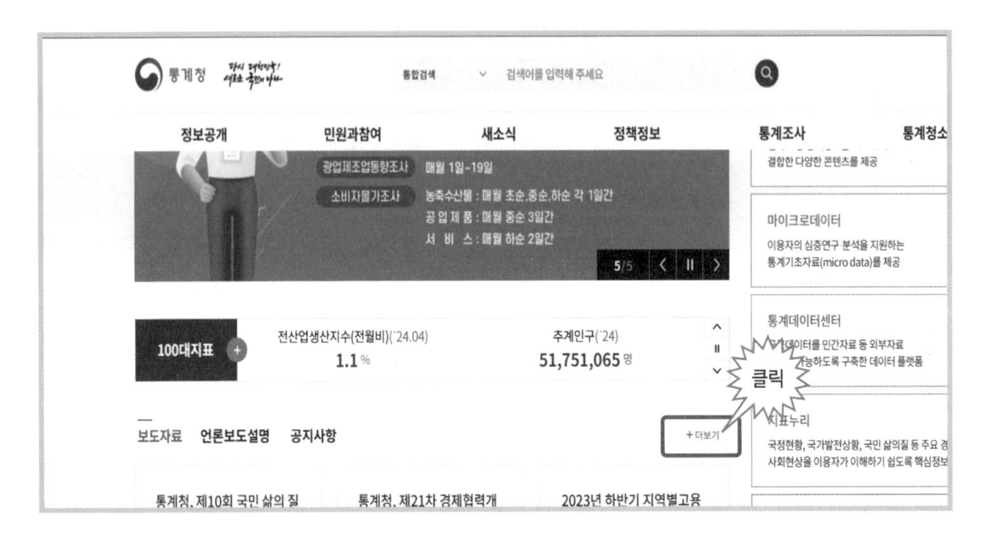

02_ 좌측 메뉴에서 도소매·서비스를 클릭한다.

03_ 온라인쇼핑동향 자료를 확인한다. 자료를 통해 온라인쇼핑 동향을 확인하고 판매할 상품군을 찾아볼 수 있다.

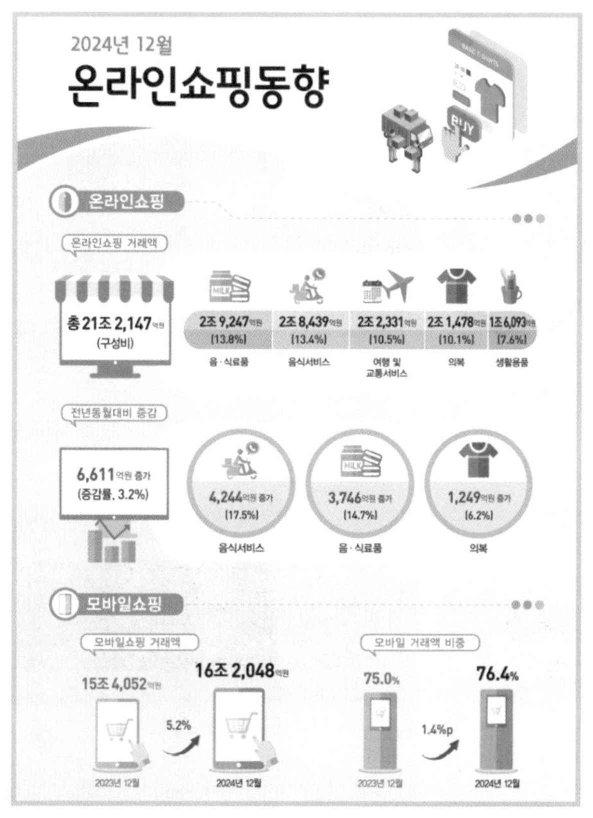

3 카테고리에 맞는 판매 전략을 세우자

판매에 있어서 가장 중요한 것은 아이템 찾기와 시장성 조사다. 시장조사 없이 '내가 좋아하는 상품을 팔아야지' 하는 것은 구매자의 생각이지 판매자의 시각이 아니다. 우리는 '판매자의 생각'을 가지고 아이템을 찾아야 한다.

앞서 말씀드린 식품 카테고리에 대해 좀 더 이야기해보자.

"식품 카테고리는 경쟁이 너무 치열하지 않나요?"라고 말할 수 있다. 맞는 말이긴 하지만 쿠팡의 식품 카테고리 판매는 좀 다르다. 앞서 이야기한 쿠팡의 롤링 시스템을 통해 충분히 경쟁을 이겨낼 수 있기 때문이다.

여기서 중요한 것은 롤링 시스템만으로 급진적인 판매를 이뤄낼 수 있는 것은 아니라는 것이다. 구매자가 그 상품을 클릭했을 때 구매하게끔 만들어내는 능력이 필요하다. 이것을 '전환율'이라고 한다. 판매자는 이 전환율을 올리는 것이 목표다. 특히 식품 카테고리는 다른 카테고리에 비해 구매자가 상품 정보를 꼼꼼하게 확인하는 과정을 거친다. 즉흥적으로 구매하기도 하는 생활잡화 카테고리와는 다르다.

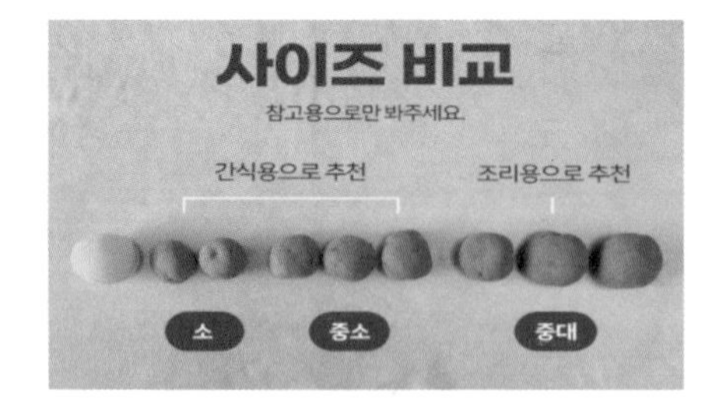

구매자의 구매를 유발하는 상세이미지와 적합한 가격, 빠른 배송은 카테고리를 불문하고 기본적인 판매 전략이다.

식품은 맛있게 보이는 사진으로 상세페이지를 구성하는 것만으로는 부족하다. 식품군은 포장 상태, 생산 과정, 상품의 사이즈 비교 등 고객이 이 상품을 믿고 먹어도 괜찮다라는 것을 꼭 보여줘야 한다.

의류 카테고리는 사이즈표와 실제 모델이 입고 있는 사진, 모델의 키와 몸무게 등 자세한 스펙이 꼭 명시되어 있어야 한다.

이렇듯 카테고리마다 상세페이지에 꼭 담아줘야 하는 특정한 것들이 있다. 이러한 필수적인 요소들을 확인하는 가장 좋은 방법은 현재 잘 판매되고 있는 상품의 상세페이지를 조사하는 것이다.

판매하고자 하는 상품을 쿠팡에서 검색해 상위 판매자들은 상세페이지를 어떤 요소들로 구성하고 있는지, 대표이미지는 어떻게 사용하고 있는지, 상세내용의 분량은 어떻게 되는지 등을 파악해 내 상품의 구성에 반영한다.

02 키워드가 곧 아이템이다

오픈마켓이나 온라인 쇼핑몰에서 물건을 살 때 우리는 먼저 검색창에 상품과 관련된 키워드를 입력한다. 키워드는 검색이나 광고 등에서 특정 내용이 들어 있는 정보를 찾기 위해 사용하는 핵심 단어나 기호를 말한다. 즉 내가 원하는 결과를 가장 잘 찾도록 해주는 단어라고 할 수 있다. 구매자는 검색창에 이 키워드를 입력하고 검색결과에 보이는 정보를 바탕으로 상품을 구매한다.

판매자는 구매자들이 입력하는 이 키워드를 분석하면 지금 어떤 상품을 팔아야 하는지를 알 수 있다. 사람들이 많이 검색하는 것, 인기 있는 것, 잘 팔리는 아이템이 무엇인지를 고객의 키워드와 검색량으로 알 수 있다.

1 키워드의 종류

키워드는 보통 **대표키워드**와 **세부키워드**로 나눌 수 있다.

대표키워드는 하나의 상품군을 대표하는 키워드다. 예를 들어 한우, 운동화, 슬리퍼, 물티슈와 같은 대카테고리의 키워드들이다.

세부키워드는 대표키워드에서 세분화된 키워드다. 마장동한우, 여름운동화, 욕실슬리퍼, 아기물티슈와 같은 키워드들이다.

구분	대표키워드	세부키워드
정의	전체를 대표하는 일반적인 키워드	대표키워드에서 세분화된 구체적인 키워드
검색량	많다	적다
상품수	많다	적다
경쟁 정도	심하다	약하다
예시	한우, 운동화, 슬리퍼, 물티슈	마장동한우, 여름운동화, 욕실슬리퍼, 아기물티슈

세부키워드는 일반적으로 대표키워드에 비해 검색량이 적고, 상품수도 적다. 그런데 세부키워드 중에 상품수는 적은데 검색량이 많은 키워드가 있다. 사람들이 많이 찾는데 상품수는 아직 많지 않은 것이다. 즉 경쟁 정도가 약한 키워드다. 이런 키워드는 한 번 더 시장조사를 해봐야 한다. 이유가 있는 것이다. 그 키워드를 아무나 쓸 수 없거나 상품 조달이 원활하지 않을 가능성이 있다. 이렇게 시장조사를 한 후이 키워드를 내 상품에 사용할 수 있다면 정말 좋은 키워드가 된다.

이런 키워드를 저자는 '핵심키워드' 또는 '공략키워드'라고 말한다. **핵심키워드는 세부키워드 중에서 내 상품과 관련해 중심이 되는 좋은 키워드를 말한다.**

여기서 네이버와 쿠팡의 검색어에 대해 짚고 넘어가야 할 것이 있다.

포털서비스인 네이버에서 검색하는 사람은 상품을 찾기 위해서 검색하는 경우도 있지만 정보와 지식을 얻기 위해 검색하는 경우가 많다. 네이버에서의 검색 키워드는 상품성과 정보성 키워드가 혼재한다고 볼 수 있다. 반면 이커머스 플랫폼인 쿠팡에서 검색하는 사람은 대부분 상품을 찾기 위해 키워드를 입력한다. 즉 쿠팡의 키워드는 전부 상품성 키워드라 할 수 있다.

네이버와 쿠팡에서 키워드를 서치하고 검색량을 체크할 때는 이러한 것을 염두에 두고 해야 한다.

2 키워드 공략법

■ 아이템은 세부키워드의 싸움이다

고객은 처음에는 대표키워드로 검색을 시작하지만, 필요한 정보에 접근하지 못하면 점점 세부키워드를 입력해 원하는 결과물을 찾아 구매를 결정한다.

예를 들어 고객이 욕실슬리퍼를 구매하기 위해 검색을 한다고 해보자. 검색창에 대표키워드인 '슬리퍼'라는 상품명을 입력해 찾을 수 있다. 하지만 이렇게 대표키워드로 검색하는 경우 원하는 결과를 바로 찾기가 힘든 경우가 많다. 그래서 많은 사람이 필터를 이용해서 검색 범위를 줄여가면서 찾기도 하고 처음부터 '욕실슬리퍼'를 검색하기도 한다. 그런데 어떤 고객은 구매 목적과 사용처가 뚜렷해 처음부터 '어린이 욕실슬리퍼', '욕실슬리퍼 280mm 남자용'으로 검색할 수도 있다. 이러한 키워드가 세부키워드다.

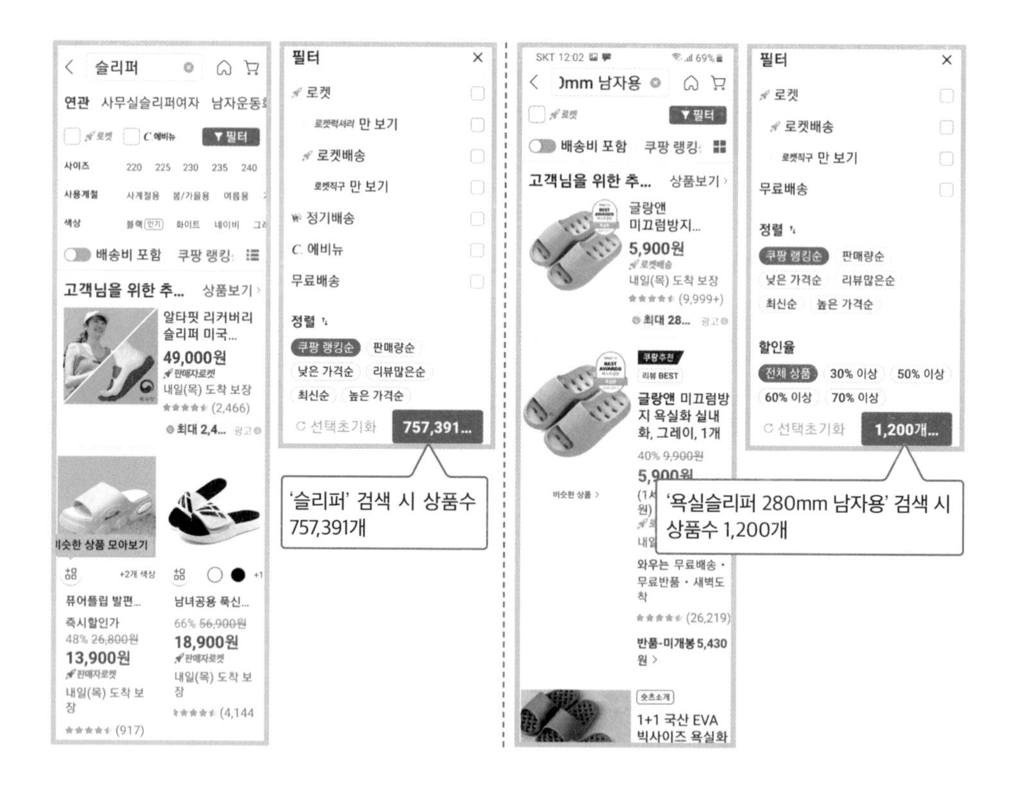

만일 내가 '남자용 욕실슬리퍼 280mm'를 팔고 있는데 상품명이나 검색어에 '남자용 욕실슬리퍼 280mm'에 관한 키워드가 없다면 대표키워드인 '슬리퍼'라는 검색결과에서 상위 노출되기가 쉽지 않다. 이때 이런 정보가 상품명이나 검색어에 들어 있다면 '슬리퍼' 검색에서는 상위 노출이 되지 않아도 '남자용 욕실슬리퍼 280mm' 검색결과에서는 상위 노출될 확률이 높다. 그런데 이 검색어로 검색하는 사람이 한 달에 1,000명이라면, 그보다 더 많은 만 명이라면 내 상품이 더 많이 판매가 된다. 만일 검색량이 얼마 되지 않는다면 이 키워드의 사용을 고려해 봐야 한다. 그래서 키워드의 검색량을 체크해 봐야 한다.

이처럼 세부키워드 중에 남들이 몰라서 잘 사용하지 않고 있는 키워드를 찾아 나만 사용하고 있다면, 고객이 그 키워드로 검색을 할 때 당연히 내 상품이 상위에 노출될 것이다. 이는 곧 판매 가능성이 높다는 의미다. 이렇게 판매가 일어나야 판매지수가 쌓여 대표키워드에서도 상위 노출이 되고 판매가 증대된다. 이것이 키워드 공략법이다.

03 좋은 키워드를 찾는 방법

좋은 키워드는 어떻게 찾을 수 있을까?

흔히 내가 자주 사는 제품이나 주변 사람이 많이 사용하는 제품, 많이 팔리고 있다고 소문이 난 제품에서 키워드를 찾으려 할 것이다. 맞는 말일 수도 있다. 하지만 무턱대고 이런 것에서 키워드를 찾으면 안 된다.

판매자는 데이터를 가지고 판단해야 한다. 나는 모르는 아이템이지만 많은 사람들이 찾고 있는 상품이 있을 수 있다. 그것을 데이터는 말해준다. '누가 저런 걸 사겠어'라고 생각할 수도 있지만 분명 사는 사람이 있다.

데이터는 절대 거짓말을 하지 않는다. 우리가 모르는 분야, 처음 보는 카테고리에서도 데이터를 통해 좋은 키워드를 얼마든지 뽑을 수 있다.

판매자는 데이터에 의해 움직이고, 소싱하고, 분석하고, 판매하는 것이 필요하다.

좋은 키워드는 검색량이 많고, 경쟁 상품이 적은 키워드다. 대표키워드는 검색량은 많겠지만 경쟁 상품이 너무나도 많다. 세부키워드는 경쟁 상품은 적지만 검색량이 대표키워드에 비해서는 현저히 적다.

그래서 우리는 검색량도 어느 정도 있으면서 경쟁 상품이 적은 키워드를 찾아야 한다. 그 키워드가 내 상품의 핵심키워드가 되는 것이며 판매를 불러오는 키워드다.

1 포털에서 좋은 키워드 찾기

1) 연관키워드 찾기

좋은 키워드를 찾기 위해서 가장 먼저 해야 할 일이 사람들이 많이 검색하는 키워드를 찾는 것이다.

우선 쿠팡에서 내가 찾고자 하는 제품을 검색해보자. 예시로 '선풍기'라는 키워드를 생각해보자. 선풍기는 해마다 아주 핫한 키워드고, 여름이면 키워드 1등을 맡아 놓는 좋은 대표키워드다. 그런데 이 키워드는 경쟁 상품이 너무 많은 키워드다. 쿠팡 앱에서 선풍기를 검색하면 약 47만 개의 상품이 있다. 네이버 가격비교에서는 약 529만 개의 상품이 검색된다.

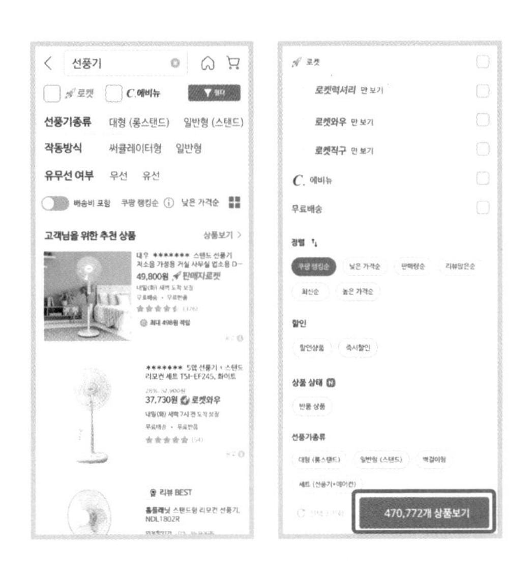

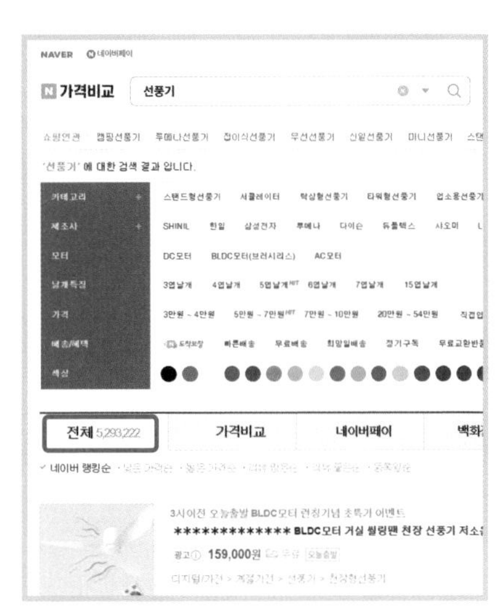

우리가 아무리 열심히 싸게 팔아도 이 '선풍기' 키워드에서 상위 노출을 하는 것은 사실상 불가능하다.

그렇다면 우리는 어떻게 할 수 있을까?

선풍기라는 대표키워드에서 한 단계 세부로 들어가보자. 그러기 위해서는 선풍기와 관련된 '연관키워드'를 수집해야 한다.

① 쿠팡 앱 자동완성어

쿠팡 앱에서 선풍기를 검색해보면 선풍기라는 키워드 아래로 쿠팡에서 추천하는 키워드들이 나온다. 이것이 자동완성어다. 이 키워드들은 메모장이나 엑셀 파일에 저장하면서 갈무리한다.

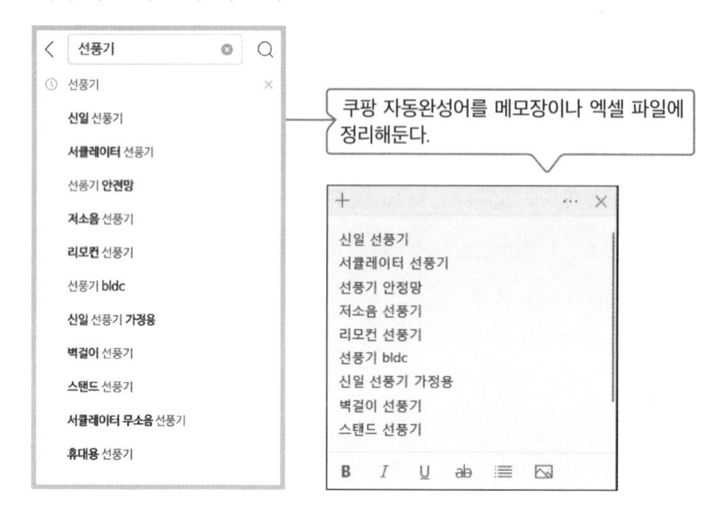

② 쿠팡 웹 연관검색어

그다음 PC에서 쿠팡에 접속해서 검색창에 선풍기를 검색해보자. 그러면 앱에서와는 다른 연관검색어가 나온다. 이 키워드들도 잘 저장해 두자.

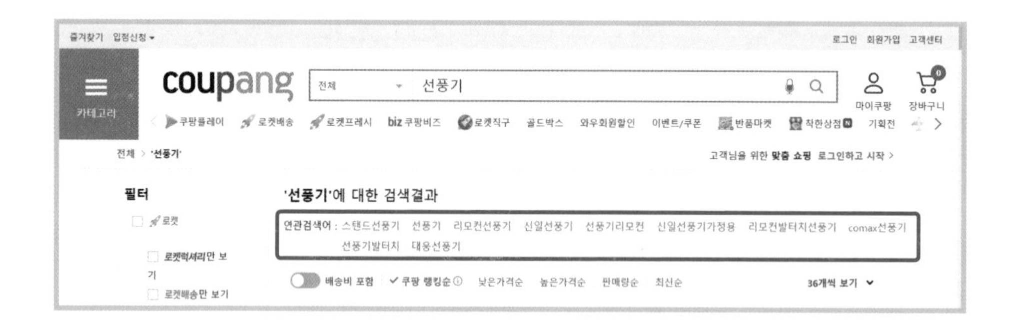

이 연관키워드들은 전부 쿠팡에서 수집한 키워드들이다. 선풍기라는 키워드 앞과 뒤에 무언가 다른 키워드들이 붙어 있다.

저소음 선풍기

리모컨 선풍기

선풍기 bldc

벽걸이 선풍기

스탠드 선풍기

휴대용 선풍기

바로 이런 것들이 세부키워드다. 이러한 키워드 중에서 경쟁은 덜하고 검색량이 많은 키워드를 찾아내어 그 키워드를 공략하는 것이 필요하다.

TIP! 쿠팡의 자동완성어와 연관검색어

쿠팡 앱에서 검색어를 입력하면 상단에 '연관검색어'가 뜬다. 그런데 이 연관검색어는 나오는 키워드가 있고 나오지 않는 키워드도 있다. 또 사용자마다 노출 여부가 다르다. 이것은 사용자의 검색 경험과 환경에 따라 알고리즘이 다르게 구현해 주기 때문이다. 만일 쿠팡 앱에서 연관검색어가 나온다면 이것도 서치해서 참고한다. 앱 사용자는 키워드 검색 후 '연관' 검색어를 탭해서 들어가는 경우가 많다.

쿠팡 웹에서는 '자동완성어'와 '연관검색어'가 다 나온다. 자동완성어는 쿠팡 앱과 웹에서의 결과가 별로 차이가 없다. 그래서 쿠팡 앱에서는 자동완성어를 서치하고, 쿠팡 웹에서는 연관검색어를 서치하는 것이 좋다. 물론 쿠팡 앱이나 웹에서 자동완성어와 연관검색어 모두를 찾아서 참조해도 된다.

③ **2단계 연관키워드**

이렇게 선풍기의 연관키워드를 찾아 갈무리했다면 이제 선풍기의 연관키워드인 '저소음 선풍기'를 마찬가지로 앱과 웹에서 검색해보자. 그러면 또 다른 연관키워드가 나온다. 이렇게 2단계 연관키워드도 서치해서 저장해 두자. '리모컨 선풍기', '벽걸이 선풍기' 등 다른 세부키워드들도 2단계 연관키워드를 서치해 저장해 두자.

이렇게 하면 선풍기와 관련된 웬만한 키워드는 찾아볼 수 있다. 이렇게 계속해서 키워드 서치를 확장해갈 수 있는데, 어디까지 할 것인지는 판매자의 판단이다.

2) 네이버 데이터랩에서 인기검색어 찾기

이번에는 '네이버 데이터랩'(https://datalab.naver.com/)에 들어간다. 데이터랩은 네이버가 제공하는 빅데이터 분석 서비스다. 이 중에서 특히 '**쇼핑인사이트**'는 쇼핑 분야에서 클릭이 발생한 검색어의 클릭량 추이 및 연령별/성별 정보, 인기검색어 등 유용한 통계를 제공하고 있다. 온라인 판매자라면 주기적으로 데이터랩에 들어가 트렌드와 쇼핑 동향을 살펴봐야 한다.

네이버 데이터랩의 쇼핑인사이트에서 분야 카테고리를 정해주고 조회하기를 클릭한다. 선풍기의 분야는 '디지털 / 가전 > 계절가전 > 선풍기'다. 기간은 1년으로 설정했다.

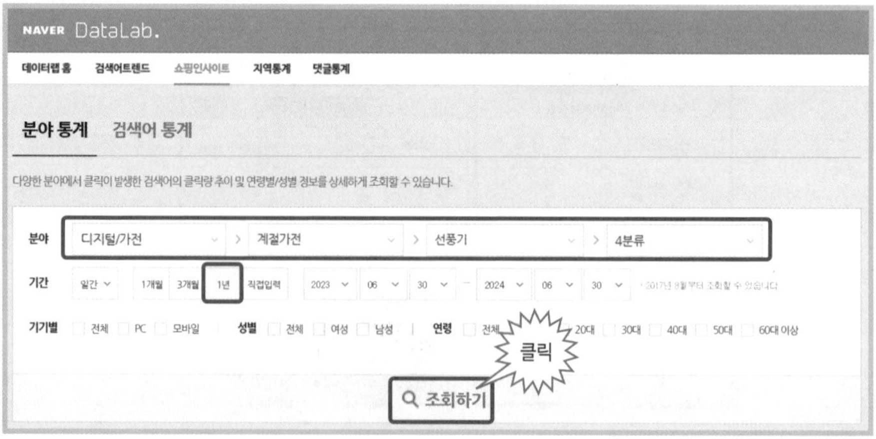

검색을 하게 되면 선풍기의 1년치 클릭량 추이와 인기검색어가 나온다. 인기검색어는 한 페이지에 1위부터 20위까지 총 25페이지에 걸쳐 500개가 순위별로 나온다.

인기검색어는 2번째 페이지까지는 체크해 주는 것이 좋다.

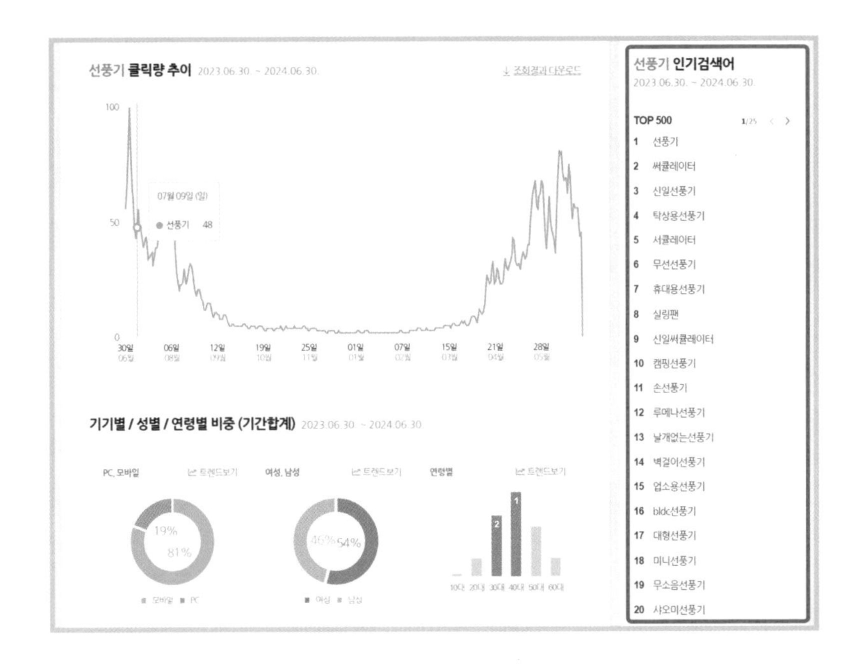

이렇게 쿠팡 앱과 웹에서 연관키워드를 서치하고 네이버 데이터랩에서 인기검색어를 수집하면 선풍기라는 메인키워드 아래에 있는 웬만한 세부키워드는 추출할 수 있다.

이것은 고객이 선풍기를 구매하고자 할 때 어떤 키워드로 검색하는지를 보여주는 것이다. 이 키워드를 공략해서 판매를 하면 선풍기 키워드보다는 훨씬 높은 확률로 순위를 잡을 수 있고, 다른 판매자와 경쟁도 덜하게 된다. 또 광고를 집행하는 판매자라면 메인인 선풍기보다 입찰 가격이 월등히 저렴한 이러한 세부키워드로 진행할 수 있다.

내가 팔고자 하는 상품과 관련된 세부키워드를 찾아내기 위해서는 여러 가지 과정과 분석을 거쳐야 한다. 그런데 이러한 작업에는 시간이 많이 소요된다. 셀러에게 시간은 금보다 소중하다. 이러한 작업을 간단하게 해주는 무료 프로그램이나 사이트들도 포털에서 검색해 보면 많이 있다.

2 키워드 프로그램 – 불사자

저자들이 운영하는 커머스의신(https://cafe.naver.com/chaosclan5)에서는 키워드 분석을 보다 간편하게 하기 위해 저자와 협업한 키워드 프로그램 '불사자'를 사용하고 있다. 성공 셀러를 위한 AI 이커머스 솔루션인 불사자(https://www.bulsaja.com)는 유료 프로그램으로, 사이트에서 회원 가입을 하고 이용하면 된다.

불사자를 이용하면 키워드 분석에 들어가는 시간을 절약할 수 있고, 좀 더 확실한 데이터에 접근할 수 있다.

TIP! 불사자 1개월 무료 이용하기

카카오톡 '커머스의신' 채널 추가 후에 카페(https://cafe.naver.com/chaosclan5)에서 책 구매 인증을 하고 채널 톡으로 신청하면, 불사자의 키워드 및 상품분석 프로그램을 1개월간 무료로 이용할 수 있다.

1) 키워드 분석하기

예를 들어 겨울 방한 용품 아이템을 서치하던 중 귀도리 제품을 발견했다고 하자. 그러면 귀도리 키워드의 판매 현황과 시장성 등을 분석해 봐야 한다. 이러한 분석을 통해 판매 여부를 결정하면 된다.

'귀도리' 키워드 분석의 예를 들어 보자.

01_ 불사자에서 AI 키워드 분석을 선택하고 검색창에 귀도리를 입력하고 분석을 클릭한다.

02_ 귀도리 관련 데이터가 나온다.

① **배송 방식 비율**: 어떤 배송 방식이 잘 팔리는지 확인할 수 있다.

* 1페이지의 로켓배송, 판매자배송(윙), 판매자로켓(그로스) 비율을 보여준다.
* 원형 그래프를 시각화해 한 눈에 파악할 수 있게 해준다.
* 배송 방식별 시장 점유율을 쉽게 확인할 수 있다.

② **네이버 월 검색량**: 네이버에서 최근 한 달 동안 검색한 횟수

③ **전체상품 수**: 쿠팡에서 키워드로 검색한 전체 상품수

④ **1페이지 상품 전체리뷰 개수**: 쿠팡 1페이지 상품의 전체리뷰 개수

* 1페이지 상품들의 총 리뷰 수를 보여준다.
* 쿠팡 시장 규모를 간접적으로 파악하는 지표다.
* 네이버의 6개월 매출 지표와 유사한 역할을 한다.

⑤ **1페이지 해외상품 전체리뷰 개수**: 쿠팡 1페이지 해외상품의 전체리뷰 개수

⑥ **TOP10 상품 평균리뷰 개수**: 쿠팡 TOP10 상품의 평균리뷰 개수

* 상위 10개 상품의 평균리뷰 수를 제공한다.
* 시장 규모 대비 리뷰 수가 적다면 진입 기회가 있음을 시사한다.
* 경쟁 강도를 파악하는 데 도움이 된다.

⑦ **1페이지 광고 비율**: 쿠팡에서 1페이지 36개 상품 중 광고 상품의 비율

* 1페이지 내 광고 상품의 비율을 보여준다.
* 광고 경쟁 정도를 파악할 수 있다.
* 마케팅 전략 수립에 유용한 정보를 제공한다.

⑧ **판매자배송(윙) 비율**: 쿠팡에서 1페이지의 36개 상품 중 판매자배송 상품의 비율

* 1페이지 내 판매자배송 상품의 비율을 나타낸다.
* 배송 방식별 시장 점유율을 파악할 수 있다.
* 진입 전략 수립에 참고할 수 있다.

⑨ 로켓 비율: 쿠팡에서 1페이지의 36개 상품 중 로켓배송 상품의 비율

* 1페이지 내 로켓배송 상품의 비율을 보여준다.
* 쿠팡 자체 배송의 시장 점유율을 확인할 수 있다.
* 경쟁 환경 분석에 도움이 된다.

⑩ 판매자로켓(그로스) 비율: 쿠팡에서 1페이지의 36개 상품 중 그로스 상품의 비율

* 1페이지 내 판매자로켓 상품의 비율을 제공한다.
* 판매자가 운영하는 로켓배송의 비중을 파악할 수 있다.
* 배송 전략 수립에 참고할 수 있는 정보다.

⑪ 판매가 분포: 판매가 분포도를 통해 쿠팡 판매가를 구할 수 있다.

* 1페이지 상품들의 가격대별 분포를 보여준다.
* 가장 많이 판매되는 가격대를 시각적으로 확인할 수 있다.
* 가격 책정 전략 수립에 유용한 정보를 제공한다.

⑫ 실제 상품 순위

* 시크릿모드 기반의 실제 쿠팡 검색결과를 보여준다.
* 상품의 가격, 리뷰 수 등을 한 번에 확인할 수 있다.
* 리뷰 분석을 통해 경쟁 상품의 상세정보를 파악할 수 있다.

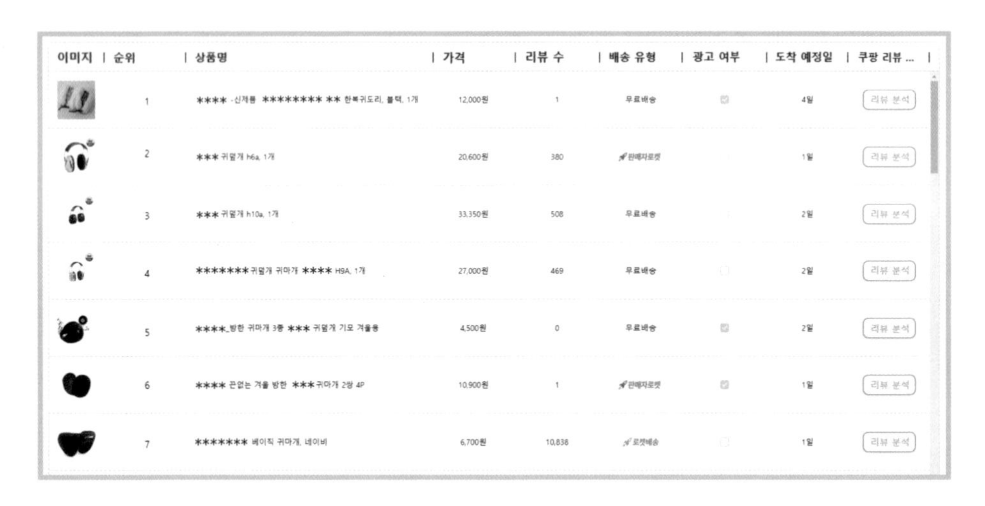

이미지	순위	상품명	가격	리뷰 수	배송 유형	광고 여부	도착 예정일	쿠팡 리뷰 ...
	1	**** -신제품 ********* ** 한복귀도리, 블랙, 1개	12,000원	1	무료배송		4일	리뷰 분석
	2	*** 귀덮개 h6a, 1개	20,600원	380	판매자로켓		1일	리뷰 분석
	3	*** 귀덮개 h10a, 1개	33,350원	508	무료배송		2일	리뷰 분석
	4	******* 귀덮개 귀마개 **** H9A, 1개	27,000원	469	무료배송		2일	리뷰 분석
	5	****_방한 귀마개 3종 *** 귀덮개 기모 겨울용	4,500원	0	무료배송		2일	리뷰 분석
	6	**** 끈없는 겨울 방한 *** 귀마개 2쌍 4P	10,900원	1	판매자로켓		1일	리뷰 분석
	7	******* 베이직 귀마개, 네이비	6,700원	10,838	로켓배송		1일	리뷰 분석

2) 리뷰 분석하기

① 가장 많이 구매된 옵션

② 리뷰 분석 기간

③ 분석한 리뷰 개수

④ 리뷰 작성 빈도 주기

⑤ 1일당 작성되는 리뷰 평균 개수

⑥ 하루 판매량 예측

⑦ **최근 한달 전환율 예측**: 자체 알고리즘 기반으로 최근 한 달 전환율을 예측한다.

⑧ **리뷰 트렌드**: 기간 설정으로 리뷰가 많이 작성된 시기를 알 수 있다.

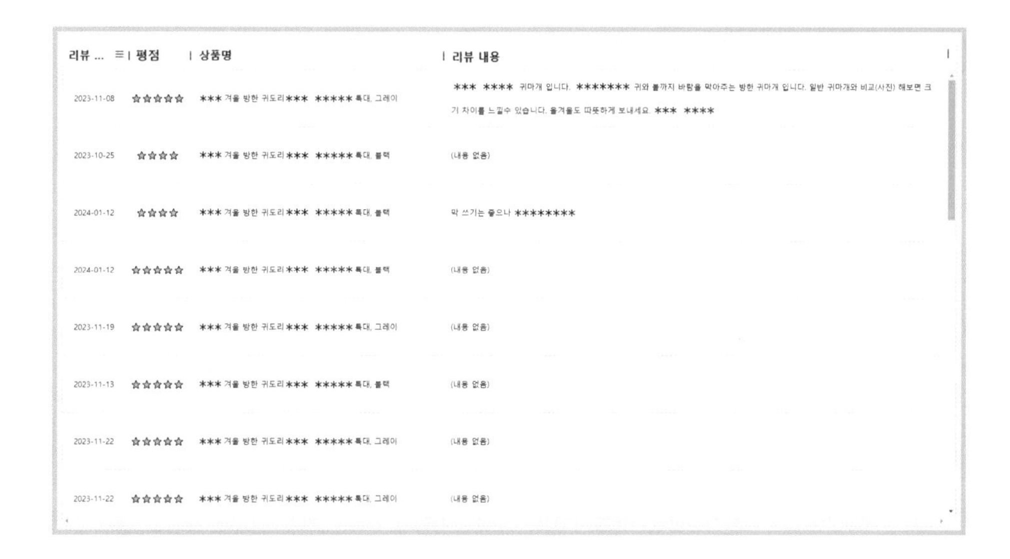

리뷰 ...	평점	상품명	리뷰 내용
2023-11-08	☆☆☆☆☆	*** 겨울 방한 귀도리*** *****특대, 그레이	*** **** 귀마개 입니다. ******* 귀와 볼까지 바람을 막아주는 방한 귀마개 입니다. 일반 귀마개와 비교(사진) 해보면 크기 차이를 느낄수 있습니다. 올겨울도 따뜻하게 보내세요. *** ****
2023-10-25	☆☆☆☆	*** 겨울 방한 귀도리*** *****특대, 블랙	(내용 없음)
2024-01-12	☆☆☆☆	*** 겨울 방한 귀도리*** *****특대, 블랙	막 쓰기는 좋으나 ********
2024-01-12	☆☆☆☆☆	*** 겨울 방한 귀도리*** *****특대, 블랙	(내용 없음)
2023-11-19	☆☆☆☆☆	*** 겨울 방한 귀도리*** *****특대, 그레이	(내용 없음)
2023-11-13	☆☆☆☆☆	*** 겨울 방한 귀도리*** *****특대, 블랙	(내용 없음)
2023-11-22	☆☆☆☆☆	*** 겨울 방한 귀도리*** *****특대, 그레이	(내용 없음)
2023-11-22	☆☆☆☆☆	*** 겨울 방한 귀도리*** *****특대, 그레이	(내용 없음)

3) AI 상품 기획

상품 기획에 필요한 여러 요소를 키워드 입력으로 간단하게 확인할 수 있다.

- 리뷰 분석을 통한 데이터

<높은 평점 리뷰>

리뷰 내용	별점	날짜
> 따뜻하고 부드러워요 ㅎㅎ 남편이 착용해도 불편함...	☆☆☆☆☆	2024-01-28
> 계방산 겨울 등산 가서 사용했습니다. 영하 12월 중...	☆☆☆☆☆	2024-01-08
> 귀마개하고 나가냐 안나가나차이가큼ㅋㅋ 간단하게...	☆☆☆☆☆	2024-01-04
> 좋습니다~~마니파세요^^	☆☆☆☆☆	2024-07-15
> 병원에서 코골이 등.. 시끄러워서 착용하고 잤는데 ...	☆☆☆☆☆	2024-06-01

<낮은 평점 리뷰>

리뷰 내용	별점	날짜
> 시험해볼려고 착용하고 컴퓨터 유튜브 틀어봤더니 ...	☆	2024-07-28
> 착용하는게 아주 어려움 착용해도 귀가 아픔	☆	2023-12-30
> 제품설명란에 없는 내용입니다. 1. 상자가 재포장되...	☆	2024-06-22
> 착용하는게 아주 어려움 착용해도 귀가 아픔	☆	2023-12-30
> 10DB 정도 만 막아줍니다 컴퓨터 쿨링팬 돌아가는...	☆☆	2024-04-18

1. 높은 평점 리뷰에서 언급된 장점을 확인할 수 있다.

높은 평점 리뷰에서 공통적으로 언급된 장점

1. **소음 차단 효과**: 많은 사람들이 소음 차단 효과가 뛰어나다고 했어요. 특히 컴퓨터 팬 소리나 주변 소음을 잘 막아준다고 해요.
2. **디자인**: 디자인이 귀엽고 예쁘다는 평가가 많아요. 특히 화면에서 본 것과 동일하게 털이 풍성하고 귀여운 모양이라고 해요.
3. **착용감**: 일부 사용자들은 착용감이 좋다고 했어요. 특히 얼굴이 작은 사람들에게는 잘 맞는다고 해요.
4. **내구성**: 제품이 튼튼하고 오래 사용할 수 있다는 평가가 있어요.
5. **가격 대비 성능**: 가격 대비 성능이 좋다는 평가가 많아요. 소음 차단 효과와 디자인을 고려했을 때 가성비가 좋다고 해요.

2. 낮은 평점 리뷰에서 언급된 단점을 확인할 수 있다.

낮은 평점 리뷰에서 공통적으로 언급된 단점

1. **착용감**: 많은 사람들이 착용감이 불편하다고 했어요. 특히 귀가 아프거나 눌림감이 심하다는 평가가 많아요.
2. **소음 차단 한계**: 일부 사용자들은 소음 차단 효과가 기대에 미치지 못한다고 했어요. 특히 볼륨이 높은 소리는 잘 차단되지 않는다고 해요.
3. **제품 설명 부족**: 제품 설명이 부족하다는 평가가 있어요. 특히 재포장된 제품에 대한 설명이 없어서 불만을 가진 사람들이 많아요.
4. **반품 불가**: 반품이 어렵다는 평가가 있어요. 특히 포장 상태가 좋지 않아서 반품을 원했지만 불가능했다는 불만이 있어요.
5. **착용 어려움**: 착용이 어렵다는 평가가 있어요. 특히 처음 착용할 때 어려움을 겪는 사람들이 많아요.

3. 개선 사항 및 소비자 요구 사항을 알 수 있다.

개선 사항 및 소비자 요구

1. **착용감 개선**: 귀가 아프지 않도록 착용감을 개선해 주세요.
2. **소음 차단 성능 향상**: 더 높은 소음 차단 효과를 제공해 주세요.
3. **제품 설명 보완**: 제품 설명에 재포장 여부와 같은 중요한 정보를 추가해 주세요.
4. **반품 정책 개선**: 반품이 더 용이하도록 정책을 개선해 주세요.
5. **착용 방법 안내**: 착용 방법에 대한 자세한 안내를 제공해 주세요.

4. 제품의 장점

제품의 장점

1. 소음 차단 효과가 뛰어나요.
2. 디자인이 귀엽고 예뻐요.
3. 일부 사용자들에게는 착용감이 좋아요.
4. 제품이 튼튼하고 내구성이 좋아요.
5. 가격 대비 성능이 좋아요.

5.제품의 혜택

제품의 혜택

1. 주변 소음을 효과적으로 차단해요.
2. 귀여운 디자인으로 스타일을 더해줘요.
3. 얼굴이 작은 사람들에게 잘 맞아요.
4. 오래 사용할 수 있어요.
5. 가성비가 좋아요.

6. 타겟 분석 및 톤 앤 매너 설정

타겟 분석 및 톤 앤 매너 설정

- **타겟**: 20~30대 젊은 층, 특히 소음 차단이 필요한 사람들
- **톤 앤 매너**: 친근하고 캐주얼한 톤, 젊고 활기찬 느낌

7. 제품 개발자의 특별한 이야기

제품 개발자의 특별한 이야기

- 제품 개발자는 소음 차단과 디자인을 동시에 만족시키기 위해 많은 노력을 기울였어요. 특히 젊은 층의 취향을 반영하여 귀여운 디자인을 구현했어요.

8. 타겟 페르소나

타겟 페르소나

- **이름**: 지수
- **나이**: 27세
- **직업**: 마케터
- **문제점**: 소음이 많은 환경에서 일해야 해서 집중하기 어려움
- **필요**: 소음을 차단하면서도 스타일리시한 제품

9. 데이터 기반 카피 작성

데이터 기반 카피 작성

1. "소음 차단 효과 90%! 귀여운 디자인까지, 이제 집중하세요!"
2. "귀여운 디자인과 강력한 소음 차단, 두 마리 토끼를 잡다!"
3. "소음 차단 10dB, 스타일은 100%! 이제 일에 집중하세요!"
4. "귀여운 디자인으로 소음 차단, 가격 대비 성능 최고!"
5. "소음 차단 효과 90%, 귀여운 디자인으로 스타일 업!"

10. 배너 광고 카피

배너 광고 카피

1. "소음 차단 90%! 귀여운 디자인으로 집중력 업!"
2. "귀여운 디자인과 강력한 소음 차단, 두 마리 토끼를 잡다!"
3. "소음 차단 10dB, 스타일은 100%! 이제 일에 집중하세요!"
4. "귀여운 디자인으로 소음 차단, 가격 대비 성능 최고!"
5. "소음 차단 효과 90%, 귀여운 디자인으로 스타일 업!"

이처럼 키워드 분석과 리뷰 분석을 통해 제품의 장단점을 파악할 수 있고, 개선 및 고객 요구 사항을 파악할 수 있다. 또한 타깃 고객과 마케팅에 활용할 수 있는 추천 카피도 확인할 수 있다.

판매자는 이러한 정보를 참조해 보다 경쟁력 있는 상품을 소싱하고 상세페이지를 만들고 판매 전략을 세울 수 있다.

04 도매 사이트 알아보기

우리가 쿠팡에 입점하는 이유는 물건을 팔고 수익을 창출하기 위해서다. 그렇다면 어떤 물건을, 어디에서, 얼마에 공급받아 팔 것인지가 상당히 중요하다. 어떤 아이템이냐에 따라 판매가 되고 안 되고가 결정되고, 어떻게 얼마에 공급받을 수 있는지에 따라 나의 수익이 결정되기 때문이다.

여기서는 초보 셀러가 꼭 알고 있어야 할 대표적인 도매 사이트 2곳과 식품 카테고리에서 안정적인 공급을 해주는 B2B 사이트 한 곳을 소개한다.

1 도매꾹과 도매매

도매꾹은 국내 셀러들이 가장 많이 알고 있는 유명한 도매 사이트다. 쿠팡이나 이커머스 관련 수많은 유튜브에서도 많이 언급하고 있는 대표적인 사이트다.

도매꾹은 도매와 소매 판매를 하는데 일반 소비자도 구매할 수 있다. 사업자등록증이 없어도 위탁 판매가 가능하지만 대부분의 상품이 2개 이상을 구매해야 한다.

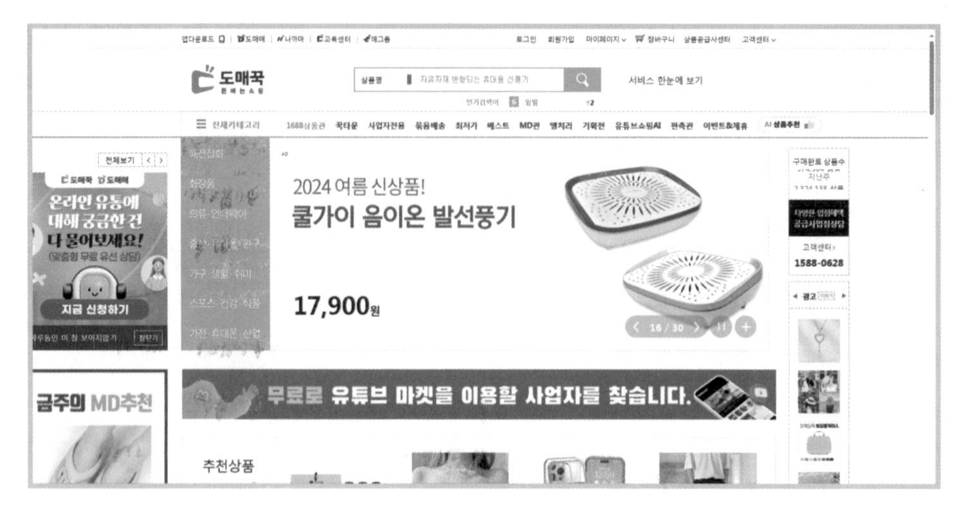

도매꾹(https://domeggook.com)

도매매는 제조업체와 온라인 쇼핑몰 판매자를 원활하게 연결해 주기 위해서 도매꾹에서 만든 B2B 배송대행 플랫폼이다.

도매매는 온라인 판매자가 위탁 판매를 하기에 좋은 사이트다. 1개의 상품도 공급사에서 주문 고객에게 직접 발송해 주기 때문에 무재고, 무사입으로 위탁 판매를 진행해 볼 수 있다. 도매매에서 제품을 공급받으려면 사업자등록증을 가지고 사업자 회원으로 가입해야 한다.

도매매(https://domemedb.domeggook.com)

■ 장점

① 다양한 카테고리와 제품

도매꾹에는 패션, 잡화, 화장품, 가구, 취미, 스포츠, 가전, 주방용품, 장난감 등 다양한 제품이 존재한다. 셀러는 도매꾹에서만으로도 다양한 상품을 소싱할 수 있다.

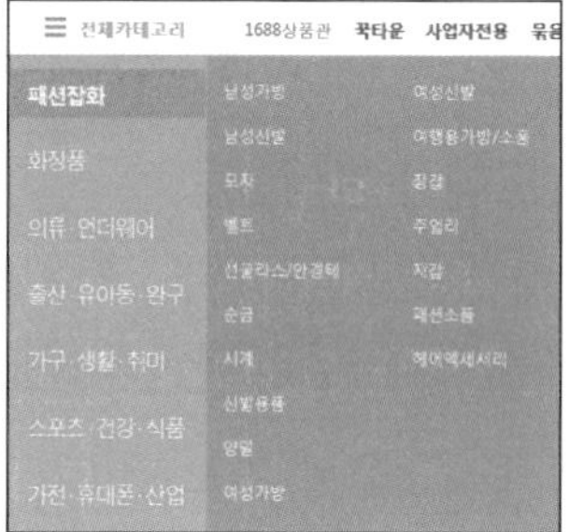

② 간편한 주문과 배송

일반적으로 온라인에서 물건을 구매할 때와 동일한 방식으로 간편하게 주문할 수 있다. 배송과 반품도 쉽게 접수 가능하다.

③ 도매매를 활용하면 낱개 발송도 가능

도매꾹은 보통 여러 개를 구매해야 하지만 도매매에서는 낱개 주문도 가능하다. 샘플을 받아보거나 고객에게 바로 보내야 하는 경우 유용하게 사용할 수 있다.

■ 단점

① 모든 판매자가 접근할 수 있다.

도매꾹은 너무나도 많은 셀러가 찾는 사이트다. 내가 매력적으로 느낀 상품을 쿠팡에서 검색해 보면 이미 엄청나게 많은 상품이 등록되어 있을 것이다. 차별화를 두지 않으면 아이템위너로 묶일 확률이 높다.

② 재고 이슈

도매꾹에서 재고가 충분해 보여 대량 주문을 했는데 재고가 없다는 연락을 종종

받게 된다. 판매자의 실제 재고와 도매꾹에서 보이는 재고가 차이가 나는 경우가 많다. 도매꾹의 제품은 대부분 수입 제품이어서 재고가 없을 경우 입고까지 시간이 오래 걸린다. 판매자와 충분한 소통을 하고 소싱하길 추천한다.

1) 도매꾹과 도매매 활용하기

■ 도매꾹 검색 기능

도매꾹에는 정말 많은 상품과 판매자가 존재한다. 검색창에 찾고 싶은 상품을 검색하면 다양한 가격대의 상품과 해외배송 제품을 확인할 수 있다. 내가 필요한 상품을 빠르게 찾을 수 있도록 상세검색 기능을 활용하자.

① **가격대**: 원하는 범위의 가격대를 설정할 수 있다. 적절한 원가를 찾아서 검색하자.

② **최소구매수량**: 최소구매수량도 다양하다. 10개만 구매할 수 있는 제품을 찾는다면 두 번째 네모 칸에 '10'을 입력하고 '결과내재검색'을 클릭하면 된다.

③ **원산지**: 전체, 국산/국내산, 국외산을 선택할 수 있다. 나중에 1688에서 수입을

진행해 원가를 낮출 계획이라면 '국외산'을 선택하자. 도매꾹에서 판매하는 대부분의 수입 제품들은 중국산이다.

④ **배송**: 국내배송은 국내에 있는 재고가 배송되는 것이고, 해외배송은 해외에서 들여오는 것이다. 당연히 국내배송이 배송도 빠르고 쉽게 판매를 진행할 수 있다. 해외배송 상품도 상당히 많이 노출되기 때문에 검색 시간을 줄이려면 '국내배송'을 체크해 검색하자.

⑤ **최저가인증**: 네이버 지식쇼핑, 다나와, 옥션, G마켓, 11번가 등의 가격조사를 통해 엄선된 온라인 최저가 상품이다. 우리는 소비 목적의 구매가 아니라 쿠팡에서 판매할 제품을 소싱하는 것이기 때문에 체크할 필요 없다.

⑥ **우수공급사**: 전월 기준 일정 이상의 거래가 있는 공급사다. 거래량뿐 아니라 판매 취소, 배송지연, 미배송, 반품량, 반품 거부, 전화통화 불가 등 CS적인 부분도 고려해 선정된다. 우수공급사라면 원활한 배송과 CS가 될 것이라고 볼 수 있다. 꼭 우수공급사와 거래해야 하는 것은 아니다. 하지만 도매꾹 공급사들 중에는 재판매를 하는 공급사도 있고, 배송과 CS가 원활하지 못한 공급사도 많다. 가능하면 공급사 등급이 높은 공급사와 거래하는 것이 좋다.

⑦ **빠른배송**: 빠른배송 아이콘은 평균출고일이 0.5일 미만인 공급사가 판매하는 상품에 표시된다. 쿠팡은 배송이 늦어지면 무조건 판매자 귀책으로 반품이 가능하다. 또 로켓그로스에서 제품을 판매한다면 재고가 갑자기 부족할 때 빠르게 입고하는 것이 매우 중요하다. 필요할 때 제품을 빠르게 받아볼 수 있는 공급사를 선택하는 것이 쿠팡 판매자에게는 필수다.

⑧ **하단 '검색어 입력'**: 특정 단어를 '포함'하거나 '제외'해 검색할 때 사용한다. 예를 들어 상단 검색창에서 '우산'을 검색했을 때 3단우산이 보고싶다면 '3단'을 입력한 후 '3단 단어 포함'을 선택해 결과를 볼 수 있다. 제외하고 싶을 때는 '단어 제외'를 선택하면 된다.

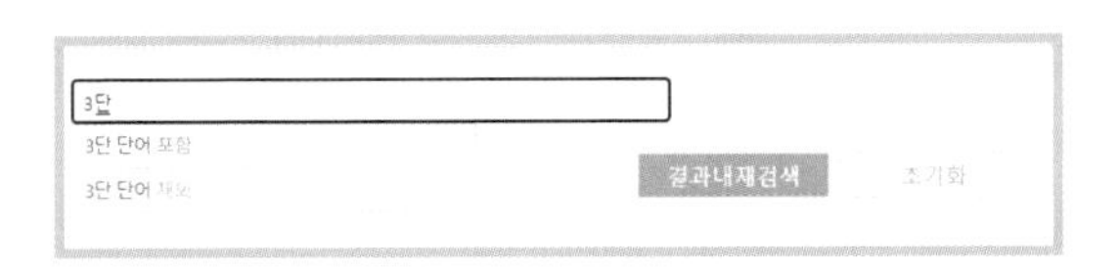

■ 베스트

'베스트' 탭을 클릭해 요즘 가장 잘 팔리는 제품들을 볼 수 있다. 특정 카테고리에서의 인기 상품을 볼 수도 있다. 소싱할 때 많은 인사이트를 얻을 수 있는 곳이다.

■ 상세페이지의 활용

도매꾹에는 상세페이지 사용을 허용해 주는 판매자가 많다. 직접 제품을 받아서 사진을 찍고 상세페이지를 만드는 시간을 줄일 수 있다. 단, 상세설명 이미지 사용 여부에서 '사용허용'으로 보이는 상세페이지만 사용해야 한다. '사용불가'라고 되어 있다면 절대 사용하면 안 된다. 이미지 무단 사용은 불법이기 때문에 형사 고발을 당할 수 있다.

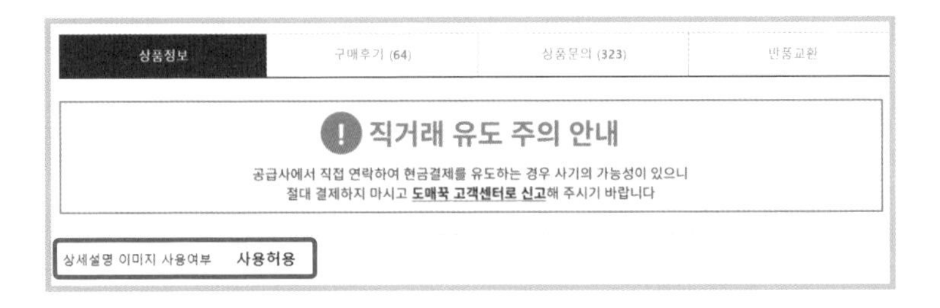

'사용허용'이라 하더라도 대표이미지와 상세페이지를 그대로 사용하지 말고 수정해서 사용하길 추천한다. 도매꾹은 수많은 쿠팡 판매자의 소싱처다. 아이템위너 이슈를 피하기 위해서는 수정해 사용하는 게 낫다. 수정을 할 때는 이미지 프로그램에서 자르기, 합성 등의 간단한 작업을 통해 이미지의 속성을 변경하면 된다. 수정하지 않고 그대로 사용하면 수많은 카탈로그 매칭으로 골머리를 썩이게 될 수 있다.

■ 도매매를 통한 낱개 배송

도매매는 낱개 배송이 가능하다. 쿠팡에 상품을 등록하고 주문이 들어오면 도매매에서 고객 주소로 발송할 수 있다. 여러 개를 주문할 때보다 단가는 약간 높겠지만 재고 리스크를 줄이고 포장 및 발송에 들어가는 시간을 절약할 수 있다.

국내
상품번호 *****15
스포츠 쿨 메쉬 캡모자(핑크) 기본 여름낚시모자
도매꾹판매가 4,470원 (2개 이상 구매) 바로가기
3,960 원
선결제 3,000원

국내
상품번호 *****90
스포츠 쿨 메쉬 캡모자(네이비) 스포츠 메쉬볼캡
도매꾹판매가 4,260원 (2개 이상 구매) 바로가기
3,780 원
선결제 3,000원

국내
상품번호 *****86
스포츠 쿨 메쉬 캡모자(블랙) 기본 무지메쉬모자
도매꾹판매가 4,260원 (2개 이상 구매) 바로가기
3,780 원
선결제 3,000원

2 1688 사이트

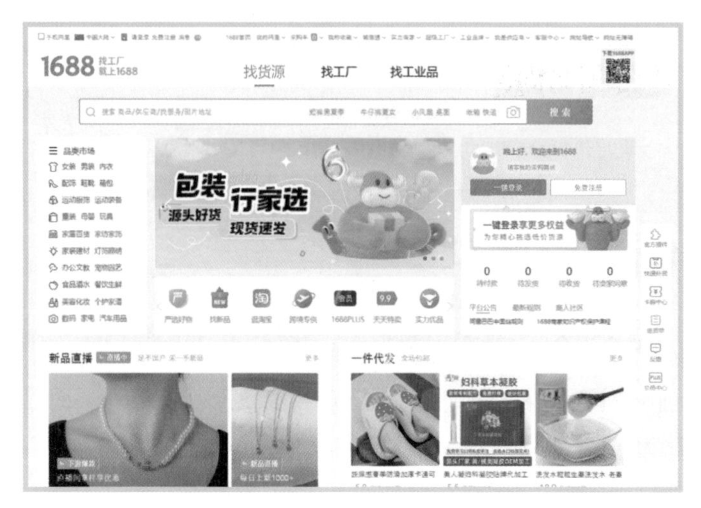

1688(https://www.1688.com)

1688도 온라인 셀러 경험이 있거나 관심이 있다면 누구나 알고 있을 것이다. 1688은 잘 팔리는 제품을 직접 수입해 원가를 줄이는 데 활용된다. 중국 내수용 사이트기 때문에 중국어만 지원한다. 웹브라우저의 번역 기능을 통해 완전하진 않지만 한글화해서 사용할 수 있다.

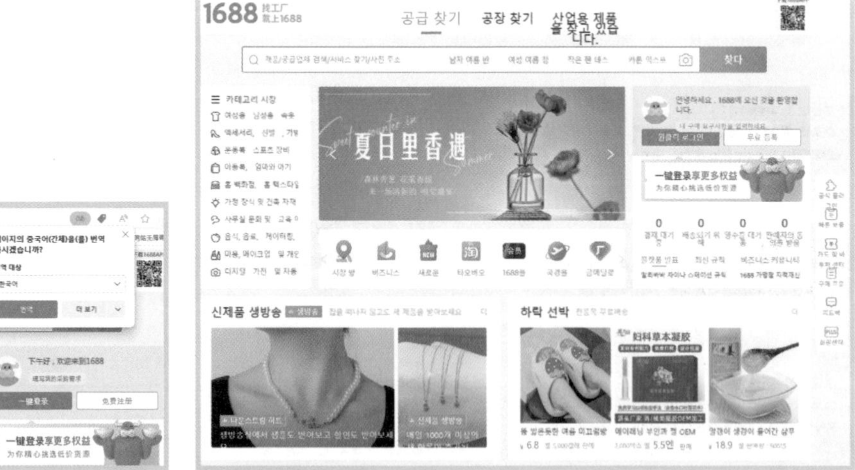

■ 장점

① 국내 사이트가 아님에도 제품 검색이 쉽다

도매꾹에 있는 대부분의 제품이 1688에 다 있다. 이미지 검색을 통해 중국어를 몰라도 쉽게 제품을 찾을 수 있다.

예를 들어 도매꾹에 있는 상품을 찾는다고 하면 ① 도매꾹의 이미지를 캡처하고 Ctrl+C로 복사한 후 ② 1688에서 Ctrl+V를 눌러 붙여넣기 하면 카메라 아이콘 아래에 이미지가 표시된다. '이미지 검색'을 클릭하면 ③ 검색결과를 보여준다.

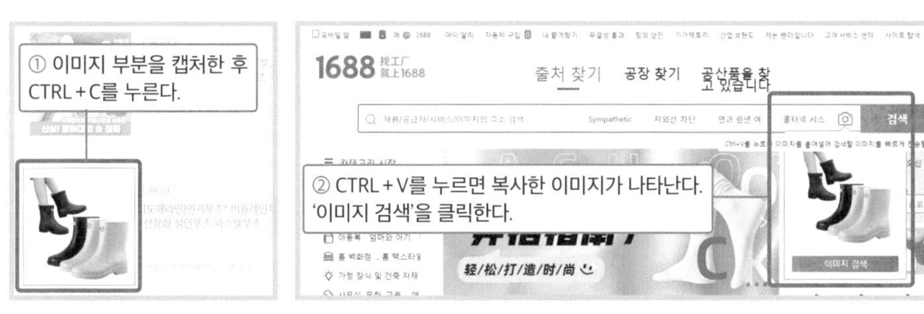

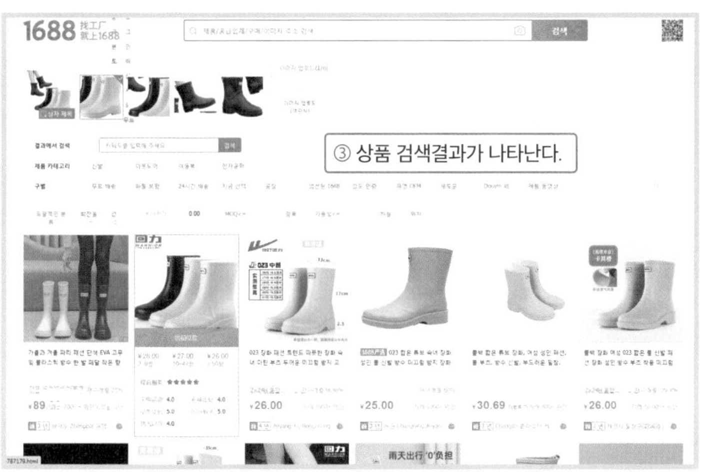

도매꾹 판매 상품과 단가 등을 비교해 보고 소싱 여부를 결정하면 된다.

② 원가 절감

도매꾹 판매자들은 중국에서 수입해 자신의 마진을 붙여 판매한다. 당연히 직접 수입하면 원가가 낮아진다.

■ 단점

① 직접 구매가 불가능하다

1688은 중국 내수용 도매 플랫폼이기 때문에 한국에서는 직접 결제가 어렵다. 1688에서 제품을 사입하려면 구매대행 업체를 활용해야 한다.

② 초기 비용이 크다

중국에서 들여오는 물류비가 상당하기 때문에 일정 규모 이상의 수량을 사입하는 것이 효율적이다. 많은 수량을 사입하는 데 드는 비용이 부담될 수 있다.

③ 입고까지 시간이 많이 소요된다.

도매꾹은 보통 하루나 이틀 내에 오지만 1688을 통한 사입은 3주 이상을 봐야 한다. 그리고 중국엔 명절이 참 많다. 명절이 끼면 더 오래 걸린다.

④ 재고 리스크

사입을 했는데 안 팔리면 난처하다. 다시 환불도 안 되니 말이다. 판매가 확실히 이루어지는 제품만 진행하기를 추천한다.

1) 1688 활용하기

■ 구매대행 업체

구매대행 업체를 이용하면 편리하게 구매할 수 있다. 수입을 하려면 결제 방법, 배대지, 통관, 물류 등등 진행해야 할 게 많다. 하지만 구매대행 업체를 이용하면 대부분의 업무를 대행해 주기 때문에 셀러는 소싱과 판매에만 집중할 수 있다. 저자는 1688과 정식 협약을 맺은 구매대행 업체를 사용하고 있다.

■ 제품 소싱

도매꾹에 있는 거의 모든 제품이 1688에 있다. 도매꾹에서 이미지를 캡처하거나 다운로드 받아 1688에서 이미지 검색을 하면 제품을 쉽게 찾을 수 있다.

이미지 검색을 하면 다양한 업체와 가격이 나온다. 후기가 좋은 판매자들 중에서 저렴한 단가로 올라온 제품을 찾는다.

수입 시 제품 단가를 잘 고려해야 한다. 수입에는 각종 물류비와 통관 비용, 작업 비용 등이 추가된다. 구매대행 업체를 통해 수입할 때 발생하는 모든 비용을 잘 계산해서 제품 원가를 파악해야 한다. 1688에서 수입하는 첫 번째 목적은 원가 절감이다. 원가에서 확실히 이득이 있는 상품만 진행한다.

■ 제품 수입

입고까지의 시간이 많이 소요된다. 1688을 통한 사입은 3주 이상을 봐야 한다. 명절 기간이면 더 오래 걸린다. 시즌 상품이라면 최소한 시즌이 도래하기 한 달 전부터 수입을 진행해야 한다. 늦게 수입하면 시즌이 다 끝날 때 제품이 도착할 수 있다.

그런데 잘 팔리는 제품을 수입하라고 해놓고 시즌 한 달 전에 수입을 하라니 무슨 말인가 싶을 수 있다. 그에 대한 답은 '시즌은 매년 돌아온다'이다. 작년에 잘 팔렸던 제품은 올해도 잘 팔릴 확률이 높다. 판매를 해보고 데이터를 쌓아서 수입 계획을 세우면 된다.

또 사계절 꾸준히 판매가 일어나는 상품이나 시즌이 비교적 긴 상품들은 초기에 도매꾹 상품을 소싱해 판매하다가 판매가 많이 일어나고 수입 시 원가를 확실히 줄일 수 있다면 수입을 고려할 수 있다.

■ 마진 or 가격 경쟁력

원가가 낮아지면 마진과 가격 경쟁력을 더 크게 확보할 수 있다. 시장 가격이 내 판매가보다 크게 저렴하지 않다면 마진에 중점을 두고, 시장 가격이 이전보다 많이 저렴해졌다면 가격 경쟁력에 중점을 두자. 이러한 이유로 시장조사는 계속 업데이트 해야 한다.

1688은 초보 셀러가 처음부터 활용하기는 어렵다. 많은 수량을 수입해야 하기에 재고 리스크도 있고 시간도 상당히 소요되며, 꽤나 큰 비용을 선입금해야 하기 때문에 자금적인 어려움도 생길 수 있다. 모든 단점을 상쇄하는 가장 큰 장점이 원가 절감이다. 판매를 지속할수록 원가가 얼마나 중요한지 체감하게 될 것이다.

TIP! 중국 사입 구매대행 업체 이용하기

판매를 위해 중국에서 상품을 사입할 경우 상품 비용, 현지배송비, 국제운송료, 구매대행 수수료 등 복잡한 절차와 비용을 들여서 해운, 항공, LCL 등으로 들여오게 된다. 많이 이용하는 1688의 경우 외국인 결제가 불가하기 때문에 중국인 구매대행을 맡겨야 한다. 이 모든 과정을 좀 더 편리하게 할 수 있는 방법은 구매대행 업체를 이용하는 것이다.

커머스의신에서는 1688의 한국 공식 파트너사인 CN인사이더(https://www.cninsider.co.kr)와 제휴해 회원들에게 수수료 할인 혜택도 주고 있다.

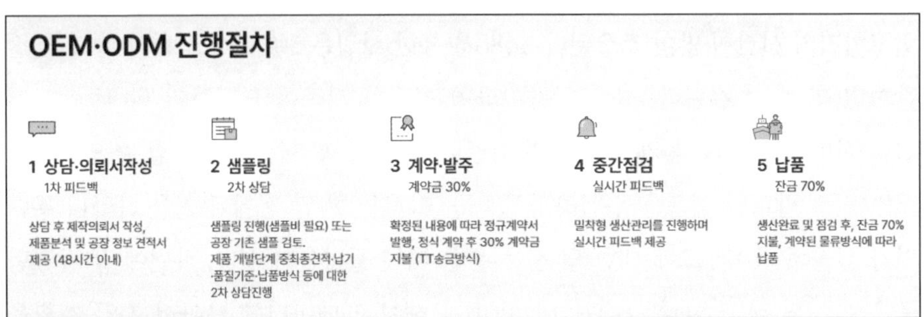

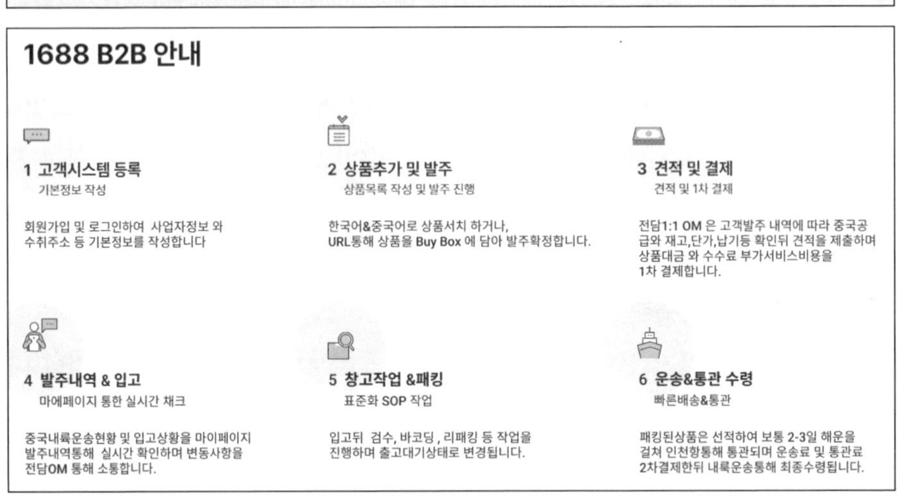

3 커머스B2B 사이트

커머스B2B(https://cmcb2b.com)

'커머스B2B'는 도매꾹이나 1688에서 제공하지 않는 식품 카테고리에 초점이 맞춰져 있다. 식품 카테고리 특성상 초보 셀러가 배송, 소통, CS가 원활한 소싱처를 찾는 것은 쉽지 않다. 커머스B2B는 초보 셀러들이 식품 카테고리에 비교적 쉽게 접근할 수 있도록 저자가 직접 소싱하고 수년간 거래한 공급처의 상품들을 한데 모아 공급하는 도매사이트다. 저자가 직접 소싱하고 오랜 기간 안정적인 공급을 책임져준 공급처들이기에 장단점보다는 활용에 대해 이야기하겠다.

1) 신선식품 카테고리 공략

쿠팡 셀러 교육이나 관련 유튜브에서 신선식품 카테고리는 잘 다루지 않는다. 이유는 신선식품은 소싱하기가 어렵기 때문이다. 지인이 농사를 짓거나 수산업에 종사하지 않는 이상 안정적인 공급과 CS가 가능한 공급처를 찾기 어렵다.

남들이 소싱하기 어려운 상품을 소싱하면 치열한 경쟁을 하지 않고도 매출을 발생시킬 수 있다. 쿠팡에서 원피스는 120만 개, 모자는 100만 개의 상품이 나온다. 누구나 소싱할 수 있는 제품은 그만큼 경쟁이 치열하다. 하지만 '사과', '배', '한우', '돼지고기'와 같은 식품에서의 메인 키워드를 검색하면 상품수가 현저히 적다. 최근 인기와 수요가 급증한 샤인머스캣도 메인 키워드임에도 불구하고 17,000개 정도의 상품만 있다. 소싱만 가능하다면 레드오션을 피해 비교적 쉽게 매출을 일으킬 수 있다.

2) 커머스B2B 활용하기

■ 다양한 카테고리와 상품

커머스B2B에는 농산물, 축산물, 수산물, 과일 등 다양한 카테고리의 신선식품을 위탁으로 제공한다. 다양한 식품 카테고리의 상품이 모여 있기 때문에 전국에 흩어져 있는 원청들을 찾아 헤매지 않고 쉽게 소싱할 수 있다. 자신이 판매하고 싶은 상품이 있다면 쿠팡에 상품을 등록하고 판매하면 된다.

■ 간편한 주문과 배송

위탁 판매이기 때문에 고객 정보를 입력해 주문하면 각 산지에서 고객에게 상품을 발송한다. 주문이 들어온 상품과 옵션을 선택하고 배송 정보를 입력하면 쉽게 주문할 수 있다. 각 산지에서는 전달받은 운송장번호를 셀러에게 전달한다. 셀러는 해당 운송장번호를 쿠팡에 입력하기만 하면 된다.

■ 원활한 소통

카카오채널 '커머스B2B'를 추가하면 원활한 소통이 가능하다. 1:1 메시지를 통해 다양한 문의와 소통을 할 수 있다. 커머스B2B 사이트 가입 및 상세페이지 이미지 사용에 대한 부분도 해당 카카오채널로 문의하면 자세히 안내받을 수 있다.

■ CS

어떤 상품이든 CS가 가장 힘들다. 고객은 이미 불만 가득한 마음으로 문의를 남기거나 전화를 하기 때문이다. CS가 발생했을 경우 커머스B2B에 내용을 문의하면 각 산지에 확인해 바로 안내해준다. 커머스B2B에서는 저자가 직접 거래하고 있는 경험이 풍부한 공급처들의 상품만 소싱하고 있다.

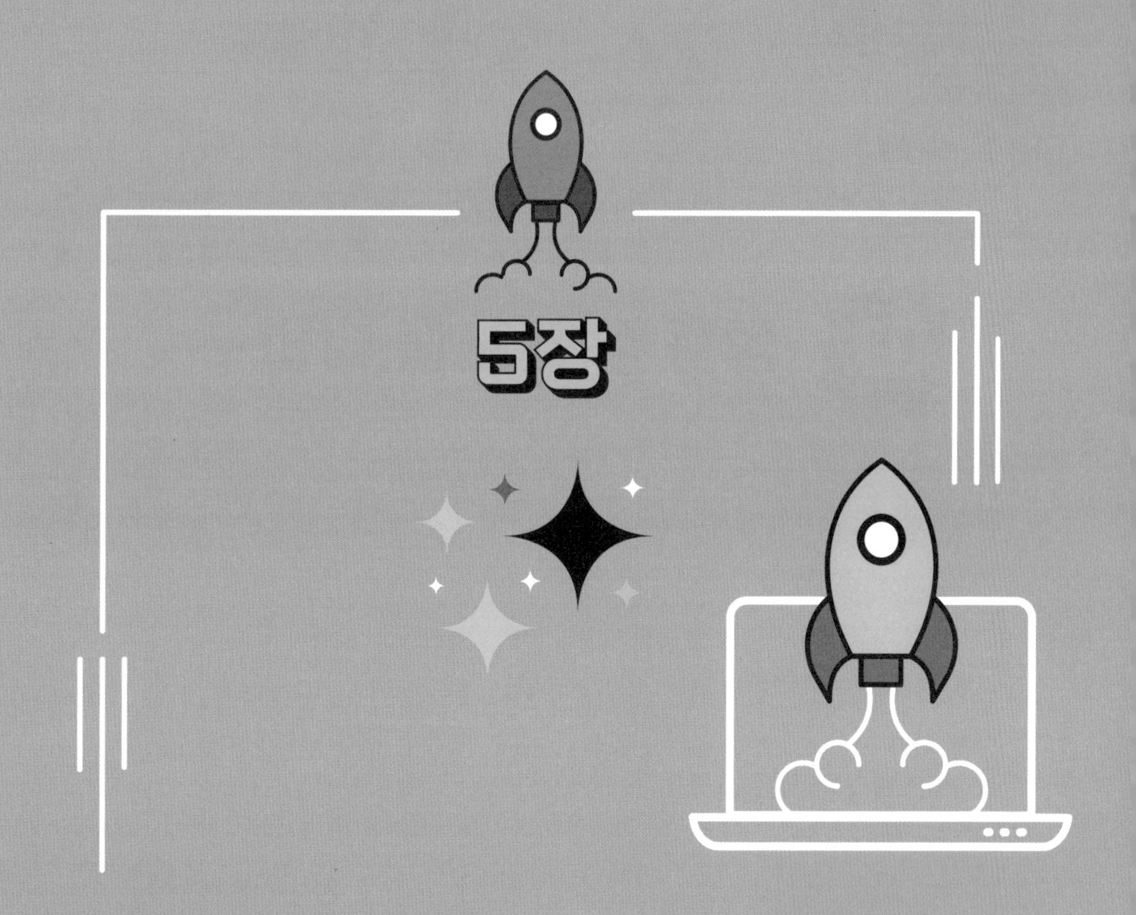

5장

쿠팡의 랭킹로직과 상위 노출

01 상품 상위 노출 방법

쿠팡의 상품 노출은 **광고를 통한 노출**과 **쿠팡 랭킹에 의한 노출**이 있다.

쿠팡에서 '복숭아' 검색 화면 예시다. 상위 노출 상품에 '광고' 상품과 '쿠팡 랭킹순'에 의해 상품이 노출되고 있는 것을 알 수 있다. 쿠팡 랭킹순에 의한 상품이 쿠팡 검색랭킹 알고리즘에 의한 노출이다. 광고 상품은 지면 중간중간 노출된다.

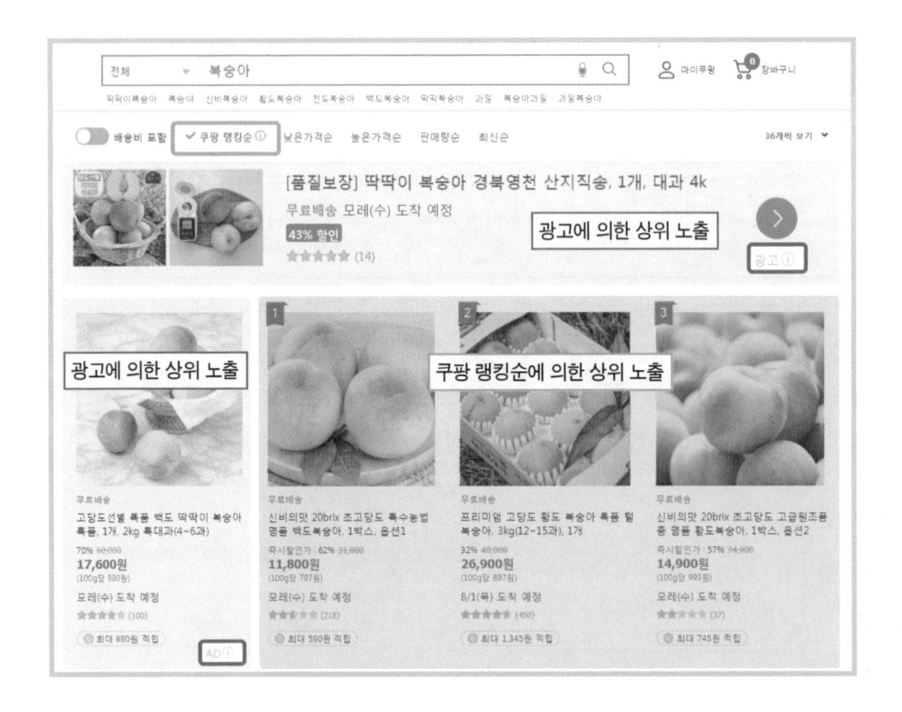

네이버 가격비교에서의 검색결과 화면은 보통 '광고 상품 2개+일반 상품 20개+광고 상품 2개+광고 상품 20개'가 전시된다. 쿠팡에 비해 검색랭킹 알고리즘에 의한 상위 노출 비중이 높은 편이라고 할 수 있다. 네이버플러스 스토어에서는 광고 상품이 최상단에 노출되고, 아래로 일반 상품과 광고 상품이 섞여 전시된다. G마켓, 옥션, 11번가 등 다른 오픈마켓은 광고 영역과 광고 상품이 대부분의 지면을 차지한다. 이들 플랫폼에서는 사실상 광고가 아니면 상품을 노출시키기가 어렵다고 볼 수 있다.

이런 것을 볼 때 광고에 많은 비용을 지출할 수 없는 판매자가 공략하기 좋은 플랫폼은 쿠팡과 네이버플러스 스토어, 네이버 가격비교인 것을 알 수 있다.

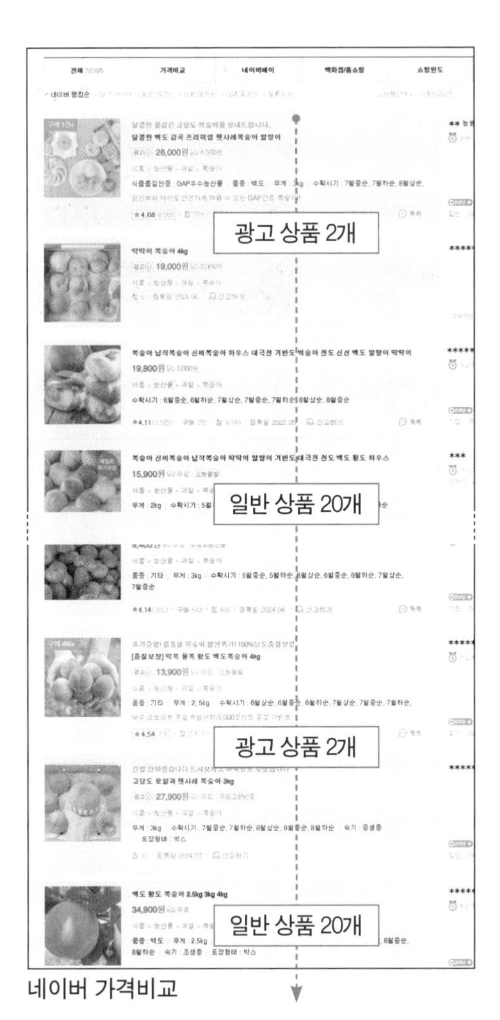

네이버 가격비교

G마켓

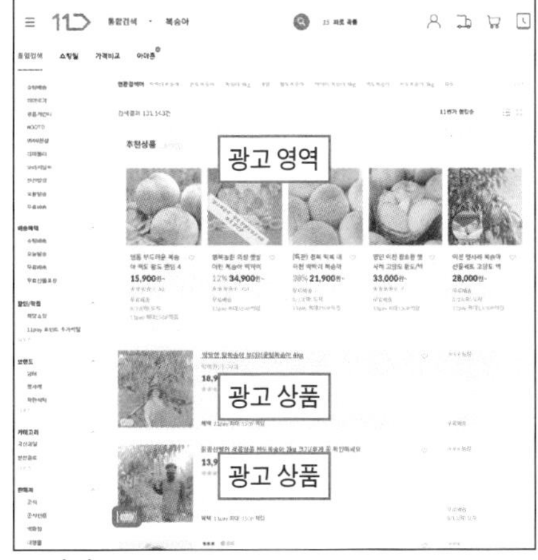

11번가

1 광고를 통한 노출

검색결과 화면에서 보면 쿠팡 랭킹 상품에 앞서 광고 상품이 노출되고 있는 것을 알 수 있다. 광고 상품 설명에는 '쿠팡으로부터 광고 서비스를 구매한 제휴업체의 판매 상품으로 일반 상품보다 우선 정렬됩니다.'라고 되어 있다. 즉 광고 상품은 랭킹 알고리즘에 의한 점수와 상관없이 우선 노출된다. 이러한 광고 상품은 입찰가 순위에 따라 검색결과 페이지 최상단을 비롯해 일반 상품 중간중간에 노출된다.

쿠팡 광고는 클릭당 비용을 지불하는 CPC 광고로, 광고를 통해 내 상품을 키워드 검색에서 상위에 노출시킬 수 있다. 어느 플랫폼이든 내 상품을 노출시키는 가장 쉽고 간단한 방법은 비용을 들여 광고를 집행하는 것이다.

광고 상품에는 고객이 광고 상품임을 알 수 있도록 '광고'나 'AD'를 표시해야 한다. 쿠팡에서는 이 표시를 최소화해서 고객의 눈에 잘 띄지 않도록 하고 있다. 고객은 광고 상품인줄 인지하지 못한 상태에서 무심코 클릭하게 된다.

2 쿠팡 랭킹순에 의한 노출

고객이 검색어를 입력하면 쿠팡 검색엔진은 다음의 요소들을 점수화해 점수가 높은 순으로 상품을 전시해준다. 상품 검색결과에서 '쿠팡 랭킹순'의 설명을 보면 이를 확인할 수 있다. 쿠팡 검색결과는 '쿠팡 랭킹순'을 디폴트로 상품을 보여준다.

'쿠팡 랭킹순'은 판매 실적, 고객 선호도, 상품 경쟁력, 검색 정확도를 종합적으로 고려한 것이다. 즉 이러한 항목에서 좋은 점수를 받아야 상위 노출이 된다는 뜻이다.

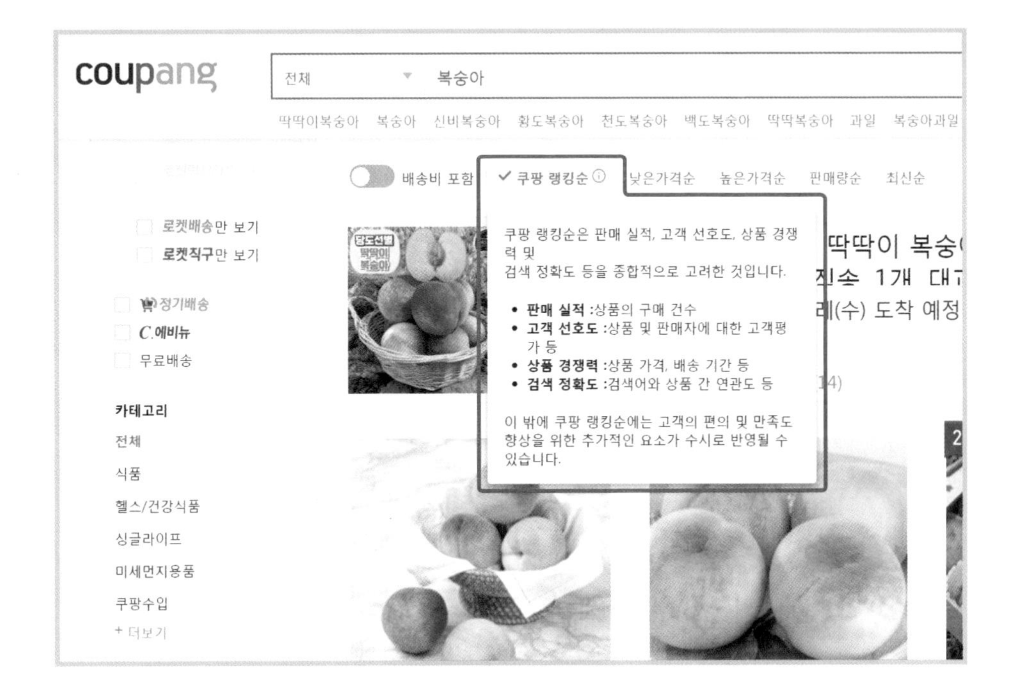

① **판매 실적:** 상품의 구매 건수

② **고객 선호도:** 상품 및 판매자에 대한 고객평가 등

③ **상품 경쟁력:** 상품 가격, 배송 기간 등

④ **검색 정확도:** 검색어와 상품 간 연관도 등(상품명, 카테고리, 구매옵션, 검색어, 무료배송)

02 쿠팡 상위 노출 알고리즘

쿠팡 판매를 위해서는 내 상품이 상위에 노출되어야 한다. 쿠팡의 검색 알고리즘은 여러 가지 상품 평가 항목을 점수화해서 1위부터 순위를 매겨 상품을 노출해준다.

구매자는 광고로 인한 노출보다는 검색 알고리즘에 의한 평가로 상위 노출되는 상품을 선호하고 신뢰한다. 랭킹순은 쿠팡에서 상품의 품질이나 가격, 사용자 만족도 등을 고려해서 노출 순위를 매겨준 것이기 때문이다.

쿠팡 알고리즘에 의해 좋은 평가를 받아 상위 노출을 하기 위해서는 다음 항목에 중점을 두고 상품을 등록하고 관리해야 한다.

쿠팡 랭킹 알고리즘

1 판매 실적

판매 실적은 상위 노출의 요소 중에서 가장 중요한 부분이다. 플랫폼 입장에서는 잘 팔리는 상품을 상위 노출해 줘 더 많은 판매가 일어나게 해야 많은 판매수수료를 챙길 수 있다. 1픽셀이 아까운 온라인 지면에서 팔리지도 않는 상품을 노출해준다는 것은 그만큼 손실인 것이다. 따라서 쿠팡 알고리즘은 판매 실적을 체크해 상대적으로 많이 팔린 상품을 상위로 올리고 있다.

쿠팡의 판매 실적은 '**구매 건수**'와 '**구매 금액**'을 살펴본다. 구매 건수와 함께 구매 금액도 보는 이유는 쿠팡 수수료가 판매 금액에 따라 결정되기 때문이다. 판매 금액이 많아야 쿠팡에서 챙길 수 있는 판매수수료도 그만큼 많아지기 때문이다.

예를 들어 같은 키워드에서 검색되는 A, B 두 상품이 있다고 하자. 두 상품 모두 100개가 팔렸는데, A는 판매가가 1만 원이고 B는 2만 원이라면 쿠팡에서 받는 판매수수료는 B가 2배로 많다. 이 경우 판매 실적 지수만 본다면 B가 상위로 올라가게 된다.

구매 건수를 높이기 위해서는 결국 노출 대비 구매 전환율이 좋아야 한다.

착한 가격, 쿠폰 및 할인 이벤트, 무료배송, 구매력을 자극하는 **상세페이지** 등은 구매 전환율을 끌어올릴 수 있는 요소다.

2 고객 선호도

고객 선호도는 상품 및 판매자에 대한 고객의 평가를 말한다. 쿠팡 알고리즘은 고객 선호도의 평가 요소로 고객의 **상품 리뷰**나 **평점**, **클릭률**(얼마나 많이 클릭했는가), **최신성**(상품등록을 언제 했는가) 등을 살펴본다.

1) 고객 리뷰와 평점

쿠팡 알고리즘은 고객이 상품 및 판매자에 대해 남기는 리뷰(상품평)와 평점을 살펴보고 고객 선호도를 평가한다. 좋은 리뷰와 높은 평점을 받은 상품은 다른 고객의 구매에 긍정적인 영향을 미쳐 판매량 증가를 가져온다. 쿠팡에서 상위 노출되고 있는 상품을 보면 대부분 좋은 리뷰가 많이 달려 있고 평점 또한 높다.

리뷰는 고객이 구매 결심의 마지막 단계에서 고려하는 요소다. 다른 조건들이 만족스러워 구매하려고 결심했어도 좋지 못한 리뷰가 많이 달려 있고, 판매자 평점 또한 좋지 않다면 구매를 망설이거나 포기하게 된다.

내 상품에 좋지 않은 리뷰가 달리거나 낮은 평점이 달린다면 리뷰를 꼼꼼히 읽어보고 고객의 불만 사항이나 불편을 개선해야 한다. 어느 플랫폼이든 좋지 못한 리뷰와 낮은 평점의 상품을 상위 노출해 주지는 않는다.

2) 클릭수

쿠팡 로직은 고객이 '얼마나 많이 클릭했는가'를 살펴보고 이를 고객 선호도에 반영한다. 클릭이 많다는 건 그만큼 고객의 관심을 끌고 있다는 소리다. 온라인에서는 클릭이 있어야 상세페이지로 유입되고 구매가 일어난다.

클릭수를 높이기 위해서는 다양한 키워드에서 내 상품이 노출되게 하고, 시선을 끄는 선명하고 좋은 대표이미지로 내 상품을 클릭하게 해야 한다.

■ 다양한 키워드에 노출하기

쿠팡은 내 상품에 유입되는 키워드가 다양할수록 랭킹 점수에 좋은 영향을 미친다. 키워드는 상품을 찾을 때 고객이 입력하는 단어다. 고객이 어떻게 내 상품을 찾는지를 알아보고, 그 키워드를 상품명이나 검색어(태그) 등에 포함하면 된다.

고객이 검색 시 입력하는 단어는 쿠팡에서 '자동완성어'를 알아보면 된다. 예를 들어 고객이 '휴대용 선풍기'를 검색창에 입력하면 아래로 자동완성어가 나타난다. 자동완성어는 위에서부터 고객이 많이 검색한 순으로 보여준다. '냉각', '대형', 'C타입', '대용량', '무소음' 등의 키워드가 보인다.

이러한 키워드들 중에서 내 상품과 관련 있는 단어를 상품등록 시 상품명이나 검색어에 사용하면 된다. 이렇게 하면 다양한 키워드에서 노출되고 내 상품의 클릭률을 높일 수 있다.

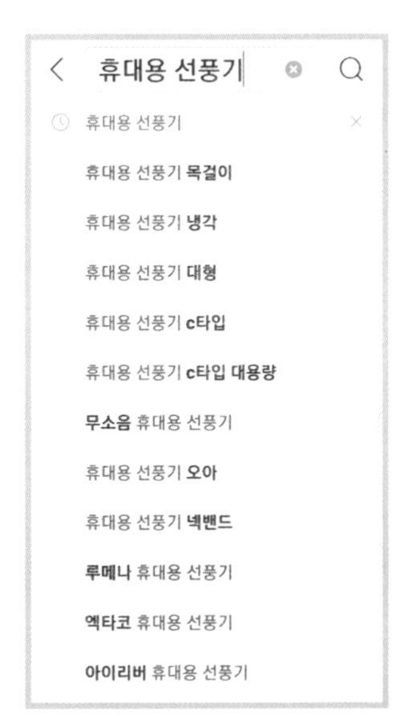

■ 클릭을 부르는 대표이미지

키워드에서 상품이 노출되게 했다면 이제는 내 상품을 클릭하게 만들어야 한다.

고객은 검색결과나 상품목록 페이지에서 어떤 상품을 먼저 클릭할까? 가격이나 노출 순서 등 다양한 요소가 있겠지만 가장 먼저 시선을 끄는 것이 대표이미지다.

대표이미지는 상품을 클릭하게 만드는 요소다. 대표이미지로 클릭을 유도하고, 유입 고객에게 상세페이지를 통해 구매를 결심하게 만드는 것이 온라인 판매의 기본이다.

대표이미지는 고객이 원하는 것을 보여주고, 내 상품의 특장점을 가장 잘 나타낼 수 있는 이미지를 사용해야 한다.

수박의 경우 고객은 속이 잘 익었는지와 당도를 가장 궁금해하며 이것이 구매 포인트다. 위의 두 상품 중 눈길이 먼저 가는 것은 첫 번째다. 잘 익은 수박 이미지를 대표이미지로 사용해 고객의 시선을 끌고 있고, 상품명에는 원산지, 당도 등 어필 포인트를 포함하고 있다. 반면 두 번째 상품은 잘라 놓은 수박 모습은 같으나 이미지에서 느껴지는 신선도가 오히려 클릭을 방해하고 있다. 이미지를 보면 과육이 퍼석하고 맛이 없어 보이는 느낌이다. 미흡한 상품명이나 가격 등은 차치하더라도 대표이미지에서 먼저 주목을 받지 못하고 있다. 이 상품이 가장 먼저 취해야 할 조치는 대표이미지를 맛있어 보이는 싱싱한 이미지로 교체하는 것이다. 그러면 좀 더 많은 클릭을 받을 수 있을 것이다. 판매는 클릭이 있고 난 후에 일어난다.

3) 최신성

앞서 상위 노출을 결정짓는 요소로 판매 실적을 이야기했다. 그런데 이 판매 실적만 랭킹 요소에 반영한다면 매번 똑같은 상품만 상위 노출되는 결과를 초래할 것이다. 아무래도 먼저 판매를 시작한 상품이 많이 팔렸을 것이고, 그것이 누적되어 계속해서 상위 자리를 유지할 것이다. 그렇게 되면 이제 새로 등록한 상품은 판매량이 적기 때문에 상위 노출을 할 수가 없다. 결국 판매자는 플랫폼에 매력을 느끼지 못하고 이탈하게 된다. 플랫폼 입장에서는 많은 판매자와 다양한 상품이 있어야 성장할 수 있는데 판매자의 유입이 없으면 성장 동력을 잃게 된다.

또 플랫폼이 시장의 트렌드를 반영하지 못하는 결과를 초래하기도 한다. 예를 들어 휴대용 선풍기의 경우 올해는 냉각 에어컨 기능의 상품이 시장에서 유행하고 있다. 이렇게 시장에서는 신상품이나 업그레이드 상품이 출시되어 트렌드를 이끌고 있는데 플랫폼에서는 그것을 반영하지 못하고 이미 한물간 상품을 상위 노출해 주는 경우가 생기게 된다. 이것은 고객의 이탈을 초래한다.

그래서 쿠팡에서는 신규 등록 상품에 가점을 주어 일정 기간 동안 어느 정도의 상위 자리에 상품을 노출해준다. 이것이 쿠팡의 최신성 로직이다.

그런데 노출 지면이 제한적이기 때문에 모든 신규 상품에 상위 노출 혜택을 줄 수는 없다. 신규 상품 중에서도 팔릴 만한 가능성이 있는 상품을 골라 최신성 혜택을 주는데, 그것을 판단하는 기준이 '상품 정보 충실도'와 '검색 정확도'다. 즉 쿠팡 상품등록 SEO(Search Engine Optimization, 검색엔진최적화)에 맞게 상품을 등록하는 것이 중요하며, 그래야 최신성 점수를 바라볼 수 있다.

판매자는 이 최신성 점수를 잘 활용해야 한다. 쿠팡의 최신성 가점은 상품등록 후 7일 정도다. 이 기간 안에 쿠팡 상위 노출 알고리즘이 요구하는 다양한 퍼포먼스를 일으켜야 한다. 가장 직접적인 퍼포먼스는 '판매 실적'이다. 더불어 좋은 리뷰와 평점, 클릭수 등 '고객 선호도' 점수를 높여야 더 높은 자리로 올라간다.

3 상품 경쟁력

쿠팡은 **가격**과 **배송 기간**을 고려해 경쟁력이 좋은 상품에 높은 점수를 부여해 상위 노출에 유리하도록 해준다.

1) 상품 가격

판매가는 판매 마진과 시장가를 고려해 결정해야 한다. 그래서 아이템을 선정할 때는 내가 시장 판매가에 맞출 수 있는지를 먼저 고민해야 한다. 물론 시장가보다 높다고 해서 무조건 안 팔린다고 할 수는 없지만, 쿠팡은 동종 상품이 있으면 아이템페이지에 묶이게 되고, 아이템페이지에서는 아이템위너가 되어야 판매가 된다.

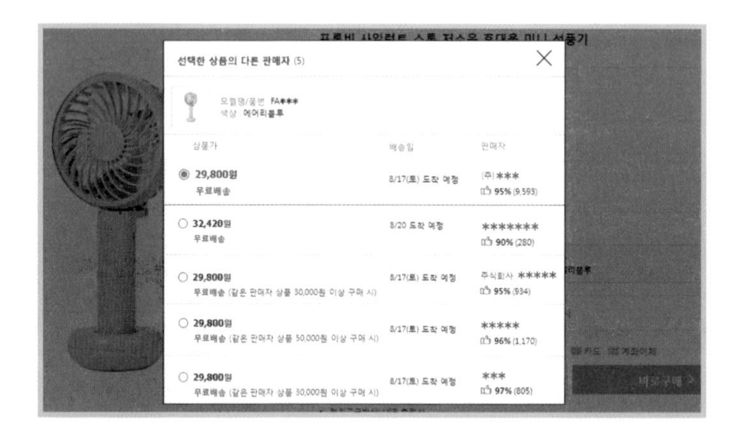

위 아이템페이지에는 5개의 상품이 있는데, 제일 위 아이템위너는 최저가이고, 무료배송 상품이다. 두 번째 상품은 무료배송이지만 가격이 높다. 나머지 3개 상품은 최저가지만 '조건부 무료배송'으로 1개를 구매할 때는 무료배송이 되지 않는다. 판매자 평가는 95~97%로 아이템위너와 별 차이가 없다고 할 수 있다. 이러한 것을 볼 때 이 상품의 아이템위너는 가격, 무료배송, 판매자 평가, 판매 실적 등에서 좋은 점수를 얻어 아이템위너가 된 것임을 알 수 있다.

이처럼 아이템위너를 결정짓는 요소 중 중요한 부분을 차지하는 것이 가격이다. 대부분의 아이템이 기본적으로 최저가 상품이 되어야 아이템위너 경쟁을 해볼 수 있다.

2) 배송 기간

빠른 배송을 추구하는 쿠팡은 배송 기일이 짧은 상품을 경쟁력이 좋은 상품으로 보고 더 많은 상위 노출 점수를 준다.

배송 기일 설정은 상품등록 시 '배송' 항목의 '출고소요일'에서 설정할 수 있다. 출고소요일은 고객 주문 이후 상품을 출고하는 데 걸리는 기간이다. 여기서 설정한 출고소요일에 따라 상품 상세페이지에 '도착 예정일'이 표시된다.

'당일 출고'를 선택하면 당일출고 마감 시간을 선택할 수 있다. 당일출고를 선택하면 좋지만, 만일 당일출고가 지켜지지 않으면 판매자점수 하락 등 페널티가 발생할 수 있다. 판매자와 상품 상황을 고려해 설정하면 된다. 출고소요일을 빠르게 설정하면 상품 경쟁력 점수에 좋게 작용한다.

4 검색 정확도

검색 정확도는 고객이 원하는 상품을 쿠팡 검색엔진이 빠르게 찾아 보여줄 수 있도록 설정되어 있는가를 보는 것이다. 쿠팡 검색엔진이 검색어와 일치하는 상품을 찾는 주요 정보는 **상품명, 카테고리, 구매옵션, 검색어**다. 이는 곧 우리가 상품등록 시에 설정하는 것으로 '상품 정보 충실도'와도 연관이 있다. 즉 쿠팡이 요구하는 조건에 맞게 정확하게 상품을 등록하면 '상품 정보 충실도'와 '검색 정확도'에서 좋은 점수를 얻을 수 있다.

여기에 더해 **무료배송**도 고객이 검색 필터로 많이 사용하기 때문에 무료배송도 알고리즘이 살펴보고 반영한다.

1) 상품명

고객이 키워드를 입력하고 검색을 하면 쿠팡 알고리즘은 먼저 카테고리, 상품명, 구매옵션, 검색어(태그), 이 4가지 '검색 정확도' 항목에서 해당 검색어와 관련되는 상품을 찾는다. 그리고 이들 상품 중에서 '판매 실적', '고객 선호도', '상품 경쟁력' 등을 살펴보고, 항목별 가중치를 적용해 순위를 매겨 상위 노출 순서를 정한다.

따라서 상위 노출의 시작은 검색 정확도에 있다고 할 수 있다. 검색 정확도는 쿠팡 검색엔진이 내 상품을 찾을 수 있도록 하는 정보이기에 정확하게 설정해야 한다. 검색 정확도에 해당하는 요소를 정확하게 입력하지 않으면 검색엔진이 내 상품을 찾지 못하게 된다.

쿠팡의 상품명은 스마트스토어에 비해 상위 노출에서 차지하는 비중이 조금은 덜하다고 할 수 있다. 쿠팡의 '노출상품명은 상품등록 후 쿠팡 기준에 맞게 변경될 수 있다'는 것을 보면 이를 알 수 있다.

상품명은 상품목록페이지와 상세페이지에서 내 상품을 나타내는 이름이다. 상품명은 쿠팡 시스템이 내 상품을 찾는 가장 직관적인 요소이므로, 상품명을 등록 기준에 맞춰 명확하게 등록하면 시스템이 내 상품을 쉽게 찾아 고객에게 노출해준다.

상품명에 고객이 검색할 만한 다양한 키워드를 포함해 주면 더 많은 키워드에서 노출된다. 내 상품과 관련 없는 문구나 브랜드, 스팸성 키워드는 입력하지 말아야 한다. 오히려 노출에 방해만 될 뿐더러 쿠팡 관리자에 의해 판매가 금지될 수 있다.

■ 상품명 작성 유의사항

① 한글 맞춤법, 표준어 규정, 외래어 표기법을 준수한다.

② 브랜드와 제품명은 각각 최대 한글 40자, 영문 45자 이하로 입력한다.

③ 외국어는 '외래어 표기법'에 따라 한글로 표기한다. 단, 고유명사 및 약어 영문은 사용할 수 있다.

④ 상품군은 내 상품의 카테고리 중 가장 최하위 카테고리명을 표기한다.

⑤ 문장부호, 괄호, 수학기호 등 특수문자는 사용하지 않는다. ?, @, #, $, *, [,], ☆, ┼, ㉷, ¿,) 등

⑥ 상품과 무관하게 특정 시즌과 관련된 문구는 쓰지 않는다.(추석, 밸런타인데이, 어린이날, 크리스마스, 어버이날 등)

⑦ 상품과 무관한, 검색 또는 구매를 유도하기 위한 문구를 쓰지 않는다.(고급, 공통포장, 균일가, 단일상품, 대박특가, 득템찬스, 마감, 막판특가, 모음전, 본사정품, 세일, 신규, 신상, 홈쇼핑 히트, 1+1 판매, 한정판매 등)

⑧ 배송 관련 문구를 쓰지 않는다.(무료배송, 특가배송, 당일출고, 묶음배송 등)

2) 카테고리

카테고리는 상품을 분류하는 기준으로, 쿠팡 검색엔진이 상품을 찾는 정보로 활용된다. 예를 들어 '생활용품 > 기저귀 > 일회용기저귀' 카테고리에 상품을 등록하면서 '상품명'이나 '검색어'에 '일회용기저귀'라는 단어를 넣지 않아도 일회용기저귀 검색 결과에 노출된다. 이것은 **쿠팡 검색엔진이 카테고리명을 검색어로 인식하기 때문이다.** 따라서 상품등록 시 내 상품에 맞는 정확한 카테고리를 설정해야 노출에 도움이 된다.

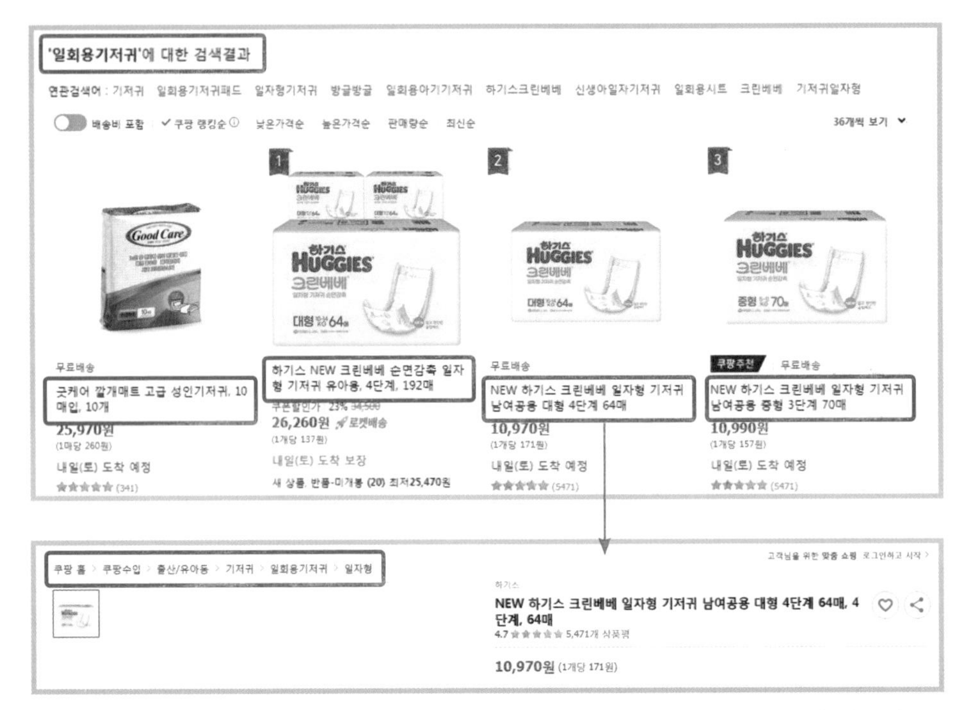

상품명에 '일회용기저귀'라는 단어가 없어도 검색 시 노출되고 있다. 상품을 클릭해 보면 이들 상품은 '생활용품 > 기저귀 > 일회용기저귀' 카테고리에 등록되어 있는 것을 알 수 있다.

스마트스토어는 상위 노출 시 검색엔진이 카테고리와 그에 속한 키워드의 매칭을 중요하게 보지만 쿠팡은 그렇지 않다. 쿠팡은 카테고리와 상품명이 맞지 않으면 상품명을 우선으로 참조한다. 상위 노출에 있어서 카테고리의 비중이 스마트스토어보다 덜한 편이다.(쿠팡은 등록 상품이 카테고리와 맞지 않으면 적절한 카테고리로 옮기기도 한다.)

3) 구매옵션과 검색필터

■ 구매옵션

상품등록 시 '옵션' 항목에서 입력하는 옵션값은 고객이 상품을 구매할 때 선택하는 정보다. 이 옵션은 쿠팡 검색엔진에서 검색 정보 또는 필터 검색으로 쓰여, 고객이 내 상품을 더 잘 찾을 수 있게 도와준다. 즉 **상품등록 시 설정하는 옵션값을 쿠팡 검색엔진은 검색어로 인식한다.**

오른쪽 화면의 상품은 구매옵션과 상품명이 조합되어 '블랙 자외선 차단 마스크', '연핑크 자외선 차단 마스크', '화이트 자외선 차단 마스크'가 모두 검색에 반영된다.

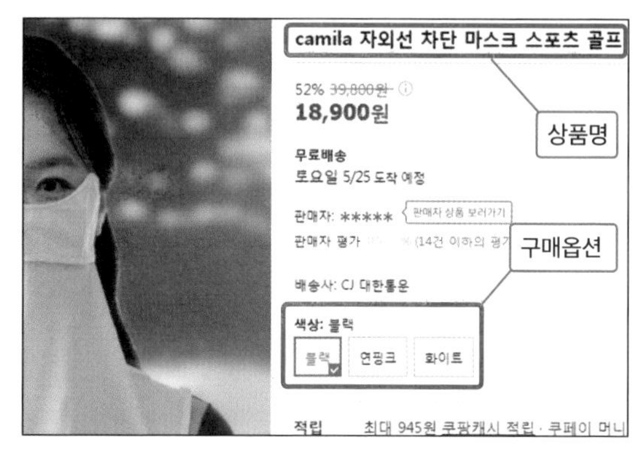

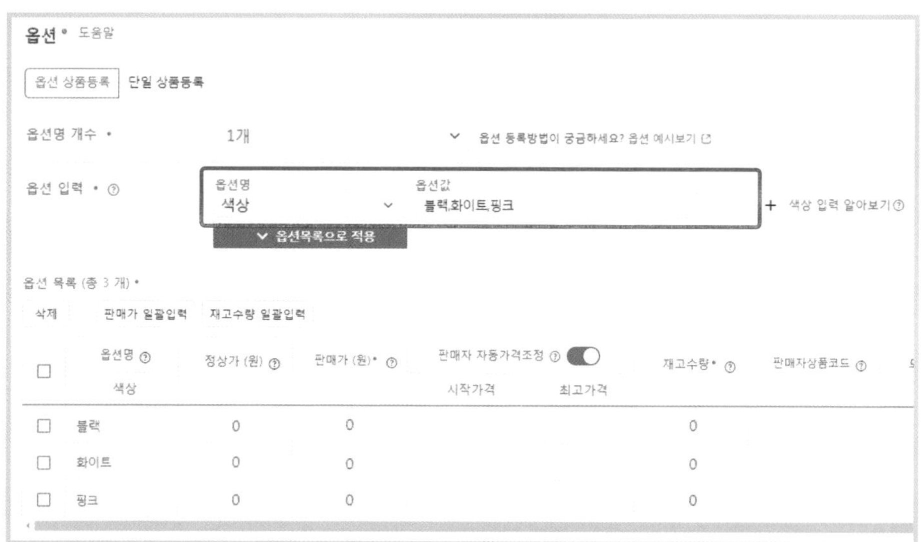

예를 들어 블랙, 화이트, 핑크 색상의 원피스를 판매한다고 할 때 옵션값으로 '블랙'을 사용하는 것이 나을지 아니면 '검정'이 나을지를 한 번 생각해보자.

먼저 '블랙원피스'와 '검정원피스'의 검색량과 상품등록 수를 살펴보자.

키워드	월간 검색량	쿠팡 상품등록 수
검정원피스	7,700	290,391
블랙원피스	14,520	290,382

월간 검색량은 검정원피스보다 블랙원피스가 조금 많다. 쿠팡 상품등록 수는 같다고 할 수 있다. 그러면 색상의 옵션값으로 '블랙'을 사용하는 것이 나을까? 사실 이 경우는 어느 것을 사용해도 무방하다고 할 수 있다.

그런데 옵션값을 '블랙'으로 설정했을 때 '블랙원피스'에서는 검색 되어도 '검정원피스'에서는 검색이 안 되는 경우가 있다. 옵션값을 '블랙'으로 설정하고 '상품명'이나 '검색어(태그)', '검색필터'에 '검정'이라는 단어가 없을 경우에 그렇다.

■ 검색필터

여기서 상품등록 시 설정하는 '검색필터'를 보자. 검색필터는 고객이 상품을 검색할 때 사용하는 필터값으로, 등록하는 상품의 카테고리에 따라 설정할 수 있는 검색필터가 나온다. 옵션이 고객이 구매 시 선택하는 '구매옵션'이라면 검색필터는 검색 시 사용하는 '검색옵션'이라고 할 수 있다.

검색필터는 고객이 상품을 찾아보는 필터로 활용되며, 입력한 필터 정보는 검색어로 자동 설정된다.

원피스의 경우 '패션 의류/잡화 색상계열'에서 색상 필터값을 설정할 수 있는데, 여기서 '블랙계열'을 선택하면 고객이 '블랙원피스'를 검색할 때 노출되고, 색상 필터에서 '블랙'을 선택할 때도 노출된다.

필터값은 직접 입력할 수도 있고 메뉴에서 선택할 수도 있는데, 설정하고자 하는 값이 드롭다운 목록에 있는 경우 반드시 목록에서 선택해야 한다. 그래야 필터에서 검색된다.

이렇게 '옵션'과 '검색필터' 값을 설정할 때는 '상품명'과 '검색어(태그)'에서 설정하는 키워드와 조합으로 생성되는 검색조합어를 고려하면서 더 다양한 검색에서 내 상품이 노출될 수 있는 값으로 설정한다.

위 예의 경우 '블랙원피스'와 '검정원피스' 모두에서 내 상품이 검색되게 하려면 옵션값을 '블랙'으로 설정하고 '상품명'이나 '검색어'에 '검정'을 넣으면 된다. 또는 옵션값을 '검정'으로 설정하고 '검색필터'에서 색상의 필터값을 '블랙계열'을 선택하면 된다.

4) 검색어(태그)

쿠팡의 검색엔진은 카테고리, 상품명, 구매옵션, 검색어(태그)를 조합해 검색어를 만든다. 따라서 이들의 조합으로 만들어지는 검색조합을 고려해 키워드를 설정하면 더 많은 노출 기회가 주어진다.

검색어는 상품과 관련 있는 단어로 흔히 '태그'라고 한다. 쿠팡 검색 로직은 검색어 정보도 반영하기에 검색어를 최대한 많이 입력하는 것이 좋다. 검색어는 최대 20개까지 입력할 수 있다. 상품명, 카테고리명과 중복해서 입력할 필요는 없다.

검색어를 입력하면 검색어 단어뿐만 아니라 '카테고리+상품명+검색어'로도 조합되어 모두 검색되므로 검색 확률이 높아진다. 따라서 상품명 및 카테고리와 조합되어 고객이 검색할 만한 단어를 입력하면 좋다.

카테고리	상품명	검색어	검색조합
패딩	나이키 하이넥 장식 SW1203		**나이키 패딩, 하이넥 패딩, 나이키 하이넥 패딩**
패딩	나이키 하이넥 장식 SW1203	가을 점퍼	**나이키 가을, 나이키 가을 패딩, 가을 패딩, 나이키 패딩, 하이넥 패딩, 나이키 하이넥 패딩**

예시에서 보는 것처럼 상품명에 '가을'이라는 단어가 없는데도 검색어에 있으면 상품명과 조합되어 '가을 패딩'에서도 내 상품이 검색된다.

이처럼 검색어를 잘 활용하면 더 많은 키워드 조합을 만들어낼 수 있고, 그만큼 내 상품이 검색될 확률이 높아진다.

다음은 쿠팡에서 '50대 중년 여성 여름원피스'를 검색한 결과다. '50대'라는 키워드가 상품명과 카테고리에도 없고 구매옵션, 검색필터에도 없다. 이런 경우 판매자가 상품등록 시 '검색어'에 '50대', '중년' 등의 태그를 입력해놓은 것을 짐작할 수 있다. 이렇게 검색어는 상품명, 카테고리와 함께 조합되어 새로운 키워드를 생성한다. 만일 다양한 연령층에서 사용할 수 있는 상품이라면 '20대', '30대', '40대' 등의 검색어를 입력해도 좋을 것이다. 이렇게 조합된 키워드가 자동완성어나 연관검색어에 나오는 것이라면 좋은 키워드가 된다.

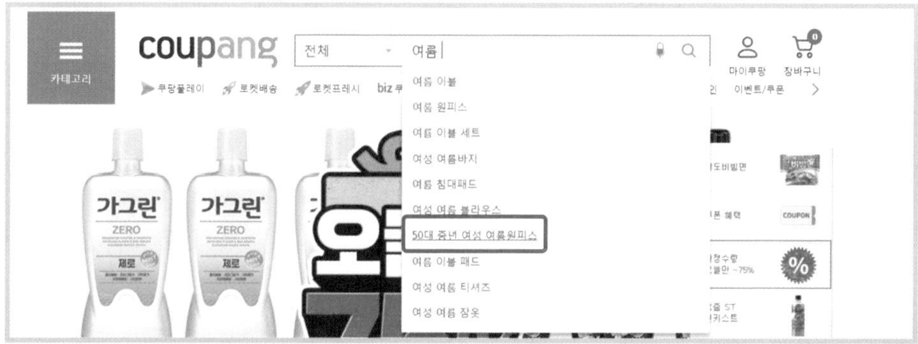

■ 쿠팡 검색어 입력하기

쿠팡은 검색어(태그)를 노출에 반영하지만 스마트스토어는 그렇지 않다. 스마트스토어에서는 검색하는 단어가 상품명에 있어야 노출되지만, 쿠팡은 상품명에 키워드가 없어도 검색어에 있으면 노출된다. 이는 쿠팡 판매자는 검색어를 잘 활용하면 노출의 다각화를 꾀할 수 있다는 뜻이다.

① 카테고리나 상품명에 포함된 단어를 중복 입력할 필요 없다.

카테고리	상품명	검색어
패딩	나이키 하이넥 장식 SW1203	가을 패딩, 가을 패딩 점퍼, 패딩, 가을 패딩, 패딩 점퍼

위 예를 보면 카테고리와 검색어에 패딩이라는 단어가 중복되기에 검색어에서는 패딩을 입력할 필요가 없다. 이 경우 검색어로는 '가을'과 '점퍼'만 입력하면 된다.

만약 '가을 점퍼'에서도 검색되게 하려면 검색어에 '가을', '점퍼'를 입력하든지, '가을 점퍼'를 입력하면 된다. '가을점퍼'로 붙여 써서 입력하면 '가을 점퍼' 검색에서는 걸리지 않을 수 있다. 쿠팡 검색로직은 '키워드+키워드'를 조합해 검색하는데 '가을점퍼'로 붙여 쓰면 이를 하나의 키워드로 인식하기 때문에 '나이키 가을점퍼', '나이키 가을점퍼 패딩'에서만 검색되고 '나이키 가을', '나이키 가을 패딩', '가을 패딩', '나이키 가을 점퍼' 등에서는 검색되지 않을 수 있다.

이렇게 카테고리, 상품명과 중복되는 단어는 검색어에서 사용할 필요가 없고, '명사+명사'의 단어인 경우 띄어 써서 사용하는 것이 검색어 조합에 도움이 된다.

검색어는 최대 20개까지 등록할 수 있기에 고객이 찾는 검색어로 잘 조합될 수 있는 단어를 찾아 등록한다.

② 띄어쓰기 적용/미적용 단어를 중복 사용할 필요 없다.

예) '노루 페인트', '노루페인트' → '노루 페인트'만 입력.

③ 상품 수식어와 상품명은 띄어 쓴다.

예) 가벼운양산 → 가벼운 양산, 알록달록원피스 → 알록달록 원피스

④ 브랜드와 제품명은 띄어 쓴다.

예) 피엘라벤등산가방 → 피엘라벤 등산가방, 나이키슬리퍼 → 나이키 슬리퍼

⑤ 같은 단어를 반복 조합하거나 순서를 바꿀 필요 없다.

예) 가을 패딩, 기모 패딩, 가을 기모 패딩, 패딩 가을 기모 → 가을, 기모만 사용.

■ 주의 및 금지 사항

검색어는 판매자가 등록했다고 해서 쿠팡 검색에서 모두 사용되는 것은 아니다. 쿠팡 시스템은 정확한 정보 제공 및 서비스 효율을 위해 판매자가 등록한 검색어 중 일부만 사용하거나 적합하지 않은 검색어를 수정 / 삭제한다.

적합하지 않은 검색어(검색효율성 저하, 검색결과 오용 가능성, 부적절한 검색어 사용 가능성, 공격적이거나 불법적인 단어 사용)를 등록하면 검색에 사용되지 않을 수 있으며, 상품뿐만 아니라 판매자의 모든 상품이 검색결과에 노출되지 않을 수 있으므로 주의해야 한다.

① 상품과 연관성 없는 단어나 타 브랜드명은 입력하지 않는다.

판매 상품과 연관이 없는 데도 검색 노출을 위해 검색어에 이슈 키워드, 인기 키워드, 타 브랜드명을 입력해서는 안 된다.

② 슬래시(/) 사용할 때는 단어를 생략하지 말라.

슬래시를 기준으로 검색어를 각각 인식하기에 반복 사용되는 단어라도 표기해야 한다.(5 / 7부 → 5부 / 7부, 워킹 / 런닝화 → 워킹화 / 런닝화)

③ 배송 관련, 기능성 문구를 입력하지 말라.

배송비 종류와 기능에 대한 검증 여부를 확인하기 어려운 단어는 사용하지 않는다.(무료배송 양말, 간에 좋은 건강식품)

④ 시즌성 문구는 사용에 주의한다.

상품과 직접 상관관계가 있음을 증명할 수 있는 시즌성 문구만 사용한다.

5) 무료배송

로켓배송에 익숙한 쿠팡 고객은 무료배송을 선호하기 때문에 쿠팡 검색로직은 무료배송 여부도 상위 노출에 반영하고 있다. 뿐만 아니라 아이템위너를 선정할 때도 배송비 유무를 반영한다. 따라서 판매자는 배송비를 상품가에 녹여내는 방식으로 무료배송을 하는 것이 좋다.

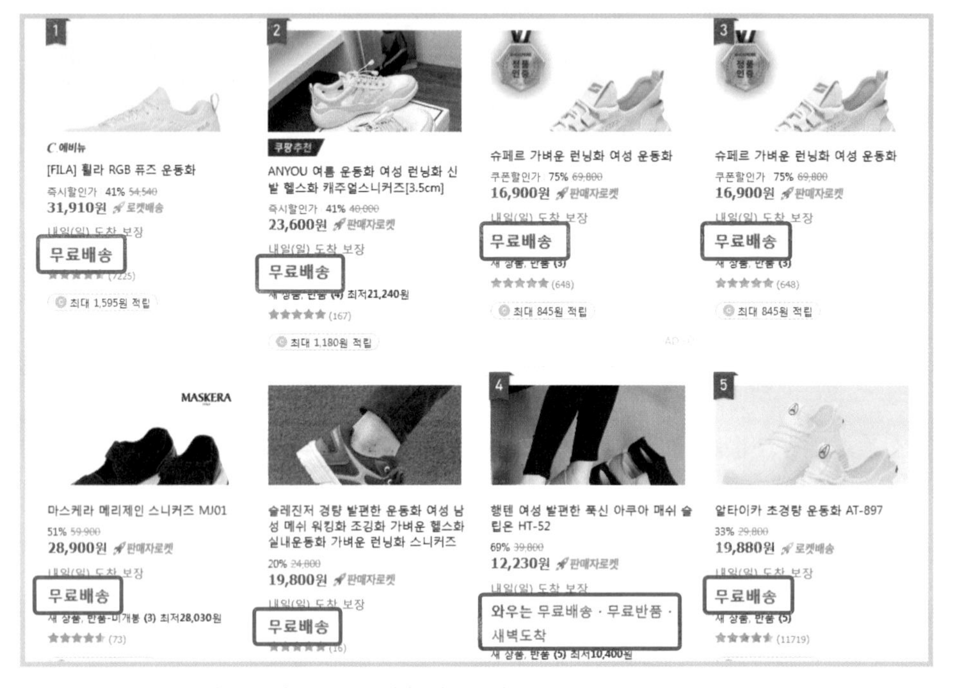

상위 노출되고 있는 상품은 대부분 무료배송 상품이다.

쿠팡의 로켓배송 상품은 기본적으로 무료배송이다. 마켓플레이스 판매자는 어쩔 수 없이 로켓배송 상품과 경쟁해야 하는데 그러려면 무료배송은 기본으로 장착해야 한다. 고객은 같은 값을 지불하는 것이라면 싼 가격에 배송비를 주는 것보다 비싼 가격의 상품을 무료배송으로 받는 것에 심리적으로 더 만족감을 느낀다. 배송비를 내면 괜히 손해본다는 느낌을 가지기도 한다.

쿠팡 판매자는 무료배송을 기본 전략으로 가지고 가는 것이 좋다.

5 상품 정보 충실도

상품 정보 충실도는 쿠팡 기준에 맞게 상품을 정확하게 등록했는가를 보는 것이다. 이는 앞서 검색 정확도에서 설명한 상품명, 카테고리, 옵션, 검색어, 검색필터 등 상품 정보 주요 항목을 쿠팡 SEO에 맞게 등록하면 된다.

더불어 판매자점수(주문이행, 정시출고, 정시배송, 24시간 내 답변)를 잘 관리해야 한다. 판매자점수가 떨어지면 판매 정지가 될 수 있다.

1) 브랜드

상품 정보는 고객이 내 상품에 대해 올바르게 알 수 있도록 하는 것으로 이것은 상품의 신뢰성과 관련된다. 따라서 상품 정보는 정확하게 등록해야 한다.

브랜드 정보는 검색엔진이 참조하는 항목으로, 고객이 검색을 하면 검색엔진은 브랜드를 검색해 노출해준다. 상품명이나 검색어 등에 브랜드명이 포함되어 있지 않아도 상품등록 시 '상품 주요 정보' 항목의 '브랜드'에 입력한 브랜드명을 참조해 노출해준다. 브랜드는 입력 시 자동으로 추천되는 브랜드가 있으면 선택하면 되고 직접 입력해도 된다.

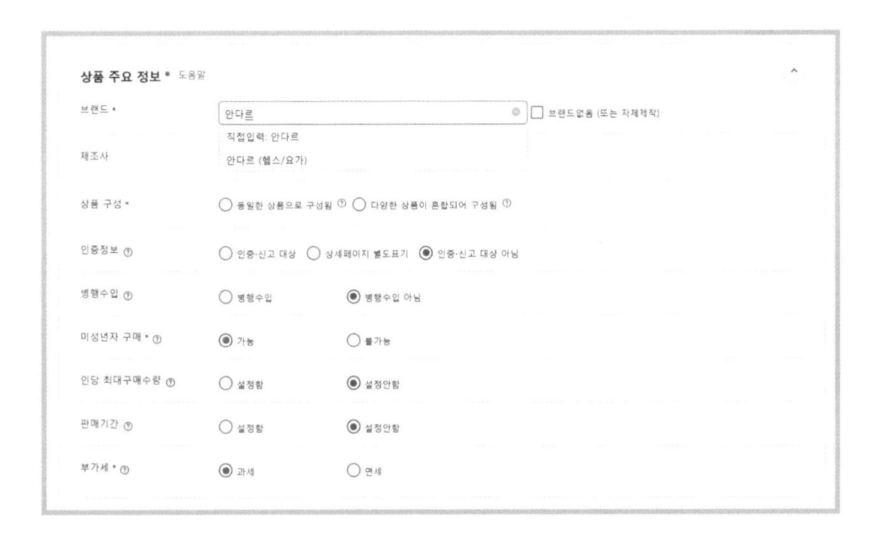

다음 화면은 쿠팡에서 '안다르 요가복'을 검색한 화면이다.(광고 상품은 랭킹 로직과 상관없이 노출되는 것이기에 제외했다.)

상위 노출되고 있는 상품 중에 상품명에 '안다르'가 있는 상품은 1위와 10위 상품뿐이다. 나머지 상품은 상품명에 '안다르'가 없어도 노출되고 있다. 이는 상품 주요 정보의 브랜드나 검색어에 '안다르'라는 브랜드명이 설정되어 있기 때문이다.

이처럼 쿠팡 검색엔진은 검색결과에 '브랜드'도 고려한다.

브랜드
안다르
녹족
장사부
패션윙
조이할리
ANYOU
+ 더보기

여기서 '필터'의 브랜드에서 '안다르'를 체크해보자. 노출되고 있는 대부분 상품의 '상품명'에 '안다르'라는 키워드가 포함되어 있다.

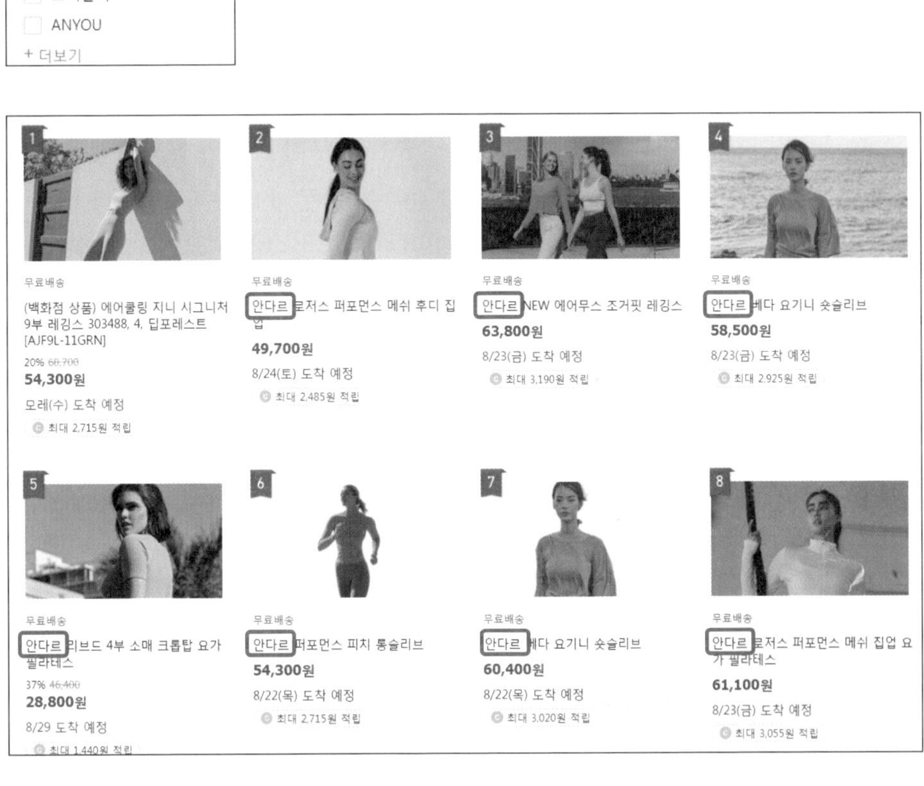

여기에 노출되고 있는 상품은 상품등록 시 '상품 주요 정보'의 '브랜드'에서 '안다르'를 설정한 상품일 것이다. 그래서 브랜드 필터에서 검색이 되는 것이다.

이처럼 고객이 '안다르 요가복'을 검색한 화면과 검색결과 화면에서 브랜드 필터의 '안다르'를 체크하고 보는 화면이 다르다.

따라서 상품등록을 할 때 브랜드 상품인 경우 '정확한 카테고리'에 '상품명'과 '브랜드'에 브랜드명을 넣어주면서 상품 정보를 충실하게 담아주면 노출 기회를 더 확대할 수 있다는 것을 알 수 있다.

2) 배송예정일 준수

'배송예정일(도착예정일)'은 고객의 결제완료일을 기준으로 '출고소요일(기간)'과 '배송소요일(기간)'을 더한 날짜가 표시된다. 고객은 상품 상세페이지에서 이 배송예정일을 보고 언제쯤 상품을 받을 수 있겠다는 것을 확인하고 결제를 한다.

출고소요일은 고객 주문 후 상품을 발송할 때까지 걸리는 기간으로, 판매자가 상품등록 시 입력한다. 배송소요일은 상품을 발송한 때부터 배송이 완료될까지 걸리는 기간이다. 그런데 판매자가 출고소요일을 준수하지 못해 배송예정일보다 배송이 늦어지면 쿠팡에서는 상품 정보를 충실하게 작성하지 않았다고 본다. 그러면 판매자점수가 하락되고 이는 상위 노출에 좋지 못한 영향을 미친다.

국내 배송 상품의 경우 출고소요일만 잘 지키면 판매자점수에 페널티는 없다. 배송사의 집화 처리가 출고소요일 이내면 정시 출고로 보는 것이다. 이 경우는 배송예정일보다 늦어지더라도 판매자의 잘못이 아니라 배송사의 문제로 본다. 반면 해외배송 상품은 출고소요일에 상관없이 배송예정일만 준수하면 된다.

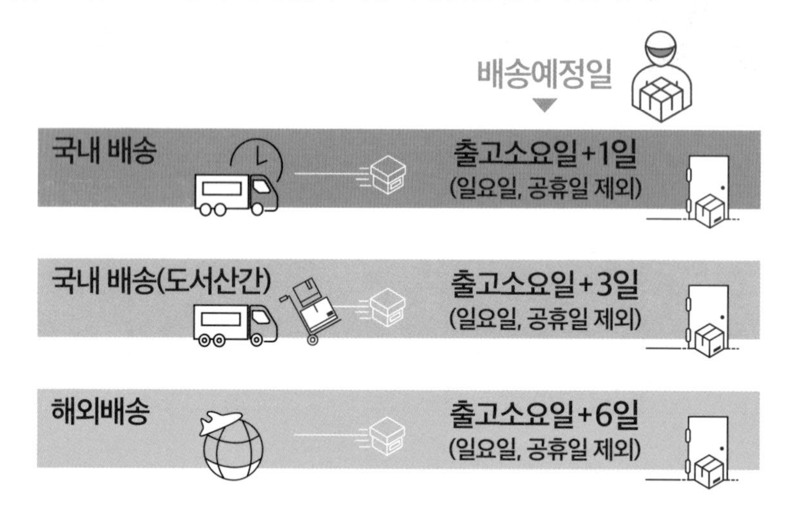

따라서 판매자는 상품등록 시 재고를 확인하고 실제로 가능한 출고소요일을 입력하고, 주문 확인이 늦어져 출고소요일이 늦어지는 일이 없도록 해야 한다. 또 배송에 문제가 생기지 않도록 안전한 택배사와 거래를 하는 것이 좋다.

3) 판매자점수 관리하기

쿠팡의 판매자점수는 판매자가 제공하는 주문, 배송, 서비스 분야의 고객 경험을 측정해 점수로 나타낸 지표다. 일정 기간 동안 판매자점수가 '경고' 단계가 계속되면 노출 정지가 될 수 있으므로 판매자점수를 잘 관리해야 한다.

나의 판매자점수는 쿠팡 WING → **판매자정보** → **판매자점수**에서 확인할 수 있다.

■ 평가 항목

평가 항목은 고객 경험에서 중요한 **주문이행**(지난 7일 기준), **정시출고완료**(지난 7일 기준), **정시배송완료**(지난 7일 기준), **24시간 내 답변**(지난 30일 기준)이다. 이 4가지 요소를 측정해 점수로 환산한다. 각 항목의 점수가 일정 기준 이하로 떨어질 경우 주의 또는 경고 조치한다.

'판매정지 평가항목'의 점수가 저조하면 상품 판매자격이 제한될 수 있다. 국내배송 상품은 '주문이행'과 '정시출고완료'를 평가하고, 해외배송 상품은 '주문이행'과 '정시배송완료'를 평가한다.

판매자점수 평가항목	배송방법별 구분	
	국내배송	해외배송
정시출고완료	○	×
정시배송완료	×	○
주문이행	공통 평가 항목	
24시간 내 답변	* 페널티 평가 항목은 아니지만 24시간 내 답변이 완료되지 않을 경우, 판매에 영향이 있을 수 있으므로 관리가 필요하다.	

① 주문이행

전체 주문 옵션ID 중에서 취소되지 않고 배송을 완료한 주문을 평가한다. 판매자 귀책으로 취소되면 점수가 낮아진다. 고객 사유로 인한 취소는 평가에서 제외된다.

▶ 상품등록 시 실제로 출고 가능한 수량을 입력한다.

▶ 충분한 재고를 확보하고 재고를 규칙적으로 업데이트한다.

▶ 상품 품절, 불량, 입고지연, 오등록 등으로 판매자에 의해 주문취소가 일어나지 않도록 한다.

▶ 기한 내 발송하고, 발송 불가 시 그 사유를 고객에게 빠른 시일 안에 알린다.

② 정시출고완료

출고예정일 내에 출고한 주문을 평가한다. 출고소요일보다 지연되어 출고되었거나 출고지연 중인 주문이 있으면 점수가 낮아진다.

택배사에서 운송장을 처음 스캔한 시간을 기준으로 출고 여부를 확인한다.

▶ 출고소요일을 정확하게 입력하고, 휴가로 출고가 어렵다면 휴무일 설정을 한다.(WING → 판매자정보 → 배송달력 관리)

▶ 택배사와 송장번호를 정확하게 입력한다.

▶ 판매자와 택배사가 소화할 수 있는 물량을 고려해 출고 가능 수량을 조절하여 출고가 지연되지 않도록 한다.

③ 정시배송완료

배송예정일 내에 배송을 완료한 주문을 평가해 배송예정일이 잘 지켜지고 있는지를 측정한다. 고객에게 안내된 배송예정일보다 지연되어 배송되거나 지연 중인 주문이 있으면 점수가 낮아진다.

휴무일 및 도서산간 미설정이나 배송직원 착오, 스캔 누락 등 택배사 사유의 지연도 모두 점수에 반영된다.

국내 배송 상품의 정시배송완료 점수는 배송예정일이 얼마나 잘 지켜지는지를 보는 참고지표이며, 점수 하락으로 인한 페널티는 부과되지 않는다.

▶ 실제 가능한 출고소요기간을 입력한다.

▶ 배송이 지연되지 않도록 안정적인 택배사와 거래해야 한다.

▶ '배송중' 단계의 주문 건은 배송 진행 상황을 수시로 체크한다.

④ 24시간 내 답변

고객의 상품문의를 24시간 이내 답변한 수를 평가한다. 24시간 이내에 상품문의 답변이 이루어지지 않을 경우 점수가 낮아진다.(주말, 공휴일, 판매자 휴무일 제외)

로켓배송, 로켓그로스 상품의 고객 문의는 쿠팡에서 답변을 진행한다.

▶ WING > **고객관리** > **고객 문의** 메뉴의 고객 문의에 24시간 내에 답변한다.

▶ WING > **고객관리** > **고객센터 문의** 메뉴의 판매자 이관글에도 빠르게 답변한다.

▶ 쿠팡(1577-7011)에서 오는 연락을 꼭 받는다. 고객 주문 등의 사유로 쿠팡에서 연락이 올 수 있다.

▶ 연락 가능한 번호를 노출한다.

03 아이템위너 개요

1 아이템위너가 되어야 판매가 된다

쿠팡은 동일 상품을 여러 판매자가 판매할 경우 하나의 페이지에 상품을 노출시킨다. 이러한 상품 페이지를 '아이템페이지'라 한다. '아이템위너'는 이 아이템페이지에서 여러 판매자가 판매할 때 경쟁에서 1위를 한 상품으로, 가격이 낮고 고객 경험이 좋은 판매자의 상품을 쿠팡은 아이템위너로 선정해 아이템페이지에서 대표로 노출해준다.

아이템위너가 되지 못한 상품은 '다른 판매자 보기'(PC), '이 상품의 모든 판매자'(모바일) 버튼을 눌러야 확인할 수 있다. 그런데 쿠팡 고객의 대부분은 이 버튼을 누르지 않는다. 아이템위너 시스템을 모르는 고객도 많고, 아이템위너에 대해 안다고 해도 당연히 아이템위너 상품이 가장 저렴하고 좋을 것이라고 생각하기 때문이다. 그래서 대표로 노출되는 아이템위너 상품이 거의 모든 매출을 가져간다. 따라서 내 상품이 다른 판매자들과 함께 하나의 아이템페이지에 묶여 있다면 반드시 아이템위너가 되어야 판매가 이루어질 수 있다.

이러한 아이템페이지 및 아이템위너 시스템은 양날의 검과 같다.

2 아이템위너 시스템의 특징

■ 상품등록이 간단하다

쿠팡에 다른 판매자가 이미 판매하고 있는 상품이라면 간단하게 상품을 등록할 수 있다. 이는 아이템페이지 시스템에 의해 하나의 상품페이지가 운영되기 때문이다. 인기 있는 상품에서 내가 아이템위너가 된다면 폭발적인 판매를 일으킬 수 있다.

상품등록이 쉽다는 건 나도 등록하기 쉽지만, 다른 판매자들도 쉽다는 뜻이다. 내가 잘 팔고 있는 상품에 다른 판매자가 뛰어들어 아이템위너를 뺏으려 할 수 있다.

아이템위너 시장은 경쟁이 치열하기 때문에 판매 전략을 잘 세워야 한다. 또한 판매자는 악의적인 목적이나 유사 상품 혹은 전혀 다른 상품을 매칭해서는 안 된다. 특히 가품을 저가로 올려 아이템위너를 빼앗아 시장을 흐리는 행동을 해서는 절대 안 된다. 그것은 부메랑이 되어 나에게 돌아온다.

■ 가격 경쟁이 치열하다

가격이 아이템위너를 선정하는 절대적인 기준은 아니지만 분명 영향이 큰 부분으로, 아이템 최저가는 아이템위너가 될 수 있는 가장 쉬운 방법 중 하나다. 판매자는 약간의 마진을 희생해서 박리다매로 제품을 팔 수 있다면 이익을 끌어올릴 수 있다.

하지만 이것은 양날의 검과 같다. 하나의 아이템페이지에서 10명의 판매자가 경쟁하고 있다고 가정해보자. 10,000원에 팔고 있던 상품인데 아이템위너를 뺏기 위해 한 판매자가 가격을 100원 내려 판매를 시작했다. 그다음 판매자가 또 100원을 내리고, 그다음 판매자가 또 100원을 내리고, 이렇게 10명의 판매자가 순차적으로 100원씩 내리면 이 상품의 판매가는 9,000원이 된다. 여기서 끝이 아니다. 이 과정이 한 번 더 반복되면 판매가는 8,000원이 된다. 결국 마진은 계속 줄어들게 되고 판매자 간의 치킨게임이 되고 만다.

아이템페이지에서는 판매가를 내가 컨트롤하기 어렵다면 살아남기 힘들다. 따라서 쿠팡에서 살아남으려면 아이템위너 시스템을 잘 이해하고 접근해야 한다.

■ **대표이미지와 리뷰를 공동으로 소유한다**

한 아이템페이지에 묶인 판매자들은 리뷰를 공유한다.

예를 들어 A 판매자가 상품을 등록하고 판매를 잘 해서 많은 리뷰가 쌓였다고 가정해보자. 그런데 B 판매자가 한 아이템페이지에 묶였고 아이템위너가 되면 A 판매자가 판매하면서 작성된 리뷰가 모두 B 판매자의 상품페이지에도 노출된다. 아이템페이지 시스템이 기본적으로 여러 판매자가 판매하고 있는 동일 상품을 한 페이지로 묶는 것이기 때문에 모두 같은 상품에 대한 리뷰로 보는 것이다.

아이템페이지에서는 대표이미지 또한 공동으로 사용된다.

이러한 아이템위너의 특성을 보면, 쿠팡의 순수한 의도는 고객이 양질의 상품을 쉽고 빨리 찾을 수 있게 하는 데 있겠지만 결국은 판매자 간 경쟁을 부추겨 가격을 낮추게 한다는 것을 알 수 있다.

아이템위너는 철저하게 고객 친화적인 제도다. 물론 쿠팡이 이런 고객 친화적인 제도들을 적극적으로 활용했기 때문에 이커머스 시장에서 1위를 차지할 수 있었고, 초보 셀러들이 접근하기 가장 좋은 시장이 되었다.

아이템위너는 양날의 검과 같지만 저자는 이로 인해 어려움을 겪지는 않고 있다. 아이템위너 제도를 잘 이해하고 활용해 내 판매 상품에 유리하게 적용하면 된다.

3 아이템위너를 결정짓는 요소

쿠팡은 아이템위너 선정 로직이 영업 비밀이기 때문에 완벽한 공개는 하지 않고 있다. 다만 주요 요소들에 대해서는 **판매가격, 배송비, 적용 가능한 할인, 재고 현황, 옵션 유효성, 출고소요기간, 판매자점수** 등이라고 밝히고 있다. 따라서 판매자는 쿠팡 AI가 내 상품을 아이템위너로 선정할 수 있도록 이러한 요소들을 잘 관리해야 한다.

하나의 상품 안에서 옵션별로 아이템위너가 다를 수 있다. 또 실시간 경쟁에 따라 언제든지 바뀔 수 있다.

■ 판매 가격

가격은 가장 중요한 요소 중 하나지만 유일한 요소는 아니다. 최저가라고 해서 반드시 아이템위너가 되는 것은 아니다.

가격 선정은 언제나 어렵다. 원가와 수수료, 물류비, 광고비, 마진 등등 생각해야 할 요소가 많다. 경쟁 판매자보다 비싸면 안 팔릴 것이고 그렇다고 너무 저렴하게 팔면 마진이 안 남을 것이다. '원가를 낮추면 마진을 남기면서 판매가를 낮출 수 있지 않을까?' 하는 생각도 들겠지만 일반적으로 원가를 낮추려면 대량 사입을 하거나 직접 제조해야 한다. 하지만 초보 셀러가 아직 팔릴지 안 팔릴지 모르는 상품을 대량으로 사입하거나 제조하는 일은 리스크가 너무 크다.

초보 셀러들에게 가장 권하고 싶은 방법은 아이템위너 경쟁이 지나치게 과열된 상품은 소싱을 지양하라는 것이다.

아래 화면은 '생수'로 검색했을 때 1페이지 상단에 보이는 제품이다.

보이는 것처럼 다른 판매자가 95명이나 된다. 하나의 아이템페이지에서 95명과 경쟁하는 것이 쉬울까? 결코 그렇지 않다. 쿠팡에는 우리가 판매할 수 있는 수많은 카테고리와 상품들이 있다. 아이템위너 경쟁이 지나치게 과열되지 않은 시장을 발견한다면 가격 경쟁에서 비교적 자유로울 수 있다.

■ 배송비

쿠팡 시스템은 아이템위너 선정 시 옵션에 고정 배송비가 있는지를 고려한다. 또한 아이템 가격을 기준으로 '조건부 무료배송'이 제공되는지(예를 들어 10,000원 이상 구매 시 무료배송)를 고려한다. 묶음배송 기준은 고려하지 않고 단일 상품 가격 기준으로 배송비를 고려한다.

고객은 무료배송을 가장 선호하고 유료배송은 좋아하지 않는다. 당연히 쿠팡은 무료배송인 제품을 고객 경험이 좋은 상품으로 판단한다.

배송비는 판매 가격과도 관련이 있다. **아이템위너 선정에서 가격 기준은 '판매가+배송비'다.** 예를 들어 A 판매자는 판매가 10,000원+배송비 3,000원으로 판매하고 있고, B 판매자가 판매가 12,500원+무료배송으로 판매하고 있다면 최종 결제액이 500원 더 적은 B 판매자가 더 좋은 점수를 받게 된다.

무료배송을 하면서 배송비를 상품가에 포함시켜 최저가를 노린다면 아이템위너와 고객 선호도 모두를 취할 수 있다.

■ 적용 가능한 할인

아이템위너를 선정할 때는 즉시할인/쿠폰을 사용해 구매할 수 있는 상품인지를 먼저 확인한다. 만약 해당 상품만 구매하더라도 즉시할인/쿠폰을 사용할 수 있다면 **판매 가격에서 할인/쿠폰을 뺀 판매 가격이 아이템위너 선정 기준이 된다.**

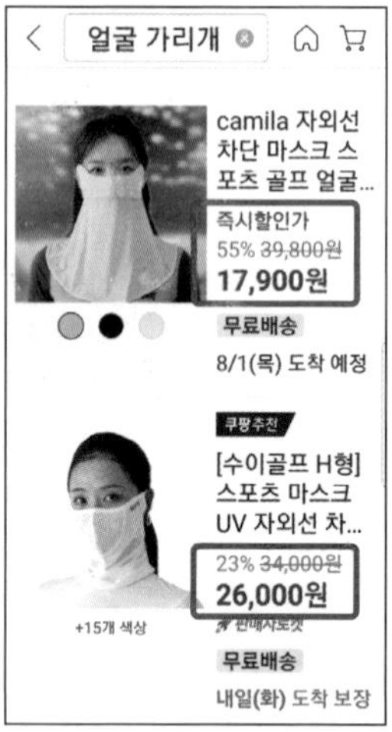

예를 들어 A 판매자는 판매가 15,000원에 팔고 있고 즉시할인 쿠폰 2,000원을 제공했다면 아이템위너를 선정할 때 판매가격은 13,000원으로 책정된다. 단, 다운로드 쿠폰은 아이템위너 선정 기준에 반영되지 않는다.

즉시할인 쿠폰을 설정하면 '즉시할인가'라는 문구가 검색결과 페이지에 붙게 된다. 쿠폰이 있으면 고객은 좋은 제품을 많이 할인 받는다고 느끼게 될 것이다.

이렇게 쿠폰을 발행하면 아이템위너 선정에서 좋은 점수를 받게 되고 고객에게도 더 매력적으로 다가갈 수 있다.

■ 재고 현황

아이템위너는 유효한 옵션은 매진이라도 모두 고려한다. 하지만 가격, 할인 등에 상관없이 재고가 있는 옵션은 재고가 없는 옵션보다 언제나 높은 순위를 차지한다.

품절이 되면 아이템위너가 될 수 없다. 재고관리도 아이템위너 선정을 위해 중요한 부분이다.

■ 옵션 유효성

아이템위너는 유효한 옵션 중 판매일이 활성화된 것만 포함된다. 옵션이 유효할지라도 블랙리스트에 있는 판매자의 해당 옵션들은 아이템위너에서 제외된다.

블랙리스트에 있는 판매자가 될 확률은 드물다. 옵션 유효성에 대해서는 '쿠팡 WING → 상품관리 → 상품 조회/수정'에서 내 상품의 옵션이 '판매중'으로 되어 있는지 확인하면 된다. 승인이 반려되어 판매가 시작되지 못했거나 '판매중지'로 설정되어 있다면 아이템위너에 선정될 수 없다.

■ 출고소요기간

아이템위너는 상품의 출고소요기간을 고려하며, 소요기간이 짧을수록 순위가 높다. **출고소요기간은 주문이 접수될 때부터 상품을 출고할 때까지 걸리는 기간을 일 단위로 표시한 것**으로, 판매자가 직접 설정할 수 있다. 현재 출고소요기간은 아이템들이 동점일 때 순위를 나누는 요소로 사용된다. 두 개 아이템의 가격, 배송비 등이 비슷한 경우 배송이 빠른 옵션이 더 높게 평가된다.

하지만 무턱대고 짧게 잡아서는 안 된다. 출고소요기간을 지키지 못하면 판매자 점수에서 페널티를 받는다. 상품이 실제 출고 가능한 기간 중에서 가장 짧은 기간으로 설정하는 것이 좋다.

■ 판매자점수

판매자점수는 판매자 지표와 고객 의견을 합산한 판매자 서비스에 대한 고객 만족도를 의미한다. 아이템위너는 고객 만족도를 나타내는 판매자점수를 고려하며 판매자점수가 높을수록 더 높게 평가한다.

판매자점수는 '주문이행', '정시출고완료', '정시배송완료', '상품문의 24시간 내 답변'에 대해서 평가하고 점수를 부여한다.

나의 판매자점수는 쿠팡 WING → **판매자정보** → **판매자점수**에서 확인할 수 있다.

4 내 아이템을 지켜라

아이템위너는 다른 판매자가 의도적으로 내 상품에 매칭할 수도 있고, 쿠팡 AI가 실시간 모니터링으로 동일 상품의 동일 옵션 구성이라고 판단하면 매칭될 수 있다.

일부 유튜브나 강사 중에는 아이템위너 시스템을 악용해 이미 잘 팔고 있는 상품에 의도적으로 매칭을 걸어 아이템위너를 뺏으라고 교육하는 곳이 있다. 하지만 저자는 그러한 매칭을 권하지 않는다. 앞에서 아이템위너의 가격 경쟁에서 언급했듯이 지나친 가격 경쟁은 모든 판매자에게 득이 될 것이 없는 치킨게임이기 때문이다. 아이템위너의 악용은 시장의 붕괴를 가져오며, 실제로 쿠팡에서 특정 상품군은 마진 없이 원가 수준의 판매가 이루어지고 있다. 시장이 지켜져야 판매자도 산다.

아이템위너 시스템을 이해하면 시장에서 내 상품을 지킬 수 있다. 상품의 구성 변화, 상표권 등록 등 다양한 방법으로 내가 단독으로 판매하고 타 판매자의 매칭을 방어하면 아이템위너를 계속 유지할 수 있다.

1) 아이템위너 매칭 분리하기

■ 유사품 혹은 가품

아이템페이지에 묶이는 기본 조건은 '동일한 상품'이다. 유사상품이나 가품으로 아이템위너를 차지한 판매자는 쿠팡에 요청해 아이템위너 매칭을 분리할 수 있다.

분리 요청은 쿠팡 WING → **온라인문의** → **상품관리** → **상이한 상품과 잘못 결합되어 있으니, 분리해주세요.**에서 온라인 문의 등록 방법 확인 및 문의 등록을 할 수 있다.

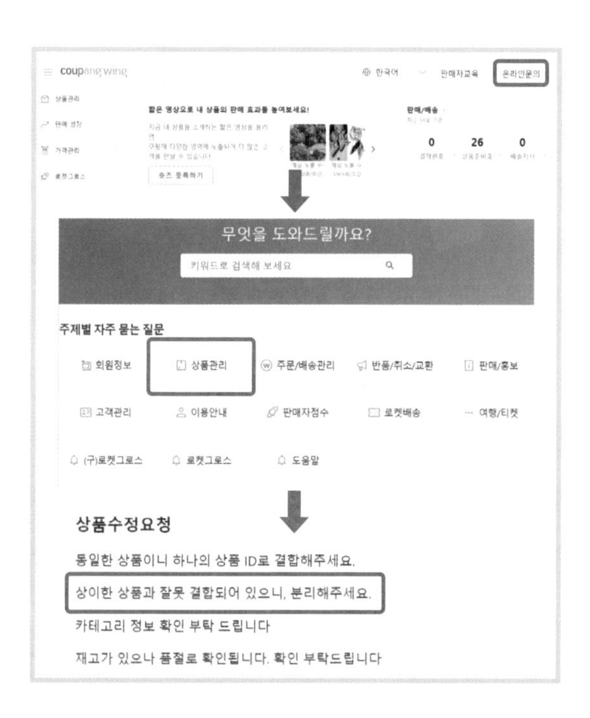

■ 실제로 동일한 상품일 경우 매칭 분리하기

실제로 동일한 상품이 매칭되었을 경우에는 쿠팡에서 정상적인 경우로 보기 때문에 매칭 분리를 요청해도 분리해 주지 않는다.

이 경우는 경쟁사와 다른 상품을 구성해 매칭을 분리할 수 있다. 예를 들어 스카프를 판매하는데 동일한 스카프를 타 판매자도 등록해서 매칭이 되었다면, 스카프링을 추가 증정하는 식으로 상품을 구성하는 것이다. 쿠팡은 '스카프+스카프링' 상품과 '스카프' 단독 상품을 다른 아이템으로 본다. 상품의 구성을 변경해 대표이미지, 상세페이지 등을 수정하고 위에서 설명한 온라인문의로 분리 요청을 하면 된다.

2) 상표권 등록으로 내 아이템 지키기

쿠팡은 지식재산권(상표권, 디자인권, 저작권, 특허권, 실용신안권 등)을 침해하는 상품의 등록, 판매를 허용하지 않는다. 따라서 상표권은 아이템위너의 문제를 해결하는 확실한 방법이 될 수 있다.

상표 등록의 기본 절차는 다음과 같다. 일반심사의 경우 14~18개월이 소요되지만 '우선심사청구'라는 제도를 활용하면 4~6개월 이내에도 상표등록이 가능하다.

타 판매자가 지식재산권을 침해하여 아이템위너로 매칭하는 경우 상세페이지 하단에 있는 '신고하기' 기능으로 쿠팡에 신고할 수 있다.

상표권은 아이템위너 정책으로부터 내 아이템을 지키기 위해 필요한 것이니 꼭 등록하길 권한다. 다만 이러한 상표등록 절차를 판매자가 직접 진행하기 위해서는 관련 법과 제도에 대한 이해가 필요하고 많은 준비가 필요하다. 전문가의 도움을 받아 진행하는 것을 추천한다.

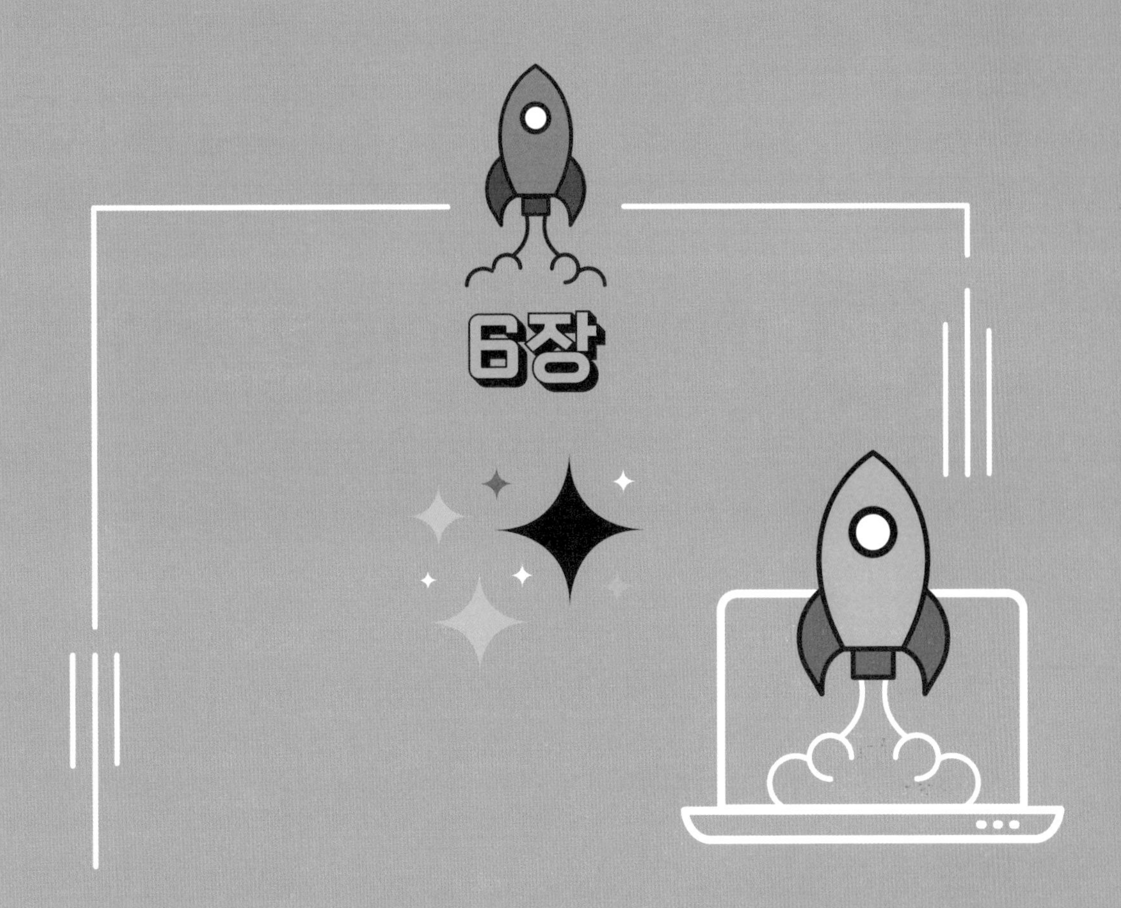

6장

쿠팡 상품 등록하기

01 이미지 일괄 다운로드하기

상품등록을 하기 전에 도매사이트나 타 쇼핑몰에서 이미지 사용을 허락한 경우 이미지를 다운로드하는 방법에 대해서 알아보자.

위탁 판매는 상품 이미지 제작에 너무 많은 시간과 비용을 투자할 필요는 없다. 물론 판매가 검증된 주력 상품인 경우 직접 이미지를 제작하면 좋겠지만, 팔릴지 안 팔릴지도 모르는 위탁 상품 하나에 너무 많은 투자를 하는 것은 좋지 않다. 위탁 상품은 나 말고도 판매자가 많기 때문에 쿠팡에서 아이템위너에 묶이면 공들여 만든 이미지를 남에게 빼앗길 수도 있다.

이미지 일괄 다운로드 프로그램을 이용하면 사이트의 이미지를 쉽게 내 컴퓨터로 다운로드할 수 있다. 다운받은 이미지를 이용하면 쉽고 빠르게 상품등록을 할 수 있다.

여기서는 크롬 확장 프로그램인 Image Assistant를 이용해 커머스B2B 사이트의 이미지를 다운로드하는 방법에 대해 알아본다.

1 Image Assistant 확장 프로그램 설치하기

01_ 구글 크롬에서 크롬 맞춤설정 제어 버튼을 클릭한 후 확장 프로그램 → Chrome 웹 스토어 방문하기를 클릭한다.

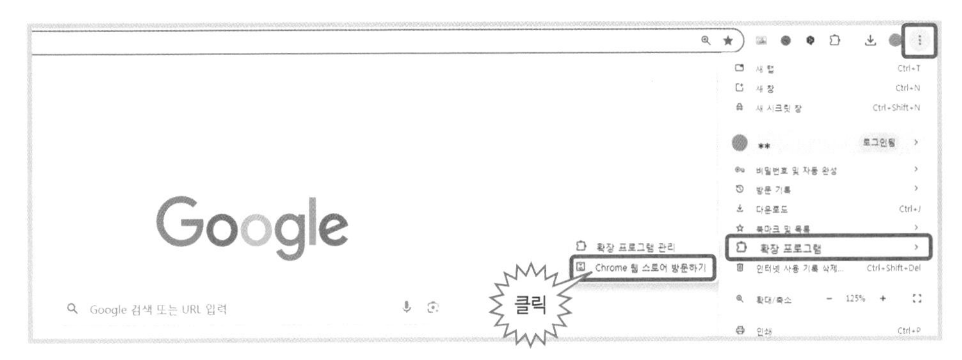

02_ 크롬 웹 스토어에서 image assistant를 검색한 후 클릭한다.

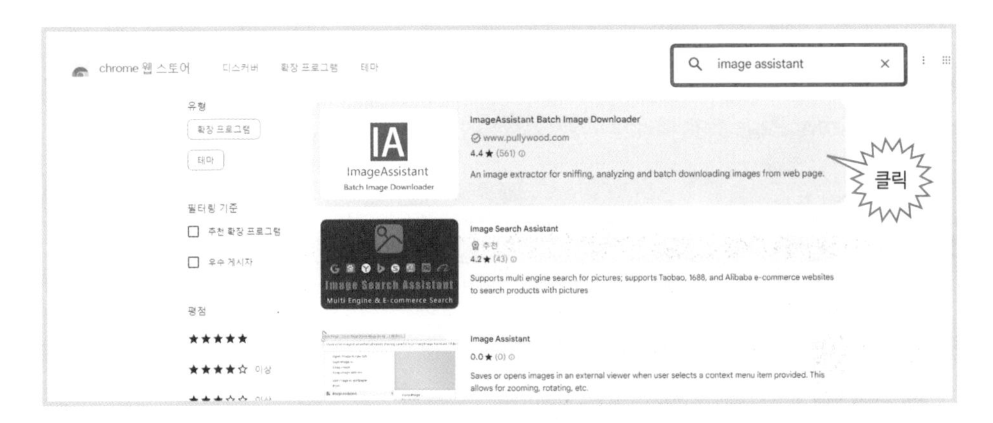

03_ chrome에 추가를 클릭한다. 확장 프로그램에 추가를 클릭한다.

04_ 확장 프로그램 버튼을 클릭하면 ImageAssistant Batch Image Downloader 프로그램이 보인다. 압정 아이콘을 클릭하면 화면 상단에 아이콘이 고정된다.

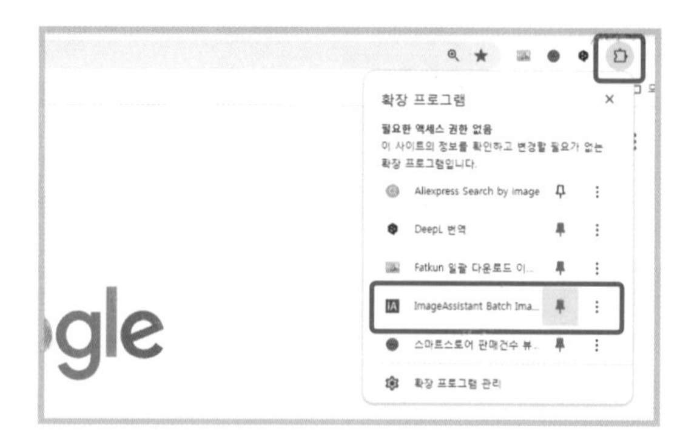

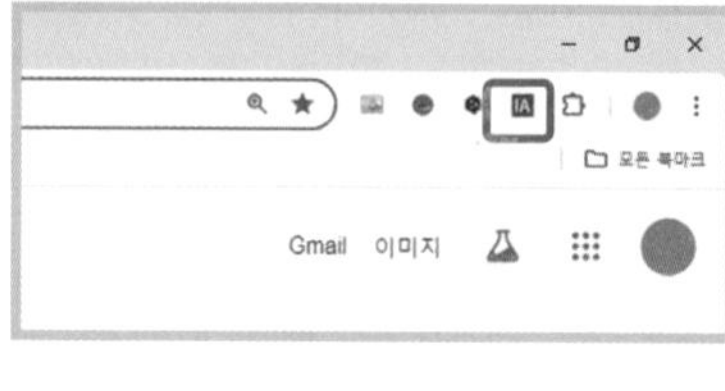

2 도매사이트 이미지 일괄 다운로드하기

01_ 이미지를 다운로드할 페이지를 열고 Image Assistant 아이콘을 클릭한 후 Extract Current Page(현재 페이지 추출)를 클릭한다.

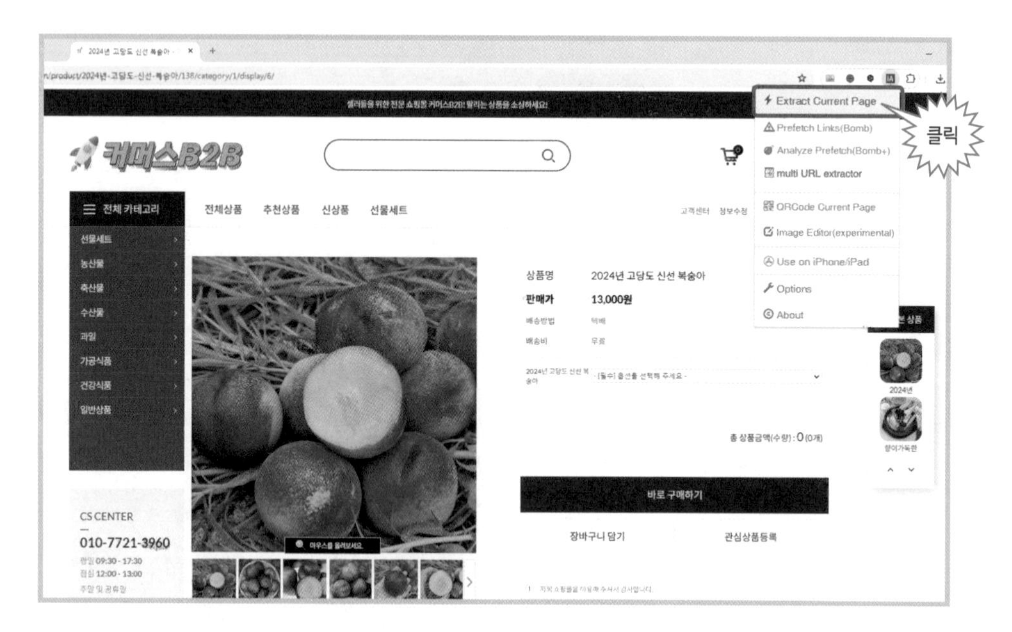

02_ 그러면 현재 페이지에 있는 이미지들이 추출된다.

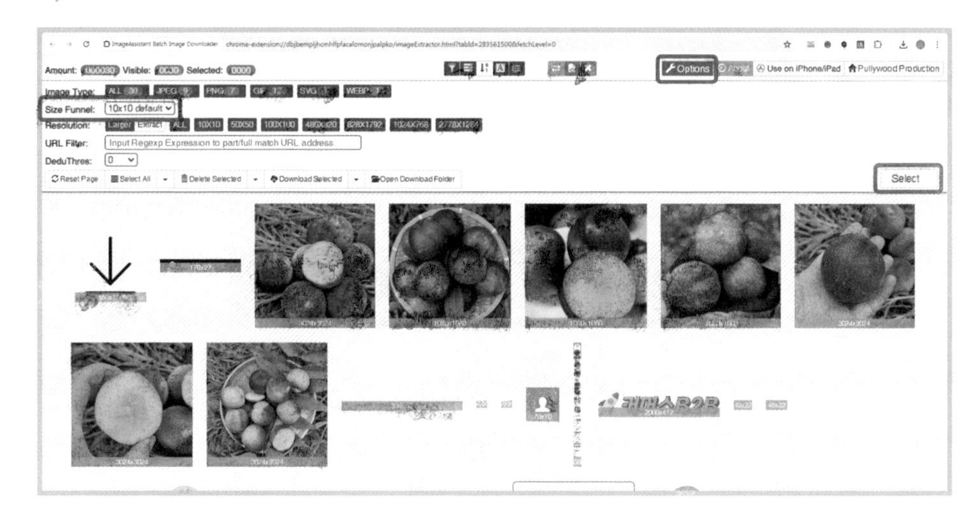

그런데 원하는 상품이미지뿐만 아니라 페이지를 구성하는 작은 아이콘 등 불필요한 이미지도 추출된다. 상단의 **Size Funnel**에 보면 '10×10 default'로 되어 있다. 10×10 픽셀 이상되는 이미지를 모두 보여준다는 의미다.

여기서 우측의 Select 토글 버튼을 클릭해 활성화한 후 원하는 이미지만을 선택하고 Download Selected 버튼을 클릭해 다운로드할 수 있다.

03_ 그런데 좀 더 편하게 원하는 이미지를 추출하기 위해서 옵션을 설정해보자. 상단의 Options 버튼을 클릭한다. **Default Funnel Size**가 10×10으로 되어 있다. 보통 상품 이미지는 500 픽셀 이상을 사용하니 **500×500**으로 바꿔준다. 그러면 500×500 이상의 이미지만 보여준다.

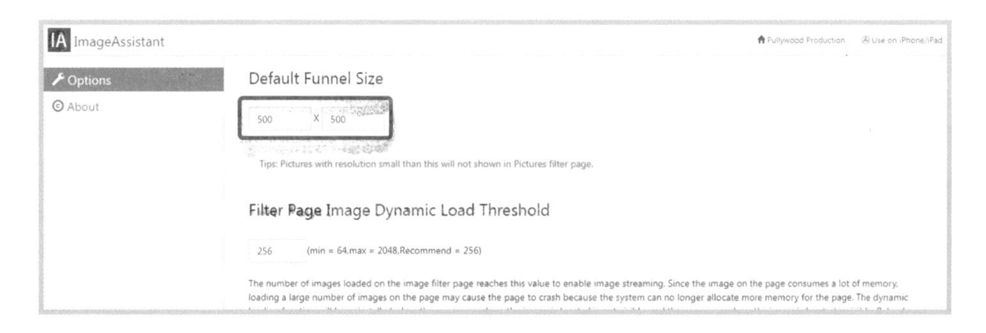

04_ 이렇게 옵션을 설정한 후 다시 Image Assistant 아이콘을 클릭하면 500 픽셀 이상의 이미지만 추출된다.

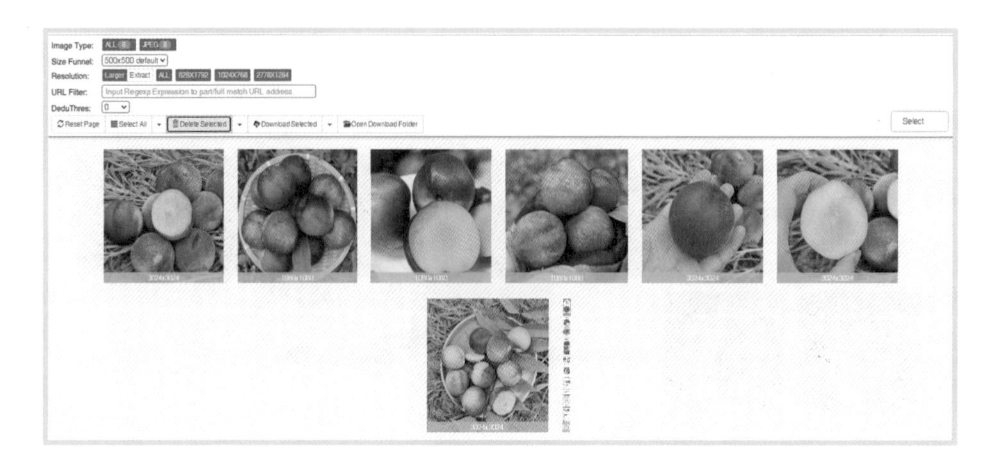

05_ Select All → Download Selected를 클릭한다.

06_ Continue 버튼을 클릭하면 이미지가 다운로드된다.

Save Path

Before the follow steping, please make sure the download configure option "Ask where to save each file before downloading" of chrome has been unchecked, or the continuous pop dialog may makes you feel confused.

Download location :

ImageAssistant Batch Image Downloader/{page.host}/{page.title} / {no.10001} .{suffix}

Generate cURL Download Script | Setting | Auto OFF | Continue | cancel

클릭

07_ Open Download Folder를 클릭하면 다운로드 된 이미지를 확인할 수 있다.

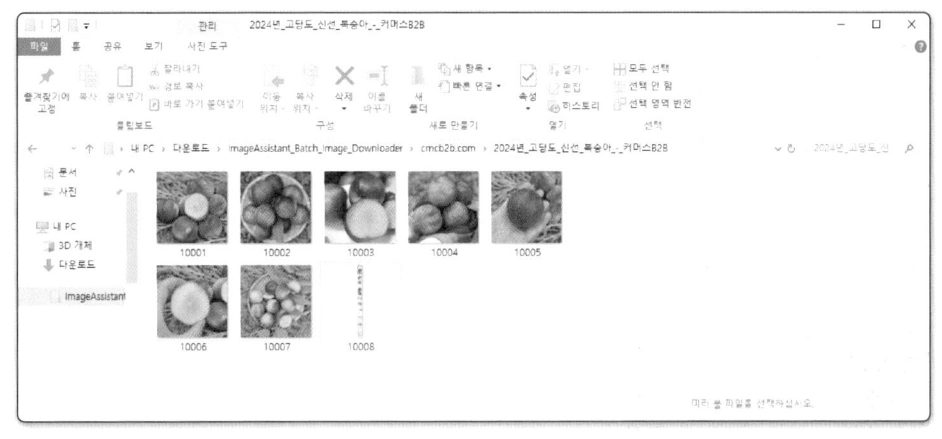

이렇게 하면 사이트의 이미지를 손쉽게 다운로드할 수 있다. 주의할 것은 사이트에서 이미지 사용을 허락한 경우에 한해서 이미지를 다운로드해 사용해야 한다. 도매 사이트의 상품 중에는 이미지 사용을 허락하지 않는 상품도 있으니 필히 확인해야 한다.

다운로드한 이미지는 상품을 등록하면서 대표이미지나 상세페이지에 사용하면 된다. 이때 이미지를 그대로 사용하기보다는 아이템위너에 묶이는 것을 방지하기 위해 포토샵 등 이미지 프로그램에서 자르기, 합성 등 수정 작업을 통해 이미지 파일의 속성을 변경한 후 사용하는 것이 좋다.

3 이미지 속성 변경하기

컴퓨터는 이미지의 속성값 등을 비교해 동일성 여부를 판단한다. 쿠팡 알고리즘이 같은 상품인지의 여부를 판단할 때 대표이미지도 비교한다. 물론 대표이미지만 다르다고 해서 아이템위너에 묶이지 않는 것은 아니다. 많은 판매자가 있는 도매 사이트의 상품을 쿠팡에서 판매한다면 이미지를 조금 다르게 수정하고 상품 구성을 달리해 아이템위너에 묶이는 것을 방지할 수 있다.

위 예시에서 다운로드한 복숭아 상품의 대표이미지를 포토샵에서 ① 패스 기능으로 배경을 제거하고 ② 이미지의 크기를 줄였다. 그리고 ③ 다른 이름으로 저장했다.

처음 이미지와 포토샵에서 수정한 이미지의 파일을 비교해보면 속성값이 다르다는 것을 알 수 있다.

원본 그림(1001.jpg)

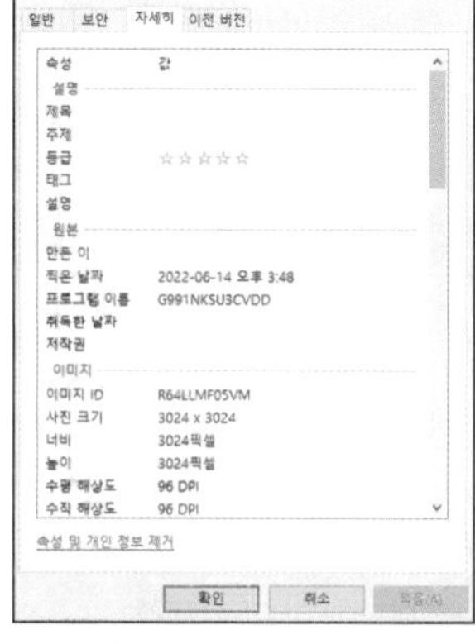

수정한 그림(peach-1.jpg)

1) remove.bg에서 배경 제거하기

이미지 배경 제거 사이트인 remove.bg에서 손쉽게 배경 이미지를 제거해 투명 이미지를 만들 수 있다. 디테일한 부분까지 제거하는 데는 한계가 있다.

01_ remove.bg(https://www.remove.bg/) 사이트에서 배경을 제거하고자 하는 이미지를 이미지 업로드 위로 끌어다 놓는다.

02_ 배경이 제거되었다. 다운로드를 클릭해 이미지를 다운로드하면 된다.

02 클릭을 부르는 대표이미지

1 쿠팡의 상품이미지

상품이미지는 '대표이미지'와 '추가이미지'(기타이미지, 부가이미지) 2가지로 나뉜다. 대표이미지는 1장을 필수로 등록해야 한다. 추가이미지는 최대 9장까지 등록할 수 있는데 PC에서는 대표이미지 왼쪽에, 모바일에서는 대표이미지와 함께 롤링된다.

상품 상세페이지에서의 상품이미지

2 쿠팡의 대표이미지

제품을 검색하면 간판처럼 전면에 드러나는 이미지가 있는데 이것을 대표이미지라 한다. 흔히 영어로 '엄지 손톱'을 뜻하는 '썸네일'이라고 부르는데 상품 리스트에서 내 상품의 특징이나 외관을 잘 보여주는 이미지다.

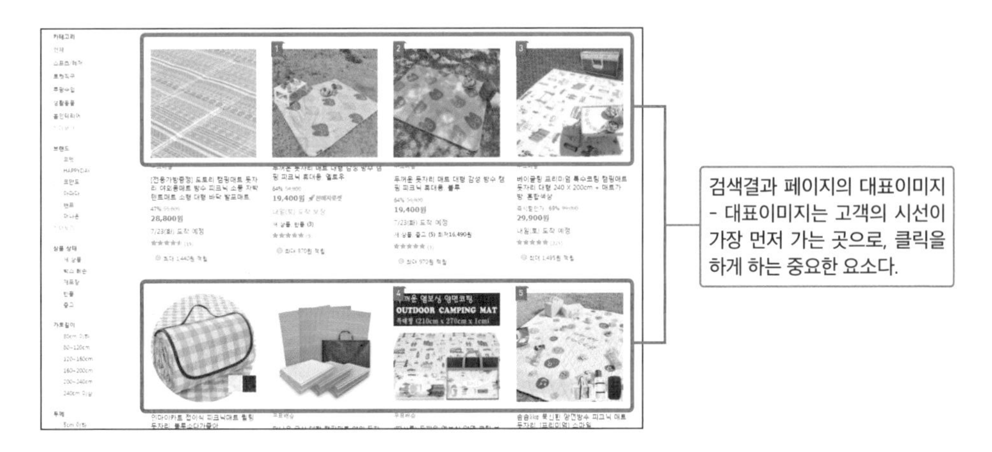

대표이미지는 **상품 목록 및 상품 검색결과 페이지, 상품 상세페이지**에서 보이는 내 상품을 대표하는 이미지로, 고객의 시선이 가장 먼저 가는 곳이다. 따라서 좋은 대표이미지는 상품 발견과 매출 증대에 긍정적인 영향을 미친다.

대표이미지를 클릭한다는 것은 고객이 가게 문을 열고 들어오는 것과 같다. 상세페이지는 들어온 고객이 구매를 하도록 상품을 설명하고 설득하는 역할을 한다.

온라인에서는 고객의 유입 경로와 동선, 클릭 및 구매 전환 데이터를 파트별로 확인할 수 있는데, 이 데이터를 잘 분석하면 매출을 높일 수 있다. 예를 들어 내 상품이 노출과 클릭률은 높은데 구매 전환율이 떨어진다면 상세페이지를 수정해서 구매율을 높여야 한다. 반면 상세페이지는 충분히 매력적이고 설득력이 있는데 상품의 클릭률이나 유입이 떨어진다면 대표이미지를 개선해 고객 유입을 높여야 한다.

대표이미지와 상세페이지는 각자의 역할이 있으며, 그 역할이 잘 버무려져 구매라는 성과로 이어진다. 때문에 제품을 최대한 매력적이고 효과적으로 표현될 수 있게 설계해야 한다.

1) 대표이미지 작성 방법

고객의 진입 통로인 대표이미지는 고객에게 상품을 시각적으로 소개하는 첫 번째 요소라는 점을 기억하고, 고객의 호기심을 자극하고 클릭을 유도할 수 있도록 제작해야 한다. 그러기 위해서는 고화질의 이미지를 사용해 제품의 디테일을 명확하게 보여줘야 한다. 흐릿하거나 애매한 이미지는 선택에 방해가 되므로 주의하자. 또한 제품의 가장 매력적인 부분이나 핵심적 기능이 잘 드러나도록 구성해야 한다. 플랫폼에 따라 고정된 이미지만 사용될 수도 있고, 움직이는 이미지(gif) 사용이 가능할 수도 있다. 쿠팡에서는 고정된 이미지만 사용할 수 있다.

쿠팡 대표이미지의 기본 요구 사항은 다음과 같다. 되도록 이 기본 사항을 지켜 대표이미지를 작성하도록 한다. 이 요구 사항은 대표이미지에만 해당되며 부가 이미지는 이 중 사이즈와 이미지 형식 요건만 준수하면 된다.

구분	내용
사이즈	최소 1,000x1,000px 이상, 최대 10MB 이하
이미지 형식	jpeg, avif, webp, png, gif 파일 애니메이션은 사용하지 않는다.
퀄리티	선명하고 디테일이 살아있는 상품 전면 사진
배경	깨끗한 흰색 배경 (#ffffff)
85% 규칙	상품이 전체 이미지의 높이나 너비의(또는 둘 다의) 85% 이상을 차지해야 한다.
위치	상품은 이미지 중앙에 위치해야 한다.
텍스트	상품 이미지 위에 텍스트 또는 그래픽 오버레이를 사용하지 않는다.
상품 촬영	고객이 실제 배송받는 모습과 동일하게 촬영되어야 한다. 예) 콜라 캔을 보여주는 것은 괜찮지만 얼음이 든 유리잔에 콜라를 보여주는 것은 허용되지 않는다.
사은품	이미지에 상품과 함께 제공되는 사은품을 노출하지 않는다.

■ 카테고리별 대표이미지 가이드라인

다음은 쿠팡윙 도움말의 대표이미지 카테고리별 상세 가이드라인의 주요 내용이다.

카테고리	대표이미지 주요 가이드라인
일반 상품	• 상품명, 브랜드 및 주요 정보를 대표이미지를 통해 확인할 수 있어야 한다. • 대표이미지 외 2~10장의 부가이미지 제공 권장 • 대표이미지의 해상도, 디테일 및 선명도는 최소 기준 예시보다 높거나 같아야 한다.
음료	• 여러 개의 상품 구성인 경우 대표이미지에 상품 하나를 최소 80% 크기로 보여준다.
포장 식품	• 상품 이름, 브랜드, 맛, 용량은 가급적 대표이미지를 통해 확인할 수 있어야 한다. • 부가이미지로 상품의 영양 정보, 원재료명 목록을 포함하는 것을 권장
신선식품	• 식품이 잘 보여야 한다 • 가공/포장 전 상태를 보여주거나 배송 시 받게 될 포장 상태(또는 둘 다)를 보여줘도 된다. • 신선식품 카테고리에 한해 흰색 외 다른 색 배경을 허용한다. • 상품 포장에 영양 정보나 원재료명이(또는 둘 다) 포함된 경우, 해당 이미지를 부가이미지로 포함하는 것을 권장
의류	• 조명이 일정한 스튜디오에서 전문 카메라로 촬영한 이미지 권장 • 모델이나 마네킹이 착용한 상태에서 촬영한 이미지 권장 • 섬유 재질을 확인할 수 있어야 한다. • 의류 카테고리에 한해 흰색 외 다른 색 배경을 허용한다. • 대표이미지 외에 옷깃, 소맷동, 지퍼/마감, 주머니, 다른 각도, 재질 등 상품의 주요 부분을 확대한 3~10장의 부가이미지 제공 권장
가전제품	• 상품명, 브랜드, 크기는 가급적 대표이미지를 통해 확인할 수 있어야 한다. • 화면이 큰 상품의 경우(TV, 노트북, 모니터만 해당) 주요 상품 속성(화면 크기, RAM, 주사율 등)을 표시하는 오버레이 그래픽이 허용된다. • 대표이미지 외 리모컨, 후면 패널 등과 같이 상품의 주요 부분을 확대한 2~10장의 부가이미지 제공 권장
뷰티& 메이크업	• 상품명, 브랜드, 색상, 용량은 가급적 대표이미지를 통해 확인할 수 있어야 한다. • 대표이미지 안에는 인물이 포함되어서는 안 된다.(얼굴, 손, 입술 등) • 색감을 확인할 수 있도록 상품 내용물을 보여주는 것을 허용한다.
가구	• 대표이미지 외에 상품 주요 부분을 확대한 2~10장의 부가이미지 제공 권장. 여러 각도에서의 치수를 오버레이 이미지로 포함하는 것을 권장

상세페이지 만들기

1 상세페이지 기획하기

쿠팡의 상품 상세페이지는 상품 목록페이지에서 대표이미지를 클릭했을 때 열리는 페이지로, 대표이미지+상세설명으로 구성된다.

상세페이지는 셀러가 가장 심혈을 기울여야 하는 콘텐츠로, 상품명, 가격, 배송비, 공지사항, 고객 혜택 및 할인, 상품 상세설명, 상품 주요 정보, 배송 정보, AS 정보 등으로 구성된다.('상품 상세설명' 페이지를 흔히 상세페이지라고 한다. 이하 여기서 말하는 상세페이지도 상세설명 페이지를 말한다.) 이러한 것은 고객이 상품을 구매할 때 알아야 할 기본적인 정보로 판매자가 상품등록 시 작성한다.

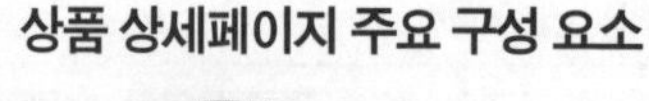
상품 상세페이지 주요 구성 요소

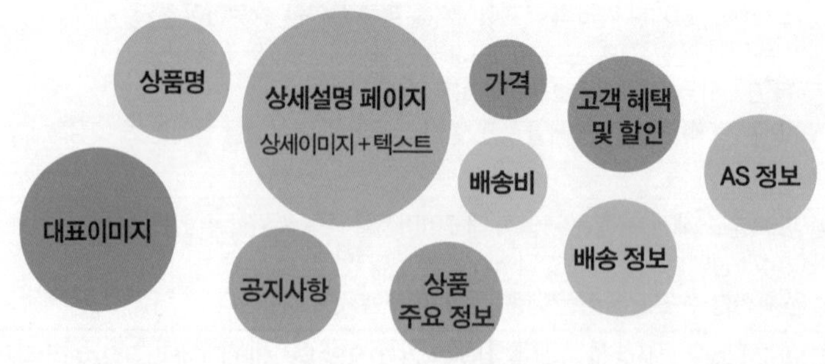

상세페이지는 상품 정보와 특장점, 타 상품과의 차별점을 녹여내어 구매자에게 소비 동기를 부여해 내 상품을 사게 하는 역할을 한다. 상세페이지의 목적을 한마디로 요약하면 '판매를 위한 설득의 글쓰기'라고 할 수 있다. 만약 누군가를 설득해야 한다면 어떤 전략을 펼칠 것인가? 사전 준비와 함께 다양한 아이디어가 있겠지만 가장 중요한 것은 이것이다. '1분 내에 상대의 마음을 사로잡지 못하면 그 무엇도 설득할 수 없다.'

상세페이지는 단순히 상품 정보를 나열하는 공간이 아니다. 적당한 이미지와 글쓰기로는 결코 상대를 설득할 수 없다. 판매는 고객의 주머니에서 돈을 꺼내오는 일이기에 쉬운 일이 아니다. 철저하게 기획되지 않은 상세페이지는 지나가는 바람이요 흘러가는 시간이다. 팔리지 않는 트래시 데이터(trash data)에 불과하다.

명시적인 고객의 필요는 물론 보이지 않는 욕구까지 분석해 탄탄한 전개로 고객의 마음을 얻어야만 판매라는 소기의 목적을 달성할 수 있다. 고객의 마음을 사면 상품은 저절로 팔린다. 결국 상세페이지의 제작 목표는 '고객의 마음을 사는 것'이다.

1) 고객의 마음을 사로잡는 방법

■ 고객의 필요와 욕구를 채워줘라

성공적인 비즈니스의 핵심은 고객의 마음을 사는 것이다. 고객의 마음은 곧 '고객의 필요와 욕구의 총합'이다. 정리하면 성공적인 비즈니스는 고객의 필요와 욕구를 충족시키는 상품을 개발하고 이를 효과적으로 전달해 판매로 이어지게 하는 것이다. 고객의 필요와 욕구를 채워주면 상품은 저절로 팔린다.

소싱 단계에서 우리는 고객 니즈와 감성, 요구 등을 고려해 판매 상품을 결정했다. 첫 단추를 잘 끼운 것이다. 하지만 소비자가 마음에 드는 상품이라고 인식하고 구매하도록 하기 위해서는 해야 할 과정이 남아 있다. 바로 고객의 필요와 욕구를 채워줄 수 있는 탁월하고 적합한 상품이라는 것을 전달하고 설득하는 과정이다.

상세페이지에서 상품의 핵심 가치를 고객의 필요와 욕구를 채워주는 방향으로 설득해야 한다. 설득이 성공하면 상품은 저절로 팔려나간다.

기억하자. 우리는 상세페이지에서 고객의 필요와 욕구를 채워주기만 하면 된다.

■ 고객이 진짜 원하는 것을 흥미롭게 말해줘라

상세페이지 작업에서 흔히 하는 실수 중 하나는 내가 말하고 싶은 것, 내가 중요하다고 생각하는 것만을 지루하게 나열하는 것이다. 고객이 원하지 않는 상품 정보, 궁금해하지 않는 기능, 유의미하게 생각하지 않는 옵션과 가격, 구성 등이 그것이다. 이러한 것은 상세페이지에 담아야 할 기본 구성이지만 이러한 것들로만 채워진 상세페이지에 고객은 매력을 느끼지 못하고 구매 동기도 생기지 않는다.

판매의 본질은 가치의 등가교환이다. 구매자와 판매자가 재화와 상품을 같은 가치로 인식하고 교환함으로써 서로의 필요를 만족하는 것이다. 판매가 이루어지려면 구매자 마음속에 숨겨진 진짜 동기, 욕구, 호기심, 가치를 찾아내 고객이 진짜 원하는 것을 흥미롭게 상품 가치로 말해줄 수 있어야 한다.

단시간에 세계적인 숙박 플랫폼이 된 에어비앤비(airbnb)는 편안하고 깨끗한 곳에서 자는 것이 고객이 진짜 원하는 숙박의 개념이라고 생각하지 않았다. 에어비앤비는 문화와 사람을 연결해 주고 다양한 현지 체험을 공유함으로써 '새로운 여행의 경험'이라는 가치를 성립시키고 고객에게 전달했다. 고객이 진짜 원하는, 보이지 않는 욕구를 읽어 새로운 비즈니스 방식으로 풀어냄으로써 압도적인 플랫폼으로 성장한 것이다.

기존의 가치관과 상식의 답습에서 벗어나 고객이 진짜 원하는 욕망이 무엇인지 발견하고 새롭고 흥미롭게 정의해야 한다. 지루한 것은 고객을 그냥 지나가고 흘러가게 만든다. 다양하고 풍부한 이미지, 기대심리와 구매 욕구를 자극하는 영상, 마음을 사로잡는 워딩과 글쓰기를 통해 고객의 흥미와 욕망을 동시에 만족시켜야 좋은 상세페이지가 된다.

2 상세페이지에 담아야 할 내용

고객이 상세페이지에 들어왔다는 것은 일차적인 모객이 됐다는 의미다. 이런 고객이 어떻게든 우리 상품에 눈길을 주고 들여다보고 구매를 하게끔 해야 한다. 상세페이지는 고객을 붙잡아 자기도 모르게 상품을 장바구니에 담고 구매까지 완료하도록 한시도 지루할 틈을 주지 않아야 한다. 빛나는 상품의 가치를 촘촘히 자랑하고 공감을 불러일으켜 '어머 이건 사야 해!' 하는 마음으로 구매하도록 해야 한다.

상세페이지에 기본으로 담아야 할 내용은 상품 정보, 배송, 반품 등에 관한 것이다.

상품 주요 정보

상품은 고객의 필요와 욕구를 채워주면 저절로 팔린다. 이 말을 명심하고 상세페이지를 만들면 된다. 고객이 필요로 하고 궁금해하는 것은 쿠팡 '필터'에 나와 있다. 쿠팡에서 자외선 차단 마스크를 검색한 후 필터를 눌러보면 크기/대상(대형, 중형, 소형, 초소형), 색상(블랙, 네이비, 그레이…), 낱개상품 여부, 총 수량, 사용대상(남성용, 여성용, 남녀공용, 아동/유아동), 소재(가죽, 면, 린넨, 실크, 쉬폰…), 패턴/프린트(단색, 스트라이프, 체크…), 사용계절, 쿨링소재 여부(쿨링소재 있음, 없음), 귀걸이 유무 등등의 필터가 있다.

필터는 고객이 선택 범위를 좁혀가면서 상품을 쉽게 찾을 수 있도록 만들어놓은 것이다. 이러한 필터의 내용들을 기본적으로 담아주면서 상세페이지를 작성하면 된다. 사이즈가 중요한 구매 결정 사항인 의류나 신발 등은 사이즈 조견표를 필히 담아줘야 한다. 크기를 가늠할 수 있도록 치수를 표기해 주고 주변에서 흔히 볼 수 있는 물건, 예를 들어 신용카드나 핸드폰 등과 비교해서 보여주는 것도 방법이다. 건강 식품 등 사람이 먹는 것이라면 섭취 및 음용 방법을 자세히 설명해야 한다.

이렇게 상품마다 설명해야 할 필수 요소는 빠짐 없이 상세페이지에 담아줘야 한다.

배송 정보

상품 구매 시 고객은 상품을 언제 받을 수 있는지를 궁금해한다. 특히 쿠팡 고객은 오늘주문 내일도착에 익숙해 있기 때문에 배송 기간이 상품 구매를 좌우하기도 한다. 쿠팡은 상품페이지에서 가격 아래에 출고소요일을 기준으로 한 도착예정일이 표기되지만, 배송에 관한 강점이나 이슈가 있는 상품인 경우 상세페이지에서 한 번 더 자세히 설명해 주면 좋다. 특히 주문 수량, 지역 등에 따라 배송비와 배송 기간이 차이가 있는 경우 상세페이지에서 눈에 잘 띄게 표로 만들어 설명해 주면 좋다. 그러면 빈번히 일어나는 배송에 관한 고객 클레임도 예방할 수 있다.

반품 및 AS 정보

반품이나 교환, 환불 방법도 상세페이지에서 설명해 주면 좋다. 반품 및 교환의 진행 방법과 과정을 도해(圖解)로 만들어두고 각 상품의 상세페이지에 사용하면 전문 셀러의 느낌을 줄 수 있다. 또 AS에 관해서도 상세페이지에서 설명해 주면 좋다.

반품, 교환, 환불은 일어나지 않으면 좋지만 판매 활동을 하다 보면 반드시 있기 마련이다. 이런 일들은 일어나지 않을 때는 대수롭지 않은 것이지만 막상 닥치게 되면 고객이 어려워하고 고객 문의가 많은 부분이다. 이러한 것을 상세페이지에서 자세히 설명해 주면 고객의 궁금점을 해결해 주고 고객으로부터 신뢰를 얻게 된다.

다음은 고객의 구매욕을 자극하고 공감 가는 상세페이지를 만드는 요령이다.

1) 비교를 통해 우리 제품의 우위를 알려라

내 제품이 다른 대체 제품보다 왜, 어떻게 좋은지를 잘 표현해야 한다. 그래야 고객은 이 제품을 사야만 하는 이유를 확신할 수 있다. 내 제품의 우위를 효과적으로 알리는 방법에는 제품 자체의 스펙이나 디자인 등 비교 우위 설명도 있겠지만 보다 직관적인 것도 존재한다. 바로 리뷰, 판매량, 판매 등수, 재구매율, 수상 내역 등이다.

■ 등수, 누적 판매량, 평점 수치로 비교하기

등수는 비교 프레임에서 자주 사용되는 방법이다. 등수가 더 높다면 왠지 모르게 더 신뢰하게 되는 것이 인간의 심리다. 내가 알지 못하는 어떠한 이유가 있기 때문에 등수가 높을 것이라고 생각한다. 등수로 제품을 돋보이게 하려면 실제로 상위를 차지한 이력이 있어야 한다. 이때 상위 등수는 전체 키워드 기준이 아닌, 부분별 키워드만으로 충분하기 때문에 한 키워드만 적극 공략하는 것도 현명한 방법이다. 내 제품이 '자외선 차단 마스크'로 검색했을 때 140위고, '골프 마스크' 검색했을 때 1위라면 당연히 '골프 마스크 1위' 문구를 사용하는 것이다. 별것 아닌 것처럼 보이지만 이는 다른 상품군과의 비교 우위를 통해 강력한 판매 효과를 불러온다.

판매량으로 우위를 알리고 싶다면 실제 판매했던 누적 판매량을 홍보하는 방식이 효과적이다. 누적 판매량의 수치는 개인이 정확하게 가늠하기 어렵다. 하지만 직관적으로 굉장히 많이 판매됐다는 사실만은 인지하게 되고, 신뢰감과 안정감을 느낀다.

'3초에 한 통씩 팔리는 크림'이란 카피를 많이 들어봤을 것이다. 누적 판매량이 어느 정도 이상 쌓이면 이런 식의 카피가 피부에 더 와닿을 수 있다. 단, 이 방법을 사용할 때는 고객 후기도 어느 정도 쌓여있어야 고객들이 믿을 수 있는 데이터라고 판단하게 된다. 따라서 상품등록 초반이라면 리뷰 이벤트 등을 통해 리뷰를 많이 확보하는 것도 판매량을 빠르게 늘리는 효과적인 전략이 될 수 있다.

■ 수상 내역 홍보하기

수상 내역을 홍보하는 것은 고객에게 확실한 신뢰감을 줄 수 있는 중요한 전략이다. 단순히 많이 팔리고 좋은 평점을 얻었다에 그치지 않고 어떤 분야에서 상을 받았다는 사실은 제품의 품질과 가치가 매우 우수하다는 것을 입증하는 강력한 증거다. '소비자브랜드 1위', '중소벤처기업청장상 수상' 등은 그 상이 얼마나 유명하고 좋은 상인지에 상관없이 소비자에게 신뢰감을 어필할 수 있는 근거가 된다.

또 수상 내역 홍보는 제품뿐 아니라 브랜드의 명성을 쌓는 데도 도움을 준다. 브랜드 인지도를 제고하고 신뢰를 견고히 함으로써 해당 브랜드의 다른 제품에까지 긍정적 영향을 줄 수 있게 된다. 따라서 단일 제품의 인기와 별개로 제품과 브랜드의 우수성을 각인시키는 방법으로 수상 내역을 홍보하는 것도 좋은 전략이 된다.

2) 고객의 불편을 활용해 스토리텔링 하라

버진 그룹(Virgin Group)의 창립자인 리처드 브랜슨(Richard Branson)은 '고객의 불편을 해소하는 것이 사업의 본질'이라고 했다. 그의 고객 중심적인 비즈니스 전략은 많은 경영 분야와 기업가들에게 영향을 끼쳤고 현재도 많은 영감을 주고 있다.

'다이어트 도시락'의 예를 들어보자. 다이어트 도시락의 본질은 칼로리는 낮지만, 충분한 영양 섭취를 통해 건강하게 살을 뺄 수 있는 음식으로 구성되어야 한다. 중요한 장점은 저칼로리, 저탄수, 하지만 상대적으로 고단백, 고영양이다.

그럼 다이어트 도시락 구매자의 불편은 무엇일까? 제품 패키지, 신선도, 배송, 보관 등 여러 가지가 있을 수 있지만 의외로 소비자가 가장 크게 반응하는 불편은 '맛'이다. 다이어트 도시락의 기능에 충실하고 좋은 재료를 사용했지만 맛이 없다면 고객은 그 불편을 극복하기 어려워 재구매를 포기할 것이고 후기는 다른 구매자에게도 부정적인 영향을 끼치게 된다. 결국 체중을 관리하기 위해 선택하는 다이어트 도시락의 불편은 맛이다. 그 불편을 스토리텔링 한 상세페이지 내용은 대략 이렇다.

"계속 맛없는 다이어트 도시락 드실 건가요? 100번의 도시락 테스트, 오직 맛만 생각했습니다."

실제로 온라인에서 꽤 잘 팔리고 있는 상품의 상세페이지 카피 일부다. 맛없는 다이어트 도시락을 한 번이라도 먹어봤고, 또 다이어트 도시락을 구매하기 위해 상품을 보고 있는 잠재 고객에게는 강력한 스토리텔링이자 구매 동기가 될 것이다.

고객이 이미 느끼고 있던 불편에 대한 문제 제기와 해결할 수 있는 솔루션이 스토리텔링으로 더해지면 그 상세페이지는 성공적인 판매로 이어진다. 상품의 장점만 줄줄 자랑해도 결코 넘어오지 않던 고객들이 문제 해결에 대한 기대심리를 가지고 자기도 모르게 구매 버튼을 누르게 된다.

3) 좋은 평판을 항상 유지하라

상세페이지에서 양질의 지분을 차지하는 부분이 바로 고객의 리뷰 평점이다. 온라인 소비자가 리뷰를 보지 않고 구매하는 경우는 거의 없으며, 리뷰는 소비자의 평판을 확인하고 구매를 확신하는 데 지대한 영향을 끼친다. 좋은 평판은 우리 제품이 비교 우위를 확보하게 만들고, 긍정적 리뷰를 통해 고객의 신뢰를 얻을 수 있게 한다.

좋은 평판을 위한 전략 중 하나는 타 업체의 부정적 리뷰를 모니터링하는 것이다. 낮은 평점과 부정적 피드백을 받은 요소를 파악하여 그것을 우리 제품의 개선된 장점으로 강조해 홍보 포인트로 활용한다. 그러면 소지자는 해당 부분에 대해 우리 제품을 더 나은 것으로 인식한다. 결국 고객 만족도는 높아지고 제품 경쟁력은 강화된다.

고객은 판매자의 설명보다 구매한 사람의 후기를 본능적으로 더 신뢰하는 경향이 있다. 이런 심리를 판매에 활용하기 위해서라도 좋은 평판을 항상 유지해야 한다. 또 고객은 리뷰를 읽어보면서 미처 생각하지 못한 다양한 이점이나 활용법 등 팁을 얻음으로써 구매 확신과 자신감을 추가로 갖게 된다.

따라서 좋은 리뷰는 우수 리뷰로 선정해 상세페이지 앞부분에 잘 보이게 배치한다. 불만이나 아쉬움이 담긴 후기는 친절하고 적극적인 답변과 함께 신속한 반영으로 고객을 우리 편으로 만들도록 해야 한다. 시간이 지나고 관리된 리뷰가 많이 누적될수록 우리의 평판은 더욱 견고해지고 제품의 파워도 지속적으로 향상될 것이다.

4) 거절할 수 없는 제안을 하라

상세페이지를 통해 거절할 수 없는 제안을 한다. 이를테면 '이번에만 주는 특별한 사은품', '이번에만 추가 할인쿠폰', '이번에만 1+1 구성', '한 개만 사도 무료배송', '마음에 안들면 무조건 100% 환불' 등이다. 가성비를 중시하는 온라인 마켓에서는 할인이나 혜택이 구매 결정에 큰 영향을 준다. 또 평소 더 나은 가치나 경험을 추구하는 소비자들에게도 가성비 프레임으로 생각을 전환하게 하는 효과를 가져온다.

선택의 법칙을 활용하는 것도 좋다. 적극적으로 판매하고자 하는 옵션이 있다면 다른 옵션과의 현격한 차이를 통해 내 옵션이 더욱 부각되도록 하는 것이다. 그러면 소비자는 쉽게 내 옵션을 선택하게 되고, 자신의 선택이 합리적이었다고 안심하게 된다.

3 상세페이지 구성과 셀러의 화법

1) 무의식의 세계를 공략하라

인간의 행동을 결정하는 데 의식과 무의식 중 무엇이 더 큰 영향을 미칠까? 논란이 있을 수 있지만, 유명한 심리학자 대니얼 카너먼은 《생각에 관한 생각 Thinking, Fast and Slow》에서 인간의 판단과 결정에 관한 연구를 통해 인간의 행동에 영향을 미치는 두 가지 시스템인 '시스템 1'과 '시스템 2'에 대해 설명한다. 시스템 1은 빠르고 직관적이며 무의식적인 판단을 담당하고, 시스템 2는 느리고 논리적이며 의식적인 판단을 담당하는데, 카너먼은 시스템 1이 인간의 행동에 더 큰 영향을 미친다고 주장했다. 빠르고, 직관적이고, 무의식적인 판단이 인간의 행동 결정에 더 중요하다는 것이다. 이 이론을 통해 저자가 발견한 상세페이지 작성에 관한 인사이트는 이렇다.

* 무의식에 잠재된 고객의 핵심 욕구와 감정, 본능을 공략하는 워딩과 표현을 앞세운다.
* 짧고 단순하고 직관적으로 알 수 있게 표현한다.
* 글보다 더 직관적인 이미지와 GIF, 짧지만 강력한 영상도 잘 활용해야 한다.
* 시청각을 동시에 자극해 고객의 무의식을 파고들 확률을 높인다.

2) 중요한 것을 먼저 말하라

상세페이지의 구성에서도 제품의 가치를 가장 빛나게 해줄 하이라이트를 도입부에 배치해야 하는 것처럼 문장, 카테고리(단락)를 쓸 때도 탑다운(TOP-DOWN) 방식으로 중요한 점을 가장 먼저 쓴다.

서론이 길면 고객은 더 이상 읽기를 포기하고 지나치거나 페이지를 이탈할 확률이 높다. 무조건 두괄식으로 핵심 내용을 앞에 포진시키자. 어차피 모든 내용을 기억할 수 없는 구매자에게 남겨야 할 기억은 핵심 내용이다. 핵심 내용을 먼저 말하고 이를 뒷받침하는 논리적 근거를 설명해 주자.

3) 고객의 언어로 말하라

고객의 관점, 고객의 눈높이를 담은 언어는 고객의 마음을 움직이는 중요한 키가 된다. 내가 하고 싶은 말보다 고객이 듣고 싶은 말을 하는 것이 고객의 마음을 사로잡고 판매로 연결시키는 핵심적인 요인이다.

고객의 관심사와 고객의 공감을 이끌어올 수 있는 화두와 표현을 사용함으로써 고객과 우리가 비즈니스 관계가 아니라 친근하고 가까운 관계일 수 있다는 것을 어필한다. 고객의 심리적 경계와 장벽을 깨트리는 효과를 통해 고객의 불편과 문제를 우리가 해결해 줄 수 있다는 신뢰감을 주면 분명 판매에 긍정적인 영향을 줄 수 있다.

4) 단순하고 명료하게 써라

상세페이지에서 제품 설명은 최대한 단순하고 명료하게 쓰는 것이 좋다. 구구절절 부연 설명을 달거나 어려운 단어, 외래어 표기는 삼가고 초등학교 고학년도 이해할 수 있는 정도로 쉽고 단순하게 써야 한다.

상품 정보는 고객이 빠르고 쉽게 파악할 수 있도록 작성하는 것이 최우선 과제이며, 제품의 강점, 활용법, 추천 대상 등을 단락을 구분해 핵심 내용이 눈에 잘 들어오도록 써야 한다. 길고 복잡한 문장은 지양하고 한 문장에 하나의 메시지만 담아 명료하게 표현한다. 가급적 가치 평가가 모호하고 애매한 형용사, 부사 표현보다는 명료한 동사를 활용하는 것이 좋다. 완벽한 문장은 뺄 것이 없을 때 완성된다.

4 모바일 최적화와 이미지 사용

전 세계적으로 온라인 사용 매체가 PC보다는 모바일이 대세인 것처럼, 우리나라 쇼핑앱 1위 쿠팡도 무려 75%의 사용자가 모바일로 상품을 구매하는 것을 데이터로 확인할 수 있다. 상품 구매를 결정지을 수 있는 매대와 다름없는 상세페이지를 모바일 중심으로 최적화해 제작하는 것은 이제 선택이 아닌 필수가 되었다.

모바일은 PC에 비해 화면이 작고 터치 인터페이스 기반이기에 사용자 경험을 최적화하는 것이 중요하다. 또 텍스트가 너무 많은 것보다는 이미지와 비디오를 통해 제품을 시각적이고 효과적으로 잘 보여주는 것이 구매 전환율에 긍정적 영향을 준다.

그렇다면 상세페이지에 사용할 이미지는 어떤 걸 활용하는 게 좋을까?

1) 저작권 없는 이미지를 사용하자

상세페이지에 들어가는 이미지는 제품 이미지, 제품 활용 이미지, 기대심리를 자극하는 이미지 등 다양하다. 자체 브랜드 제품이 아닌 위탁 상품이라면 이 많은 이미지를 일일이 다 촬영하고 제작하기에는 시간과 비용 면에서 엄청난 손실이 발생할 수 있어 대부분의 판매자는 저작권 없는 이미지를 활용하고 있다. 저작권이 없는 이미지는 법적으로 안전하기 때문에, 혹시 모를 법적 소송이나 부가적 비용을 피할 수 있고 라이선스 비용을 지불하지 않음으로써 기업의 운영 경비를 절감할 수 있다. 단, 저작권 소유자가 없는 이미지가 맞는지 확인 또 확인하고 사용해야 한다.

다음은 무료로 이용할 수 있는 저작권이 없는 이미지 사이트다. 다양한 주제와 품질의 이미지를 제공하고 있으며, 대부분 상업적 용도로도 사용할 수 있어 알아두면 매우 유용하다. 무료 사이트라고 하더라도 약관을 통해 상업적 용도 사용 여부를 한 번 더 확인 후 활용하자.

■ 저작권 무료 이미지 사이트

무료 이미지 사이트는 포털에서 검색하면 많이 찾을 수 있다. 무료 사이트의 이미지를 잘 이용하면 내 상품페이지를 풍부하게 만들 수 있는 참고 이미지 자료를 많이 찾을 수 있다. 다음은 좋은 자료가 많이 있는 무료 이미지 사이트 몇 곳이다.

픽셀스 https://www.pexels.com/ko-kr/

수백만 개의 고품질 무료 이미지와 비디오를 제공하는 사이트로, 상업적 용도로도 사용 가능하다. 다양한 카테고리와 키워드로 이미지를 검색할 수 있다.

픽사베이 https://pixabay.com/

무료로 사용할 수 있는 수백만 개의 이미지, 벡터 그래픽, 동영상 등을 제공하는 사이트다. 상업적 용도로도 자유롭게 사용할 수 있으며, 다양한 주제의 이미지를 찾을 수 있다.

픽사베이에서 peach를 검색한 후 원하는 이미지를 클릭한 화면이다. 'Free for use under the Pixabay Content License'라고 표시되어 있다. Content License를 클릭하면 콘텐츠 라이선스에 대한 자세한 내용을 확인할 수 있다.

Download를 클릭해 원하는 사이즈의 이미지를 다운로드할 수 있다.

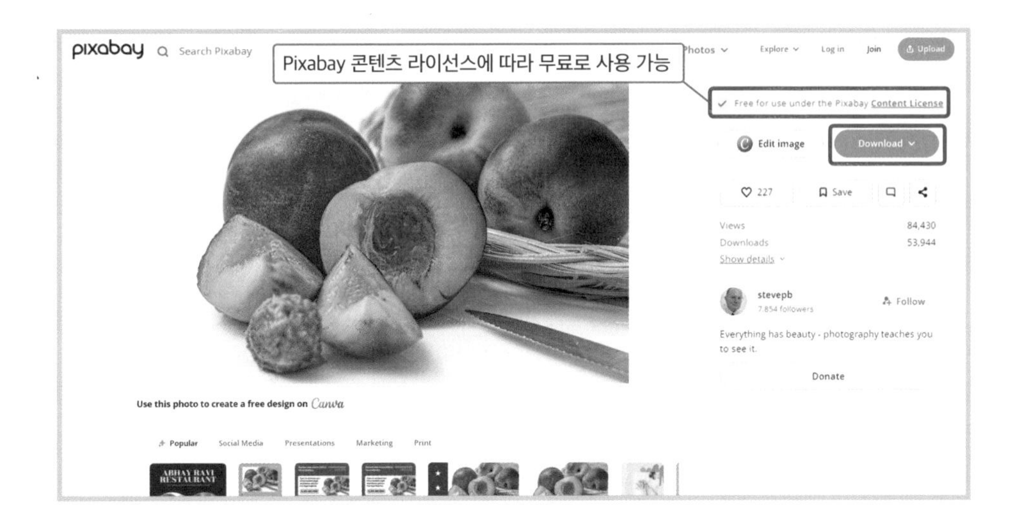

언스플래시 https://unsplash.com/ko

무료로 사용할 수 있는 고품질의 이미지를 제공하는 사이트로, 수많은 창작자들이 이미지를 공유하고 있다. 검색 기능을 통해 원하는 주제나 키워드로 이미지를 찾을 수 있다.

그래티소그래피 https://gratisography.com

고유하고 창의적인 이미지를 제공하는 사이트로, 주로 독특하고 특이한 이미지들로 구성되어 있다. 감각적인 이미지를 찾고자 하는 경우에 유용하다.

스톡스냅 https://stocksnap.io

무료로 사용할 수 있는 고품질 이미지를 제공하는 사이트로, 매일 새로운 이미지가 업데이트된다. 다양한 주제와 스타일의 이미지를 찾을 수 있다.

5 미리캔버스로 상세페이지 만들기

썸네일과 상세페이지를 만드는 방법은 다양하다. 파워포인트나 포토샵을 사용해도 되고 제작을 지원해 주는 웹사이트를 활용하는 방법도 있다. 저자가 여러 방법을 해본 결과 '미리캔버스'는 전문 디자이너 없이도 클릭 몇 번만으로 썸네일과 상세페이지를 쉽게 제작할 수 있어 1인 셀러에게 추천하고 싶은 툴이다.

미리캔버스 특장점

* 사용자 친화적인 인터페이스: 직관적인 도구와 메뉴 구성으로 비전문가도 쉽게 활용 가능
* 템플릿 제공: 다양한 디자인의 템플릿이 풍부하게 제공돼 필요에 따라 선택 및 활용 가능
* 무료 이미지 사용: 미리캔버스에서 제공하는 무료 이미지를 손쉽게 검색하고 사용 가능
* 실시간 협업 가능: 여러 사용자가 동시에 편집 및 공유 가능
* 저장과 공유 용이: 간편하게 저장하고 공유 가능하며 다운로드하여 웹사이트 적용 가능
* 비용 절감: 비전문가가 무료로 쉽게 활용해 제작 비용 절감
* 유연한 수정과 업데이트: 상세페이지 수시 수정 및 업데이트 가능

01_ 미리캔버스(www.miricanvas.com)에 회원 가입을 한다. 회원 가입은 카카오나 네이버 아이디로 쉽게 할 수 있다. 회원 가입이 되어 있다면 바로 시작하기를 클릭한 후 로그인을 한다.

쿠팡은 상품등록 시 '상세설명'에서 이미지를 업로드할 때 이미지 권장 크기는 780px×5,000px/10MB 이하의 JPG, PNG 파일이다. 이를 염두에 두고 상세페이지 이미지를 만들어보자.

02_ 템플릿 → 상세페이지를 클릭한다. 상세페이지를 통이미지로 만들기 위해 **크기 조정** → **직접입력**으로 **860×5,000**으로 변경했다.(사이즈는 최소 32px, 최대 8,000px)

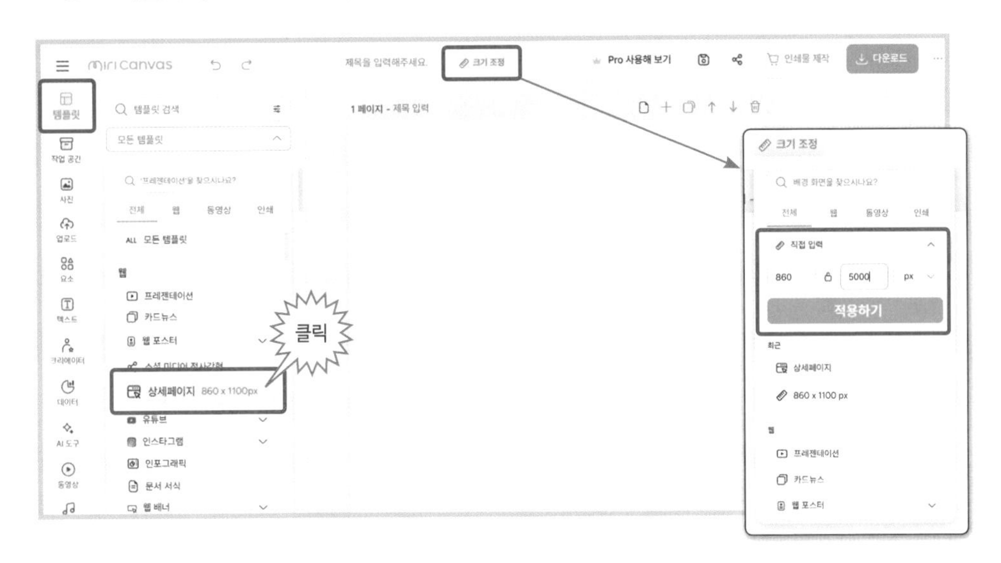

03_ 먼저 기획 단계에서 준비해 둔 상세페이지에 들어갈 이미지들(상품 사진, 디테일 사진, 연출 사진, 디자인용 이미지 등)을 업로드한다. 왼쪽 메뉴에서 업로드 → 업로드를 클릭해 업로드할 이미지를 선택하면 이미지가 업로드된다.

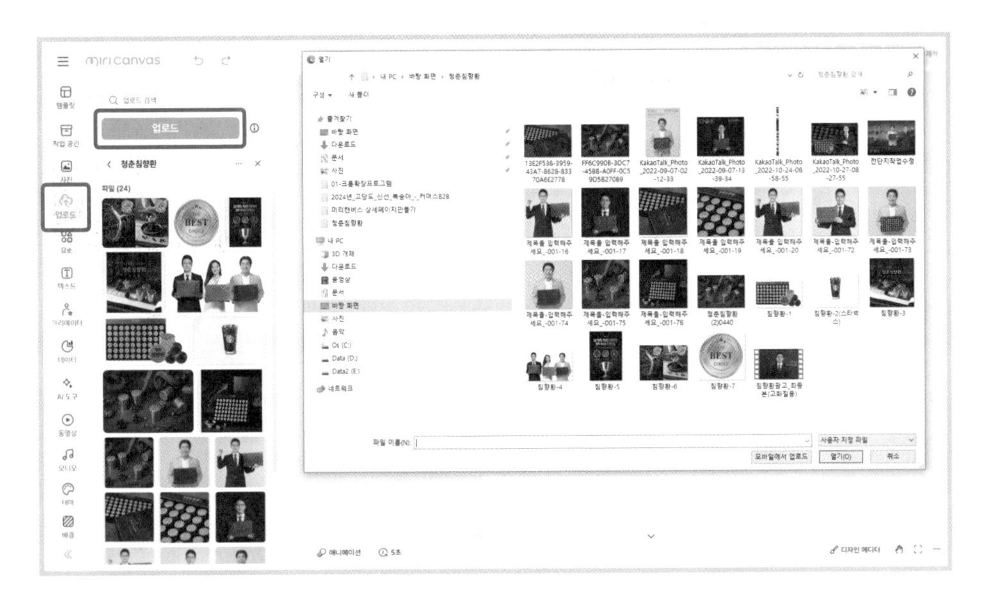

04_ 요소 → 도형에서 사각형 도구를 클릭한다. 작업 영역에 사각형이 표시된다.

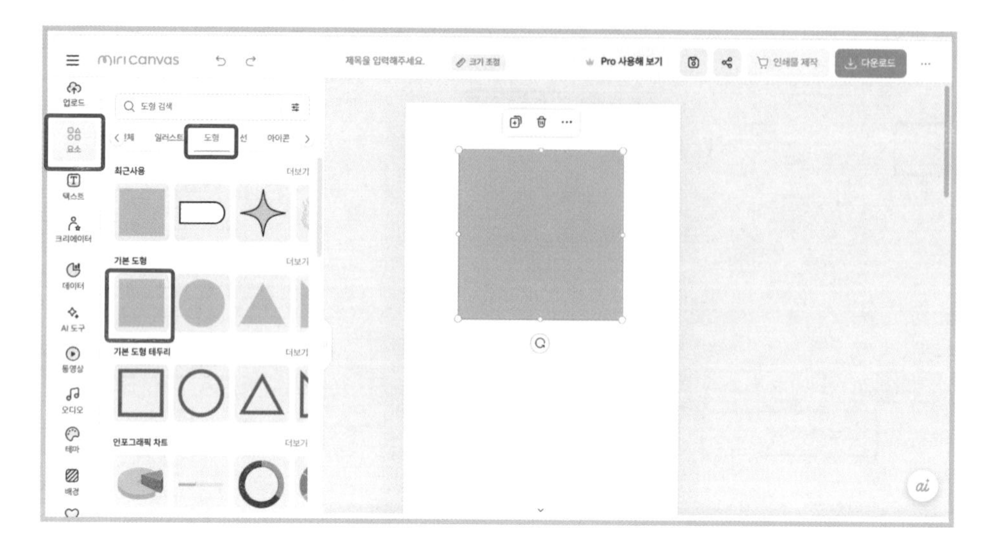

색상 버튼을 클릭해 원하는 색상을 선택한다. '기본 팔레트'에 원하는 색상이 없을 때는 [+] 버튼을 클릭해 원하는 색상을 **직접 조정**할 수 있다. 색상 지정 후 크기를 페이지에 맞게 조절한다.

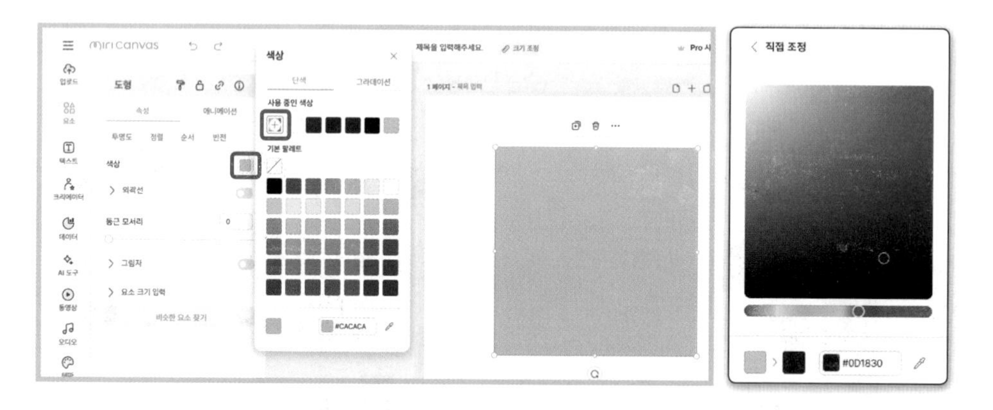

05_ 텍스트 → 제목 텍스트 추가를 클릭해 텍스트를 입력한다. 텍스트 입력 후 **글자색**과 **글꼴**을 지정해 주고 크기와 위치를 잡아준다.

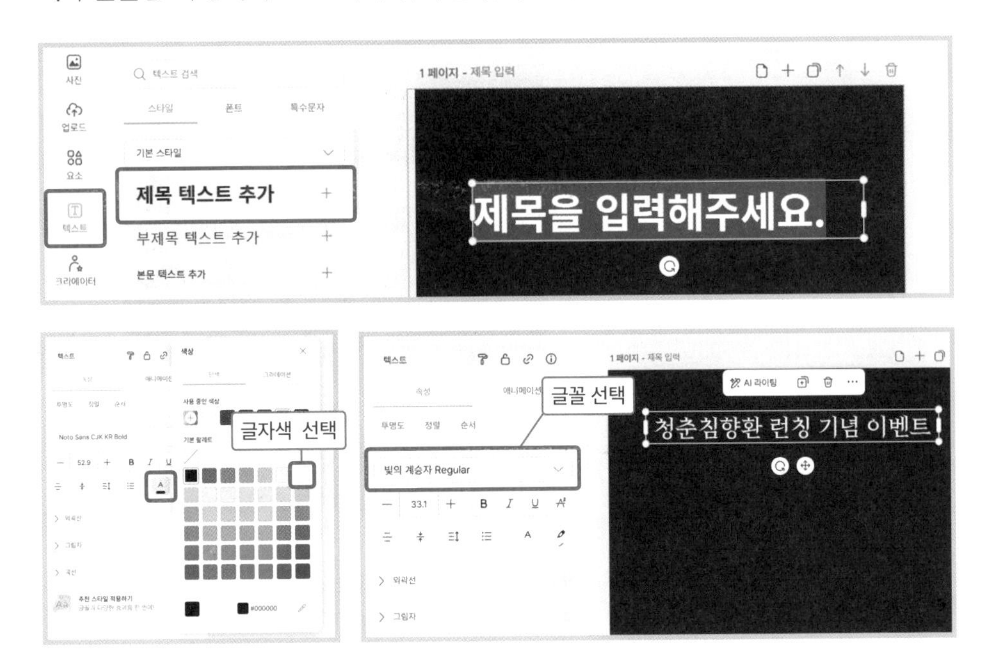

06_ 요소 → 도형에서 원 도형을 클릭한다. **색상**을 흰색으로 설정하고 **크기**를 조절해 텍스트 위에 방점처럼 보이게 위치시킨다.

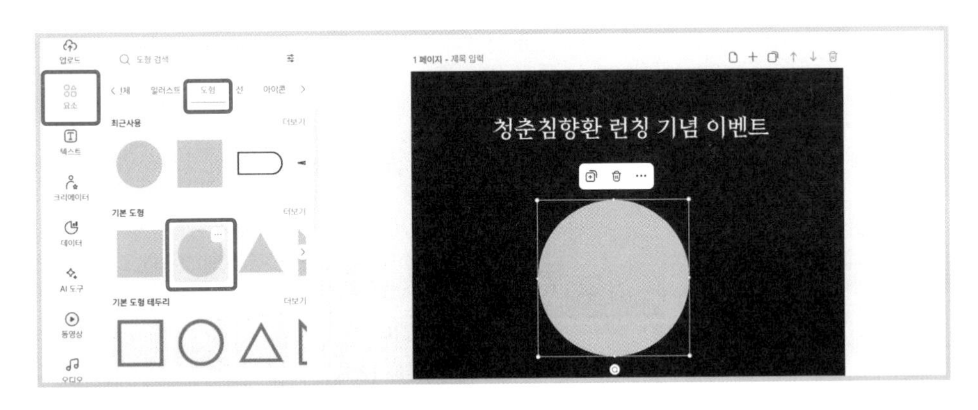

청춘침향환 런칭 기념 이벤트

07_ 요소→도형→사각형 도형을 선택한 후 크기와 위치를 잡고 **둥근 모서리** 값을 입력해 둥근 사각형을 만든다.

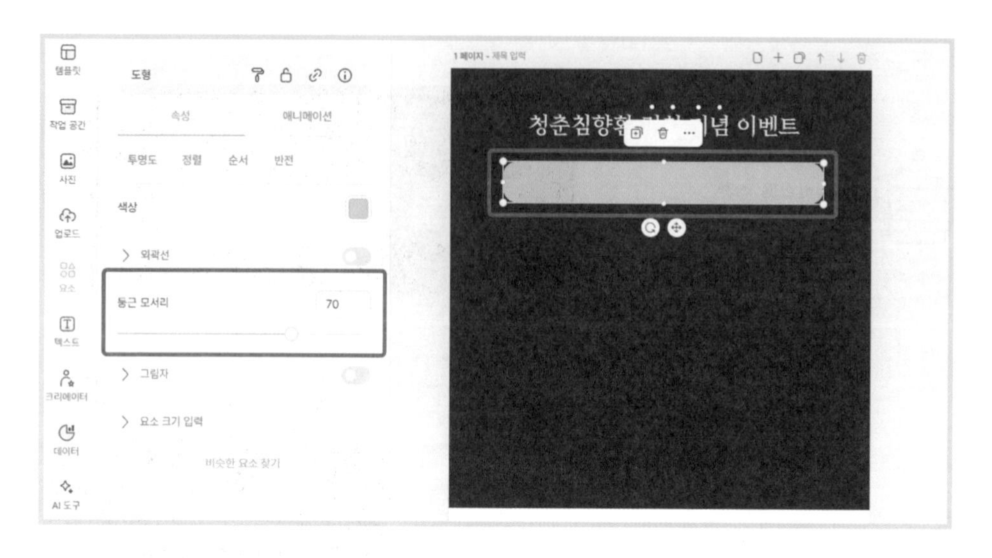

08_ 색상 버튼을 클릭한 후 **그라데이션** 탭을 선택한다. 구현하고자 하는 그라데이션과 비슷한 그라데이션을 선택하고 + 버튼을 클릭한다. 그러면 그라데이션을 **직접 조정**할 수 있다. 여기서는 그라데이션 방향을 90에서 0으로 변경했고, 색상값과 위치도 조절했다.

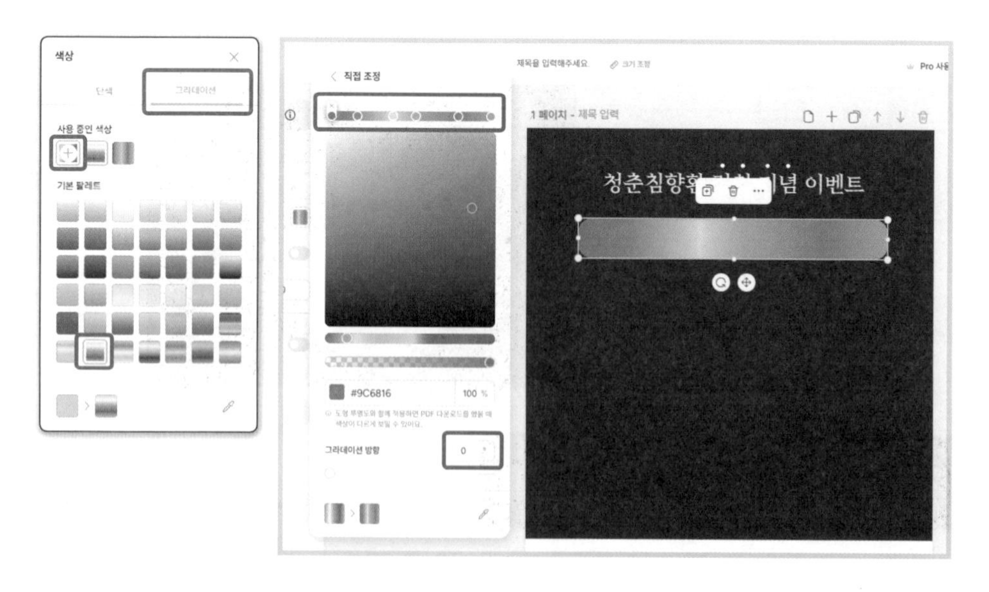

09_ 텍스트 → 제목 텍스트 추가를 클릭해 텍스트를 입력하고, 그라데이션 바 위에 위치시킨다. **글꼴**과 **색상**을 설정해준다.

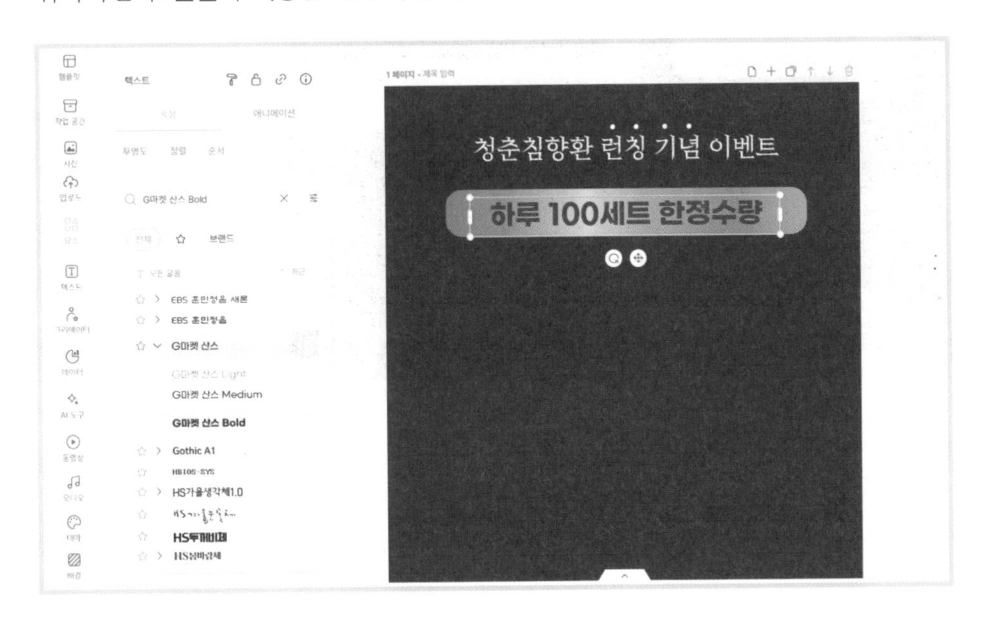

10_ 텍스트, 도형을 이용해 텍스트와 모서리가 둥근 사각형을 만든다. 업로드를 선택한 후 업로드 해놓은 그림을 마우스로 끌어다 원하는 위치에 앉힌다. 개체들이 겹칠 때 앞뒤 순서는 개체 위에서 오른쪽 버튼을 클릭한 후 **순서**에서 **뒤로 보내기** 등 메뉴를 선택하면 된다.

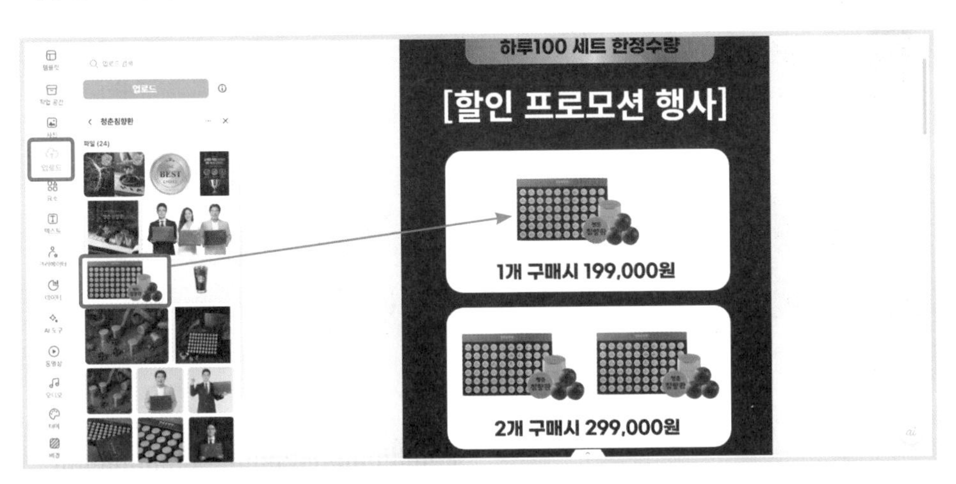

11_ 이런 식으로 텍스트, 요소, 업로드한 그림을 삽입하면서 작업을 해 완성한다. 미리캔버스의 다양한 메뉴를 이용해 손쉽게 디자인 작업을 할 수 있다.

12_ 저장 버튼을 클릭하면 **작업공간 → 내 디자인**에 저장된다.(다음에 불러와 수정 및 추가 작업을 할 수 있다.) 다운로드 → 고해상도 다운로드를 클릭해 파일을 다운로드한다.

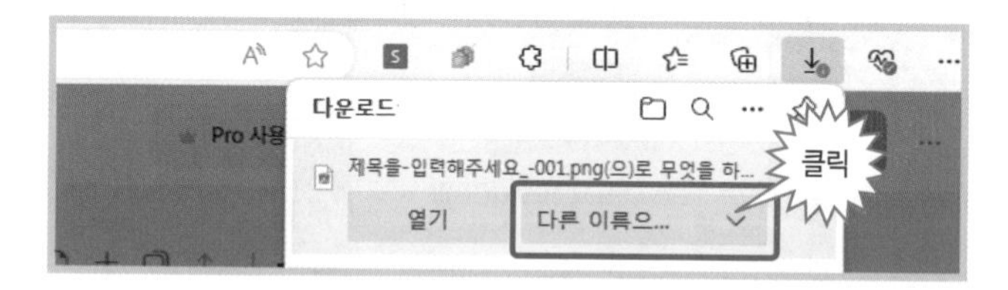

이렇게 만든 상세이미지를 상품등록 시 '상세 설정'에서 이미지 업로드 방식으로 업로드하면 된다. 쿠팡에서는 통이미지를 업로드하면 자동 리사이징되어 전시된다.

이렇게 완성한 상세페이지를 한번 보도록 하자. 예를 든 상세페이지는 '헬스/건강식품 > 건강분말/건강환 > 건강환' 카테고리에 등록할 건강보조식품으로, 무엇보다 안전성과 신뢰성, 효능 및 효과가 중요한 상품이다.

상품마다 카테고리, 성격에 따라 다를 수 있으나 대략 이와 같은 항목들을 기본으로 해 상세페이지를 구성하면 된다.

1 [시선 끌기] 고객의 시선을 사로잡기 위해 맨 위에 **할인행사**와 **쿠폰 이벤트**에 관한 안내를 배치했다.

2 [상품 핵심 메시지] **최상급 12년산 산삼**이라는 상품의 핵심 메시지를 실었다.

3 [상품의 신뢰성] **유명 연예인 추천**을 실어 **신뢰감**을 심어줬다.

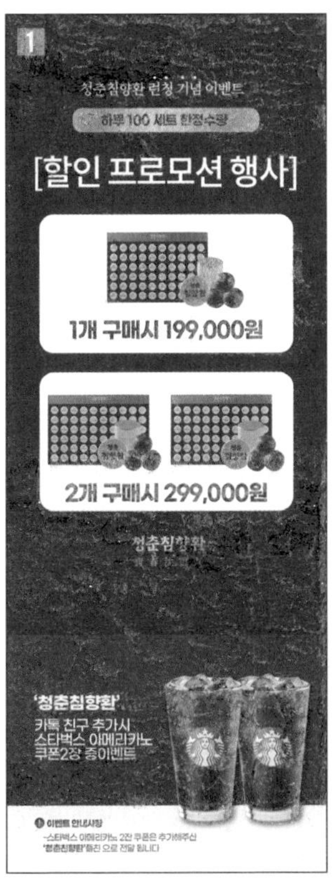

4 [상품의 소개] 상품의 **핵심 내용을 간략**하게 소개했다.

5 [수상 내역] **소비자 고객만족도 1위, 브랜드 대상** 등 수상 내역을 소개해 고객이 신뢰감을 갖도록 했다.

6 [상품의 특장점/차별성] **상품의 특장점**을 한눈에 알아볼 수 있도록 일목요연하게 정리했다.

7 [필요 고객층] **이 상품이 필요한 사람**을 명확하게 말해주어 필요 고객의 구매 결심을 유도했다.

8 [섭취/보관 방법] 이 상품은 먹는 것이기에 **섭취 방법, 보관 방법, 유의사항**을 실었다. 상품에 따라 **사용 방법, 조작 방법** 등을 소개하면 된다. 특히 사이즈가 있는 상품인 경우 **사이즈 조견표**를 게시해 고객이 구매에 참조할 수 있도록 해야 한다.

6 AI와 함께 상세페이지 만들기

제품을 잘 팔려면 남들과 다른 세일즈 포인트가 있어야 한다. 그래서 USP(Unique Selling Proposition, 독특한 판매 제안)를 만들어야 한다. 철저한 제품 조사 및 소비자 조사를 바탕으로 제품 고유의 장점(inherent advantages)을 소비자에게 반복해서 전달하는 것이다. 오렌지를 판다고 할 때, 제가 정한 USP 3가지는 다음과 같다.

1. 맛과 신선도를 극대화한 '당일 수확·당일 발송'
2. 껍질까지 먹을 수 있는 '무농약 인증' 오렌지
3. 사이즈 대신 '당도 보장 시스템' 도입

01_ 이렇게 만든 다음에 챗GPT(https://openai.com/)에서 다음과 같이 입력한다.

나는 오렌지를 판매할거야.

다음 정보를 기반으로 상세페이지를 작성해줘.

강조하고 싶은 USP 3가지 :

1. 맛과 신선도를 극대화한 '당일 수확·당일 발송'
2. 껍질까지 먹을 수 있는 '무농약 인증' 오렌지
3. 사이즈 대신 '당도 보장 시스템' 도입

언급하고 싶지 않은 포인트 1가지 :

1. 낮은 브랜드 인지도.

템플릿 구조 :

USP 1번에 대한 문제 제기 -> USP 1번 자랑(차별화 포인트 언급) -> 2주 동안 1+1 행사 이벤트 안내 -> USP 2번에 대한 문제 제기 -> USP 2번 자랑 -> 제품 먹는 시나리오 -> USP 3번에 대한 문제 제기 -> USP 3번 자랑 -> 제품 스팩 -> 구매 유도 멘트

사용자 입력한 3가지 요소를 반영하여 자연스럽게 작성해줘. 문장은 고객의 감성을 자극할 수 있도록 표현해줘.
가상의 고객 후기 5개만 추가해줘.

02_ 그러면 상세페이지 내용이 모두 작성된다.

단 하루의 차이, 맛의 차이를 만든다!

신선함의 기준을 바꾼 프리미엄 오렌지, 지금 경험해보세요!

문제: 여러분이 먹는 오렌지, 정말 신선할까요?

마트에서 사온 오렌지, 기대하며 한입 베어 물었는데... 푸석푸석하고 신맛이 강한 경우 많지 않나요?
유통 과정에서 며칠씩 창고에 보관되면서, 갓 수확한 오렌지의 **"팡 터지는 신선함"**이 사라져버린 것입니다.

해결책: '당일 수확·당일 발송' 시스템 도입!

저희 오렌지는 오전 수확, 오후 발송 시스템을 통해 농장에서 갓 딴 오렌지를 신선하게 직배송합니다.
냉장고 보관 NO! 장시간 유통 NO!
오렌지를 받는 순간, 껍질을 벗기면 자연 그대로의 달콤한 과즙이 팡팡 터지는 신선함을 느낄 수 있어요.

2주간 1+1 이벤트 진행 중!
놓치지 마세요! 신선함을 두 배로 즐길 수 있는 기회!
오렌지 1박스 구매 시, 1박스 추가 증정! (한정 수량)

문제: 껍질에 묻은 농약, 정말 깨끗이 씻기나요?

많은 오렌지가 수확 후 농약을 제거하기 위해 세척 과정을 거치지만, 완전히 씻겨나가지 않는 경우가 많습니다.
껍질을 먹고 싶어도, 농약 걱정 때문에 쉽게 손이 가지 않죠.

해결책: '무농약 인증' 오렌지, 껍질째 안전하게 드세요!

저희 오렌지는 무농약·친환경 재배 방식으로 길러져 껍질까지 안전하게 드실 수 있습니다.
비타민C가 풍부한 껍질을 활용해

상상해보세요, 이런 오렌지는 처음일 거예요!

바쁜 하루 끝, 신선한 오렌지를 꺼내어 껍질을 벗깁니다.
손끝에서 느껴지는 탱글탱글한 과육,
한 입 베어 무는 순간,
입안 가득 퍼지는 새콤달콤한 과즙!
과일이 이렇게 맛있을 수 있을까요?

문제: 오렌지는 크기가 클수록 맛있다? NO!

마트에서는 오렌지를 크기로 등급을 매기고, 크기가 클수록 고급 제품이라고
하지만, 실제로는 크기보다 당도가 맛을 결정짓는 가장 중요한 요소입니다.

해결책: '당도 보장 시스템'으로 선별한 오렌지!

저희는 크기가 아니라 당도를 기준으로 엄선한 오렌지만 판매합니다.
출고 전 당도 테스트를 거쳐 기본 13brix 이상의 오렌지만 선별하여 보내드
크기가 작아도? 당도가 보장되니까 믿고 먹을 수 있는 오렌지!

프리미엄 오렌지 스펙

✓ 품종: 최고급 품종 (당도 13brix 이상 보장!)
✓ 재배 방식: 무농약·친환경 재배
✓ 출고 방식: 당일 수확 후 직배송
✓ 활용법: 생과일, 착즙 주스, 요리 활용 가능

고객들이 먼저 경험한 후기!

김O**진 (37세, 서울)
"진짜 신선함이 다릅니다. 껍질을 깠는데 과즙이 팍 터지는 게,
박O**미 (29세, 부산)
"껍질째 먹을 수 있다고 해서 샀는데, 진짜 농약 걱정 없이 차로
이O**석 (42세, 경기)
"당도 보장? 반신반의했는데, 진짜 달아요! 크기가 작아도 맛은
정O**아 (34세, 대전)
"마트에서 사는 오렌지는 푸석한 경우가 많았는데, 이건 입안에
한O**수 (50세, 대구)
"이벤트 덕에 1+1 받아서 가족이랑 나눠 먹었는데, 다들 어디서

당신의 오렌지는 어떤가요?
✓ 진짜 신선한 오렌지, 한 번 경험하면 다른 오렌지는 못 먹습
✓ 당도 보장 & 무농약 인증까지, 믿고 먹을 수 있는 프리미엄

[한정 수량] 2주간 1+1 혜택 받기!
지금 주문하세요!

03_ 이렇게 USP만 넣으면 상세페이지에 쓸 내용을 챗GPT가 자세하게 작성해준다.

하지만 USP도 모르겠다면 그것도 물어보면 된다.(실제로 위 3가지의 USP는 챗GPT가 만들어준 것이다.)

나는 오렌지를 판매할거야.

다른 사람들과 다르게 상세페이지에 쓸 USP 3가지를 뽑아줘.

1. 맛과 신선도를 극대화한 '당일 수확·당일 발송'

- 오렌지는 신선도가 맛을 좌우하는 과일 중 하나.
- 보통 유통 과정에서 며칠씩 창고에 보관되지만, 우리는 **오전 수확 → 오후 발송 시스템**을 구축해 갓 딴 오렌지의 신선함을 유지.
- 고객이 받는 순간, 껍질을 벗기면 **즙이 팡 터지는 싱싱함**을 경험할 수 있도록.

2. 껍질까지 먹을 수 있는 '무농약 인증' 오렌지

- 일반적인 오렌지는 껍질을 먹을 수 없지만, 우리 오렌지는 **무농약·친환경 재배로 껍질째 먹어도 안전**.
- 비타민C와 영양소가 가장 많이 들어 있는 **껍질까지 활용 가능해 건강과 맛을 동시에 챙길 수 있는 오렌지**.
- 특히 차(티)로 우려먹거나, 베이킹·요리에 활용해도 안심!

3. 사이즈 대신 '당도 보장 시스템' 도입

- 기존 오렌지 판매는 크기로 가격을 매기지만, 우리는 **당도를 기준으로 선별 판매**.
- 오렌지 한 알 한 알 **당도 테스트를 거쳐, 기본 13brix 이상의 오렌지만 출고**.
- 크기보다 '맛'이 중요한 소비자를 위한 **진짜 달콤한 오렌지**를 보장.

04_ 이제 챗GPT가 뽑아준 내용을 이미지로 만들기만 하면 된다. 하지만 상세페이지를 만들 줄 모르고 디자인도 할 줄 모른다면 AI를 통해 쉽게 만들 수 있다. 이렇게 나온 내용을 가지고 AI 기반 상세페이지 자동 생성 에디터인 제디터 AI(https://brand.geditor.co.kr/) 플랫폼으로 간다.(회원 가입을 하면 무료 이용도 가능하다.)

제디터 AI에서 AI 상품상세 탭에서 상품명과 사진만 넣으면 다음과 같은 결과를 얻을 수 있다.

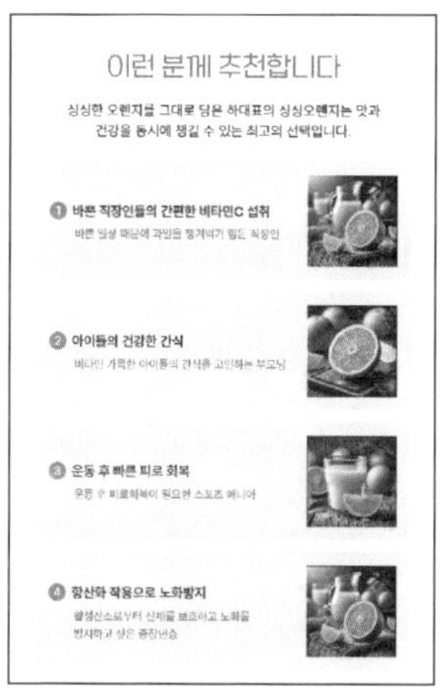

05_ 여기서 여러분이 고치고 싶은 사진과 텍스트를 고치기만 하면 된다. 여기까지 걸린 시간은 단 3분. 3분 만에 무려 20,000px의 상세페이지가 완성되었다.

04 쿠팡의 상품등록 방법

1 상품등록 방법 2가지

쿠팡의 상품등록 방법은 2가지가 있다. '단독페이지 등록'과 '카탈로그 매칭 등록'이다. 단독페이지는 내 상품 하나에 나만의 단독 상품페이지를 운영하기 위해 등록하는 방식이고, 카탈로그 매칭은 같은 상품을 판매하고 있는 아이템페이지에 내 상품이 매칭되도록 등록하는 것이다. 물론 내가 단독페이지로 등록했다 하더라도 이미 같은 상품의 아이템페이지가 생성되어 있으면 쿠팡 시스템에 의해 아이템페이지에 매칭될 수 있다.

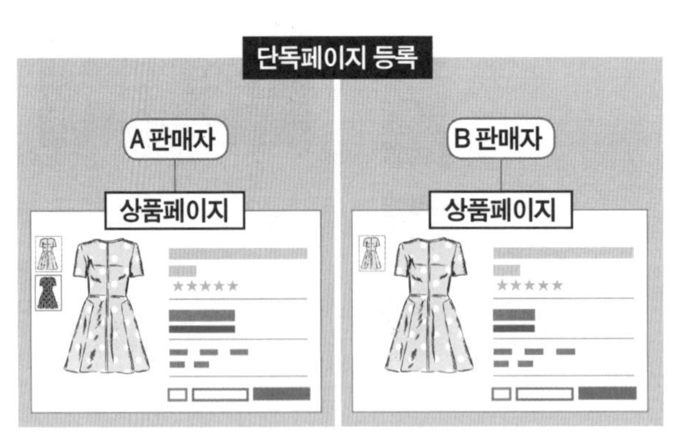

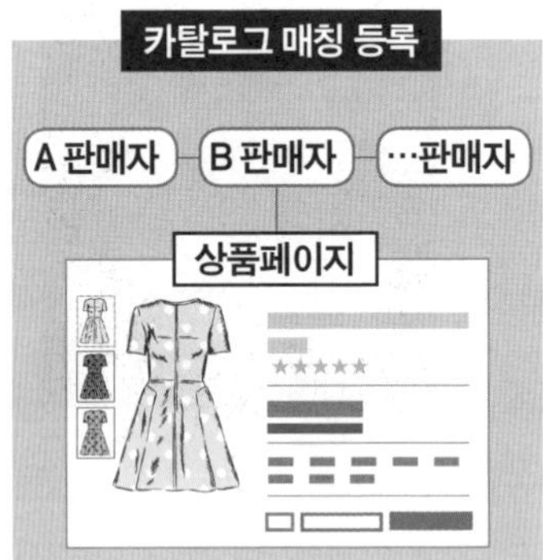

1) 직접 등록하기(단독페이지)

오픈마켓에서 하는 일반적인 상품등록 방법이다. 직접 등록으로 진행하면 내 상품만의 단독 상품페이지가 형성된다. 나만의 아이템이나 제조 상품은 단독페이지로 등록해 마케팅을 통해 상위로 노출시키면 경쟁자 없이 안정적으로 판매할 수 있다. 이때는 대표이미지, 추가이미지 등 상품이미지와 상세페이지 제작에도 공을 들여야 한다. 그래야 고객의 클릭이 일어나고 구매로까지 연결된다.

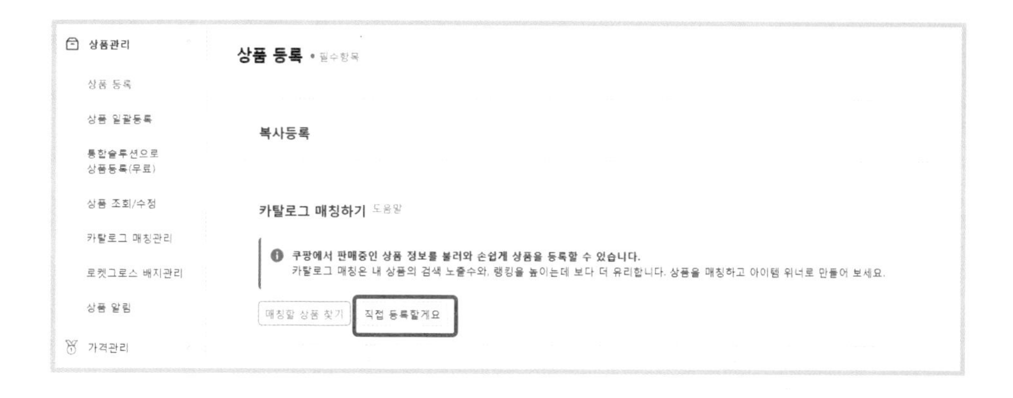

주력 상품이라면 단독페이지로 등록하고 계속해서 단독페이지를 유지할 수 있는 여러 장치를 해야 한다. 다른 판매자가 만들 수 없는 상품 구성으로 등록하는 것도 하나의 방법이고 사전에 상표권 등록을 하는 것도 방법이다.

나만의 특별한 상품이 아니라 하더라도 초보자는 단독페이지로 등록하는 것이 좋다. 카탈로그 매칭으로 등록하면 아이템페이지에서 아이템위너를 차지하기가 쉽지 않기 때문이다. 물론 쿠팡에서는 같은 상품이면 카탈로그 매칭 등록을 권장하고 있다.

유일한 상품이 아니라 하더라도 단독페이지로 상품을 등록할 수 있다. 도매 사이트의 위탁 판매 상품을 등록할 때는 상품이미지와 상세설명을 그대로 사용하지 말고 수정 작업을 해서 등록하면 된다. 고가의 상품이 아니라면 직접 구매를 해서 사진을 찍어 만들면 나만의 이미지가 된다. 또 다른 상품과 조합해 나만의 상품 구성으로 등록하면 된다. 이렇게 하면 타 판매자가 내 상품에 매칭하기가 쉽지 않게 된다.

2) 카탈로그 매칭 등록하기(아이템페이지)

등록하고자 하는 상품과 같은 상품이 이미 쿠팡에서 판매되고 있을 때 카탈로그 페이지에 내 상품을 매칭해서 등록하는 방법이다. 그러면 아이템페이지에 묶여 있는 여러 판매자와 경쟁하면서 판매하게 된다. 이렇게 등록해서 아이템위너가 되지 못하면 고객이 '다른 판매자 보기'(PC), '이 상품의 모든 판매자'(모바일) 클릭해서 판매자를 선택해야만 내 상품페이지로 들어온다. 아이템위너가 아니면 사실상 노출과 판매가 되지 않는다고 볼 수 있다.

예를 들어 고객의 키워드 검색에서 내가 판매하고 있는 상품이 1위에 노출되고 있는데, 이 아이템페이지에는 100명의 판매자가 있고 내가 아이템위너가 아니라면 내 상품은 판매가 일어나지 않는다. 고객 검색에서 아무리 상위에 노출되더라도 아이템위너가 아니라면 판매가 어렵다. 차라리 고객 검색에서 좀 더 하위에 노출되더라도 단독페이지로 운영되는 것이 판매 가능성이 높다.

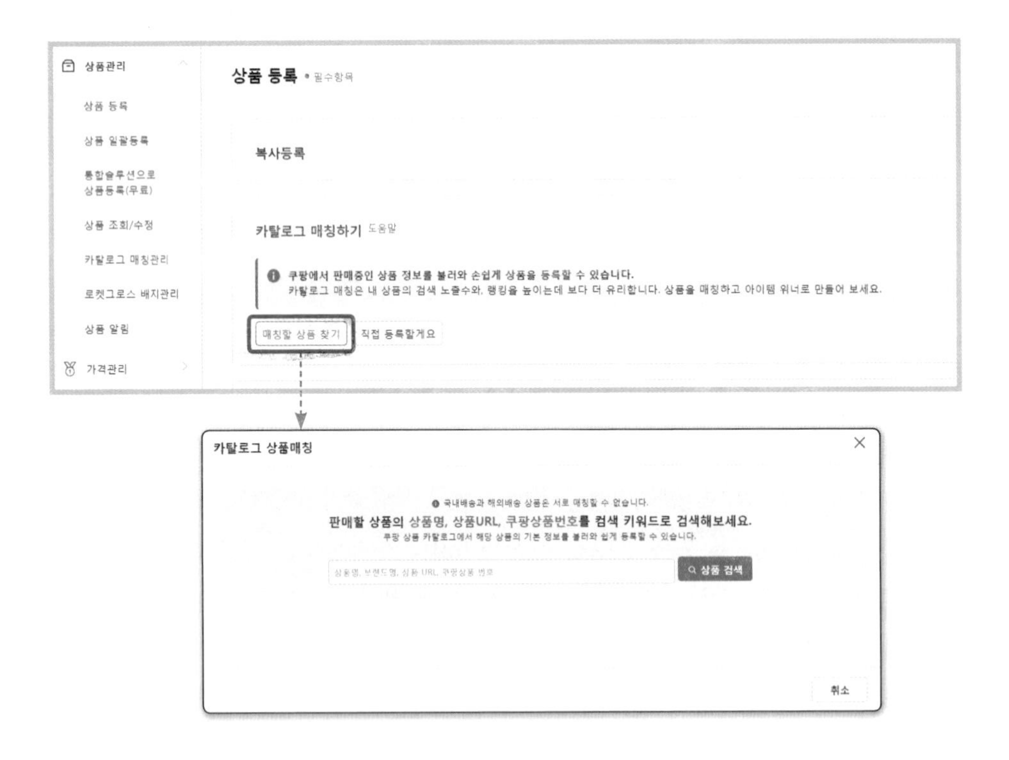

2 중복 상품은 등록하면 안 돼요

쿠팡에서는 효율적인 상품 검색 및 건전한 전자상거래 진행을 위해 중복 등록을 금지하고 있다. 중복이란 신규로 등록하려는 상품과 중복된 상품이 이미 내 쿠팡에 등록되어 있는 경우를 말한다.

상품이 중복 등록되면 '검색품질의 저하', '이용 고객의 불편', '모든 판매자의 공정한 판매기회 박탈' 등의 문제가 발생하기 때문에 쿠팡은 지속적인 모니터링을 통해 상품 통합, 판매금지, 이용중지 처리를 진행한다.

■ 중복 판단 기준

브랜드, 디자인, 제품 사양, 동일한 구성품 등 상품 자체의 정보가 일치할 경우 중복으로 판단한다.

* 동일 상품명에 추가 문자, 추가 상품을 활용하여 등록하는 경우
* 동일 상품의 가격, 이미지 등을 활용하여 등록하는 경우
* 동일 상품의 옵션(사이즈, 색상, 모델명 등)을 활용하여 개별로 등록하는 경우
* 복수 아이디를 활용하여 동일 상품을 등록하는 경우
* 동일 상품의 상품명이 90% 이상 일치하는 경우
* 카테고리 오등록/중복 등록을 한 경우

■ 처리 방안

▶ 고의적, 상습적이라 판단될 경우 횟수와 관계없이 판매금지, 이용중지 처리가 될 수 있다.

▶ 중복 등록 상품 적발 시에는 통보 없이 조치될 수 있고, 판매자는 이 조치에 대해 이의를 제기할 수 있다.

▶ 중복 상품이 있는 경우 현재 등록되어 있는 중복 상품 중 하나는 삭제해야 한다.

▶ 중복 상품이 아닌 경우, 쿠팡 WING → **온라인문의** → **상품관리** → **상품수정요청** 항목에 있는 '**동일한 상품이니 하나의 상품 ID로 결합해주세요.**'를 클릭하여 문의하면 된다.

05 상품 등록하기

쿠팡에서 상품등록은 다음과 같은 과정으로 진행된다.

① WING→상품관리→상품등록 클릭→② 판매방식 선택→③ 노출상품명 입력 →④ 카테고리 설정→⑤ 옵션 설정→ ⑥ 상품이미지 등록→ ⑦ 상세설명 등록→⑧ 상품 주요 정보 설정→⑨ 검색어 입력→⑩ 검색필터 설정→⑪ 상품정보제공고시 설정→⑫ 배송 설정→⑬ 반품/교환 설정→ ⑭ 판매요청 클릭

01_ WING→상품관리→상품등록을 클릭한다.

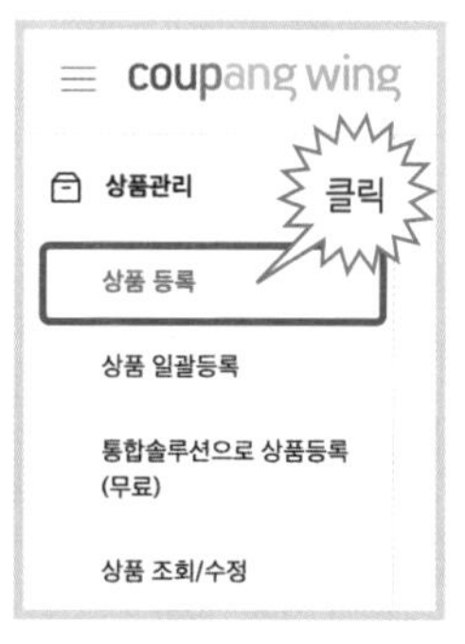

02_ **판매방식 선택** 판매자배송, 로켓그로스 중에서 원하는 배송 방식을 선택한다. 둘 다 선택해도 된다.

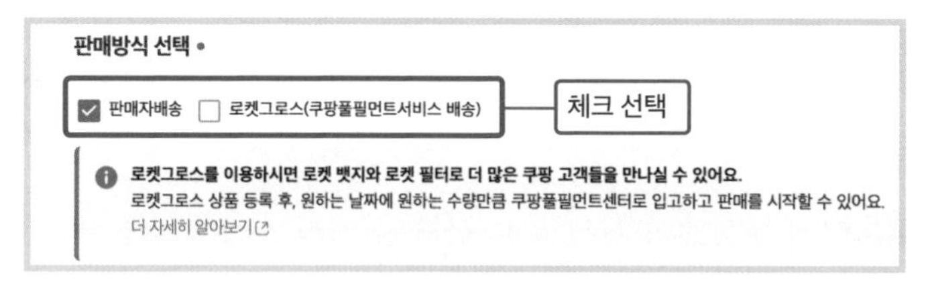

▶ **판매자배송**: 판매자가 직접 상품을 배송하는 방식

▶ **로켓그로스**: 쿠팡풀필먼트서비스를 이용해 쿠팡에서 배송하는 방식

03_ 상품명 입력 노출상품명과 등록상품명을 입력한다.

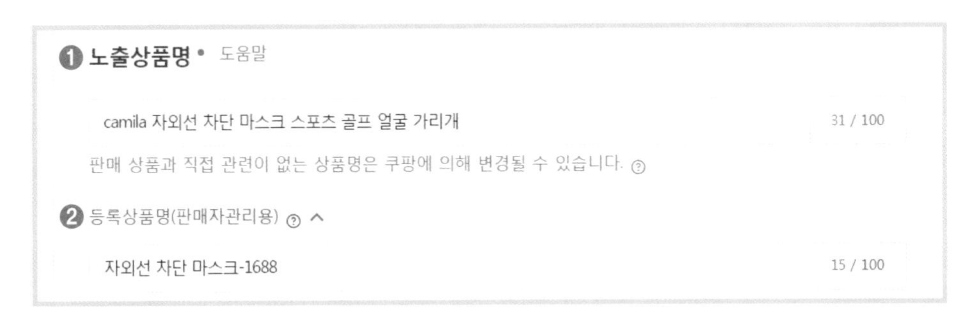

① **노출상품명**: 고객에게 노출되는 상품명으로, 상품 목록페이지와 실제 판매 페이지에 노출된다. 상품등록 후 쿠팡 기준에 의해 변경될 수도 있다.

* 노출상품명은 쿠팡의 상위 노출 검색엔진에 작용한다.
* 상품명 작성 기준에 맞게 명확하게 등록하면 고객에게 더 많이 노출될 수 있다.

② **등록상품명**: 콤보박스를 클릭하면 노출상품명이 나타난다.

* 등록상품명은 발주서에 사용되는 판매자 관리용으로 고객에게 노출되지는 않는다. 관리하기 편한 이름으로 입력하면 된다.

✧ 노출상품명 작성하기

상품명은 [브랜드]+[제품명]+[상품군]을 기본 구성으로 하여 [상품 특성] 및 관련 [세부키워드]를 추가 조합하면서 만든다. 비브랜드 상품은 [판매자명]+[상품 특성]+[상품군]+[세부키워드] 등을 조합해서 만들면 된다.

- 브랜드: 상품에 해당하는 브랜드 또는 제조사 이름
- 제품명: 상품의 고유명사 또는 모델명
- 상품군: 상품의 최하위 카테고리명

* camila(브랜드) 자외선 차단 마스크(제품명 & 상품군) 스포츠 골프 얼굴 가리개(세부키워드)
* ○○쇼핑(판매자명) 스포츠 골프(세부키워드) 자외선 차단 마스크(상품군)
* 번개표(브랜드) led 일자등(상품군) 60W(상품 특성) 주광색(상품 특성) 형광 등기구(세부키워드): 전등은 구매 시 밝기와 색상이 중요 고려 요소이기 때문에 전력(30w, 60w)과 색상(주광색, 전구색)을 상품명에 넣었다.

● 쿠팡 상품명 금칙어 규정

다음 문구는 상품명에 넣을 수 없다.

① **특수문자:** 문장부호, 괄호, 수학기호, 단위, 아이콘, 선, 분수와 제곱 등 특수문자

* 등록 불가 특수문자 예시: ☆ ＋ ㊕ ¿
* 등록 가능 특수문자 예시: [ ] - ( ) > < , . = + | ~ % ' " ! ? @ # $ & _ ^ { } ; / ㈜ ®

② **설득정보:** 상품과 관련 없이 검색 또는 구매를 유도하기 위한 문구

③ **시즌정보:** 특정 시즌과 관련된 문구(어린이날, 크리스마스, 어버이날 등)

④ **홍보문구:** 상품 및 판매자를 홍보하는 문구(고급, 고품질, 공통포장, 균일가, 낱장상품, 단일상품, 단일색상, 대박특가, 특템찬스, 마감, 막판특가, 매장운영, 모음전, 본사정품, 선택, 세일, 신규, 신상, 실속, 에디션, 예랑, 홈쇼핑 히트, 1+1 판매, 한정판매 등)

⑤ **배송 관련 문구**(공통포장, 국내발송, 당일출고, 무료배송, 묶음배송 등)

⑥ **기타 금칙어:** 상품과 관련 없거나 의미 없는 문구(1개, Dear All, hmall, null, 없음, 속성없음, 대상없음 등)

⑦ **국가별 언어:** 중국어 등 외국어 문자 입력 불가(단, 영어는 가능함).

04_ 카테고리 설정 카테고리를 선택한다.

▶ **카테고리 검색:** 입력한 상품명에 따른 추천 카테고리가 나타난다.

▶ **카테고리 선택:** 단계별로 대-중-소-세부 카테고리를 선택하면서 설정할 수 있다.

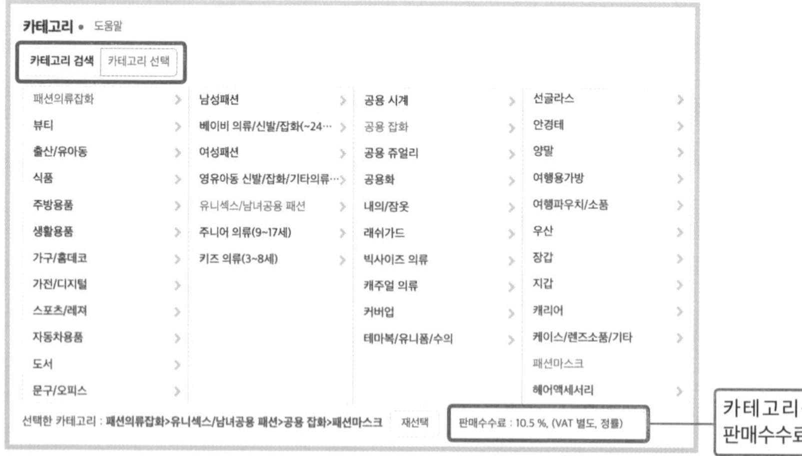

카테고리를 선택하면 판매수수료가 표시된다.

✧ 노출 상위 판매자의 카테고리 확인하기

◎ 판매하고자 하는 상품은 '자외선차단 마스크'인데 상품등록 시 **카테고리 검색**에서 '자외선차단 마스크'를 입력하니 현재 쿠팡에는 카테고리가 없다고 나온다. '자외선차단'은 뷰티, 패션의류잡화, 생활용품 등에 추천 카테고리가 나온다.(추천 카테고리는 변동된다.) 이렇게 카테고리 검색을 통해 추천 카테고리가 나온다면 이 중에서 내 상품과 연관성이 있는 카테고리를 선택하면 된다.

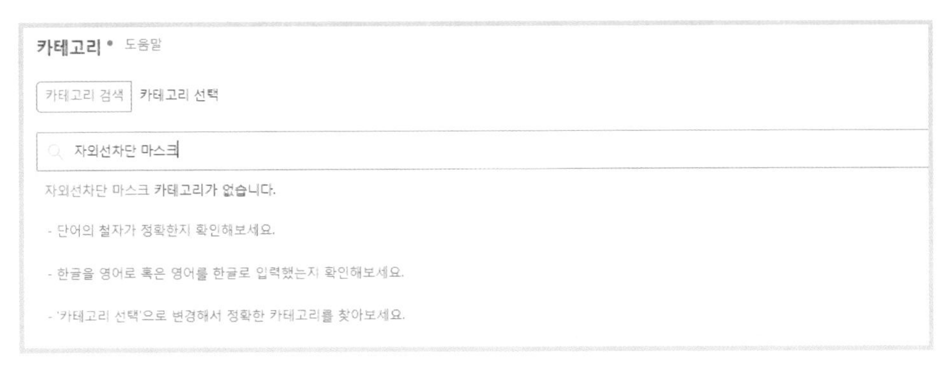

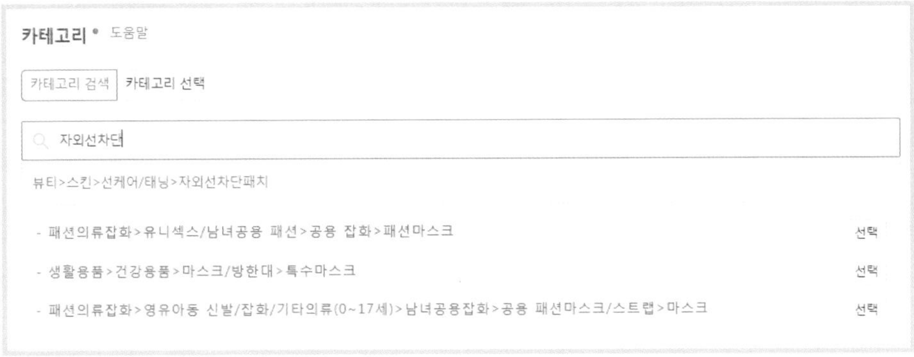

◎ 이번에는 쿠팡 사이트에서 '자외선차단 마스크'로 상품을 검색해보자. 검색결과 상위 제품의 카테고리를 보니 현재 1위~10위 상품은 **남성패션 > 가방/잡화 > 장갑/시즌잡화 > 패션마스크** 카테고리며, 대부분 상품이 이 카테고리에 등록되어 있다.(일부 광고 상품은 '기타잡화'와 '골프마크스'에 등록되어 있다.) 이로써 현재 쿠팡에서 '자외선차단 마스크'의 매칭 카테고리를 알 수 있다. 이렇게 상위 노출 제품의 카테고리를 알아보고 판매 상품과 가장

연관성이 깊은 카테고리를 선택하면 된다.

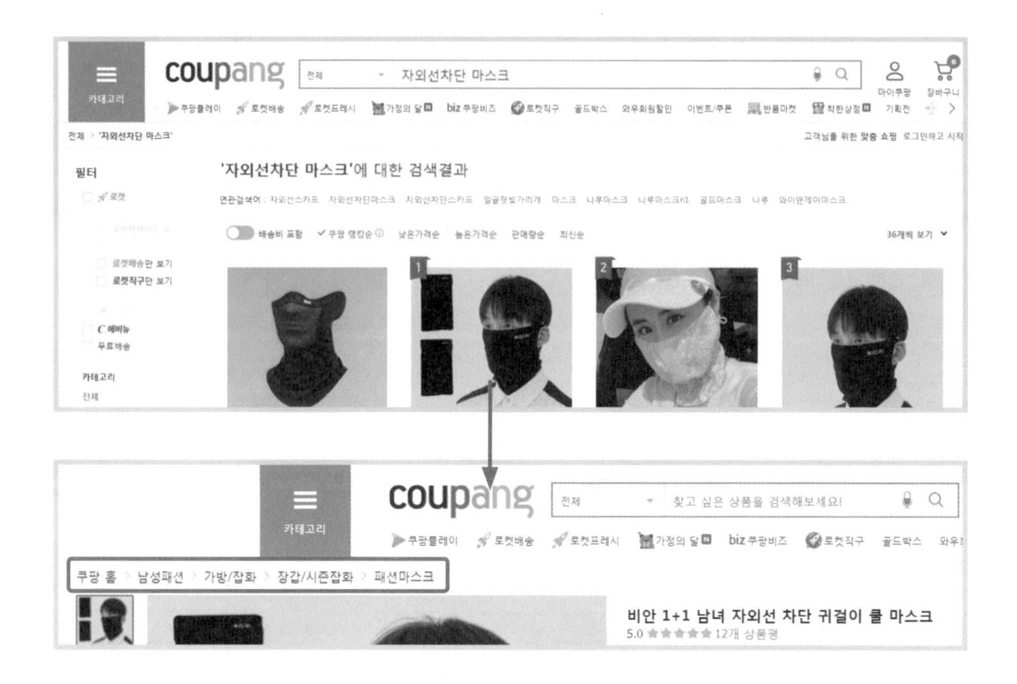

요약하면 카테고리 설정은 카테고리 검색에서 키워드를 입력한 후 추천 카테고리가 있으면 선택하면 되고, 추천 카테고리가 없을 때는 쿠팡 사이트에서 키워드로 검색한 후 상위 노출되고 있는 상품의 카테고리를 확인한 후 지정하면 된다.

참고로 현재 네이버 가격비교에서 '자외선차단 마스크'의 매칭 카테고리는 '스포츠/레저 > 스포츠액세서리 > 스포츠마스크'로, 만일 스마트스토어에서 등록한다면 이 카테고리에 정확하게 등록해야 한다. 스마트스토어는 하나의 상품에 하나의 카테고리가 매칭되기 때문에 카테고리 매칭이 정확하지 않으면 상위 노출이 되지 않는다.

반면 쿠팡은 상품명과 카테고리가 맞지 않을 경우 상품명을 우선으로 적용해 노출해준다. 카테고리 매칭이 잘못된 경우 쿠팡에서 적합한 카테고리로 옮기기도 한다. 쿠팡은 스마트스토어에 비해서 상품명과 카테고리 매칭이 상위 노출에 있어서 차지하는 비중이 조금 덜하다고 할 수 있다. 하지만 정확한 카테고리를 선택해서 등록해야 상위 노출에 도움이 되고, 관련 카테고리에 더 많이 노출될 수 있다.

05_ 옵션 설정 **옵션**은 쿠팡 검색엔진의 검색 정보 또는 필터검색 조건으로 쓰이는 정보다. 고객은 상품 구매 시 옵션 정보를 선택한다. 옵션 정보를 잘 설정하면 고객이 내 상품을 더 잘 찾을 수 있게 된다.

[단일 상품등록] 옵션이 없는 단일 상품을 등록하는 방식이다.

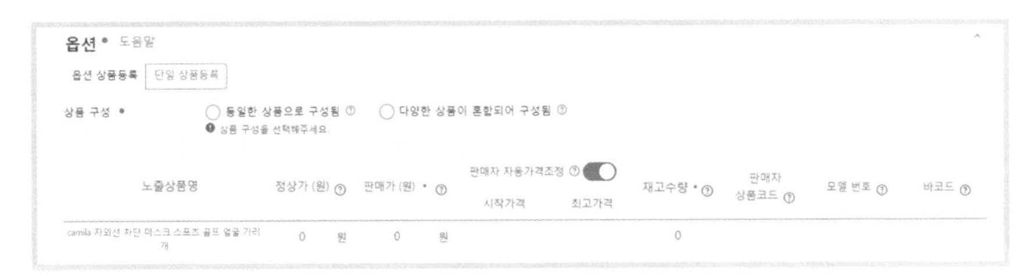

[옵션 상품등록] 옵션이 있는 상품일 때 선택한다.

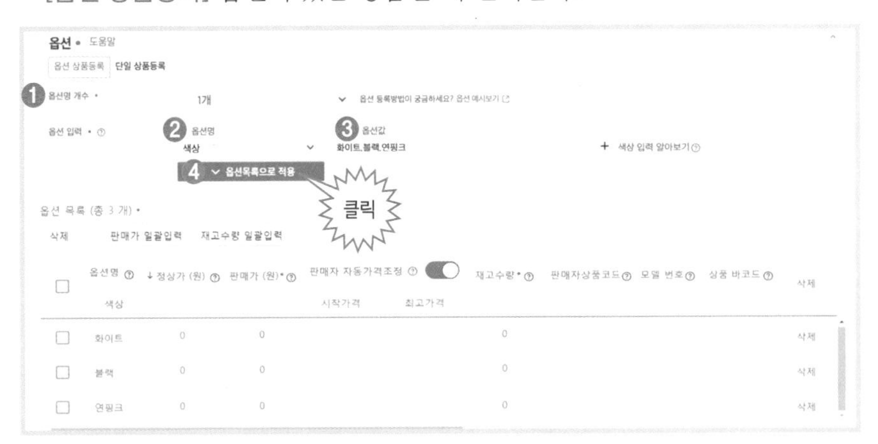

① **옵션명 개수:** 옵션이 '색상'뿐이라면 1개, '색상'과 '사이즈'라면 '2개'를 선택한다.

② **옵션명:** 직접 입력 또는 추천 옵션명을 선택한다. 추천 옵션명을 선택하면 쿠팡 검색 노출에 유리하다.(예: 색상)

③ **옵션값:** 옵션명에 맞는 옵션값을 입력한다.(예: 블랙, 화이트, 핑크)

※ 상품명이 '자외선 차단 마스크'고 옵션값에 블랙, 화이트, 핑크가 설정되어 있다면 '블랙 자외선차단 마스크', '화이트 자외선차단 마스크', '핑크 자외선차단 마스크'를 검색하면 검색결과에 반영된다. 이처럼 옵션값은 상품명과 조합되어 검색어를 확장해 주어 더 많은 노출 기회를 제공해준다. 따라서 옵션이 있다면 최대한 상세하게 설정하는 것이 좋다.

④ **옵션목록으로 적용:** 옵션값 입력 후 클릭하면 '옵션목록'에 옵션 내용이 나타난다.

▶ 옵션이 생성되면 정상가와 판매가, 재고수량을 입력한다.

옵션 목록 (총 3 개) • ⑧

삭제 | 판매가 일괄입력 | 재고수량 일괄입력

	옵션명	① 정상가 (원)	② 판매가 (원)*	③ 판매자 자동가격조정		④ 재고수량*	⑤ 판매자상품코드	⑥ 모델 번호	⑦ 상품 바코드	삭제
	색상			시작가격	최고가격					
☐	화이트	39,800	18,900	(추천) 17950	18900	1,000				⑨ 삭제
☐	블랙	398,000	18,900	(추천) 17950	18900	1,000				삭제
☐	연핑크	398,000	18,900	(추천) 17950	18900	1,000				삭제

⑩ + 목록추가

camila 자외선 차단 마스크

52% ~~39,800원~~

18,900원

① **정상가**: 할인 적용 전의 상품 정상가. 정상가와 판매가를 기준으로 할인율이 계산되어 상품 페이지에 표시된다. 고객은 할인이 많이 된 상품을 선호하기 때문에 판매가보다 정상가를 높게 해 할인이 적용된 상품으로 설정하는 것이 판매에 유리하다.

② **판매가**: 실제 판매 가격. 최소 10원 단위로 입력.

③ **판매자 자동가격조정**: 판매자가 설정한 범위 내에서 쿠팡 알고리즘이 판매 조건을 분석해 팔리는 가격으로 자동 조정한다. 설정하지 않으면 판매가로 판매된다.

④ **재고수량**: 판매 가능한 재고수량 입력(0~99,999까지)

⑤ **판매자 상품코드**: 판매자가 자체적으로 관리하는 상품코드 입력(미입력 시 발주서에 입력한 상품명 + 옵션명으로 자동 노출)

⑥ **모델 번호**: 제품의 품번 또는 모델명을 입력한다.

⑦ **상품 바코드**: GTIN-8, GTIN-13, GTIN-14, UPC-A, ISBN 등 표준상품코드 입력. 특정 카테고리는 바코드를 필수로 입력해야 한다.

⑧ **판매가/재고 수량 일괄입력**: 입력 정보가 동일한 경우 옵션을 선택하고 입력하면 한 번에 적용된다.

⑨ **삭제**: 원치 않는 옵션을 삭제할 수 있다. 승인완료 이후에는 삭제가 불가능하며, 판매를 원치 않는 경우 판매상태를 '판매중지'로 변경하면 된다.

⑩ **목록추가**: 옵션 목록을 추가하여 직접 옵션값을 입력할 수 있다.

06_ 상품 이미지 대표이미지와 추가이미지를 입력한다. '기본등록'과 '옵션별 등록'을 할 수 있다.

[기본등록]

옵션의 이미지가 동일한 경우 선택해 등록한다. 대표이미지의 + 버튼을 클릭한 후 이미지를 선택해 등록하면 된다. 추가이미지도 등록한다.

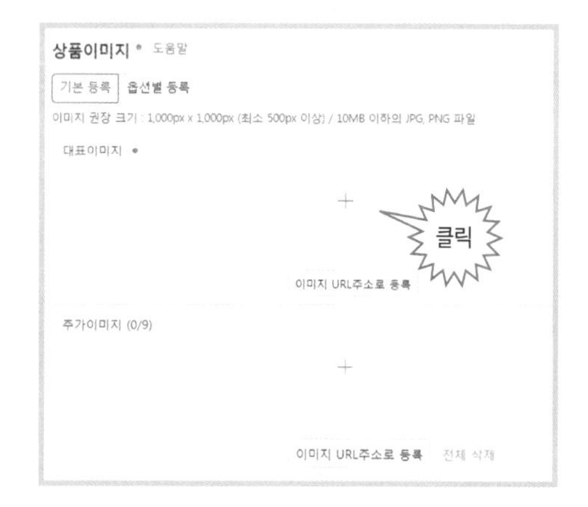

* 이미지 권장 크기: 1,000px×1,000px 이상 (최소 500px 이상)
* 용량: 10MB 이하
* 파일 형식: JPG, PNG

정사각형이 이미지가 아닌 경우 쿠팡에 의해 정사각형으로 리사이징되어 등록된다.

[옵션별 등록]

옵션의 이미지가 다른 경우에 선택해 등록한다.

옵션별로 일괄등록이 필요한 때는 해당 옵션들을 선택하고, '대표이미지 일괄등록', '추가이미지 일괄등록' 버튼을 눌러 등록하면 일괄 적용된다.

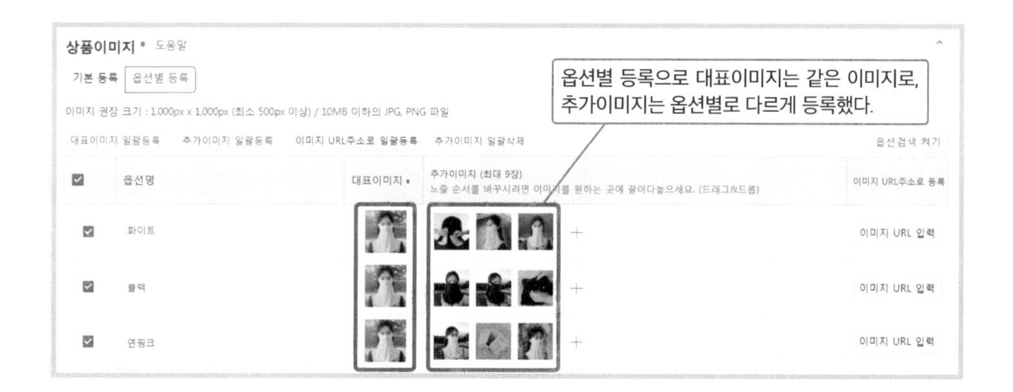

07_ 상세설명 고객 구매 결심에 도움이 되는 상품의 장점, 특징, 필요성, 타 상품과의 차별성과 경쟁우위 요소, 혜택 등을 부각하면서 상품 **상세설명**을 작성한다.

▶ 옵션과 상관없이 동일한 상세설명을 작성하려면 '기본 등록'으로, 옵션별로 상세설명을 다르게 등록하려면 '옵션별 등록'으로 진행한다.

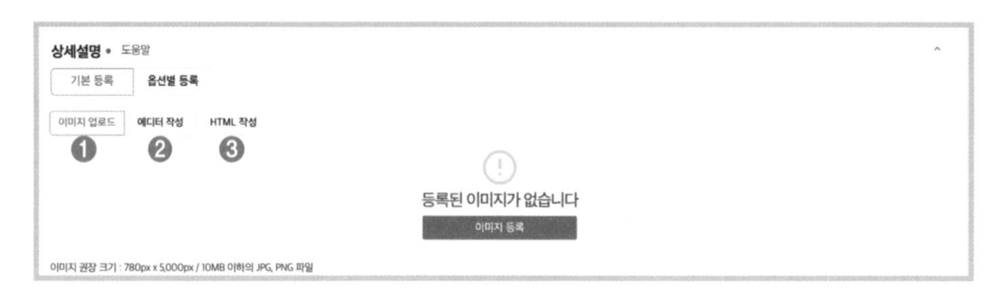

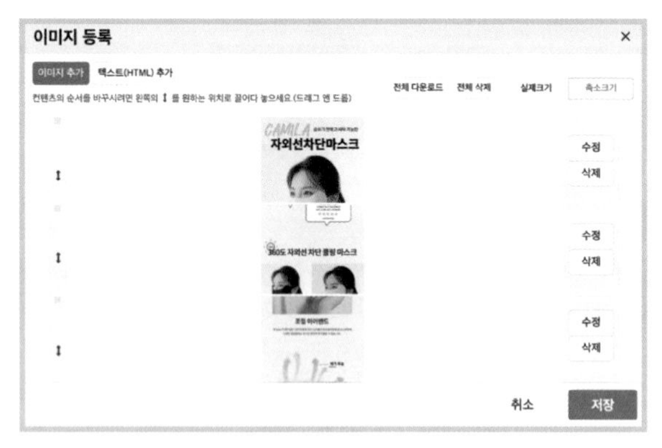

이미지 권장 크기: 780px×5,000px
용량: 10MB 이하
파일 형식: JPG, PNG

① **이미지 업로드**: '이미지 추가' 탭에서 이미지 파일을 업로드하고, '텍스트(HTML) 추가' 탭을 클릭해 텍스트를 입력할 수 있다.

② **에디터 작성**: 에디터에서 직접 텍스트와 이미지를 삽입해 등록할 수 있다. 추천 템플릿을 이용해 텍스트 및 이미지를 수정 변경하면 간단하게 작성할 수 있다.

③ **HTML 작성**: HTML 소스를 입력해 작성할 수 있다.

TIP! 쿠팡과 스마트스토어의 상세페이지

쿠팡의 상세설명(상세페이지)은 검색 노출에 영향을 미치지 않으므로 하나의 이미지 파일로 많이들 등록한다. 통이미지로 올려도 쿠팡에서 알아서 잘라 올려준다. 스마트스토어에서는 상세페이지가 검색결과에 영향을 미치므로 이미지와 함께 텍스트(키워드)를 섞어가면서 작업한다.

08_ 상품 주요 정보 상품 주요 정보를 입력한다.

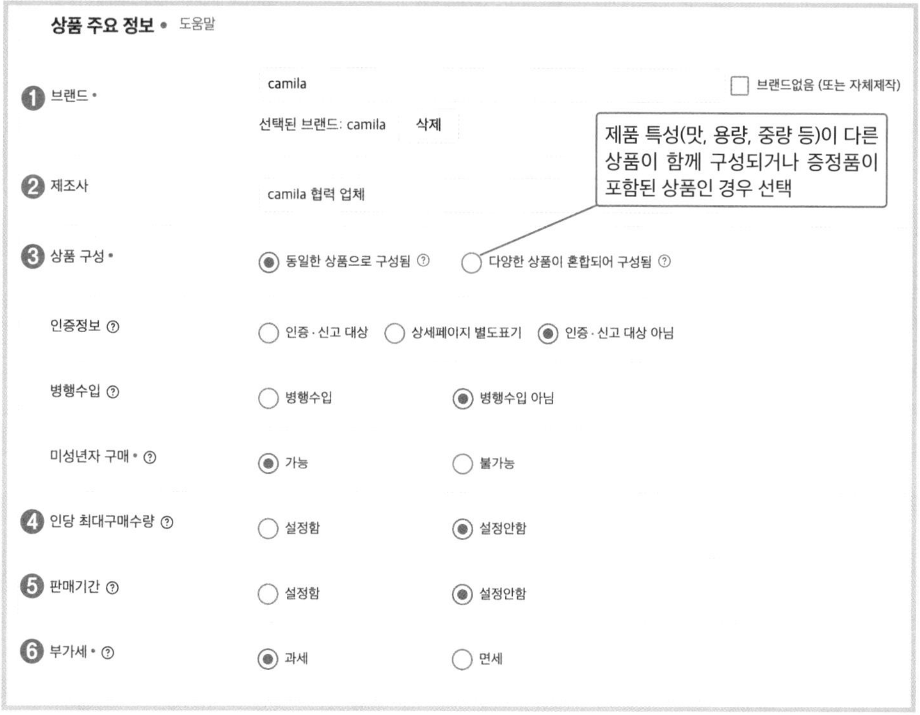

상품 주요 정보 • 도움말

❶ 브랜드 • camila 브랜드없음 (또는 자체제작)
선택된 브랜드: camila 삭제

제품 특성(맛, 용량, 중량 등)이 다른 상품이 함께 구성되거나 증정품이 포함된 상품인 경우 선택

❷ 제조사 camila 협력 업체

❸ 상품 구성 • 동일한 상품으로 구성됨 ⓘ 다양한 상품이 혼합되어 구성됨 ⓘ

인증정보 ⓘ 인증·신고 대상 상세페이지 별도표기 인증·신고 대상 아님

병행수입 ⓘ 병행수입 병행수입 아님

미성년자 구매 • ⓘ 가능 불가능

❹ 인당 최대구매수량 ⓘ 설정함 설정안함

❺ 판매기간 ⓘ 설정함 설정안함

❻ 부가세 • ⓘ 과세 면세

① **브랜드:** 브랜드를 입력한다. 브랜드는 쿠팡 검색어에 노출된다. 브랜드가 없거나 자체 상품의 경우 '브랜드없음(또는 자체제작)'에 체크한다.

② **제조사:** 제조사를 알 수 없는 경우 '내 쇼핑몰명 협력업체'(예: ○○○ 협력업체)라고 입력하면 된다.

③ **인증정보:** 카테고리에 해당하는 상품 인증·신고 등 정보를 선택해 입력한다.

* 인증 신고 대상이 아닌 상품이라면 '인증·신고 대상 아님'을 선택한다.
* 일부 카테고리는 '인증·신고 등 정보'를 필수로 등록해야 한다.
* 등록한 인증·신고 등 정보는 아이템페이지에 인증마크와 함께 노출된다.
* 인증·신고 등 정보 입력의 책임은 판매자에게 있으며, 허위 정보 입력 시 판매중지 될 수 있다.

④ **인당 최대구매수량:** 구매자가 최대로 구매할 수 있는 수량을 설정할 수 있다.

⑤ **판매기간:** 판매할 기간을 선택할 수 있다.

⑥ **부과세:** 판매상품의 과세 여부를 선택한다. 도서, 농축산물은 부가세 면세 상품이다.

09_ 검색어 입력 검색어는 내 상품을 빠르게 찾을 수 있도록 해주는 키워드다. 소재, 스타일, 특징 등 상품에 따른 검색어를 콤마(,)로 구분하면서 최대 20개까지 입력할 수 있다. 카테고리나 상품명을 중복 입력할 필요는 없다.

* 타 브랜드명이나 상품과 상관없는 검색어는 쿠팡에 의해 삭제 및 변경될 수 있다.

검색어 도움말
태그 골프 추가
검색어는 고객이 내 상품을 빠르게 찾을 수 있게 합니다. 상품과 관계없는 검색어는 삭제/변경 될 수 있습니다.
#여름 × #여름 쿨 × #여성 × #남성 ×

TIP! 쿠팡과 스마트스토어의 검색어(태그)

쿠팡은 상품명에 검색 단어가 없어도 태그에 있다면 노출이 되지만, 스마트스토어는 상품명에 해당 검색어가 있어야 노출되는 구조다.
따라서 쿠팡은 상품명과 검색어에 핵심 키워드를 넣어 등록하는 것이 포인트고, 스마트스토어는 상품명에 반드시 키워드를 넣어 등록하는 것이 중요하다.
쿠팡은 검색어가 상위 노출에 영향을 미치므로 검색어를 최대한 많이 등록해야 한다. 예를 들어 '자외선 차단 양산'이라는 상품명의 상품이라면 검색어에 '초경량', '꽃무늬', '20대' 등을 넣어주면 '초경량 양산', '꽃무늬 양산', '20대 양산'에서도 검색이 된다.
이렇듯 검색어를 입력할 때는 '고객이 검색할 만한 단어'를 염두에 두고 상품명과 조합이 잘 이루어지는 키워드를 입력하면 된다. 고객이 검색할 만한 단어는 쿠팡에서 대표키워드를 입력한 후 자동완성어와 연관검색어에서 찾으면 된다.

10_ 검색필터 **검색필터**는 상품이 쉽게 검색될 수 있도록 옵션별 정보를 제공하는 기능으로, 검색어로 자동 설정된다. 상품에 따라 다르게 나타난다.

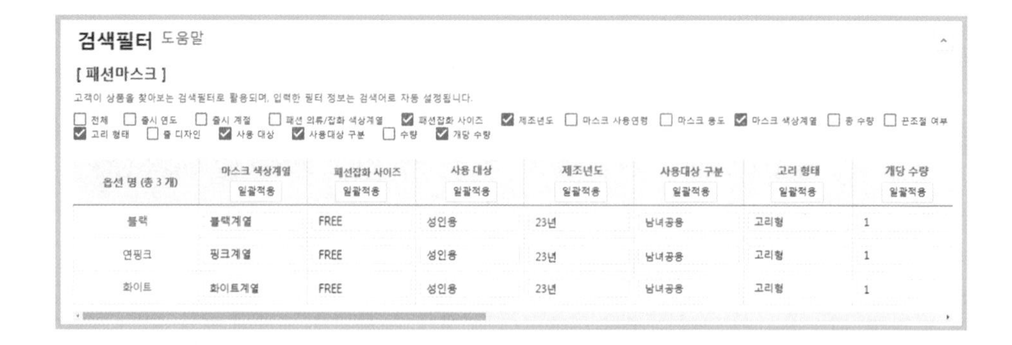

옵션 명 (총 3 개)	마스크 색상계열 일괄적용	패션잡화 사이즈 일괄적용	사용 대상 일괄적용	제조년도 일괄적용	사용대상 구분 일괄적용	고리 형태 일괄적용	개당 수량 일괄적용
블랙	블랙계열	FREE	성인용	23년	남녀공용	고리형	1
연핑크	핑크계열	FREE	성인용	23년	남녀공용	고리형	1
화이트	화이트계열	FREE	성인용	23년	남녀공용	고리형	1

▶ 설정할 필터를 체크 선택한 후 해당 옵션을 클릭해 서브 메뉴에 나오는 속성값을 선택하면 된다. '일괄적용' 버튼을 클릭한 후 속성값을 선택하면 모든 옵션에 일괄 적용할 수 있다.

✦ 고객 구매 여정과 검색필터

고객은 상품을 구매할 때 상품명이나 관련 키워드로 검색을 한 후 검색결과에서 필터를 사용해 디테일하게 범위를 좁혀가면서 원하는 상품을 찾는다. 물론 한 번의 키워드 검색으로 원하는 상품을 찾는 경우도 있겠지만 많은 고객이 한두 개의 필터 정도는 사용한다.

예를 들어 '립밤'을 사고자 하는 고객이라면 검색창에 '립밥'을 검색할 것이다. 그리고 필터를 탭한다. 현재 립밥으로 검색되는 상품은 106,876개이다. 여기서 '용기형태 - 스틱형', '색상 - 핑크', '대상 - 유아용' 필터를 적용하니 12개의 상품이 나온다.

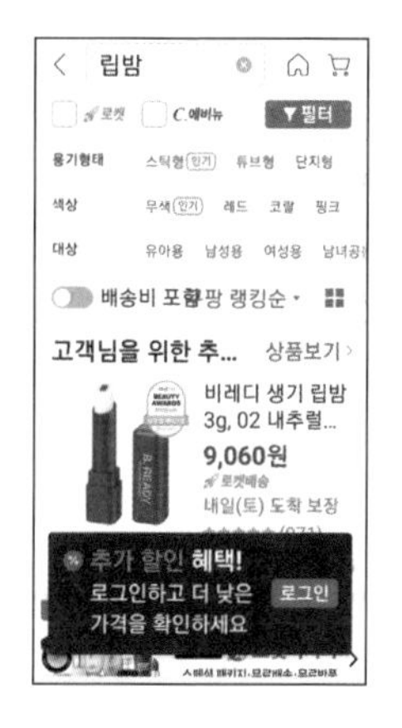

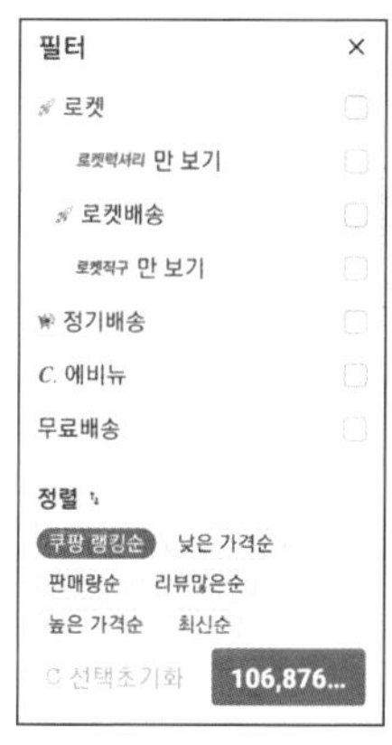

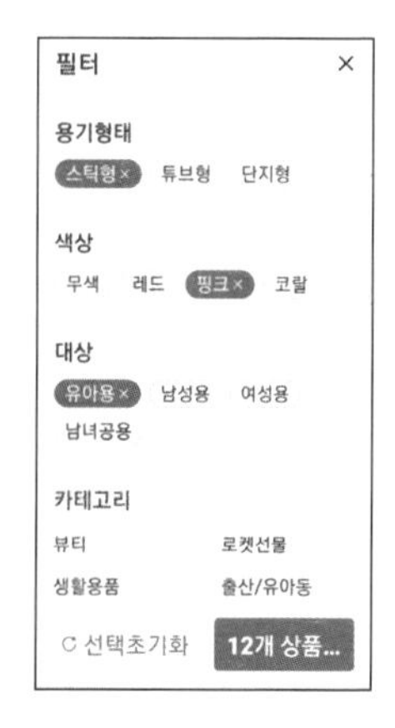

만일 판매자의 상품이 이러한 필터에 해당하는 상품이고 상품등록 시 정확하게 검색필터를 지정해줬다면 이 경우 12명의 판매자 하고만 경쟁하면 된다. 그만큼 상위 노출이 쉬워진다. 그렇지 않고 아무런 검색필터도 설정하지 않았다면 고객이 이와 같은 여정으로 검색을 해도 내 상품이 노출될 확률은 희박하다. 따라서 상품등록 시 검색필터는 해당 사항이 있으면 정확하게 지정해 주는 것이 좋다. 특히 쿠팡앱에서 필터를 터치했을 때 나오는 검색필터 항목은 반드시 지정해 주는 것이 상위 노출에 도움이 된다.

11_ **상품정보제공고시** 상품 카테고리를 선택한 후 해당 고시정보를 입력한다. 「전자상거래 등에서의 소비자보호에 관한 법률 제13조 제4항」에 따라 소비자에게 상품정보를 고시해야 한다.

상품정보제공고시 • 도움말

패션잡화(모자/벨트/액세서리 등) ☑ 전체 상품 상세페이지 참조

각 카테고리에 해당하는 상품 고시정보를 선택하여 입력해주세요.
※ 판매 상품에 여러 구성품이 포함되어 있는 경우 모든 구성품에 대해 '상품정보제공고시'를 상품 상세페이지에 제공해주세요. 자세히보기

고시정보 명	내용	
종류	상품 상세페이지 참조	☑ 상품 상세페이지 참조
소재	상품 상세페이지 참조	☑ 상품 상세페이지 참조
치수	상품 상세페이지 참조	☑ 상품 상세페이지 참조
제조자(수입자)	상품 상세페이지 참조	☑ 상품 상세페이지 참조
제조국	상품 상세페이지 참조	☑ 상품 상세페이지 참조
취급시 주의사항	상품 상세페이지 참조	☑ 상품 상세페이지 참조
품질보증기준	상품 상세페이지 참조	☑ 상품 상세페이지 참조
A/S 책임자와 전화번호	상품 상세페이지 참조	☑ 상품 상세페이지 참조

12_ **구비서류** 판매 상품과 관련해 적법성과 입증 증빙서류가 필요한 경우 업로드한다. 구비서류 목록은 카테고리별로 다를 수 있다.

구비서류 도움말

기타인증서류 파일선택 다운로드

5MB 이하 파일을 업로드하세요. (PDF, HWP, DOC, DOCX, TXT, PNG, JPG, JPEG 파일 형식만 가능)

13_ 배송 배송 관련 사항을 입력한다.

① **출고지**: '판매자 주소록' 버튼을 클릭하면 '출고지 판매자 주소록' 팝업창이 뜬다. 작성해 놓은 출고지가 있으면 출고지를 선택하면 된다. '+ 출고지 추가' 버튼을 클릭해 새 주소지를 등록하고 선택하면 된다.

② **제주/도서산간 배송여부**: 제주/도서산간 지역 배송이 가능하면 '가능'을 선택한다.

③ **택배사**: 출고지에 등록되어 있는 택배사를 선택한다. '설치배송 또는 판매자 직접 전달'인 경우 '기타 택배사'를 선택한다.

④ **배송방법**: 배송방법을 선택한다.

* 일반배송: 주문제작, 구매대행, 업체직접전달을 제외한 주문 후 익일 출고 배송상품
* 신선냉동: 상품 신선도 유지를 위해 포장 용기 등에 신경 써서 배송해야 하는 상품(화분, 다육식물, 만두, 우유, 고기, 너겟, 아이스크림, 각종 해물, 냉동볶음밥 등)
* 주문제작: 결제완료 후 제작되는 택배 배송상품(네임스티커, 수제화, 미아방지 팔찌/목걸이, 주차번호판, 한복, 이니셜/문구 삽입 티셔츠, 커텐, 블라인드 등)
  ⇒ '추가정보 요청 메시지' 사용 여부: 고객이 원하는 문구를 삽입할 수 있는 주문제작 상품의 경우 상품등록 단계에서 고객에게 '추가정보메시지' 입력을 요청하는 문구를 등록할 수 있다. 고객에게 노출할 메시지를 선택하거나 입력할 수 있다. 고객은 주문/결제 시 필수 추가 정보 단계에서 원하는 '추가정보요청메시지'를 입력한다.
* 구매대행: 구매대행 상품 시 선택한다. 인보이스 영수증을 첨부해야 한다.

* 설치배송 또는 판매자 직접전달: 배송과 함께 설치가 필요한 상품(가구 등) 또는 판매자가 직접 배송하는 상품(에어컨, 정수기, 비데, 도어락, 대형가구 등)

⑤ **묶음배송**: 출고 정보가 같은 상품만 할 수 있다. 묶음배송을 선택하면 상세페이지의 '묶음배송 가능한 상품'에 노출된다. 착불배송은 묶음배송을 할 수 없다.

⑥ **배송비 종류**: 무료배송 / 유료배송 / 조건부 무료배송 / 9,800원 이상 무료배송 / 19,800원 이상 무료배송 / 30,000원 이상 무료배송 / 착불배송 중에서 선택할 수 있다.(가구 / 설치가전 등 일부 카테고리 상품은 착불배송을 선택할 수 있다.)

* 기본배송비: 택배비(편도)를 입력한다.
* 무료배송 조건 금액: 무료배송을 위한 기준 금액을 입력한다.

⑦ **출고소요일**: 주문 후 상품 발송 시까지 걸리는 기간을 입력한다. '구매 옵션별로 입력'을 선택하면 상품 옵션별로 출고소요일을 다르게 설정할 수도 있다.

14_ 반품/교환 고객이 반품 시 필요한 **반품/교환지** 및 **반품 비용**을 입력한다.

반품/교환 • 도움말

반품/교환지 •

반품/교환지

[본사 반품지] 서울특별시 *** *****　판매자 주소록

① 초도배송비(편도) •　3,000 원

② 반품배송비(편도) •　3,000 원

고객사유로 인한 반품 시, 왕복 반품/배송비는 **초도배송비 + 반품배송비의 합계인 6,000 원** 이 청구됩니다.

▶ '판매자 주소록'을 클릭하면 '반품/교환지 판매자 주소록' 팝업창이 뜬다. 반품/교환 시 상품을 받은 주소지를 선택한다. 아직 등록한 주소지가 없다면 '반품/교환지 추가' 버튼을 클릭해 새 주소지를 등록한다.

* 택배사와 계약이 없는 주소지인 경우 고객이 반품 / 교환 요청 시 상품이 자동회수 처리되지 않는다. 이때는 판매자가 직접 특정 택배사에 회수 요청 및 진행을 해야 한다.

① **초도배송비(편도)**: '무료배송'인 경우 반품 시 고객이 지불해야 하는 배송비를 입력한다. 반품배송비에 합산되어 노출된다.(예: 왕복배송비 = 초도배송비 + 반품배송비)

② **반품배송비(편도)**: 편도 반품배송비를 입력한다.

15_ 판매요청 판매요청 버튼을 클릭하면 등록이 완료된다.

▶ '미리보기' 버튼을 클릭하면 상품등록 화면을 확인할 수 있다.

▶ '임시저장' 버튼을 클릭하면 상품이 임시저장되고, 상품관리 → 상품조회/수정의 상품목록에 저장된다. 지금 당장 판매를 하지 않을 경우 임시저장을 해놓고, 판매를 하고자 할 때 해당 상품을 선택하고 '판매요청' 버튼을 클릭하면 된다.

16_ 등록 확인 WING → 상품관리 → 상품조회/수정에서 등록 상품을 확인할 수 있다. '승인상태'에 '승인완료'라고 되어 있다.

▶ 상품목록 첫 번째 열의 콤보박스 버튼을 클릭하면 하나의 '등록상품 ID'에 등록되어 있는 옵션상품을 확인할 수 있다. '노출상품 ID'를 클릭하면 쿠팡에서 판매되고 있는 상품페이지를 확인할 수 있다.

06 상품 결합 및 분리 요청

1 등록 상품 확인하기

상품등록 후 상품이 잘 등록되었는지 확인해보자. 쿠팡윙에서 상품조회/수정을 클릭한 후 **상품목록**에서 등록 상품을 확인할 수 있다.

상품목록 (총6개)

0 개선택됨 | 판매요청 | 판매상태 ... | 판매가 변경 | 배송변경 | 기타변경 | 삭제 | 바코드 라벨 인쇄

수정/복사	등록상품ID	등록 상품명	승인상태	판매상태	판매방식
수정 복사	14877645493	자외선 차단 마스크-1688	승인완료	판매중	판매자배송 로켓그로스 판매 추가

노출상품ID	옵션ID	옵션명	승인상태	판매상태	판매방식
8060707751	89765854177	블랙	승인완료	판매중	판매자배송
8072901850	89765854185	연핑크	승인완료	판매중	판매자배송
8072901850	89765854174	화이트	승인완료	판매중	판매자배송

상품을 등록하면 등록한 상품 단위를 기준으로 부여하는 고유번호인 '등록상품ID'가 주어지고 '노출상품ID'와 '옵션ID'가 생성된다. 그런데 옵션별 등록 상품의 경우 위 화면처럼 옵션이 분리되어 별개의 '노출상품ID'가 부여되면서 다른 상품페이지

가 만들어지는 경우가 있다.

위 상품은 옵션으로 블랙, 연핑크, 화이트 색상을 등록했다. 대표이미지는 동일한 이미지를 사용했다. 그런데 블랙 옵션 상품이 따로 분리되었다.[연핑크와 화이트 옵션 상품의 '노출상품ID'는 같은데(8072901850) 블랙 옵션은(8060707751)은 다르다.]

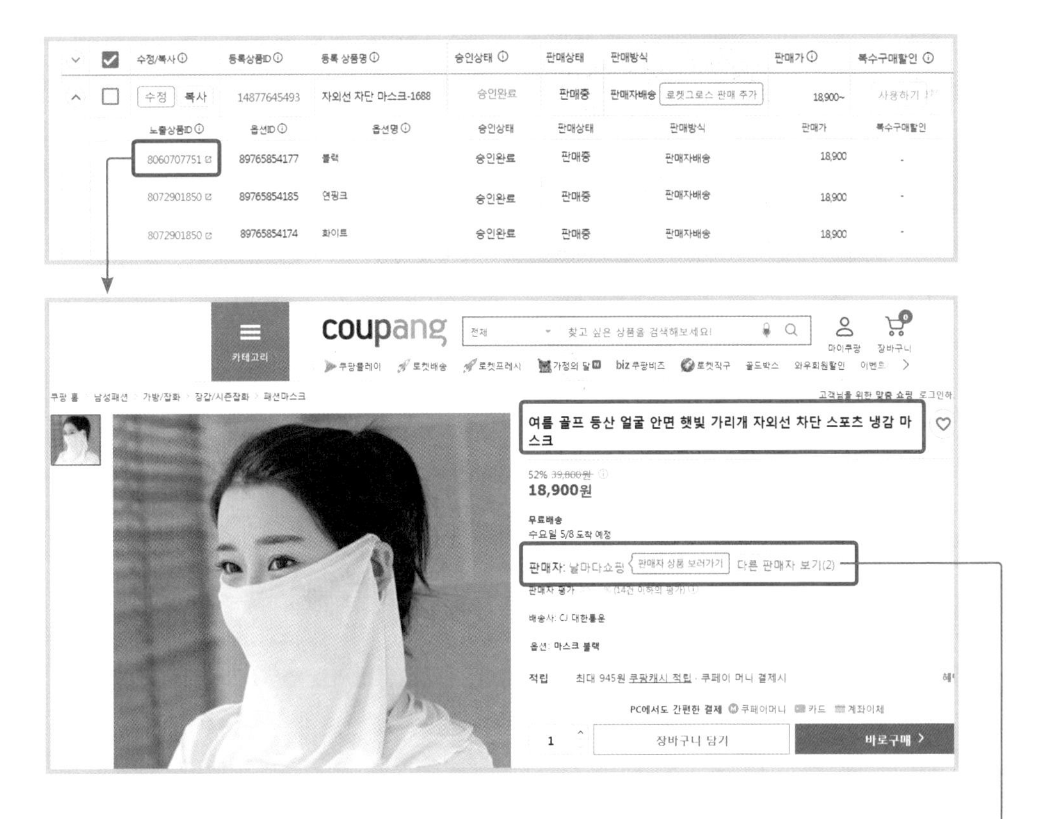

블랙 옵션은 분리되어 다른 판매자와 묶여 있다. 판매자는 내 이름으로 되어 있고, 상세페이지도 내가 등록한 것이 맞지만 상품명은 내가 등록한 것과는 다르다. 아이템페이지에 묶이면서 쿠팡에 의해 상품명이 변경된 것이다.

다른 판매자 보기를 클릭해 묶인 판매자를 확인할 수 있다. 현재 내 상품이 가격이 높아 아이템위너가 아닌 상태다.

반면 연핑크 상품의 '노출상품ID'를 클릭하면 상품페이지에 '연핑크'와 '화이트'가 옵션으로 선택하게 되어 있는 것을 알 수 있다.(화이트 옵션을 선택해도 마찬가지다.)

판매자가 상품을 등록할 때는 블랙 옵션도 같은 상품페이지에서 옵션으로 선택할 수 있게 등록했는데, 블랙 상품만 따로 떨어져 나가 다른 아이템페이지가 된 것이다.

이 경우 블랙 옵션을 연핑크와 화이트 상품과 같은 노출상품ID에 옵션으로 등록되게 요청해야 한다. 더군다나 현재 블랙 상품은 다른 판매자의 상품과 묶여 판매가 일어날 확률이 희박한 상태다.

2 상품 분리 요청하기

01_ 쿠팡 WING에서 온라인문의를 클릭한다.

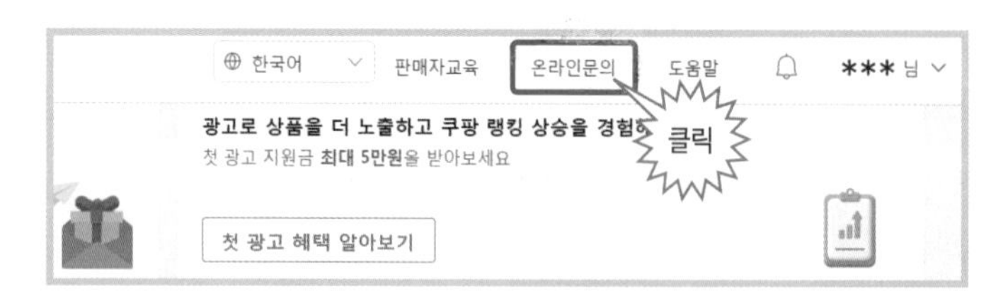

02_ 상품관리 → 상품수정요청 → '상이한 상품과 잘못 결합되어 있으니, 분리해주세요.'를 클릭한다.(결합 요청은 '동일한 상품이니 하나의 상품 ID로 결합해주세요.'를 클릭한다.)

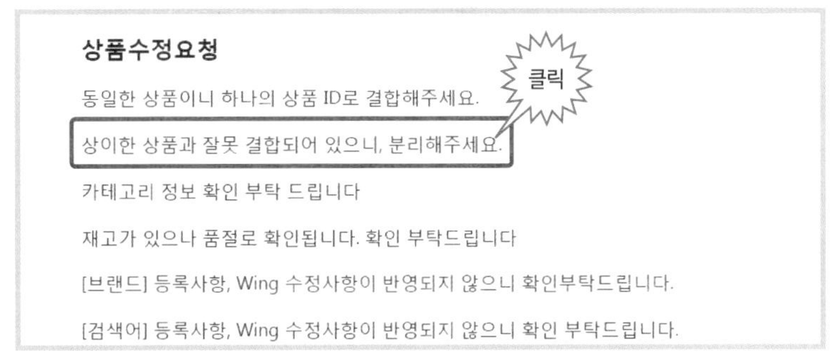

03_ 온라인 문의에 대한 자세한 방법이 나와 있다. 화면 하단에 있는 온라인 문의하기를 클릭한다.

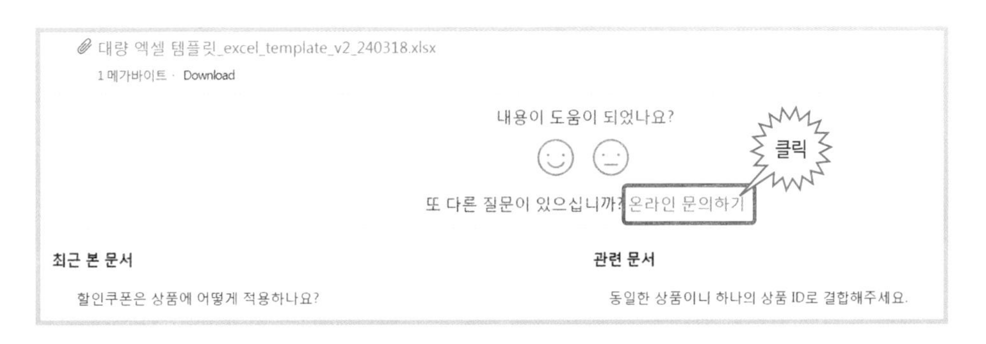

04_ '요청 유형'은 '[마켓플레이스 / 로켓그로스] 상품 정보를 수정해 주세요.'로 되어 있다. 내용을 입력하고 제출을 클릭하면 된다.

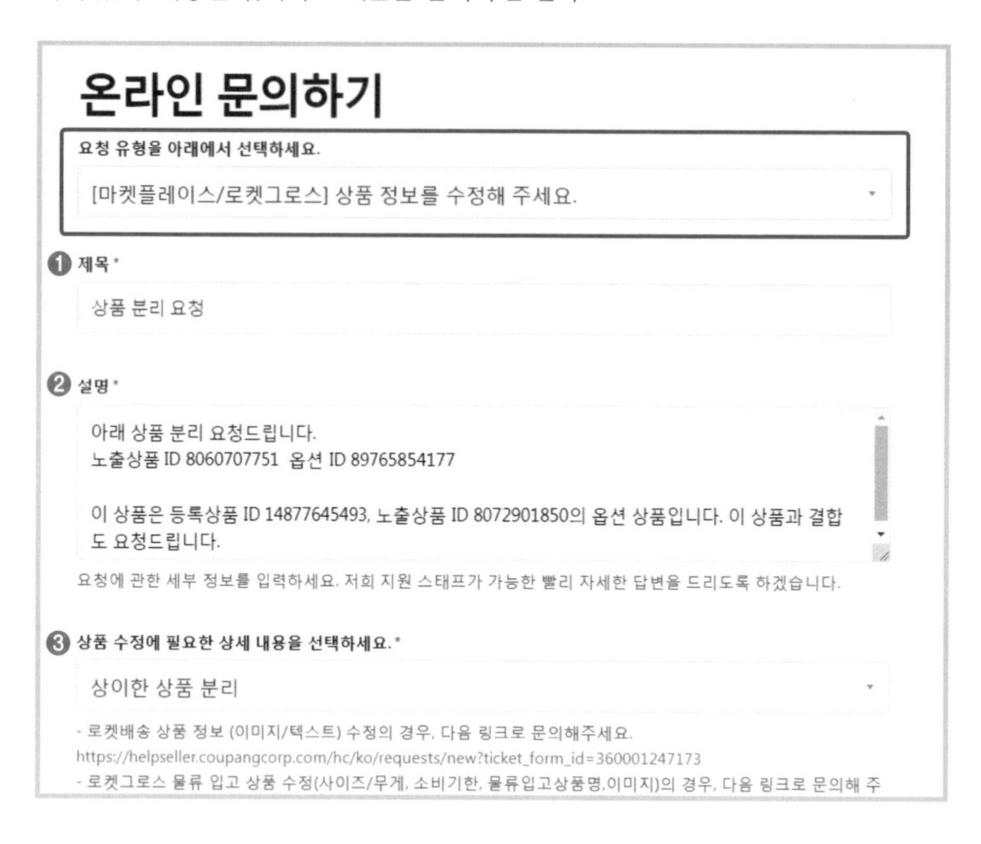

온라인 문의하기

요청 유형을 아래에서 선택하세요.

[마켓플레이스/로켓그로스] 상품 정보를 수정해 주세요.

❶ 제목 *

상품 분리 요청

❷ 설명 *

아래 상품 분리 요청드립니다.
노출상품 ID 8060707751 옵션 ID 89765854177

이 상품은 등록상품 ID 14877645493, 노출상품 ID 8072901850의 옵션 상품입니다. 이 상품과 결합도 요청드립니다.

요청에 관한 세부 정보를 입력하세요. 저희 지원 스태프가 가능한 빨리 자세한 답변을 드리도록 하겠습니다.

❸ 상품 수정에 필요한 상세 내용을 선택하세요. *

상이한 상품 분리

- 로켓배송 상품 정보 (이미지/텍스트) 수정의 경우, 다음 링크로 문의해주세요.
https://helpseller.coupangcorp.com/hc/ko/requests/new?ticket_form_id=360001247173
- 로켓그로스 물류 입고 상품 수정(사이즈/무게, 소비기한, 물류입고상품명,이미지)의 경우, 다음 링크로 문의해 주

① **제목:** '상품 분리 요청'이라고 입력한다.

② **설명:** 분리에 필요한 상품의 노출상품 ID(Product ID), 옵션 ID(Vendoritem ID)를 함께 적어준다.

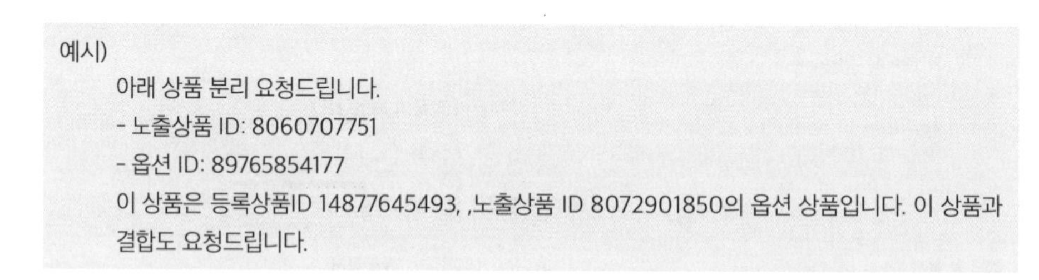

예시)

아래 상품 분리 요청드립니다.
- 노출상품 ID: 8060707751
- 옵션 ID: 89765854177
이 상품은 등록상품ID 14877645493, ,노출상품 ID 8072901850의 옵션 상품입니다. 이 상품과 결합도 요청드립니다.

③ **상품 수정에 필요한 상세 내용을 선택하세요:** '상이한 상품 분리'를 선택한다.

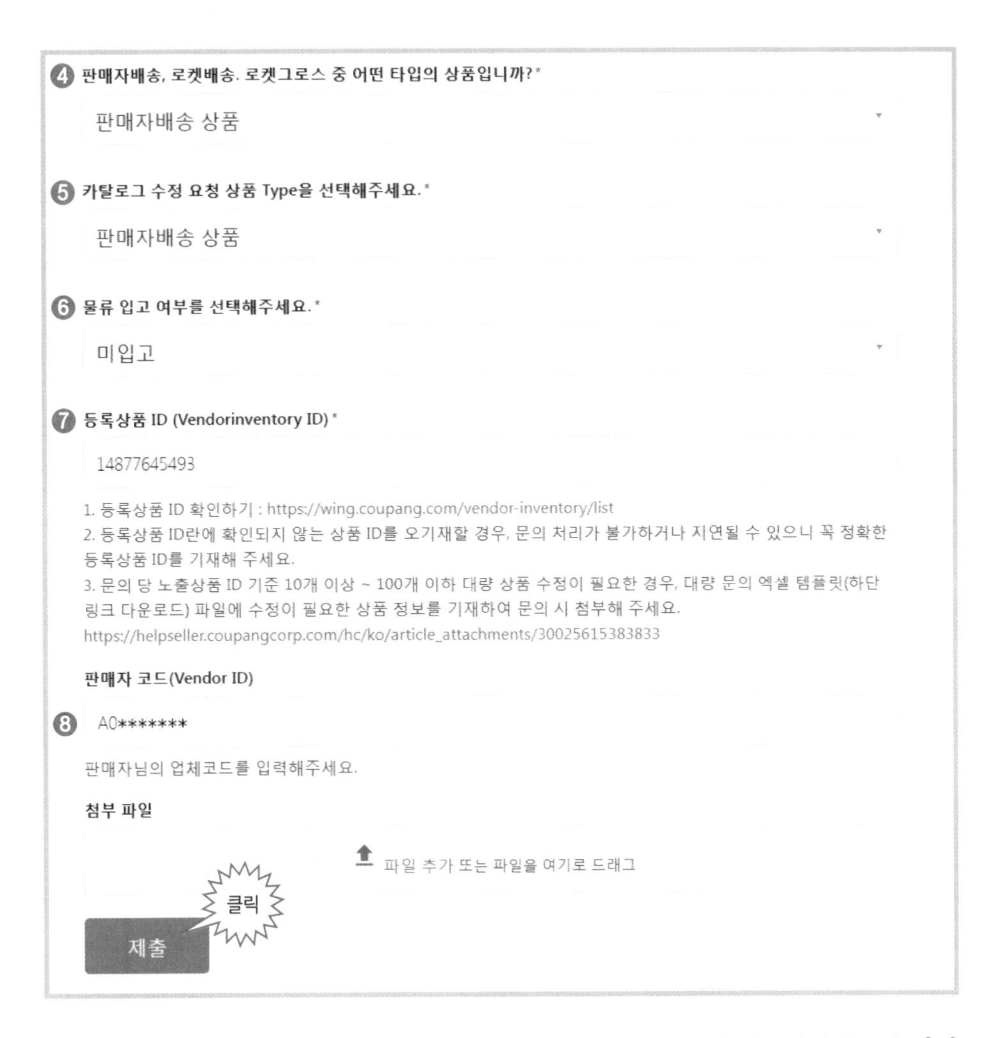

④ **판매자배송, 로켓그로스 상품, 로켓배송 상품 중 어떤 타입의 상품입니까?:** 수정이 필요한 상품의 타입(Type)을 선택한다.

⑤ **카탈로그 수정 요청 상품의 Type을 선택해주세요:** 수정 요청 상품의 타입을 선택한다.

⑥ **물류 입고 여부를 선택한다.:** 입고, 미입고 선택.

⑦ **등록상품 ID(Vendorinventory ID):** 판매자배송 및 로켓그로스 상품의 경우 등록상품 ID(Vendorinventory ID), 로켓배송 상품의 경우 노출상품 ID(Product ID)를 입력한다.

⑧ **판매자 코드(Vendor ID):** 판매자 업체코드를 입력한다.

05_ 온라인문의 → 나의 문의내역에 문의 내용이 나타난다. 쿠팡 지원 스태프가 문의 내용을 확인하고 문제가 없다면 수정 완료해 준다.

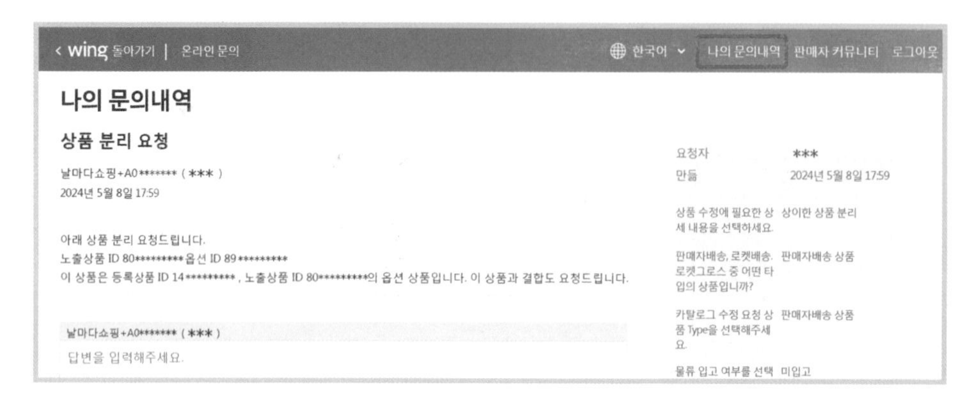

06_ '노출상품ID'가 같은 것으로 변경되고, 같은 상품페이지에 블랙, 연핑크, 화이트가 옵션 상품으로 구성된 것을 확인할 수 있다.

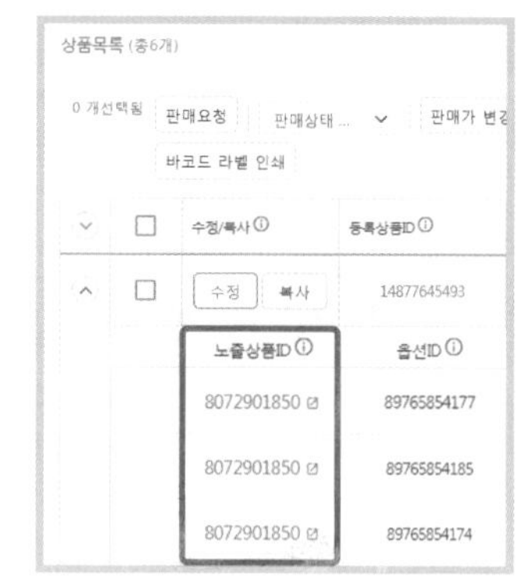

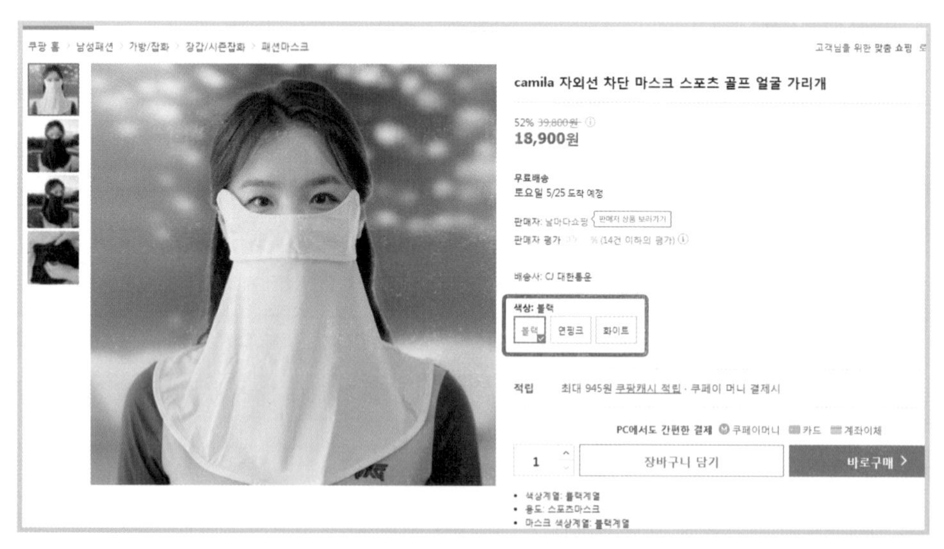

07 상품 일괄등록 하기

등록 상품이 여러 개일 때는 엑셀 파일을 다운로드해 정보 입력 후 업로드하면 쉽게 일괄등록을 할 수 있다.

01_ 쿠팡 WING에서 상품등록 → 상품 일괄등록 → 엑셀양식 다운로드를 클릭한다. 등록할 상품의 카테고리를 선택하고 선택한 카테고리 엑셀파일 다운로드 버튼을 클릭해 엑셀 파일을 다운로드한다.(카테고리는 등록할 상품에 따라 여러 개를 선택할 수 있다.)

02_ 다운로드한 엑셀 파일을 열어 메시지 표시줄의 '콘텐츠 사용'을 클릭해 매크로를 활성화한 후, 각 필드에 맞는 값을 입력하고 저장한다.

▶ 파일 4행에 버전 정보가 표시되어 있다. 상품등록 시 최신 버전을 다운받아 사용해야 한다.

▶ 입력 방법은 4행에 자세히 설명되어 있다. 필수 입력은 반드시 입력해야 한다. 기본정보, 구매옵션, 검색옵션, 구성정보, 고시정보, 이미지, 상품 상세설명, 구비서류 등 상품등록에 필요한 정보를 입력한 후 저장한다.

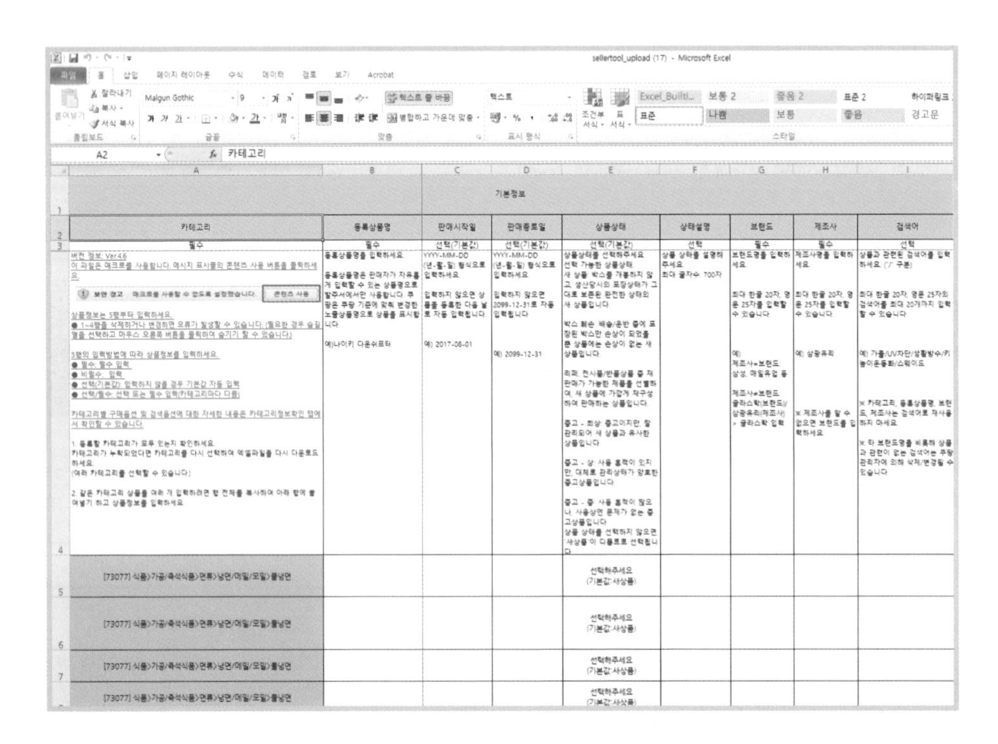

03_ WING에서 상품관리 → 상품 일괄등록 → 엑셀파일 업로드 요청을 클릭한다.

▶ ① 상품 타입을 선택하고, ② 세부 항목 열기 버튼을 클릭해 배송정보 및 반품/교환정보를 설정한다. ③ 상품 엑셀파일 업로드를 클릭해 저장한 엑셀 파일을 업로드한 후 엑셀파일 업로드 요청 버튼을 클릭한다.

엑셀파일 업로드 요청

등록할 상품의 정보를 모두 입력한 엑셀파일을 선택한 후 업로드해주세요. (엑셀 버전정보 : Ver.4.6)

1. 등록할 상품의 타입을 선택하세요. ◉ 판매자배송 상품 1 ○ 로켓그로스 상품 ○ CGF에서 로켓그로스로 업로드

2. 배송 및 반품 정보를 입력하세요. [최근 등록정보] 택배사: CJ대한통운 출고지명: 본사 출고지 반품지 센터코드: 1000654070 ^ 세부 항목 열기 2

※ 새로운 정보를 입력하면, 최근 등록정보로 변경됩니다.

배송비종류
'무료배송' 또는 '9,800이상 무료배송' 또는 '유료배송' 으로만 상품등록이 가능합니다. (일부 카테고리 및 해외구매대행 상품제외)

묶음배송 및 도서산간배송 안내
[묶음배송여부] 출고지가 같은 상품들만 묶음배송이 가능합니다 ("착불배송" 선택불가)
[도서산간배송] "가능"으로 설정 시, 출고지에 등록되어있는 택배사만 선택가능하며, 택배사별 도서산간추가배송비는 자동 부여됩니다. ([출고지 수정] 에서 입력가능합니다.)

배송 • 도움말

출고지 •	상품출고지 [본사 출고지] 서울특별시 *** ***** ***** ***	판매자 주소록	
배송방법 •	일반배송		
묶음배송 •	◉ 가능	○ 불가능	출고 정보가 같은 상품만 묶음배송할 수 있습니다. (착불배송 선택 불가)
제주/도서산간 배송여부 •	◉ 가능	○ 불가능	주소록/배송관리 메뉴에서 택배사와 도서산간 추가배송비를 설정할 수 있습니다.
택배사 •	CJ대한통운		제주/도서산간지역 배송 시 출고지에 등록된 택배사만 선택할 수 있습니다.
배송비 종류 •	무료배송		무료배송 / 9,800원 이상, 10,000원 이상, 19,800원 이상, 30,000원 이상 무료배송 / 유료배송 / 조건부무료배송만 선택할 수 있습니다. (일부 카테고리 및 해외구매대행상품 제외)

반품/교환 • 도움말

반품/교환지	반품/교환지 [본사 반품지] 서울특별시 *** ***** ***** ***	판매자 주소록
초도배송비(편도) •	3,000	원
반품배송비(편도) •	3,000	원

고객사유로 인한 반품 시, 왕복 반품/배송비는 초도배송비 + 반품배송비의 합계인 6,000 원 이 청구됩니다.

3. 엑셀파일을 선택하세요. + 상품 엑셀파일 업로드 3

sellertool_upload (17).xlsm ×

엑셀파일 업로드 요청 4

클릭

04_ 팝업창에서 요청목록으로 이동 버튼을 클릭하면 업로드 요청 내역을 확인할 수 있다. '요청 완료'된 상태이고 '요청결과'에서 성공 건수와 실패 건수를 확인할 수 있다. 이상이 없으면 판매요청하러 가기 버튼을 클릭한다.

▶ 만일 실패 건수가 있으면 **상세내역 다운로드** 버튼을 클릭해 엑셀 파일을 열어보면 실패가 일어난 셀에 빨간색 글씨로 실패 이유가 표시되어 있다. 수정을 하고 저장한 후 파일을 다시 업로드 하면 된다.

05_ 상품 조회/수정 화면에서 등록한 상품이 '임시저장' 상태로 되어 있는 것을 확인할 수 있다. 여기서 상품을 선택하고 판매요청 버튼을 클릭하면 상품이 등록된다.

08 카탈로그 매칭으로 등록하기

카탈로그 매칭은 이미 쿠팡에 등록된 상품의 기본 정보를 이용해 손쉽게 내 상품을 등록하는 방법이다. 카탈로그 매칭을 하게 되면 내 판매 페이지와 매칭된 판매 페이지가 하나의 상품 페이지로 노출된다. 하나의 상품 페이지에서는 아이템위너가 우선적으로 노출된다.

01_ 쿠팡 WING → 상품관리 → 상품등록을 클릭한다.

coupang wing
상품관리
클릭
상품 등록
상품 일괄등록
통합솔루션으로
상품등록(무료)
상품 조회/수정

02_ **카탈로그 매칭하기** 항목의 매칭할 상품 찾기를 클릭한다.

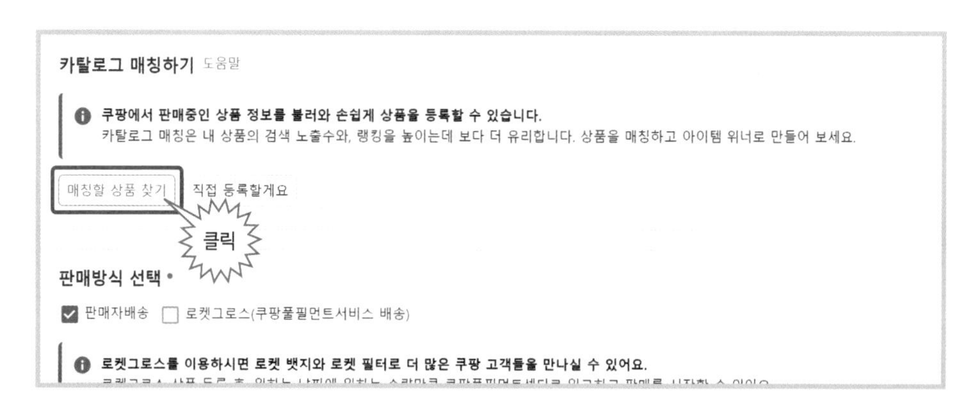

03_ '카탈로그 상품매칭' 팝업창에서 상품명, 브랜드명, 상품 URL, 쿠팡상품번호 등을 입력한 후 상품 검색 버튼을 클릭한다.

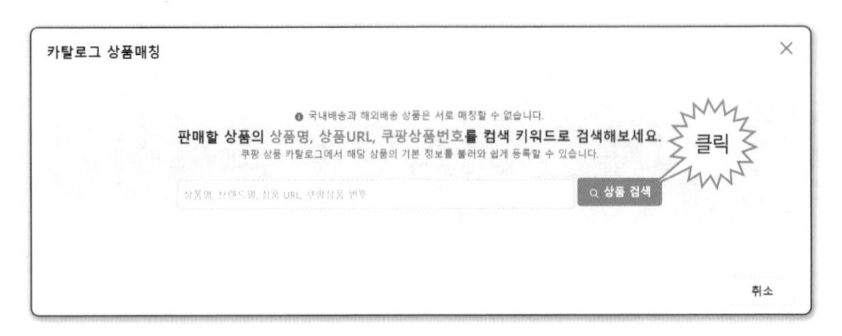

▶ 상품을 매칭하기 전에 내 상품과 같은 상품을 쿠팡에서 검색해 로켓배송을 제외하고 현재 1위인 상품에 매칭한다. 검색에서 하위에 노출되고 있는 상품에 카탈로그 매칭을 해서는 내 상품이 아이템위너가 되어도 팔리지 않는다.

04_ 그러면 등록되어 있는 상품이 나타난다. 매칭할 상품에 있는 상품 바로가기를 클릭해 내가 판매하고자 할 상품과 동일한지, 현재 판매자는 몇 명이나 매칭되어 있는지를 확인한다. 내가 판매할 상품과 일치하면 판매옵션 선택을 클릭한다.

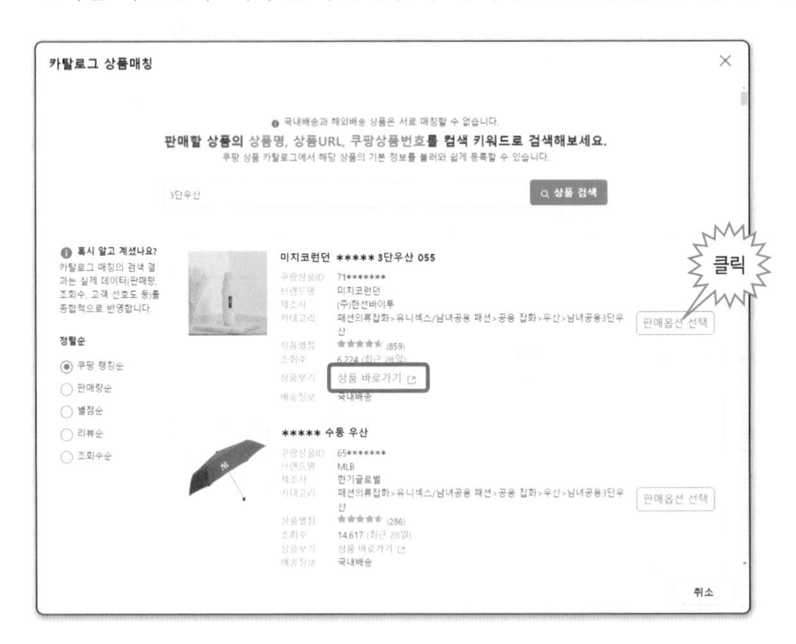

05_ 매칭할 옵션을 선택하거나 추가한 후 선택완료를 클릭한다.

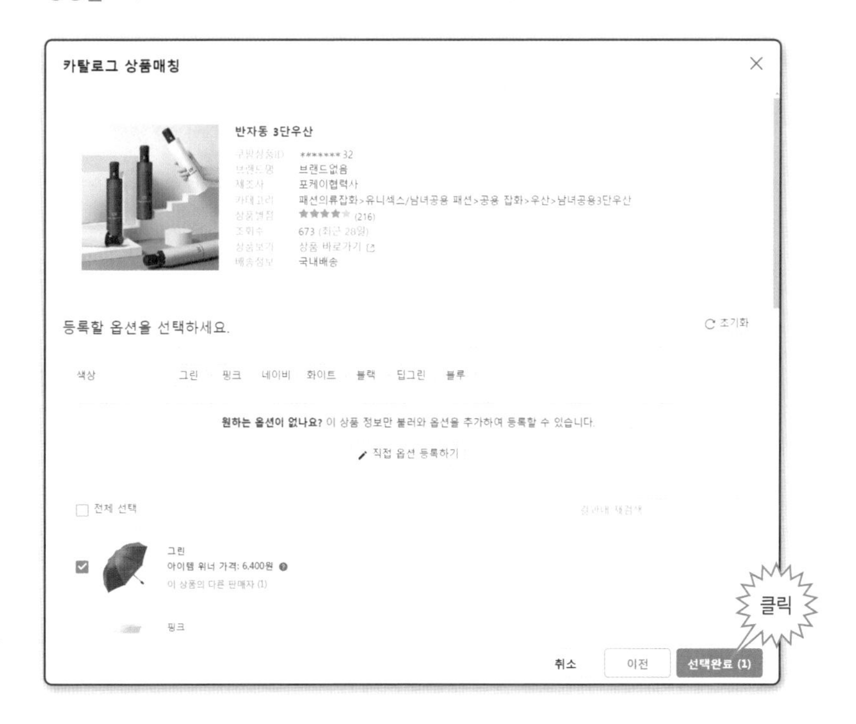

06_ 옵션 항목에서 각 옵션의 가격, 재고수량, 자동가격조정 여부를 설정한다.

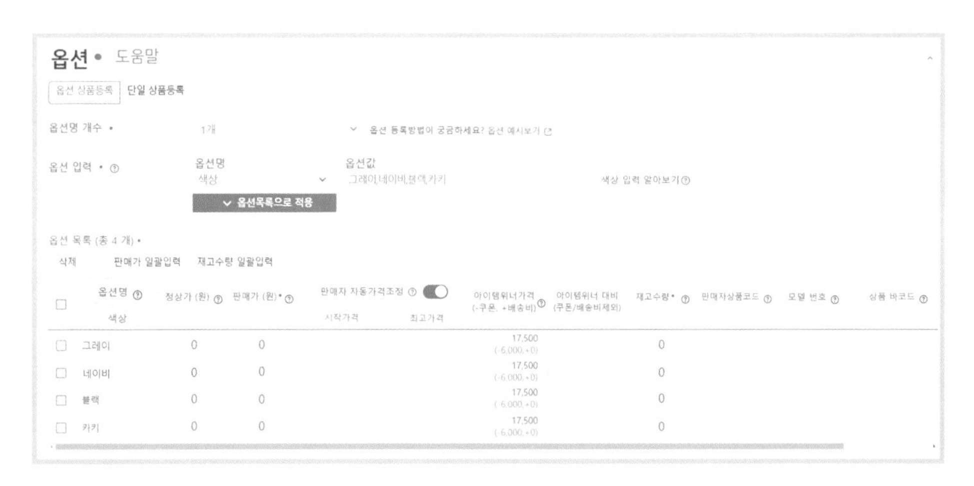

07_ **상품이미지** 항목에서 대표이미지와 추가이미지를 수정하거나 추가한다.

08_ **상세설명** 항목에서 상세페이지 이미지를 등록한다.

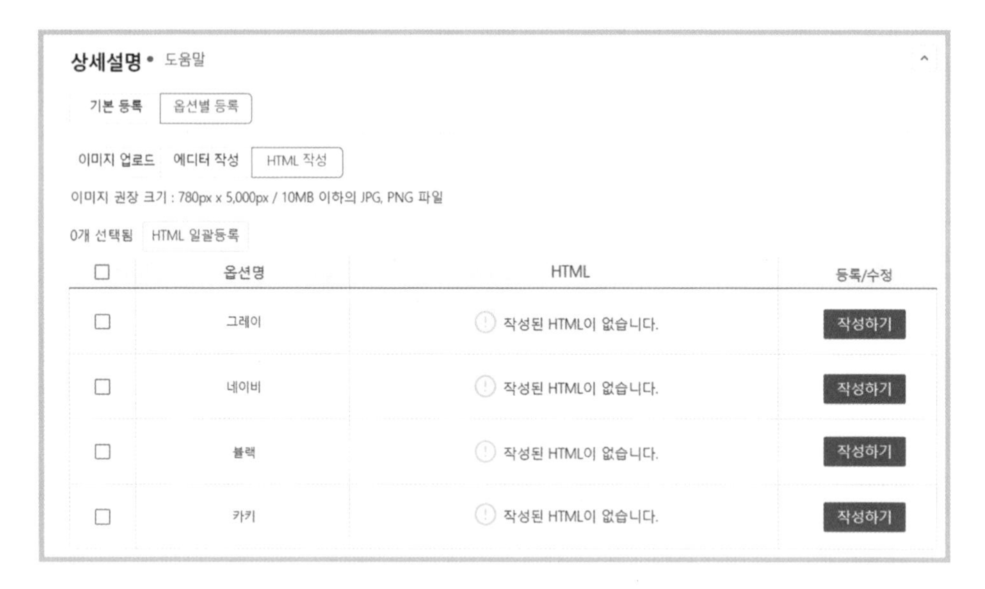

09_ 상품 주요 정보를 확인하고 수정한다.

상품 주요 정보 • 도움말

브랜드 • 브랜드없음

선택된 브랜드: 브랜드없음 삭제

제조사 *********

상품 구성 • ◯ 동일한 상품으로 구성됨 ◯ 다양한 상품이 혼합되어 구성됨

인증정보 ◯ 인증·신고 대상 ◯ 상세페이지 별도표기 ◉ 인증·신고 대상 아님

병행수입 ◯ 병행수입 ◉ 병행수입 아님

미성년자 구매 • ◉ 가능 ◯ 불가능

인당 최대구매수량 ◯ 설정함 ◉ 설정안함

판매기간 ◉ 설정함 ◯ 설정안함

기간 선택 • 3일 5일 7일 15일 30일 60일 90일 120일 2024-06-03 01:53 ~ 2099-12-31 00:00

부가세 • ◉ 과세 ◯ 면세

10_ 검색어를 수정하거나 추가하고 검색필터를 확인한다.

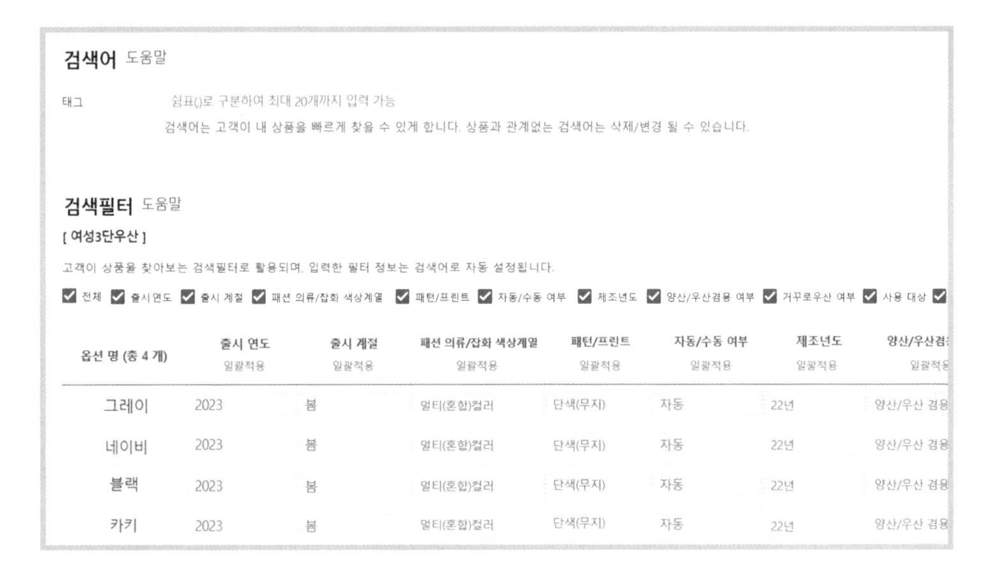

11_ 상품정보제공고시를 입력한다.

상품정보제공고시 • 도움말

선택하세요 ☐ 전체 상품 상세페이지 참조

각 카테고리에 해당하는 상품 고시정보를 선택하여 입력해주세요.

※ 판매 상품에 여러 구성품이 포함되어 있는 경우 모든 구성품에 대해 '상품정보제공고시'를 상품 상세페이지에 제공해주세요. 자세히보기

고시정보 명	내용	
종류	직접 입력해주세요	☐ 상품 상세페이지 참조
소재	라벨 & 상세이미지와 동일하게 기재해주세요	☐ 상품 상세페이지 참조

12_ 필요한 구비서류와 배송 정보를 입력한다.

13_ 반품/교환 항목을 입력하고 판매요청을 클릭하면 상품이 등록된다.

7장

쿠팡 프로모션 활용하기

01 할인 쿠폰 발행하기

고객은 혜택이 많은 상품을 선호한다. 정가에서 조금이라도 할인 혜택이 있는 상품에 눈길이 가고, 구매하면서 현명하게 잘 샀다고 생각하게 된다.

판매자는 판매가를 설정할 때 이런 할인 혜택을 설정해 구매자의 눈길을 사로잡고 구매를 유도하는 전략을 펼칠 수 있다. 12,000원짜리 상품을 그냥 정가대로 12,000원에 파는 것보다 정가 15,000원에서 20% 할인이 들어가 12,000원에 구매할 수 있다고 하면 고객은 같은 돈을 주고 사는 것이지만 만족감은 후자가 더 클 것이다.

판매자가 고객 혜택을 위해 발행할 수 있는 쿠폰은 '즉시할인 쿠폰'과 '다운로드 쿠폰'이 있다. 즉시할인 쿠폰과 다운로드 쿠폰은 중복 적용이 가능하다.

즉시할인 쿠폰은 판매자가 상품에 할인액이나 할인률을 적용해서 등록하는 것이다. 그러면 검색결과나 상품페이지에 할인이 적용된 가격이 '즉시할인가'로 노출된다. 할인 혜택을 직관적으로 보여주어 바로 체감할 수 있도록 한다. 이는 구매자의 마음을 끌어 매출 증대의 효과를 가져온다.

다운로드 쿠폰은 구매자의 총주문 금액을 기준으로 사용할 수 있는 쿠폰이다. 이 쿠폰을 설정하면 검색결과 페이지에서 상품에 '추가할인 쿠폰'이라는 문구가 표시된다. 상세페이지에는 '쿠폰받기'라는 배너가 생기는데, 상품 1개의 가격이 다운로드 쿠폰 최소 주문 조건을 충족시키면 쿠폰할인가가 자동 노출된다. 고객이 직접 다운로드 받아 적용해서 사용할 수 있는 쿠폰이다.

1 월별 예산 설정하기

할인 쿠폰을 발행하려면 먼저 쿠폰에 사용할 월별 예산을 설정해야 한다.

01_ 쿠팡 WING → 프로모션 → 할인쿠폰 관리를 클릭한다. 월별 예산 설정을 클릭한다.

02_ 예산 금액을 입력하고 저장하기를 클릭하면 예산이 적용된다.

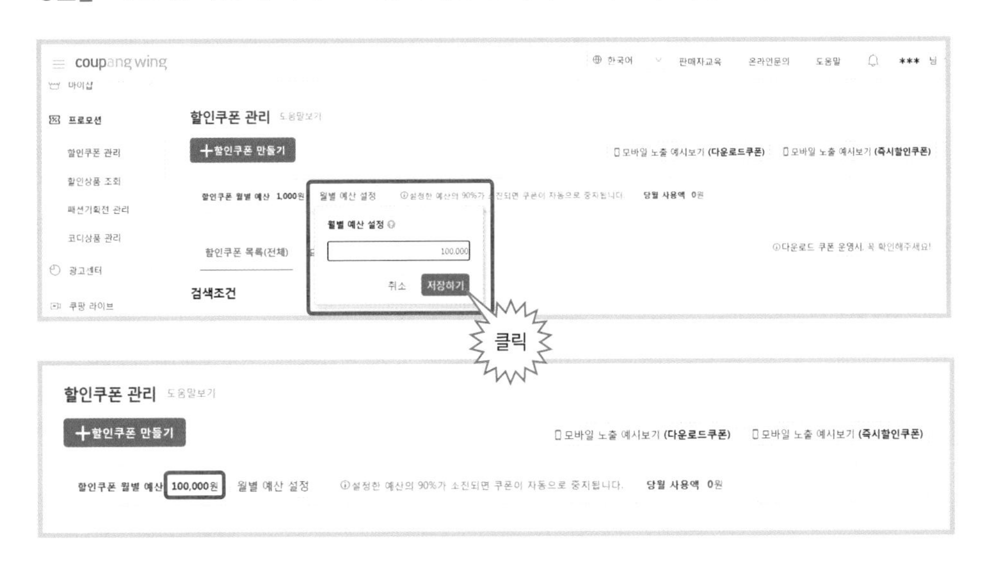

▶ 설정한 예산은 다음 달에도 동일하게 적용된다.

▶ 설정 예산의 90%가 소진되면 쿠폰이 자동으로 중지된다.

▶ 예산은 언제든지 변경할 수 있다. **월별 예산 설정**을 클릭한 후 금액을 입력하고 저장하면 된다.

2 즉시할인 쿠폰 발행하기

01_ 쿠팡 WING → 프로모션 → 할인쿠폰 관리 → 할인쿠폰 만들기를 클릭한다.

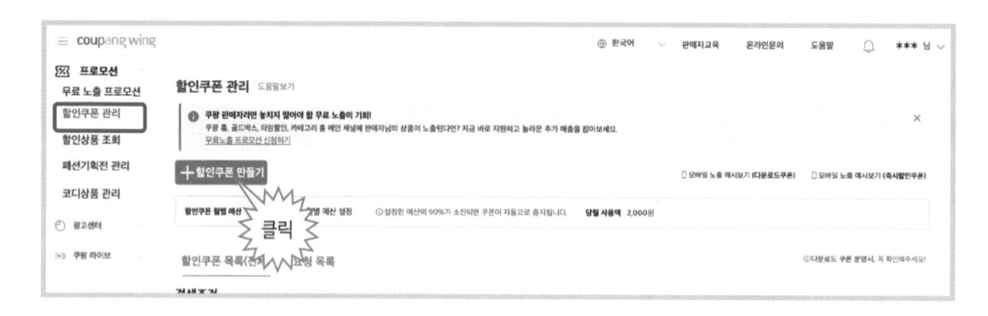

02_ '쿠폰 정보 입력'에서 즉시할인쿠폰을 선택하고 정보를 입력한다.

① **쿠폰명**: 알아보기 쉬운 이름으로 설정하면 된다. '즉시할인가'로 노출된다.

② **쿠폰 유효기간**: 쿠폰을 사용할 수 있는 유효기간을 설정한다.

③ **할인 방식**: 정률(총구매액에서 할인율 적용), 수량별 정액(수량마다 할인액 적용), 정액(총구매액에서 할인액 차감) 중에서 선택한다.

03_ '쿠폰 적용 상품 추가'에서 쿠폰을 적용할 상품의 옵션 ID를 추가 후 상품조회를 클릭한다. 선택된 상품을 확인한 후 할인쿠폰 적용을 클릭한다.

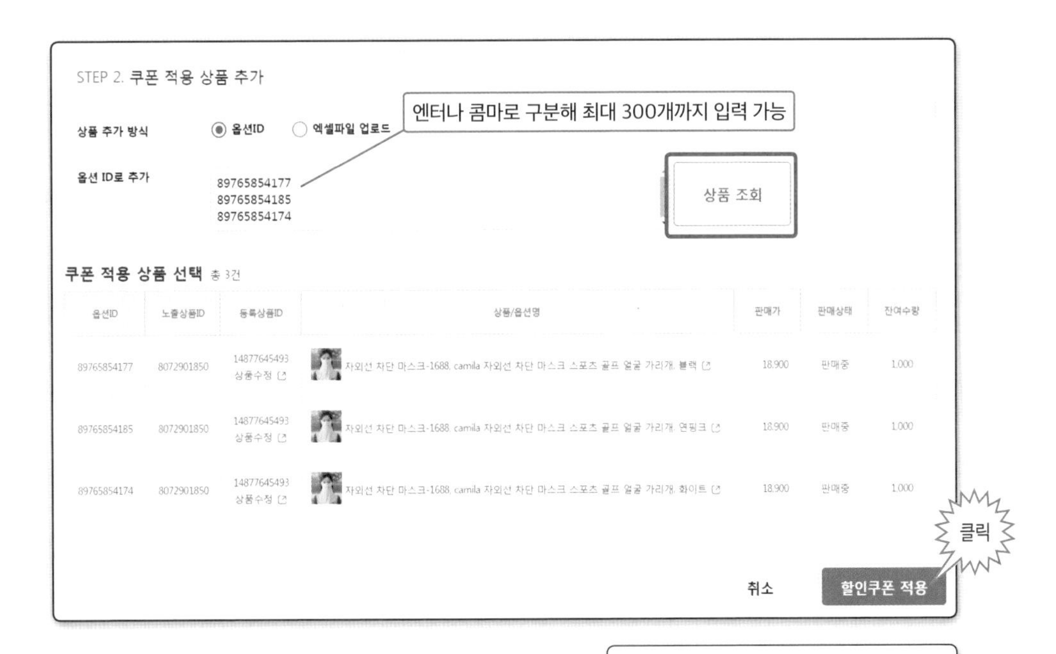

04_ 확인을 클릭한다. 요청 목록 탭에서 쿠폰 생성 결과를 확인할 수 있다. '요청 결과'에 성공 건수와 실패 건수가 표시된다.

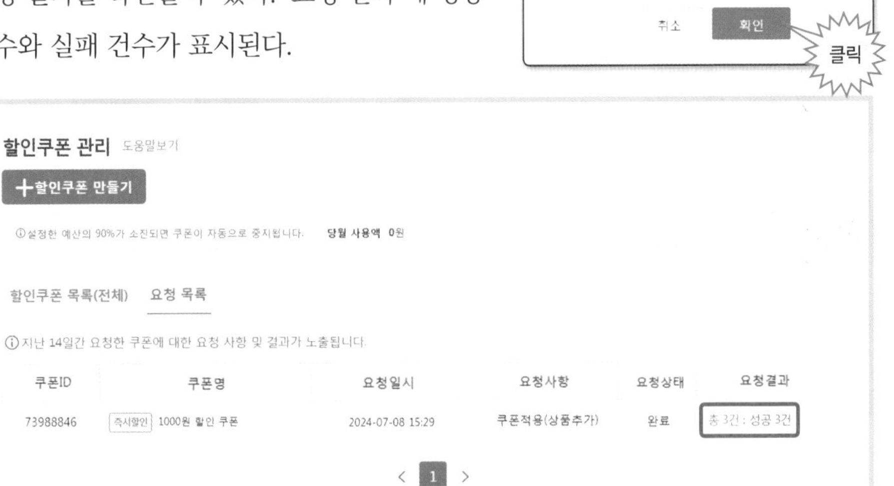

05_ 할인쿠폰 목록(전체) 탭에서 전체 할인쿠폰을 확인할 수 있다.

할인쿠폰 목록(전체) 요청 목록 ①다운로드 쿠폰 운영시, 꼭 확인해주세요!

검색조건

쿠폰 종류 ◉ 전체 ○ 즉시할인쿠폰 ○ 다운로드쿠폰

쿠폰 상태 ◉ 전체 ○ 사용전/중 ○ 사용종료 ○ 발행중지

쿠폰 ID 쿠폰ID를 입력해주세요.

쿠폰명 쿠폰명을 입력해주세요.

등록일시 오늘 7일 30일 ~

초기화 검색

검색 결과 총 2건

삭제 사용중지

☐	쿠폰ID	쿠폰명/적용상품		상품(옵션)수	쿠폰상태 ❶	쿠폰사용기간	사용액 ❷	할인방식	요청일시
☐	73988846	즉시할인 1000원 할인 쿠폰	쿠폰상세 ❸ 상품수정 ❹	3	사용전	2024-07-08 16:28 ~ 2024-08-07 23:59	0원	1,000 원 (정액)	2024-07-08

① **쿠폰상태**: '사용전'에서 약 1시간 후 '사용중'으로 바뀌고, 상품 상세페이지에도 즉시할인가가 적용된다.

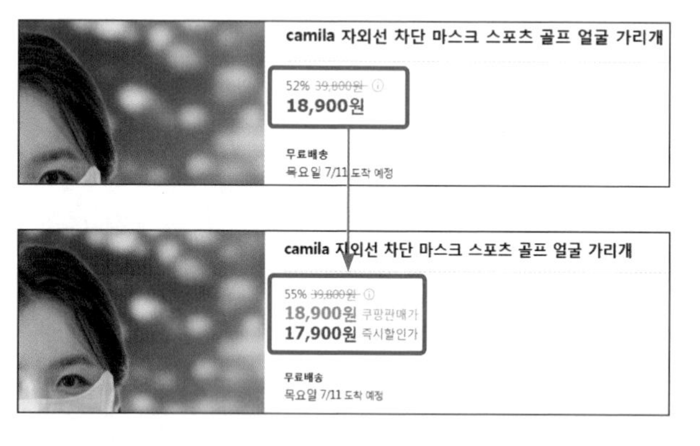

② **사용액**: 필드에서 쿠폰 사용액을 확인할 수 있다.

③ **쿠폰상세**: 할인 쿠폰의 정보 및 이력을 확인할 수 있다.

④ **상품수정**: 쿠폰 적용 상품을 추가 및 해지할 수 있다.

3 다운로드 쿠폰 발행하기

01_ 쿠팡 WING → 프로모션 → 할인쿠폰 관리 → 할인쿠폰 만들기를 클릭한다.

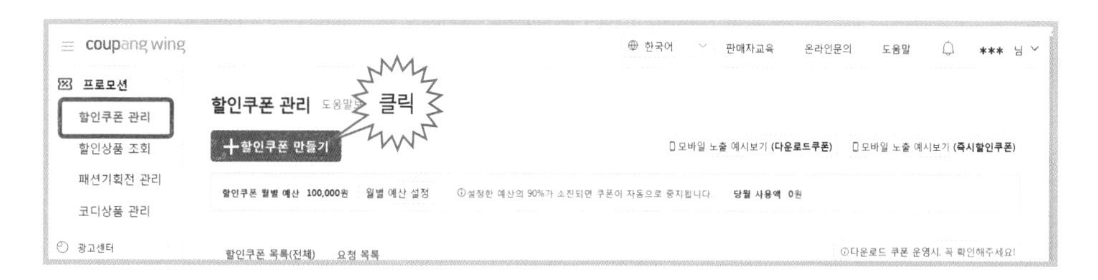

02_ '쿠폰 정보 입력'에서 다운로드 쿠폰을 선택하고 정보를 입력한다.

① **쿠폰명**: 상세페이지에서 쿠폰명이 노출된다. 혜택을 알 수 있는 이름으로 설정한다.

② **할인방식**: 정률 혹은 정액할인 중에서 선택한다. 정액은 **추가**를 클릭해 할인 구간을 최대 3개까지 설정할 수 있다.

③ **최대 발급 개수**: 고객 한 명이 하루 동안 발급받을 수 있는 쿠폰의 수를 입력한다.

03_ '쿠폰 적용 상품 추가'에서 쿠폰을 적용할 상품의 옵션 ID를 추가한 후 상품 조회를 클릭한다. 선택된 상품을 확인한 후 할인쿠폰 적용을 클릭한다.

옵션ID	노출상품ID	등록상품ID	상품/옵션명	판매가	판매상태	잔여수량
89765854177	8072901850	14877645493 상품수정	자외선 차단 마스크-1688, camila 자외선 차단 마스크 스포츠 골프 얼굴 가리개, 블랙	18,900	판매중	1,000
89765854185	8072901850	14877645493 상품수정	자외선 차단 마스크-1688, camila 자외선 차단 마스크 스포츠 골프 얼굴 가리개, 연핑크	18,900	판매중	1,000
89765854174	8072901850	14877645493 상품수정	자외선 차단 마스크-1688, camila 자외선 차단 마스크 스포츠 골프 얼굴 가리개, 화이트	18,900	판매중	1,000

04_ 확인을 클릭한다. 요청 목록 탭에서 쿠폰 생성 결과를 확인할 수 있다.

할인쿠폰 목록(전체) 요청 목록

ⓘ 지난 14일간 요청한 쿠폰에 대한 요청 사항 및 결과가 노출됩니다.

쿠폰ID	쿠폰명	요청일시	요청사항	요청상태	요청결과
73990970	다운로드 camila 3주년 기념 쿠폰 할인	2024-07-08 16:26	쿠폰적용(상품추가)	완료	총 3건 : 성공 3건

05_ 할인쿠폰 목록(전체) 탭에서 전체 할인쿠폰을 확인할 수 있다.

검색 결과 총 3건

삭제 사용중지

□	쿠폰ID	쿠폰명/적용상품	상품(옵션)수	쿠폰상태	쿠폰사용기간	사용액	할인방식	요청일시
□	73990970	다운로드 camila 3주년 기념 쿠폰 할인 쿠폰상세 상품조회	3	❶ 사용전	2024-07-08 17:20 ~ 2024-08-07 23:59	0원	정액 (최대발급개수 : 1개)	2024-07-08
□	73988846	즉시할인 1000원 할인 쿠폰 쿠폰상세 상품수정	3	사용전	2024-07-08 16:28 ~ 2024-08-07 23:59	0원	1,000 원 (정액)	2024-07-08

① **쿠폰상태:** '사용전'에서 약 1시간 후 '사용중'으로 바뀌고, 상품 상세페이지에도 '쿠폰할인가'가 표기되고 다운로드 쿠폰이 적용된 것을 확인할 수 있다.

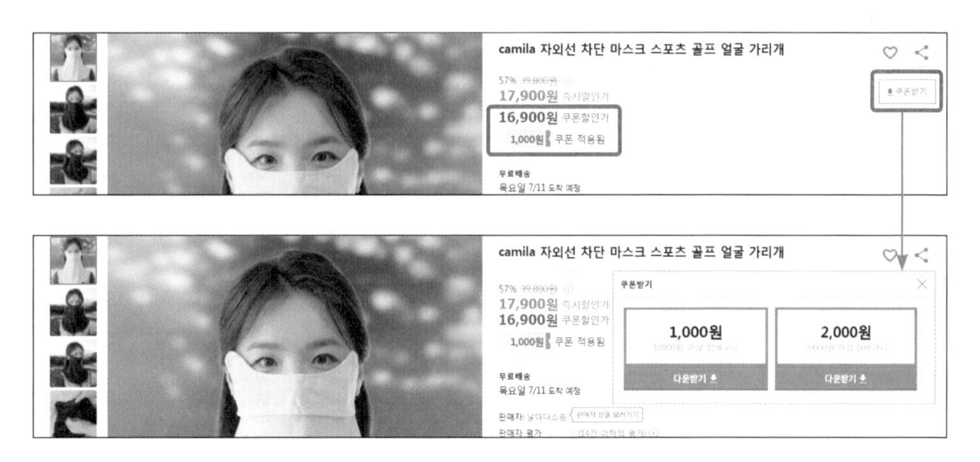

TIP! 다운로드 쿠폰의 사용

* 다운로드 쿠폰은 적용 중인 상품의 일부 상품을 삭제하거나 추가할 수 없다. 적용 상품을 변경하려면 기존 쿠폰을 중지하고 새로운 쿠폰을 생성해야 한다.
* 즉시할인 쿠폰과 다운로드 쿠폰은 중복 적용할 수 있다. 1개의 상품(옵션)에 즉시할인 쿠폰, 다운로드 정률 쿠폰, 다운로드 정액 쿠폰을 적용해 최대 3개까지 중복 적용할 수 있다.
* 상품 1개의 가격이 최소 주문 조건을 충족시키는 경우 다운로드 쿠폰 할인가가 자동으로 노출된다.

4 쿠폰 중지와 삭제

01_ 쿠팡 WING → 프로모션 → 할인쿠폰 관리를 클릭한다. 할인쿠폰 목록(전체) 탭에서 쿠폰을 검색한 후 중지하고자 하는 쿠폰을 선택하고 사용중지를 클릭한다.

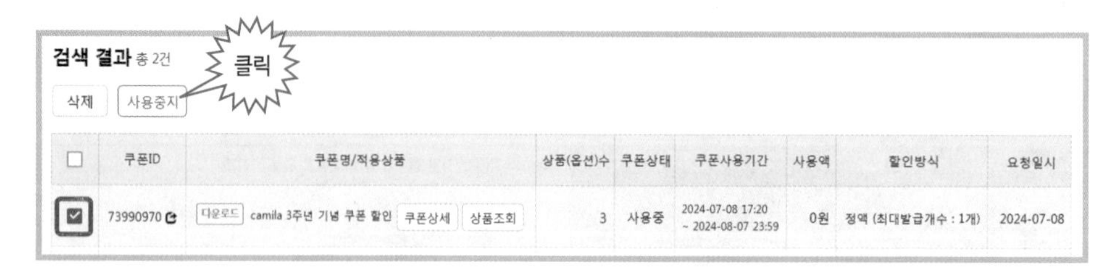

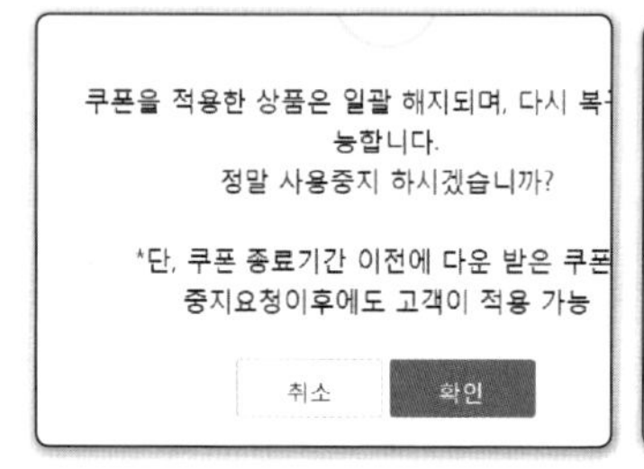

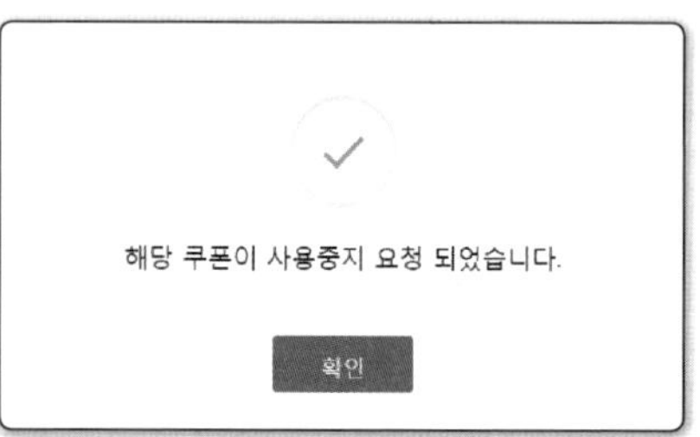

02_ '쿠폰상태'가 '사용종료'로 바뀐다. 그러면 고객은 상품에 적용된 쿠폰을 사용할 수 없게 된다.

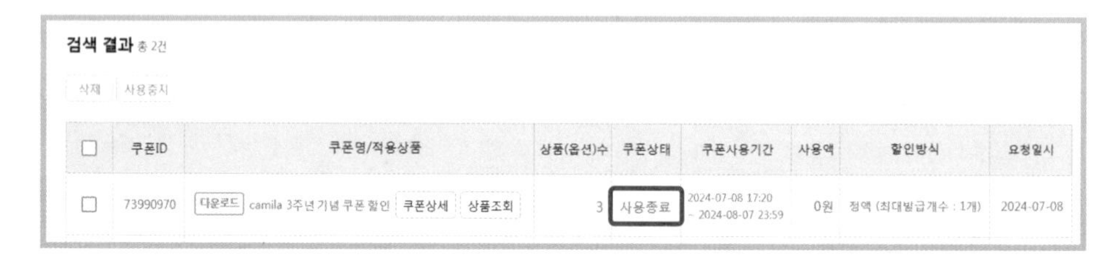

▶ 사용중지를 한 쿠폰은 다시 복구할 수 없다.

▶ 삭제는 '쿠폰상태'가 '사용종료'일 때만 가능하다. 쿠폰을 **사용중지**한 후 **삭제**를 하면 된다.

02 무료 노출 프로모션

1 무료 노출 프로모션 개요

'무료 노출 프로모션'은 쿠팡의 메인 구좌 중 하나에 상품 노출을 신청하는 기능이다. 신청 후 운영자의 검수를 통해 선정되면 쿠팡의 메인 구좌에 무료로 노출된다. 그러면 내 상품에 많은 트래픽이 유입되고 추가 매출 기회를 확보할 수 있다.

▶ 프로모션 설정 시 판매자가 설정하는 제안가와 상품 가격에 대한 차액은 할인 쿠폰으로 생성되어 판매자가 부담한다.

▶ 프로모션 진행 동안 제안 가격은 프로모션 영역뿐만 아니라 일반 검색 영역에서도 할인된 가격으로 노출된다.

■ 노출 영역

① 쿠팡 홈의 **오늘의 할인**, **골드박스**, **지금할인중**(모바일 전용 구좌, 4시간만 노출) 및 **카테고리 홈** 영역 중 하나에 무료로 노출된다.

② 상품 **상세페이지**, 검색 페이지 하단의 **판매자 특가** 영역과 장바구니 하단의 **특가 할인 중 상품** 영역에도 노출될 수 있다.

③ 로켓그로스 상품의 특정 구좌 노출은 제한될 수 있다.

■ 프로모션 진행 조건

무료 노출 프로모션 탭이 활성화된 일부 판매자에 한해 프로모션을 신청할 수 있는 상품만 목록에 노출된다.(최근 14일 내 5개 이상 판매된 옵션으로, 타깃 상품은 매일 업데이트된다.)

- 번들 상품(묶음 상품)은 무료 노출 프로모션 대상에서 제외된다.
- 진행 상품은 '자동가격조정' 설정이 필수이며, 설정되어 있지 않더라도 요청 시 '자동가격조정'이 자동으로 설정된다.
- 로켓배송 상품은 진행하지 않는다.

■ 프로모션 카테고리

프로모션을 진행할 수 있는 카테고리는 현재 **식품, 뷰티, 출산/유아동, 주방용품, 생활용품, 가구/홈데코, 가전/디지털, 스포츠/레저, 자동차용품, 완구/취미, 반려/애완용품** 카테고리로 쿠팡이 추천하는 상품만 신청할 수 있다.(해당 카테고리와 상품은 추후 확대될 수 있다.)

■ 로켓그로스 상품의 무료 노출 프로모션 진행

- 이종 결합 상품이 아닌 아이템이어야 한다.
- 고객 반품 상품이 아닌 아이템이어야 한다.
- 심사 조건이 충족된 아이템은 자동 승인된다.(미충족 아이템은 48~120시간 승인 시간 소요)
- 최적의 가격으로 진행하는 경우 판매자로켓 배지가 붙여진 상태에서 판매자 특가 구좌에 노출된다.

TIP! 무료 노출 프로모션의 정산

무료 노출 프로모션은 일반 할인 쿠폰의 정산과 동일하다.

프로모션 정산 방식(VAT 별도): 정상판매가-판매수수료(프로모션 제안가에 따른 수수료)-즉시할인 쿠폰가(프로모션 제안 시 할인가격만큼 생성된 즉시할인 쿠폰)

예) 기존 판매가격 9,800원, 프로모션 제안 시 9,700원에 제안해 즉시할인 쿠폰 100원을 생성했다면 9,800-(9,700×10.6%)-100=9,800-1,028-100=8,672원이 정산된다.

■ 쿠팡 앱 내 무료 노출 프로모션 노출 여부 확인하기

쿠팡 앱에서 **지금할인중 → 판매자특가**에서 키워드 검색을 통해 노출 여부를 확인할 수 있다.(판매자 특가 구좌에서만 검색 기능으로 사용할 수 있으며, 해당 구좌 내 노출된 상품만 확인할 수 있다.)

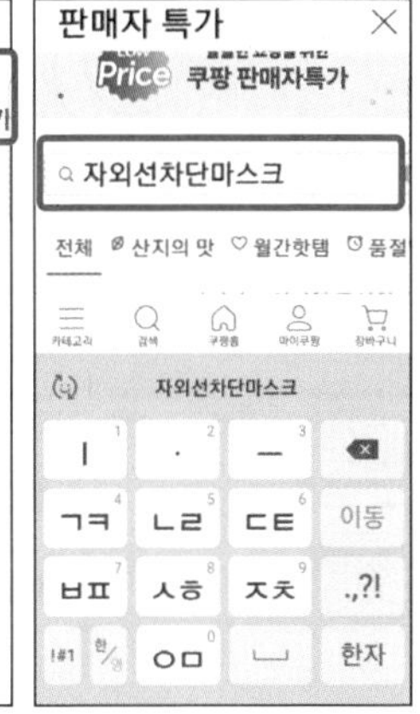

2 무료 노출 프로모션 신청하기

판매자는 쿠팡윙에서 **프로모션 → 무료 프로모션**을 클릭해 프로모션 페이지에서 추천된 상품을 확인하고, 프로모션의 가격, 수량, 배송비를 설정하여 프로모션을 신청할 수 있다.

프로모션은 '일반 프로모션'과 '스마트 프로모션'으로 진행할 수 있다.

TIP! 무료 노출 프로모션 진행 상품 조건

- 출고소요일 2일 이하인 상품만 진행 가능
- '무료배송' 상품만 가능

1) 스마트 프로모션 요청하기(단일상품)

01_ 쿠팡 WING → 프로모션 → 무료 노출 프로모션을 클릭한다. 요청할 상품 목록에서 원하는 상품의 스마트 요청 버튼을 클릭한다.

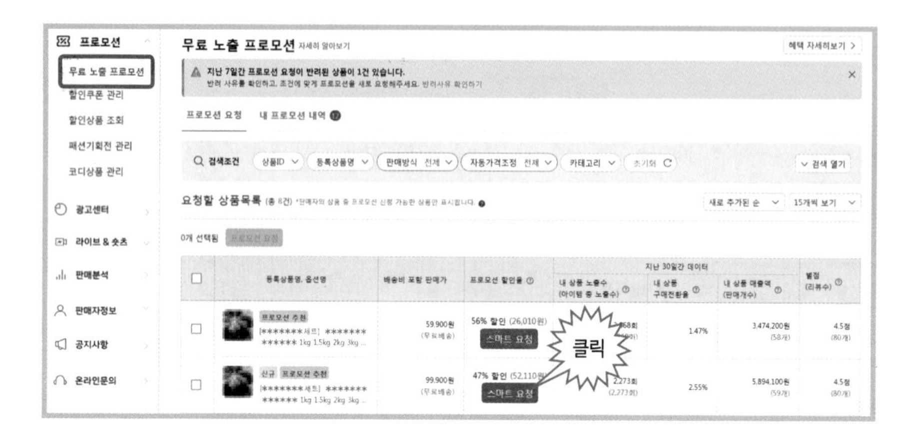

02_ 프로모션 제안가를 확인한다. 프로모션 수량, 배송비 종류, 출고소요일, 프로모션 예정 기간을 확인한다. 프로모션 동의서 내용을 확인하고 체크한 후 프로모션 요청하기를 클릭한다.

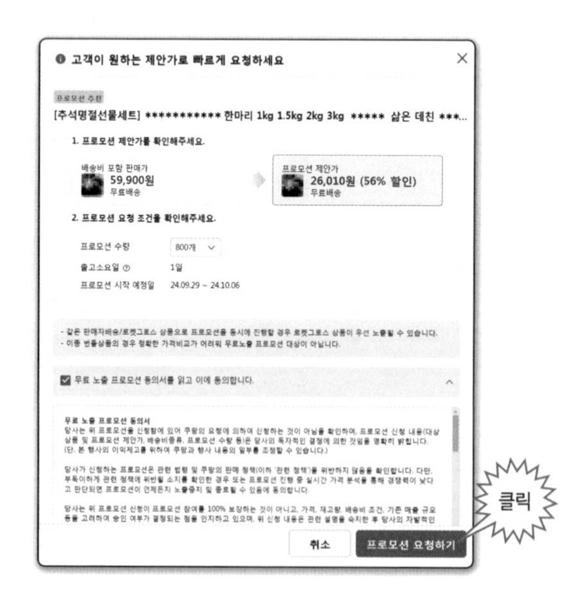

① **프로모션 수량**: 재고가 충분해야 프로모션 승인 가능성이 높다. 재고 부족으로 프로모션이 조기 종료되지 않도록 신청 전 재고를 최대한 정확하게 입력한다. 또한, 골드박스 및 지금할인중 구좌는 판매 진행률이 표시되므로 프로모션으로 진행 가능한 실제 재고를 입력한다.

② **프로모션 기간**: 프로모션의 최종 진행 일정은 프로모션 승인 완료 단계에서 노출 채널에 따라 정해진다.

03_ 내 프로모션 내역 탭에서 프로모션 신청과 성과 내역을 확인할 수 있다.

▶ 검수는 영업일 기준 1일~7일까지 소요될 수 있다.

▶ 승인 이후에 판매가를 임의로 변경하면 안 된다.

▶ 프로모션 기간 동안 와우 회원 전용 즉시할인 쿠폰이 발행된다.

▶ 할인 쿠폰 예산이 부족한 경우, 프로모션가×수량을 계산해 예산이 자동으로 증액된다.

2) 일반 프로모션 요청하기(단일/여러 상품)

01_ 쿠팡 WING → 프로모션 → 무료 노출 프로모션을 클릭한다. 원하는 상품을 선택하고 프로모션 요청을 클릭한다.

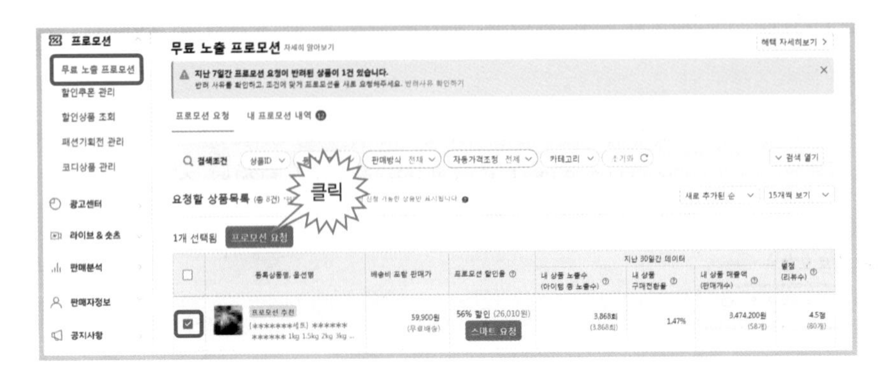

02_ '새 프로모션 요청' 페이지에서 승인 가능성을 참고한 프로모션 제안가, 수량, 기간을 입력한다. 무료 노출 프로모션 동의서를 확인 및 체크하고 프로모션 요청하기를 클릭한다.

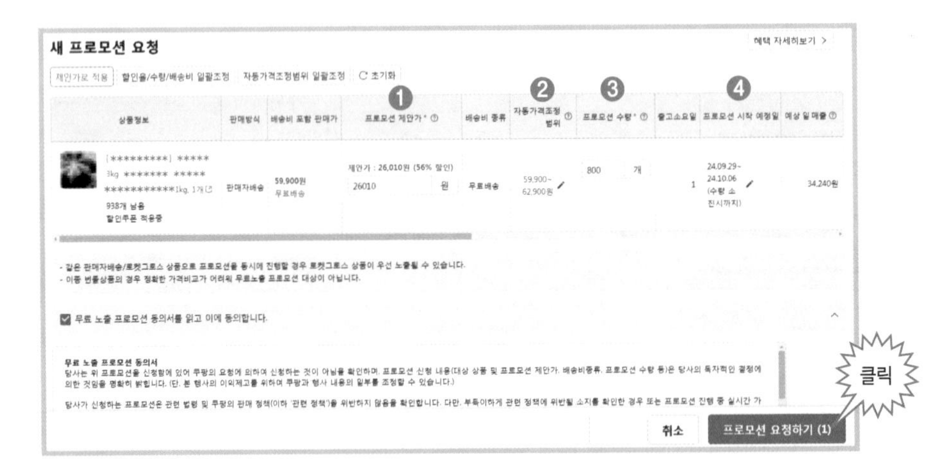

① **프로모션 제안가**: 추천가 또는 추천가보다 낮게 설정해야 승인 가능성이 있다.

② **자동가격조정 범위**: 직접 가격 범위를 입력하고 적용할 수 있다. '판매자 자동가격조정'은 판매자가 설정한 가격 범위 내에서 매출과 판매 수량을 극대화시킬 수

있는 최적의 가격을 실시간으로 찾아가는 기능이다. 프로모션 기간 동안 판매자 자동가격조정은 중지되며, 프로모션 제안가로 판매된다. 프로모션이 종료되면 자동가격조정이 다시 활성화되고, 이때 사용 여부는 판매자가 결정할 수 있다.

② **프로모션 수량**: 재고가 충분해야 프로모션 승인 가능성이 높다. 재고 부족으로 프로모션이 조기 종료되지 않도록 신청 전 재고를 최대한 정확하게 입력한다.

③ **프로모션 시작 예정일**: 프로모션의 최종 진행 일정은 프로모션 승인 완료 단계에서 노출 채널에 따라 정해진다.

03_ 내 프로모션 내역 탭에서 신청 내역과 성과를 확인할 수 있다.

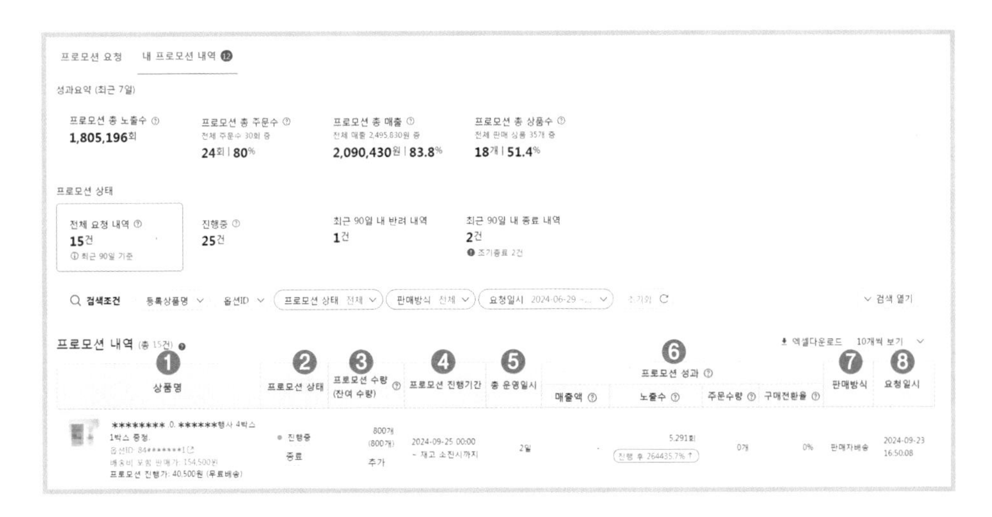

① **상품명**: 프로모션을 신청한 상품의 정보

② **프로모션 상태**: 프로모션 진행 상태

③ **프로모션 수량(잔여 수량)**: 신청한 상품의 수량과 잔여 수량

④ **프로모션 진행기간**: 프로모션 시작과 종료일시

⑤ **총 운영일시**: 프로모션을 진행한 일수

⑥ **프로모션 성과**: 매출액, 노출수, 주문수량, 구매 전환율을 확인할 수 있다.

⑦ **판매방식**: 프로모션 상품의 판매방식

⑧ **요청일시**: 프로모션 요청일시

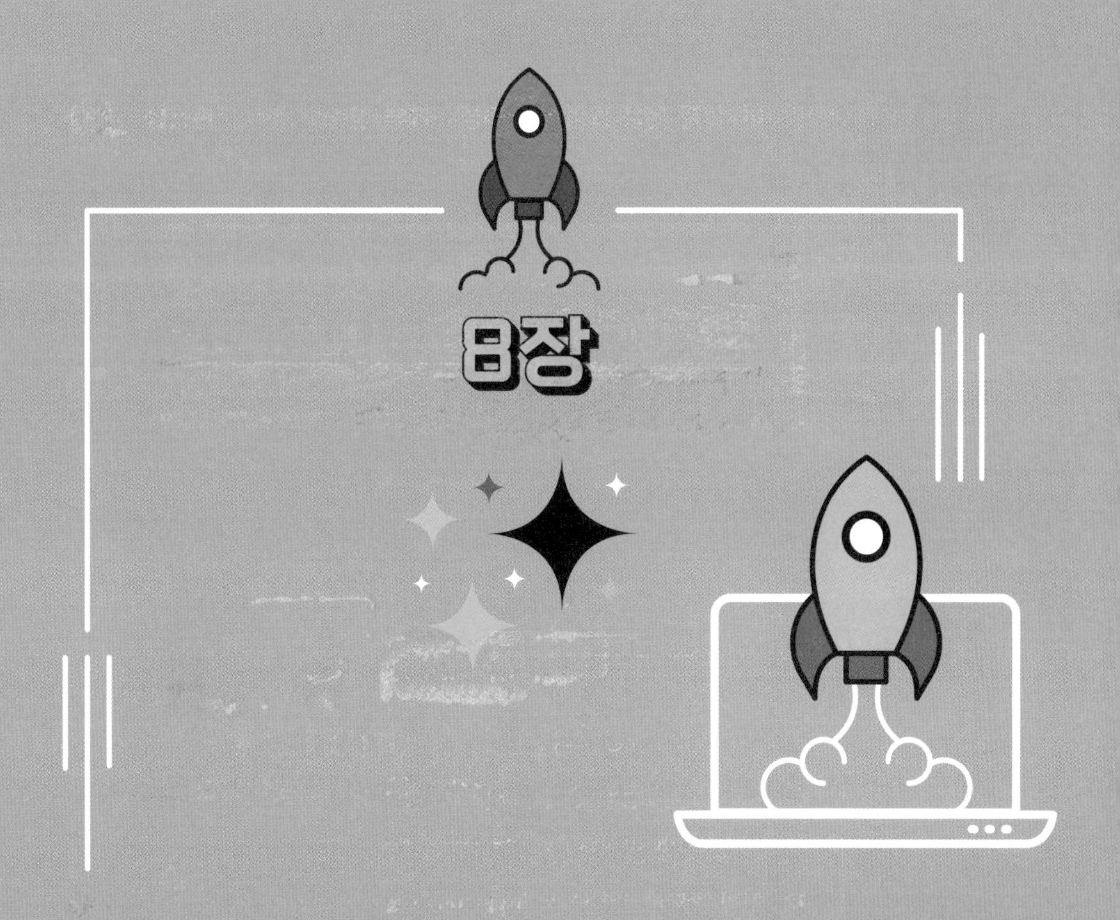

8장

쿠팡 광고 진행하기

01 쿠팡 광고란 무엇인가?

1 광고는 초보자의 유일한 무기

쿠팡 광고는 초보자가 고수를 상대할 수 있는 유일한 수단이다. 쿠팡 광고는 이전에 비해 그 중요성이 더욱 커졌다. 쿠팡 판매자는 많아졌고, 어떤 키워드를 검색했을 때 나타나는 상품수도 훨씬 많아졌다. 그렇지만 상품 구매가 일어나는 1페이지라는 공간은 여전히 한정적이다. 그만큼 1페이지로 진입하기 위한 경쟁은 그 어느 때보다 치열하다.

이미 1페이지에는 잘 팔리고 있고, 리뷰가 수백수천 개가 달린 제품들이 가득하다. 초보자가 올린 상품이 검색 순위 10위 이내에 자리 잡는다는 것은 결코 쉽지 않은 일이다.

다음은 쿠팡에서 '에코백'을 검색한 결과 화면이다. 1위부터 5위까지의 제품들이 모두 많은 리뷰를 달고 있다. 누가 봐도 1페이지에 노출이 될 만한 제품들이다. 그런데 순위가 적혀 있지 않고 좌측 하단에 'AD①'라고 붙어 있는 광고 제품이 있다. 리뷰가 2개인 제품도 1페이지 최상단에 노출되고 있다. 아직은 리뷰 수가 적지만 상위에 노출되어 있고 썸네일이 매력적이라면 구매자의 클릭이 분명 일어날 것이다.

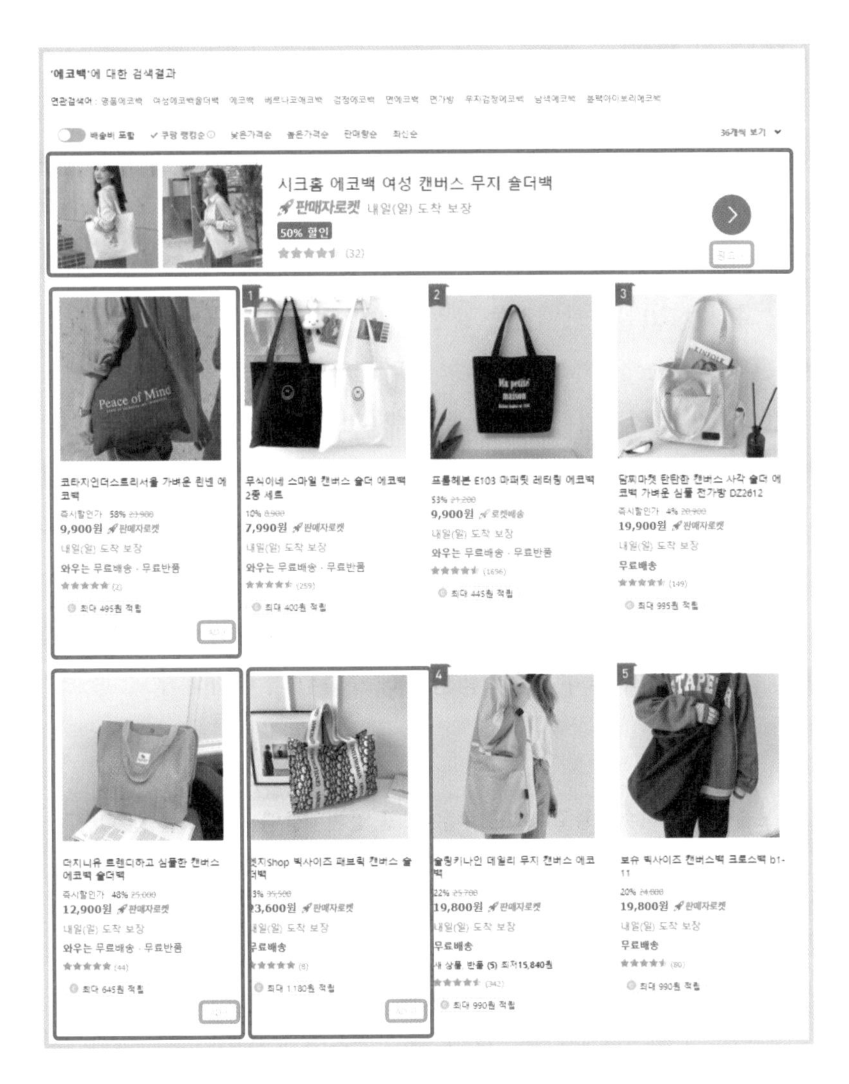

온라인 쇼핑에 있어서 모든 판매는 '노출 → 클릭 → 구매' 순으로 일어난다. 쿠팡에서 광고를 하면 누구나 자신의 제품을 고객의 눈에 가장 잘 띄는 곳에 노출시킬 수 있다.

TIP! 광고는 아이템위너만 할 수 있다

쿠팡 광고는 아이템위너만이 진행할 수 있다. 만약 광고 진행 중인 상품이 아이템위너를 빼앗기면 광고는 자동으로 중단된다.

2 쿠팡 광고의 장점

쿠팡 광고의 첫 번째 장점은 입찰가가 낮은 세부키워드로 많은 클릭과 구매가 일어난다는 것이다. 따라서 저렴한 비용으로도 얼마든지 이익을 낼 수 있는 구조다.

키워드 광고를 할 때 메인키워드의 입찰가는 대체로 비싸다. 만일 비싼 메인키워드로만 광고를 해야 효과가 있다면, 판매자는 물건을 팔아도 마진이 남지 않거나 심지어는 광고를 해 손해를 보는 경우도 일어날 수 있다. 그런데 쿠팡은 고객이 키워드를 검색할 때 자동완성어와 연관키워드를 노출시켜서 세부키워드로 많은 유입이 생기도록 만들어져 있다. 자동완성어와 연관키워드에 노출되는 키워드는 대부분 메인키워드에 비해 광고 입찰가가 저렴하다. 이러한 세부키워드에서 내 상품이 노출되고 구매가 이루어진다면 저렴한 비용으로 높은 광고 효과를 낼 수 있는 것이다.

두 번째 장점은 '비검색 영역 광고'다. 비검색 영역 광고는 검색 영역 이외에 메인, 카테고리, 상세페이지, 장바구니 페이지 등 다양한 곳에 노출된다. 비검색 영역 광고의 효과를 무시할 수 없다.

	노출수	클릭수	광고비	총 주문수	총 전환매출액	광고효율	클릭단가
비검색 영역	177,061	191	48,746	35	671,660	1378%	255

위 그림은 '쿠팡 광고 보고서'인데 비검색 영역 광고에서 일어난 노출, 클릭, 주문수를 보여준다. 클릭 단가가 255원으로 저렴하다. 때문에 광고 효율이 1378%나 된다.

세 번째 장점은 쿠팡은 광고로 인한 클릭값과 구매 건수가 랭킹 지수에 반영된다는 점이다. 네이버플러스 스토어는 광고로 인한 클릭값을 상위 노출 지수에 반영하지 않는 반면 쿠팡은 랭킹 지수에 반영한다. 광고를 하면 많은 클릭이 일어난다. 이러한 광고로 인한 클릭값은 상위 노출 지수에 반영되어 내 상품을 상위 노출로 끌어올려 주는 효과를 가져온다. 광고를 통해 판매뿐만 아니라 상위 노출 랭킹 지수를 쌓을 수 있는 것이다. 상품등록 후 쿠팡에서 상위 노출에 가장 큰 영향을 미치는 것이 '판매량'과 '클릭수'라고 할 수 있는데, 이러한 것을 광고를 통해 쌓을 수 있다.

네 번째 장점은 다양한 노출 영역이다. 쿠팡과 네이버 가격비교의 광고를 살펴보자.

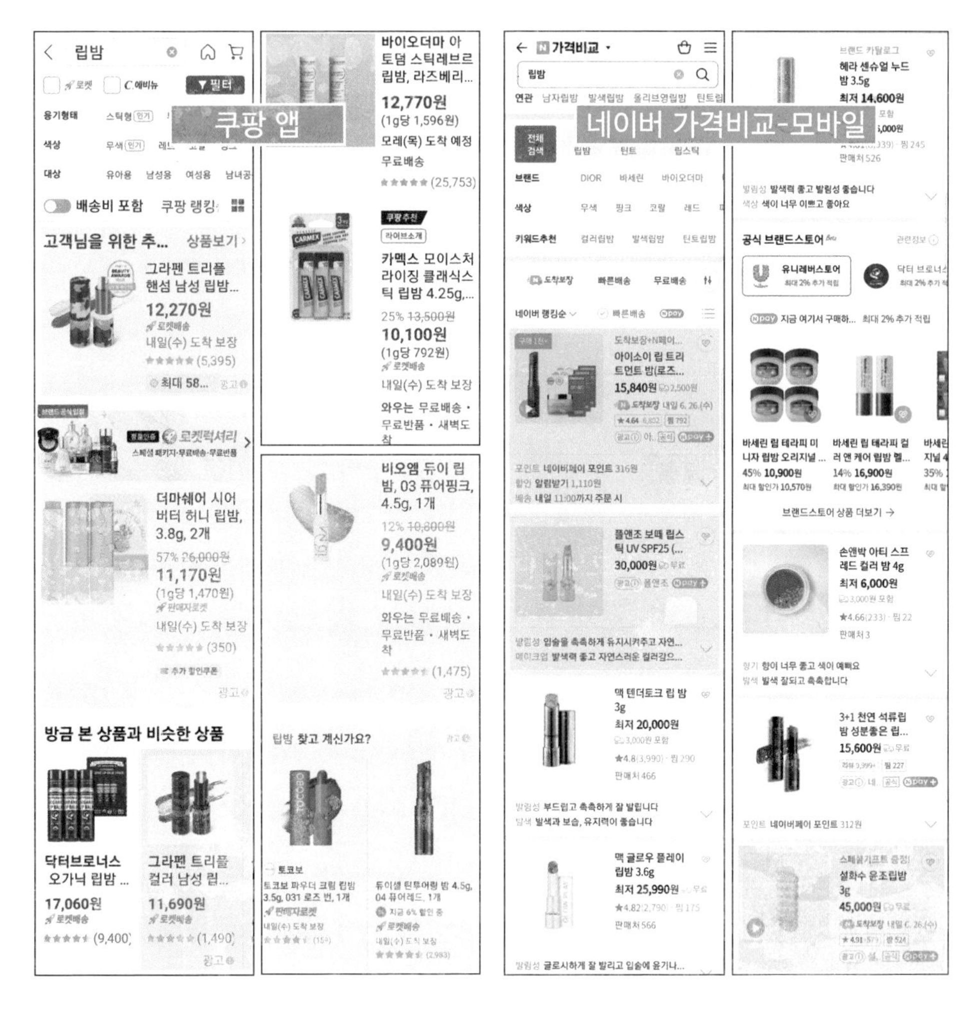

쿠팡과 네이버 가격비교의 모바일 화면을 보면 상품마다 구성이 조금씩 차이는 있지만 쿠팡의 광고 상품 영역이 네이버 가격비교에 비해 더 많은 것을 알 수 있다. 그만큼 광고의 비중이 쿠팡이 크다고 할 수 있다

웹 화면도 마찬가지다. 네이버 가격비교에서는 한 페이지에 보통 '광고 상품 2개+일반 상품 20개+광고 상품 2개+일반 상품 20개'의 순으로 세로로 일렬 진열된다. 광고 상품은 광고ⓘ 표시가 있다. 고객에게 광고는 클릭률을 떨어뜨리는 결과를 초래한다. 1~2번째에 자리하는 광고 상품은 눈에는 잘 띄지만 대부분의 고객은 광고 상품이라는 것을 알고 있어 노출도에 비해 클릭률이 떨어진다. 20개 이후에 나오는 광고

상품은 고객이 스크롤을 내리지 않으면 보지 못할 수도 있다.

쿠팡은 광고 상품이 화면 1~2번째 자리를 비롯해 랭킹 상품 중간중간에 여러 개가 진열된다. 그리고 화면 중간에 '같이 보면 좋은 상품' 등 별도의 광고 상품 영역이 있어 관련 광고 상품을 노출해준다. 또 쿠팡의 광고는 AD ⓘ 라는 광고 표시가 눈에 잘 띄지 않는 위치에 있다. 고객이 광고라는 것을 인식하지 못하고 무심코 클릭할 확률이 높다.

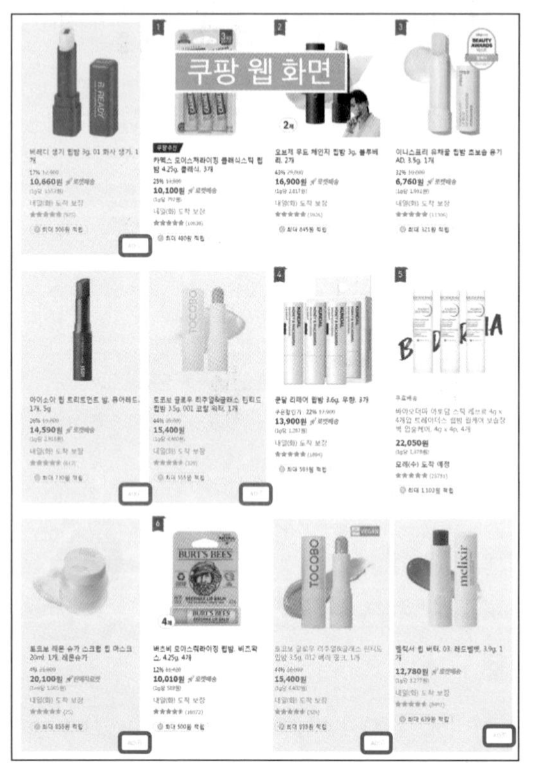

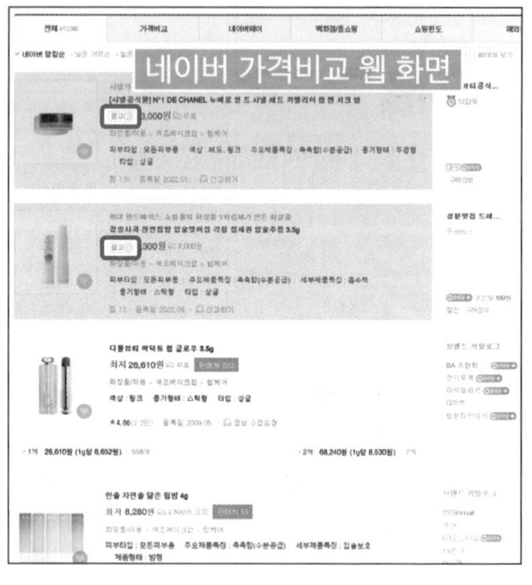

이러한 이유 등으로 쿠팡의 광고는 다른 오픈마켓이나 네이버 가격비교의 광고에 비해서 광고 효율이 높은 편이다.

쿠팡 광고는 저렴한 비용으로 주문을 발생시킬 수 있고, 또 광고를 상위 노출의 수단으로 적절히 활용할 수 있다. 그래서 저자는 쿠팡 광고는 되도록 진행하는 것을 권장한다. 특히 경쟁이 치열한 상품은 더욱 필수적으로 광고를 진행해야 한다.

광고를 진행해 일단 상위 노출을 시키고 판매 현황을 지켜본 후 계속 광고를 진행할지 여부를 판단하면 된다. 광고를 중단하더라도 그동안 광고를 통해 쌓아온 판매지수와 클릭수 등으로 상위 노출을 어느 정도 유지할 수 있으며, 그로 인해 판매도 일어나 선순환의 효과를 얻을 수 있다. 이러한 것을 판매자는 광고 집행 후 반드시 분석하고 판단해야 한다.

3 쿠팡 광고의 유형

쿠팡의 광고 유형은 '매출 최적화 광고'와 '수동 성과형 광고'가 있다.

'매출 최적화 광고'는 광고 키워드 선정과 입찰가를 쿠팡 알고리즘이 자동으로 설정해 노출 최적화를 시켜주는 광고다. '수동 성과형 광고'는 광고주가 직접 광고 키워드와 입찰가를 설정하는 방식의 광고다.

매출 최적화(자동 운영)		수동 성과형(직접 입력)
AI가 키워드를 최적화하여 다양한 키워드에서 노출	목적	광고주가 원하는 특정 키워드에 집중 노출
다양한 키워드에서의 노출과 안정적인 광고 효율 운용	장점	검색과 구매가 집중적으로 이루어지는 키워드를 정교하게 공략 가능
키워드 우선순위 및 클릭 단가의 직접적인 컨트롤 불가	단점	키워드와 입찰가를 잘못 설정하면 노출이 되지 않음
시즌 상품, 순마진이 높은 상품에 유리	적합한 광고 상품	비시즌성 상품, 순마진이 적은 상품에 유리

간혹 쿠팡 광고에 대해 정답이 있는 것처럼 말하는 사람이 있다. 하지만 쿠팡의 광고 로직은 계속 변하고 있고 시장도 변하고 있다. 어떤 광고 방식이 가장 효과적인지 정답은 없다. 자신의 예산과 제품 특성에 따라서 두 가지 방식 중 하나만 사용할 수도 있고, 같이 사용할 수도 있다. 가장 좋은 방법은 여러 가지 방식의 광고를 집행해보고, 자신 혹은 제품에 잘 맞는 광고 방식을 찾아가는 것이다.

4 쿠팡 광고와 광고수익률

광고를 집행하는 궁극적인 이유는 수익 창출이다. 그런데 광고수익률을 이해하지 못하고 무작정 광고를 하다 보면 제품이 판매되어도 이익을 볼 수 없거나 손해가 날 수 있다. 따라서 광고수익률을 잘 따져보고 광고를 운영하는 것이 필수다.

광고를 진행할 때는 광고수익률(ROAS, Return On Ad Spend)과 투자수익률(ROI, Return On Investment)을 확인해야 한다. 이 두 가지 광고에 대한 성과를 수치화해 직관적으로 확인하고 광고 집행의 지표로 삼아야 한다.

1) 광고수익률(ROAS)

광고수익률(ROAS)은 '광고비 대비 매출액'이다. 광고로 인해 발생한 매출액을 사용한 광고 비용으로 나누어 백분율로 표현한 것으로, 마케팅의 중요한 지표가 된다.

$$\text{광고수익률} = \frac{\text{매출액}}{\text{광고비}} \times 100(\%) = \frac{400,000}{100,000} \times 100 = 400(\%)$$

예를 들어 광고를 집행하는 데 10만 원을 사용한 경우에 광고에서 발생한 매출액이 40만 원이라면 광고비용 대비 400%의 매출을 얻었다고 표현할 수 있다. 당연히 ROAS 수치가 높을수록 광고 성과가 높은 것이다.

쿠팡의 '매출최적화' 광고에서는 '목표 광고수익률'을 설정하는 것으로 손쉽게 관고를 진행할 수 있는데, 이때 입력하는 것이 ROAS다.

다만 ROAS는 광고비와 매출액에 대한 부분만 고려하기 때문에 얼마의 순이익이 발생했는지는 다시 확인해 봐야 한다. 따라서 ROI에 대한 이해가 필요하다.

2) 투자수익률(ROI)

투자수익률(ROI)은 '투자액 대비 이익'이다. ROI는 이익에 포커스를 맞춘 것이기 때문에 투자에 대한 이익 목표의 지표로 사용할 수 있다.

$$\text{투자수익률} = \frac{\text{순이익}}{\text{투자비}} \times 100(\%) = \frac{80,000}{100,000} \times 100 = 80(\%)$$

예를 들어 투자액과 동일한 금액의 이익이 발생하면 ROI는 100%라고 할 수 있다. 만약 투자액보다도 이익이 적으면 ROI는 100%를 달성할 수 없고, 적자라고 판단할 수 있다.

쿠팡 광고에서 ROI는 광고를 통해 얻은 순이익을 광고비로 나눈 것이다. 광고비 10만 원을 투자해 40만 원의 매출을 올렸는데, 이 중 생산원가와 배송비, 쿠팡 판매수수료 등 필수변동비를 제외한 순이익이 8만 원이라면 투자수익률은 80%가 된다. 즉 광고를 통해 적자를 보게 된 것이다. 그런데 이것을 단순한 적자라고 생각할 수만은 없다. 이는 판매자의 광고 목표가 무엇인지에 따라 다르다.

3) 광고 목표와 광고수익률 설정

만약 상품을 준비했는데 판매가 하나도 일어나지 않아 개점휴업 상태라면 어떨까? 이런 경우 오프라인 매장에서는 전단지 홍보나 할인 행사를 통해 어떻게든 고객 방문을 유도하는 판촉 행사를 벌일 것이다.

온라인도 마찬가지다. 온라인에서는 노출 → 클릭 → 구매 순으로 판매가 이루어진다. 클릭도 없고 판매도 없다면 먼저 고객에게 내 상품이 보이도록 상위 노출을 시켜야 한다. 경쟁이 치열한 온라인 마켓에서 그것을 가능케 하는 것이 광고다.

온라인 마켓에서 광고 목표는 다음과 같다.

① 수익 증대
② 상품 및 스토어 브랜딩
③ 상품 상위 노출과 유지

판매자는 대략 이와 같은 이유로 판매 전략을 세우고 광고를 진행한다.

상품등록 후 아무런 반응이 없다면 판매자는 손해를 감수하더라도 일정 기간 광고를 진행해 클릭과 판매를 일으킬 수 있다. 이를 통해 판매건수와 클릭수를 높여 장기적으로 상위 노출과 판매를 꾀하는 전략을 펼칠 수도 있다. 또 처음부터 상품이나 자신의 스토어 브랜딩을 목표로 수익률은 고려치 않고 광고를 진행할 수도 있다.

쿠팡에서 광고를 진행할 때 '광고 운영 방식'을 '자동운영'으로 선택하면 '목표 광고수익률'을 설정해야 한다. 그런데 이 목표 광고수익률이 실제 나의 판매 수익률은 아니다. 목표 광고수익률은 쿠팡 알고리즘에게 학습된 결과를 토대로 그만큼의 수익률을 올리도록 노출과 클릭이 일어나게 광고를 해달라고 지시하는 것이다. 구매로 이어지는 것은 그 다음의 문제로 판매자마다 가격, 품질, 경쟁 정도 등 판매 상황이 다르기 때문에 실제 수익률과 목표 광고수익률은 차이가 있다.

그래서 쿠팡에서의 목표 광고수익률은 CPC 단가를 결정하는 자료로 보는 것이 타당할 것이다. 쿠팡에서 광고를 진행하다 보면 '제안 광고 수익률'이 350%로 되어 있는 것이 많은데, 이 정도가 되면 검색결과에서 상위 1~2페이지에 광고 상품이 자리할 수 있다는 뜻이기도 하다. 목표 광고수익률이 높으면 높을수록 더 하위 순위에 노출된다.

쿠팡 광고에서 목표 광고수익률이 낮으면 1페이지에 노출되고, CPC 단가도 높다. 그러면 클릭이 많이 일어나고 설정한 하루 예산도 빠르게 소진되어 예산 부족으로 광고가 금세 끝날 수 있다. 반대로 목표 광고수익률이 높으면 고객이 잘 찾지 않는 하위 페이지에 광고가 노출되고 CPC 단가도 싸다. 그러면 클릭이 많이 일어나지 않고 하루예산 광고비를 소진하지 못하는 경우도 생긴다. 광고의 효율이 없는 것이다. 이러한 상황을 광고를 진행하면서 1~2주 정도 지켜본 후 목표 광고수익률을 조정하면 된다.

광고수익률을 조정할 때 중요하게 고려해야 할 것이 광고로 인한 수익이다. 광고수익률과 실제 광고 수익을 살펴보고 최적의 수익을 낼 수 있도록 설정해야 한다.

예를 들어 광고비 30만 원으로 매출 300만 원을 올린 상품이 있다면 광고수익률은 1000%, 실제 광고 수익은 270만 원이다. 이 상품의 광고비를 100만 원으로 올려 같은 기간 동안 광고를 해 매출이 500만 원으로 올랐다면 광고수익률은 500%, 실제 수익은 400만 원이 되었다. 광고수익률은 낮지만 실제 수익은 더 많다. 이 경우는 후자로 광고를 집행해야 한다.

쿠팡 광고를 진행할 때 마진과 예산은 판매자 본인만 알 수 있다. 광고를 진행할 때는 광고 목표가 무엇인지를 결정하고, 그에 따라 광고비 대비 매출과 수익을 검토한 후 진행해야 한다.

광고 진행 후에는 목표한 대로 광고가 잘 진행되는지를 광고 성과를 살펴보면서 광고를 계속 진행할지 중단할지를 결정하면 된다.

02 쿠팡 광고 진행하기

쿠팡에서 광고는 '매출 최적화 광고'와 '수동 성과형 광고'를 선택해 진행할 수 있다. 'AI스마트 광고'와 '매출스타트 광고'도 있긴 하지만 AI스마트 광고는 내 재고 상황이나 주력 상품 반영이 어렵고, 매출스타트 광고는 클릭 단가가 높은 키워드에 더 많이 노출되기 때문에 노출에는 장점이 있지만 광고비 대비 매출액에 있어서는 결과가 좋지 않을 수 있다. 초보 셀러에게는 안정적인 매출과 수익률의 균형이 중요하기 때문에 '매출 최적화 광고'와 '수동 성과형 광고'에 대해서 다루겠다. (※ 광고 화면은 판매자별로 허용되는 광고의 종류가 다를 수 있기 때문에 조금씩 다르게 보일 수 있다.)

1 매출 최적화 광고 진행하기

매출 최적화 광고는 목표 광고수익률과 예산을 입력하면 쿠팡 알고리즘이 목표 광고수익률(ROAS)을 목표로 자동으로 최적화하는 광고다.

상품에 맞는 키워드와 입찰가를 쿠팡 알고리즘이 자동으로 최적화해 매출을 성장시킨다.

매출 최적화 광고

목표 광고 수익률을 고려하여 최적화	키워드, 입찰가 고민없이 간편하게	가능한 높은 매출 달성 기대

(출처: 쿠팡 상품광고 소개서)

01_ 쿠팡 WING → 광고센터 → 광고 만들기를 클릭한다.

02_ '광고 목표'에서 매출 성장을 선택하고 다음을 클릭한다.

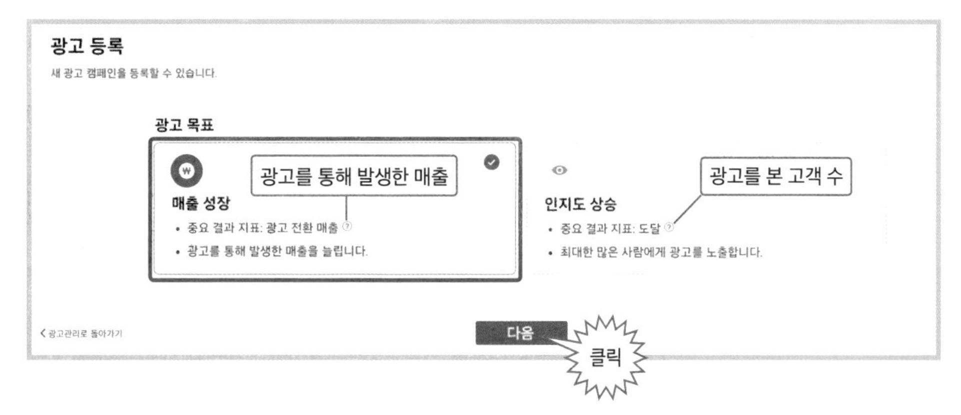

03_ 기본 설정 캠페인 이름과 기간을 설정한다.

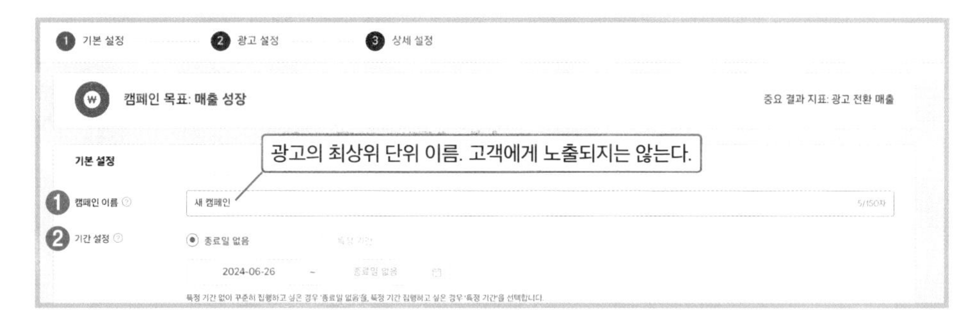

① **캠페인 이름:** 캠페인 운영 전략이 잘 드러나는 이름으로 설정한다. 저자는 광고 관리 편의를 위해 '상품명+광고 유형+목표 광고수익률'로 입력한다.

② **기간 설정:** 광고를 진행할 기간을 설정한다. 특정 기간을 설정해 진행할 수 있다.

04_ 광고 설정 광고 상품을 설정한다.

① **광고 그룹 이름**: 캠페인의 하위 단위. 광고 상품 그룹을 관리하기 위한 이름으로 설정한다. 저자는 캠페인 이름과 동일하게 한다.

② **광고 상품 설정**: '수동 상품 설정'을 선택한다.

③ **광고효율 UP**: 체크하면 높은 광고전환율이 예상되는 상품을 추천해준다.

④ **노출수 부족**: 체크하면 노출, 전환, 리뷰 등의 데이터가 적어 노출 기회가 부족했지만 매출스타트 광고를 통해 매출 성장을 기대할 수 있는 상품을 추천해준다.

⑤ **광고 상품 선택**: 광고를 진행할 상품을 검색해 선택한다.

⑥ **중복 광고 중**: 선택한 옵션이 다른 캠페인에서 광고가 진행 중임을 알려준다. 효율적인 광고 운영을 위해 중복되지 않게 광고하는 것이 좋다.

⑦ **상품 효율지수**: 상품의 구매 이력을 데이터로 산정해 보여준다. 상품을 추가하면 지수가 상승하며, '최소' 기준 이상의 상품 선택을 권장한다. 새로 등록한 상품은 구매 이력이 없거나 적어서 최소 기준을 채우기 어렵다면 무시해도 된다.

05_ 광고 운영 방식에서 매출 최적화 광고를 진행하기 위해 자동운영을 선택한다.

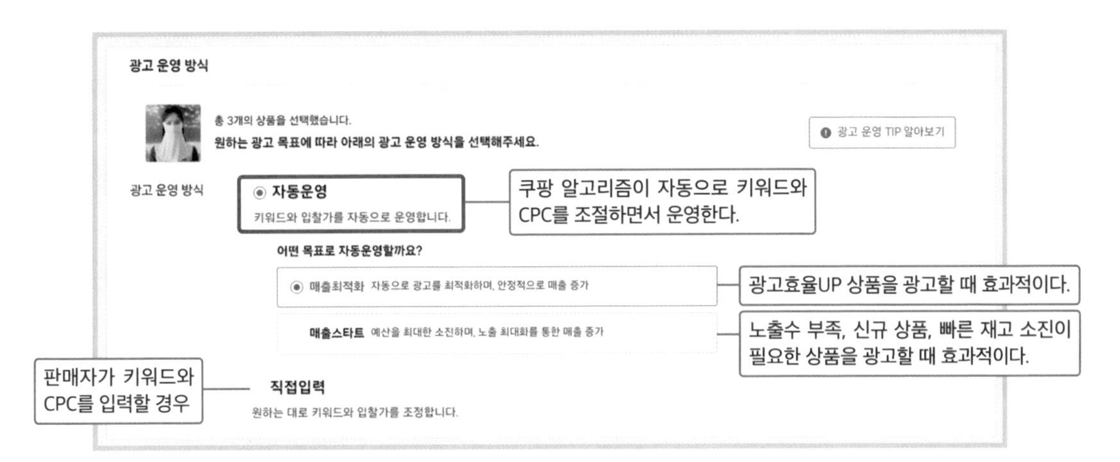

06_ 광고 예산을 설정한다.

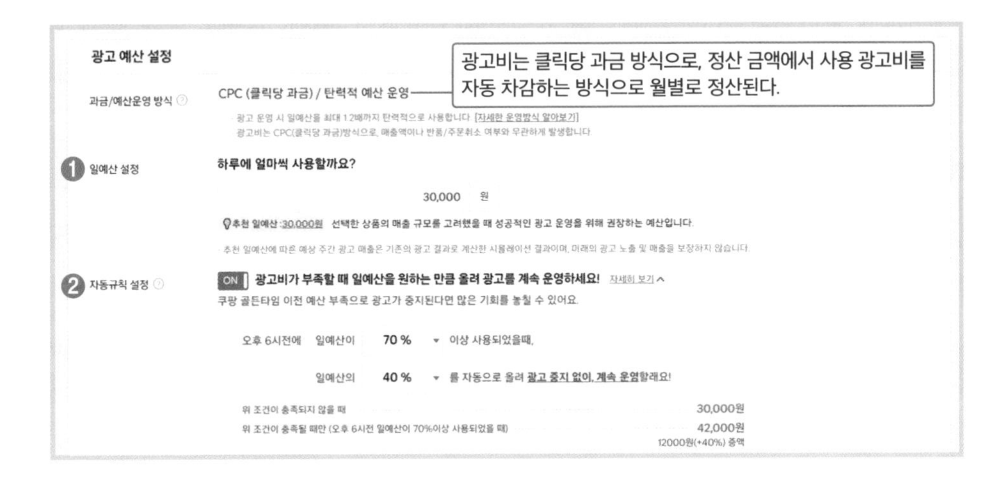

① **일예산 설정:** 하루 광고비로 사용할 예산을 입력한다. 설정한 예산이 다 사용되지 않은 경우, 광고를 통한 고객 유입이 많아 예산이 부족한 날에 미사용 금액을 자동으로 추가 사용한다. 설정한 예산의 20% 한도 내에서 추가 사용하며 미사용 금액에 대해서만 추가 사용하게 된다.

② **자동규칙 설정:** 광고비가 너무 일찍 소진될 경우 설정한 조건에 따라 광고비가 자동 증액된다.

07_ 목표 광고수익률을 설정한다. '제안 광고수익률'로 설정하는 것을 권장한다.

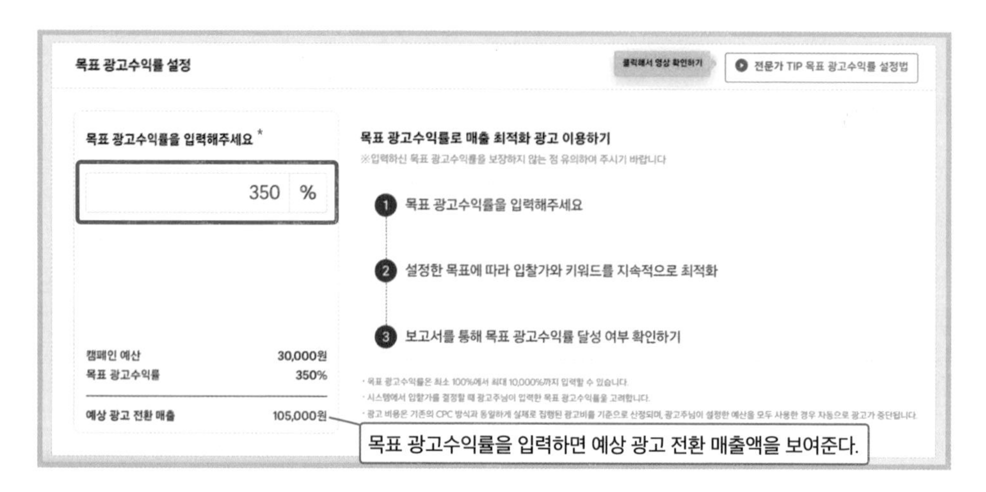

① **목표 광고수익률**: 목표 광고수익률을 너무 낮게 입력하면 쿠팡 AI가 적극적으로 광고를 하겠지만 마진이 남지 않거나 손해가 생길 수 있다. 반대로 너무 높게 입력하면 마진은 높일 수 있지만 쿠팡 AI가 광고에 소극적이 될 수 있다. 내 상품의 마진과 시장에 따라서 적정한 목표 광고수익률을 입력해야 한다.

▶ 단기간에 노출을 많이 해야 할 경우는 '목표 광고수익률'을 '제안 광고수익률'보다 낮게 설정하면 된다. 이때는 광고비가 증가하므로 '광고비 대비 수익률'을 계산해 봐야 한다. '최소 광고 수익률'보다 높아야 광고로 인한 수익이 발생한다.

$$\text{최소 광고수익률} = \frac{\text{판매가}}{[\text{판매가} - (\text{생산원가} + \text{판매수수료})]} \times 100 = \frac{300{,}000}{[30{,}000 - (15{,}000 + 3{,}240)]} \times 100 = 255\%$$

예를 들어 판매가 30,000원, 생산원가 15,000원, 판매수수료 3,240원인 상품을 광고를 한다면 최소 광고수익률은 255%다. 즉 이보다 높게 목표 광고수익률을 설정해야 수익이 발생한다.

▶ 목표 광고수익률을 너무 높게 설정하면 광고 입찰가가 낮아져 타 셀러와의 경쟁에서 밀려 노출 및 클릭이 적게 일어날 수 있다. 이 경우 비검색 영역으로 광고가 밀릴 수도 있다. 광고비는 적게 들지만 목표 매출을 달성하지 못하는 경우가 생길 수 있다.

08_ 상세 설정 광고 상세 설정을 하고 완료를 클릭한다.

① **자동규칙으로 캠페인 운영 자동화하기**: 캠페인 운영 자동 규칙을 선택할 수 있다.

② **리타겟팅**: 쿠팡 외부에서 내 제품을 노출시키는 기능이다. 매출에 도움이 되는 상품도 있고, 그렇지 않은 상품도 있으니 ON/OFF를 잘 결정해야 한다.

③ **키워드 제외**: 광고 진행 후 주기적으로 광고 보고서를 확인하면서 불필요한 키워드를 제외해 주어야 한다. 광고비만 소진시키고 구매로 전환되지 않는 키워드들을 제외하는 기능이다.

▶ 설정이 끝나고 완료를 클릭하면 캠페인 검토가 나온다. 다시 완료를 클릭하면 광고가 진행된다.

2 AI스마트 광고 진행하기

'AI스마트 광고'는 '매출 최적화 광고' 유형의 광고로, 판매자의 전체 상품에 대해 쿠팡 AI가 광고 성과를 예측해 자동으로 광고를 운영해준다. 성과 변화에 따라 예산을 집중해야 할 상품과 제외해야 할 상품 등 가중치를 변경해가면서 효율적인 광고를 진행해준다. 판매자 계정당 한 개 캠페인에서만 사용할 수 있다.

01~03_ 앞의 '매출 최적화 광고 진행하기' 과정과 동일하다.

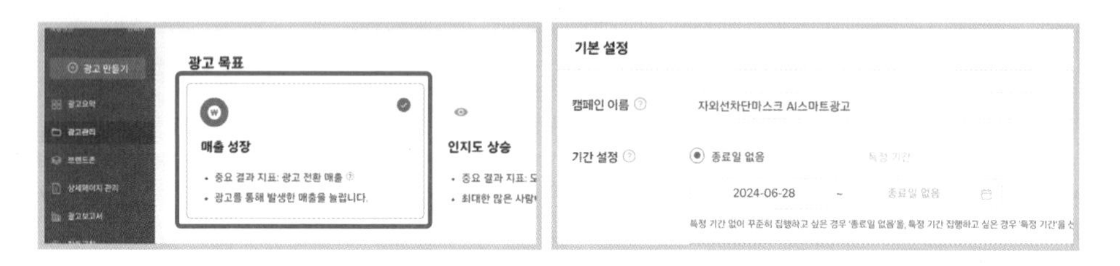

04_ 광고설정 **광고 상품 설정**에서 AI스마트광고를 선택한다.

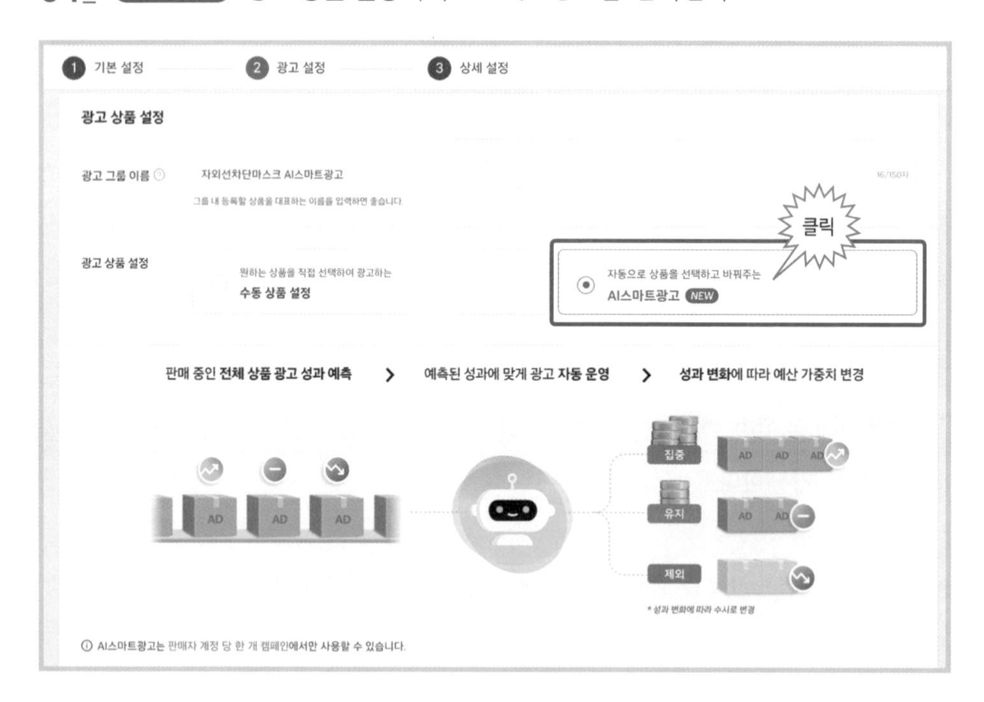

05_ AI스마트 광고는 '이미 광고 중인 상품', '품절된 상품'을 제외한 판매자의 전체 상품을 대상으로 한다. 만일 광고를 진행하지 않을 상품이 있다면 특정 상품 제외하기를 클릭해 제외할 상품을 선택한다.

특정 상품 제외하기

※ 이미 광고 중인 상품, 품절된 상품은 자동으로 제외해줍니다.

전체 상품 2

개별제외 대량제외 상품명

camila 자외선 차단 마스크 스포츠 골프 얼...
18,900 원
상품 선택
모든 옵션 선택

camila 자외선 차단 마스크 스포츠 골프 얼...
18,900 원
상품 선택
모든 옵션 선택

camila 자외선 차단 마스크 스포츠 골프 얼...
18,900 원
선택 취소
모든 옵션 취소

제외 상품 1

전체 선택

camila 자외선 차단 마스크 스포츠 골프 얼굴 가리개, 연핑크
ID : 89765854185

06_ **광고 운영 방식**은 자동운영-매출최적화로 되어 있다.

광고 운영 방식

광고 상품 설정을 AI스마트광고로 선택했습니다.
AI스마트광고는 매출최적화 방식으로만 운영할 수 있습니다.

광고 운영 방식 자동운영 - 매출최적화
키워드와 입찰가를 자동으로 최적화하여 안정적인 매출 증가를 기대할 수 있습니다.

07_ 이후 **광고 예산 설정, 목표 광고수익률 설정, 상세 설정**은 앞의 매출 최적화 광고 진행과 동일하다. 설정을 마친 후 완료를 클릭하면 된다.

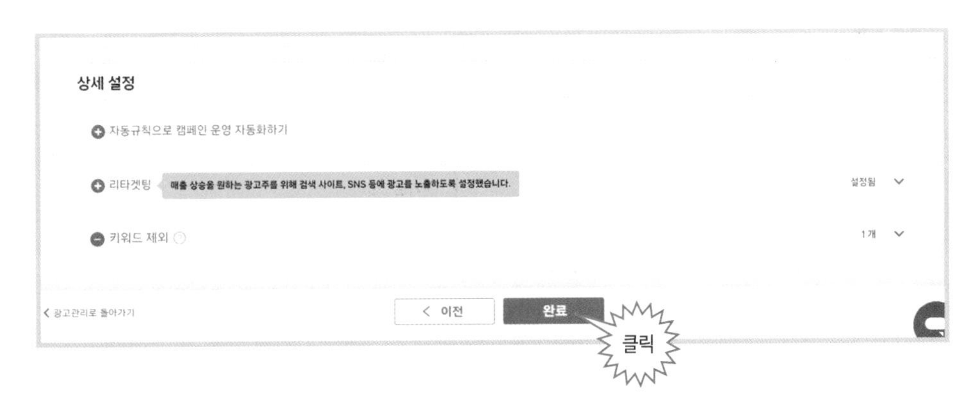

3 수동 성과형 광고 진행하기

수동 성과형 광고는 키워드별/스마트타겟팅/비검색 영역의 광고 입찰가를 모두 직접 설정할 수 있다. 또 키워드 추가 기능이 있어 원하는 키워드에 상품이 노출될 수 있도록 설정할 수 있다.

주력 키워드들을 직접 공략해 노출과 매출 성장을 도모할 수 있는 광고다.

01_ 쿠팡 WING → 광고센터 → 광고 만들기를 클릭한다.(앞의 매출 최적화 광고 진행 과정과 1~4번까지는 동일하다.)

02_ '광고 목표'에서 매출 성장을 선택하고 다음을 클릭한다.

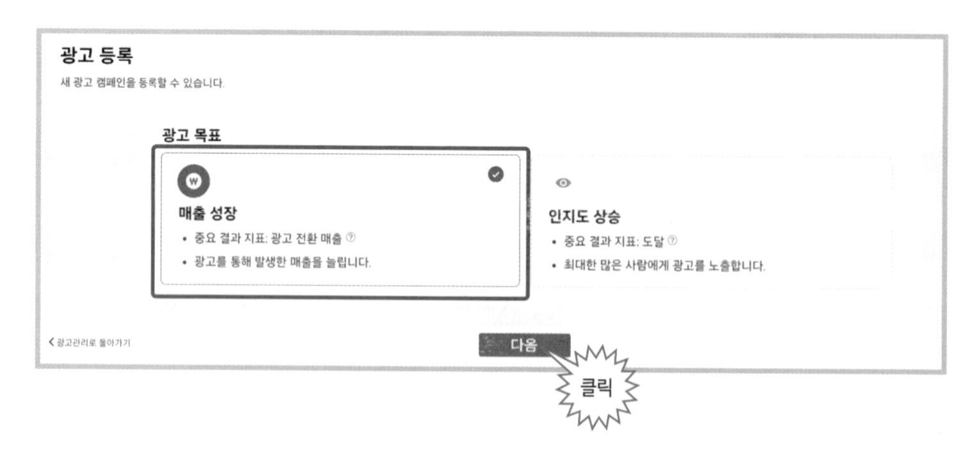

03_ 기본 설정 캠페인 이름과 기간을 설정한다.

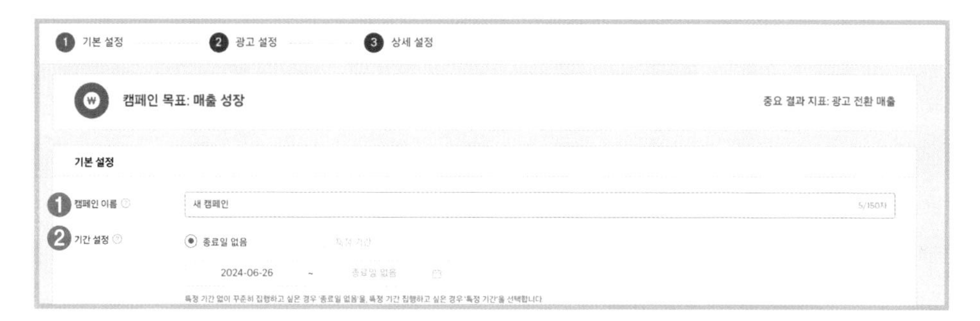

① **캠페인 이름**: 캠페인 운영 전략이 잘 드러나는 이름으로 설정한다. 저자는 광고 관리 편의를 위해 '상품명+광고 종류+목표 광고 수익률'로 입력한다.

② **기간 설정**: 광고를 진행할 기간을 설정한다. 특정 기간을 설정해 진행할 수 있다.

04_ 광고 설정 광고 상품을 설정한다.

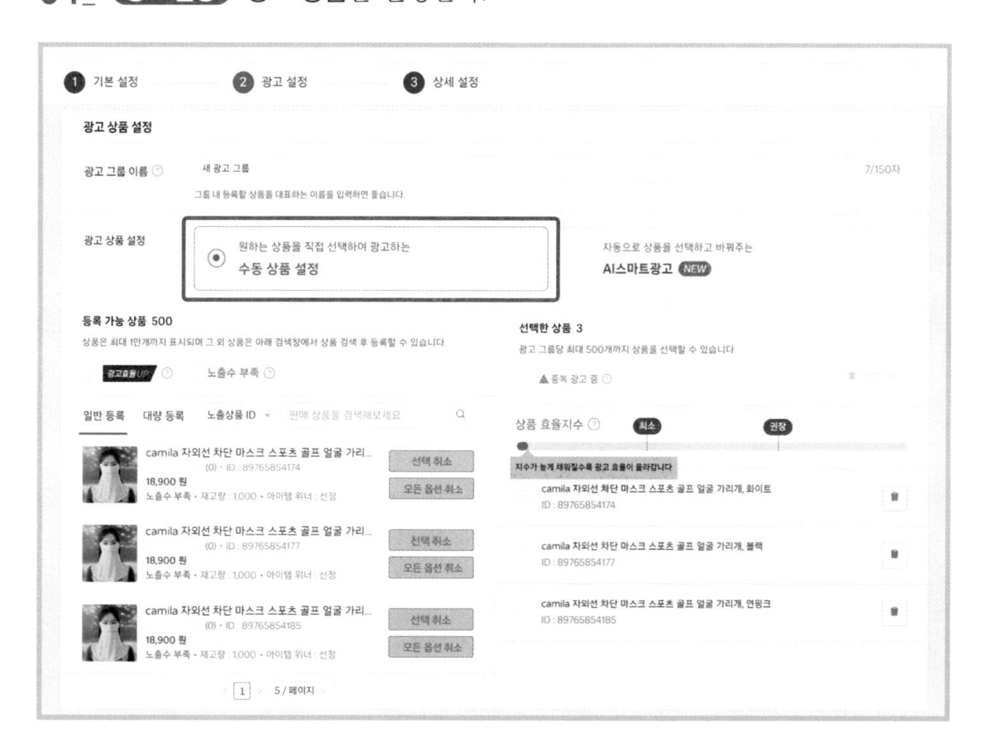

05_ 광고 운영 방식 - 여기서부터 매출 최적화 광고와 세팅이 달라진다. 수동 성과형 광고를 진행하기 위해 직접입력을 선택한다.

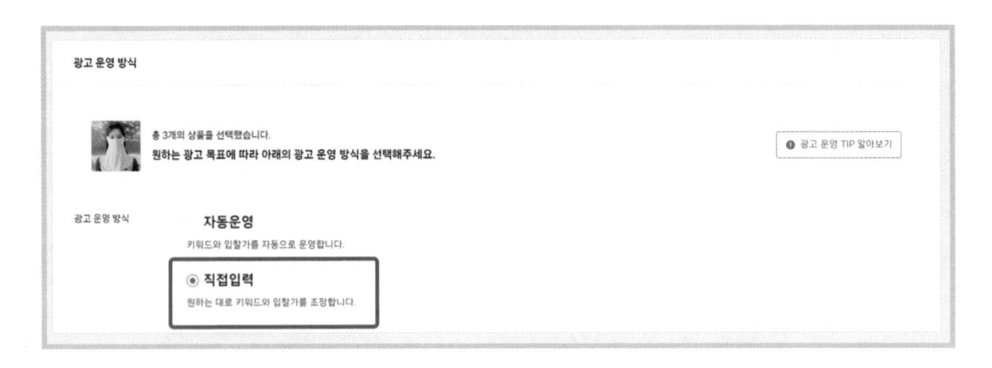

06_ 광고 예산을 설정한다.

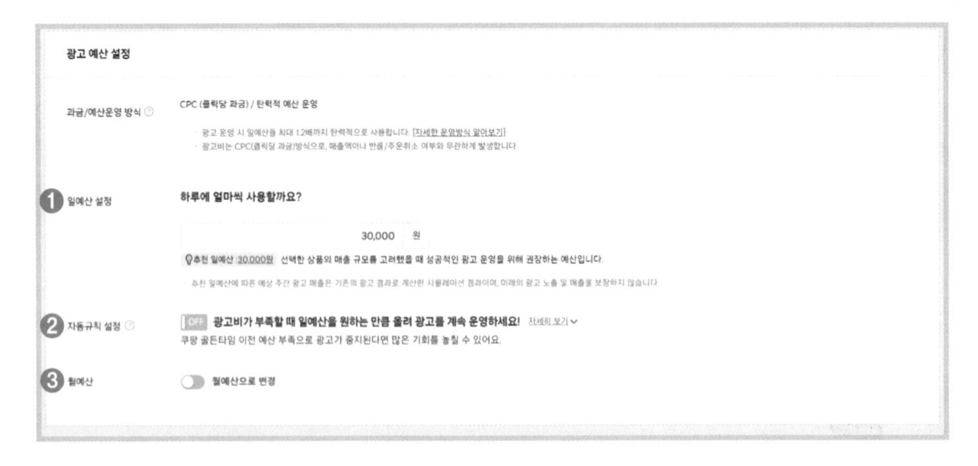

① **일예산 설정**: 하루 광고비로 사용할 예산을 입력한다.

② **자동규칙 설정**: 광고비가 너무 일찍 소진될 경우 적용할 광고비 자동 증액을 설정할 수 있다.

③ **월예산**: '월예산으로 변경'을 클릭해 예산을 월예산으로 설정할 수 있다.

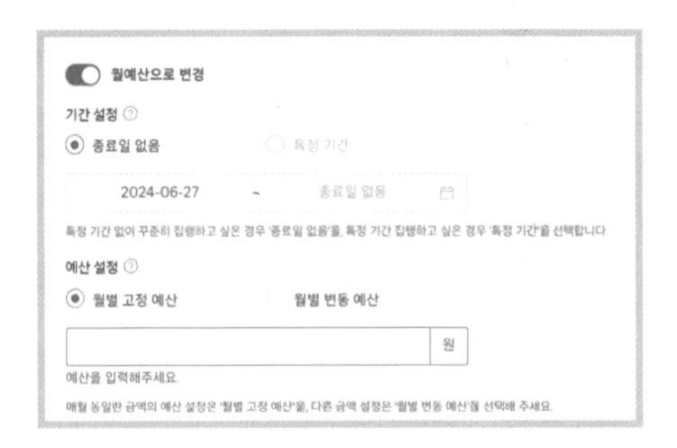

07_ 상세 설정 상세 설정에서 먼저 검색영역(키워드)을 설정한다.

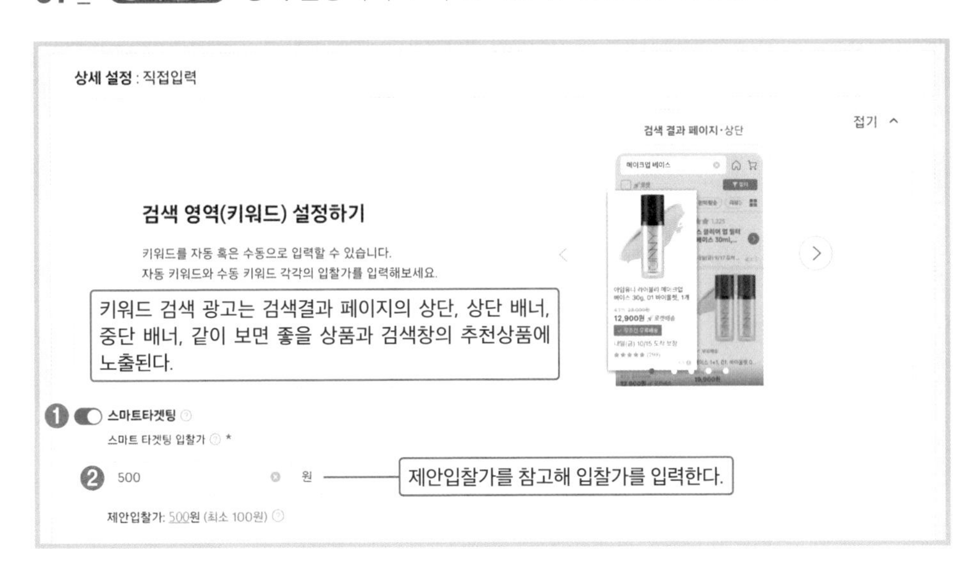

① **스마트타겟팅:** ON으로 설정하면 상품명과 검색어를 기반으로 고객이 검색하는 다양한 키워드에 쿠팡이 광고 상품을 자동으로 매칭해 노출한다. 설정한 입찰가로 광고 가능한 키워드들에 노출되도록 광고가 진행된다.

▶ '스마트타겟팅' 운영을 권장한다. OFF로 하면 직접 키워드를 입력하거나 연관키워드를 선택해 추가할 수 있다.

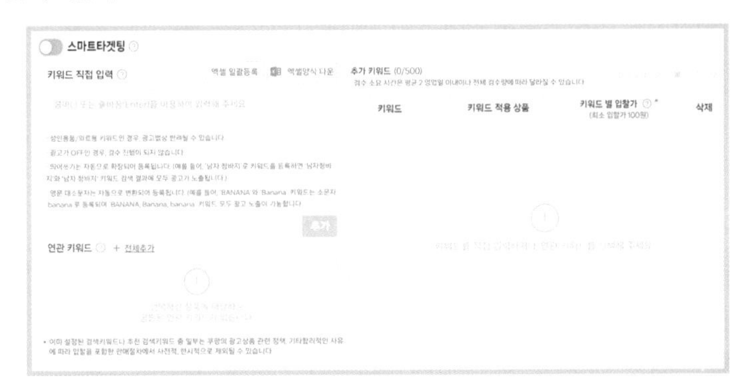

② **스마트타겟팅 입찰가:** 스마트타겟팅을 적용한 상품에 자동 매칭되는 키워드(검색결과 페이지)의 입찰가다. 스마트타겟팅으로 자동 매칭되는 키워드의 입찰가는 보다 우선 적용된다.

수동 성과형 광고를 하는 이유는 **불필요한 키워드를 제거하고 원하는 키워드를 추가해 내 상품에 최적화된 광고를 하는 데 있다.**

③ **키워드 제외:** '스마트타겟팅'에 매칭되는 키워드 중 노출을 원하지 않는 키워드를 추가한다.

▶ 광고 집행 전이라도 확실히 제외시켜야 할 키워드가 있다면 설정해준다.

▶ 진행 후에는 반드시 주기적으로 광고 보고서를 확인하면서 불필요한 키워드를 제외해 주어야 한다. 광고비만 소진하고 구매 전환되지 않는 키워드는 제외시켜 광고 효율을 높일 수 있다.

④ **키워드 추가:** 공략하고자 하는 키워드를 추가하고 입찰가를 설정한다.

▶ 제안입찰가를 참고해 입찰 가능한 범위 내에서 입찰가를 설정한다.

▶ 자신의 광고 예산과 전환율을 고려해 설정한다. 2,000원에 입찰해 5건의 클릭이 일어났는데 해당 광고로 인한 마진이 10,000원 미만이면 손해가 발생하는 광고다.

08_ 비검색 영역 입찰가를 설정하고 완료를 클릭한다.

① **비검색 영역의 입찰가:** 상품광고는 검색 영역 이외에도 키워드와 관련 없는 비검색 영역에 노출된다. 메인, 카테고리, 상품 상세페이지 등 비검색 영역에 노출하기 위한 입찰가를 입력한다.

▶ 비검색 영역은 검색 영역에 비해 낮은 입찰가에서도 노출이 잘 된다. 100원을 설정해 지켜보고 비검색 영역의 광고 효율이 좋다면 증액을 고려해본다.

② **자동규칙으로 캠페인 운영 자동화하기:** 캠페인 운영 자동 규칙을 선택할 수 있다.

▶ 모든 설정이 끝나고 완료를 클릭하면 광고가 진행된다.

03 광고 성과 분석하기

광고를 시작했다면 반드시 광고 성과를 분석해야 한다. 클릭도 많고 구매 전환도 많이 되는 키워드에 광고비가 더 사용될 수 있도록 클릭과 구매 전환이 많지 않은 키워드는 삭제해야 한다.

또 광고 효율이 좋은데 예산이 너무 빨리 소진되어 광고가 멈추는 캠페인이 있다면 광고비 증액도 고려해야 한다. 이러한 캠페인은 예산을 증액시켜 주면 더 큰 매출을 가져다 줄 것이다.

광고는 매일 체크해야 한다. 상품이 잘 노출되고 있는지, 광고비를 잘 소진하고 있는지, 광고 효율이 잘 나오고 있는지, 불필요한 키워드가 광고비를 소진하고 있지는 않은지, 예산이 부족한 캠페인은 없는지 등을 체크해야 한다.

광고는 곧 비용이다. 가성비와 성과를 잘 챙겨야 효율적인 광고를 할 수 있다.

1 광고 전체 성과 보기

01_ 쿠팡 WING → 광고센터 → 광고관리를 클릭한다.

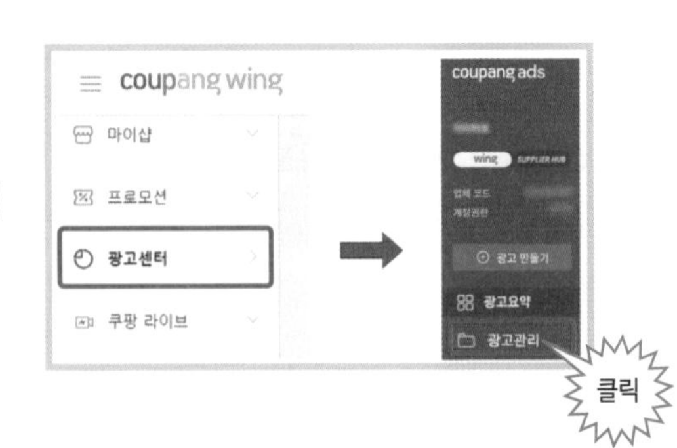

02_ **전체 성과 요약**에서 다양한 지표들을 확인할 수 있다. 기간을 설정해 기간별로 확인도 가능하다.

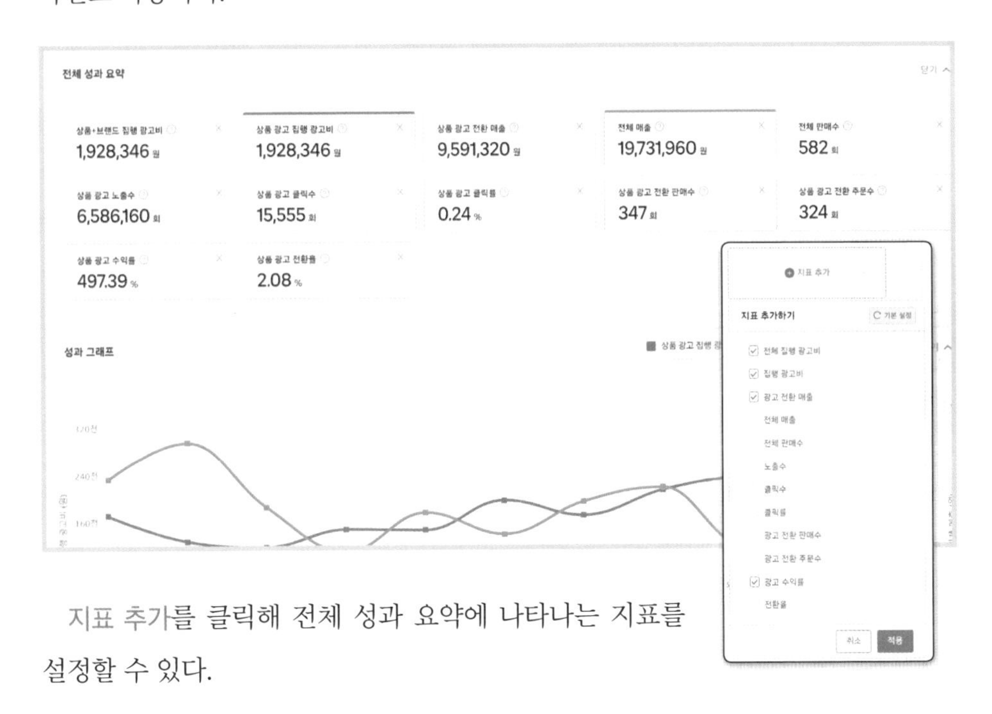

지표 추가를 클릭해 전체 성과 요약에 나타나는 지표를 설정할 수 있다.

성과 그래프는 다양한 지표를 선택해 볼 수도 있다.

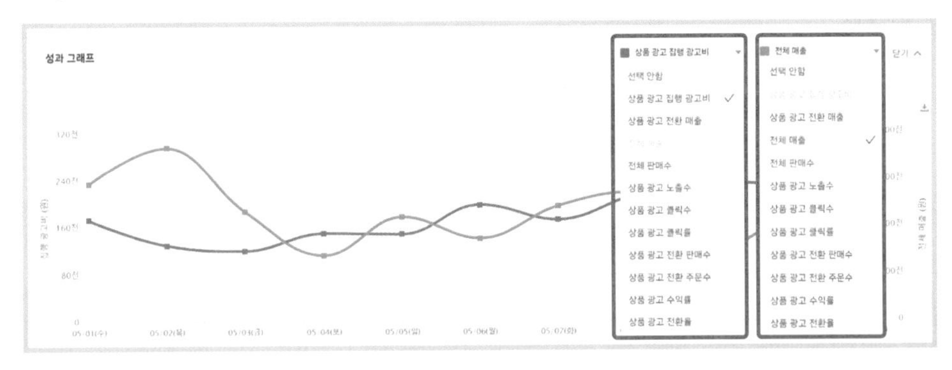

2 광고 보고서 생성과 분석하기

01_ 쿠팡 WING → 광고센터 → 광고보고서를 클릭한다. 자동 광고 보고서 탭에서 전체 상품 광고, 캠페인별 광고 성과를 한눈에 확인할 수 있다.

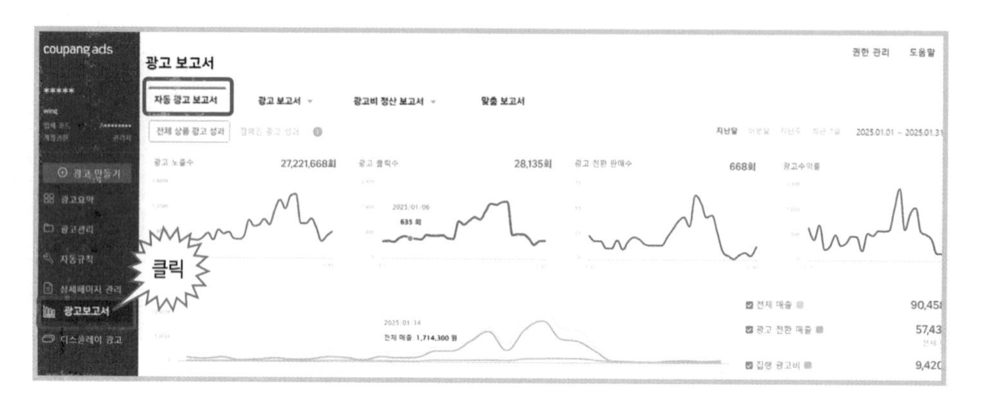

02_ 광고 보고서 탭에서 매출 성장 광고 보고서를 클릭한다.

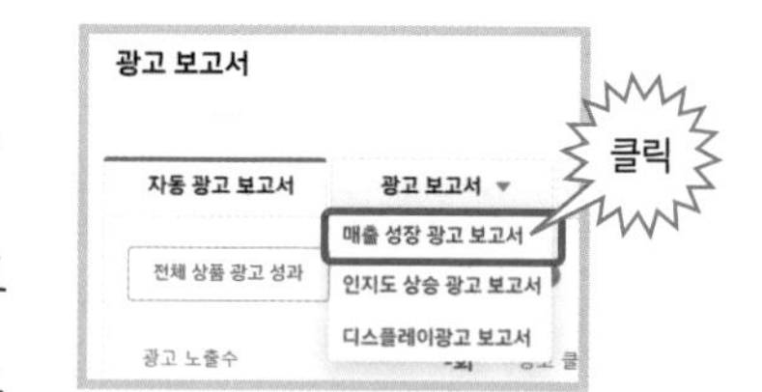

03_ '보고서 기간', '기간 구분', '캠페인 선택'을 하고 보고서 만들기를 클릭하면 오른쪽에 보고서가 생성된다. 차트보기 혹은 다운로드를 클릭해 광고 보고서를 분석할 수 있다.

04_ 다운로드한 광고 보고서를 보면 데이터가 너무나 많아 어떻게 분석해야 할지 어렵게 느껴질 것이다. 이 중에서 필요한 데이터만 추출해서 분석해보자.

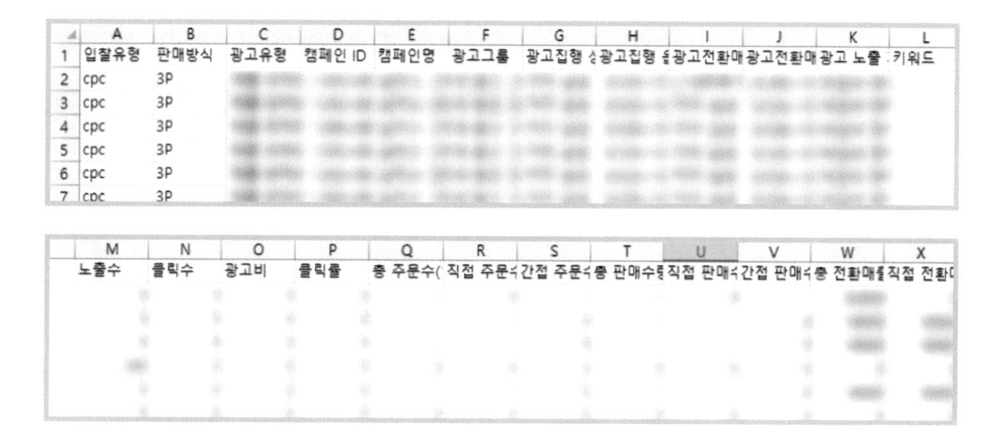

다운로드한 엑셀 파일을 열고 삽입 → 피벗 테이블을 클릭한다.

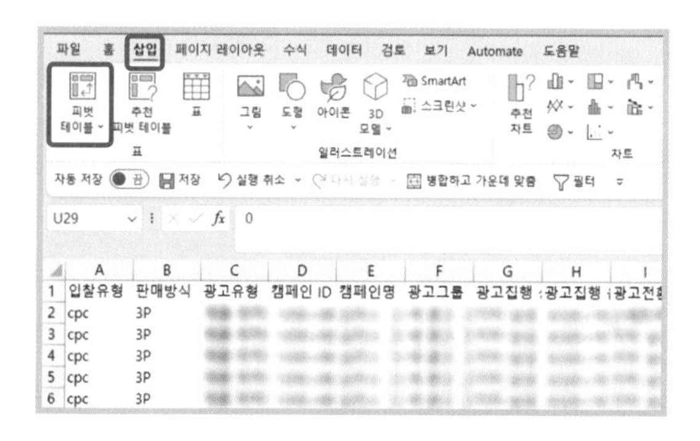

05_ 피벗 테이블이 형성되면 피벗 테이블 필드에서 키워드, 노출수, 클릭수, 총 판매수량(14일), 총 전환매출액(14일)을 선택한다.

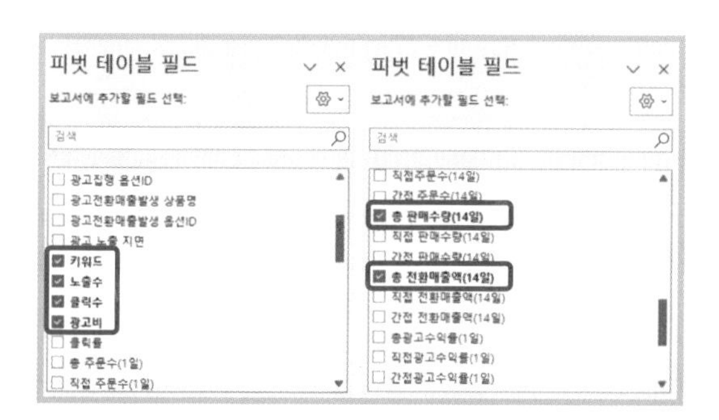

06_ 그렇게 만들어진 표를 전체 선택해 복사한다.

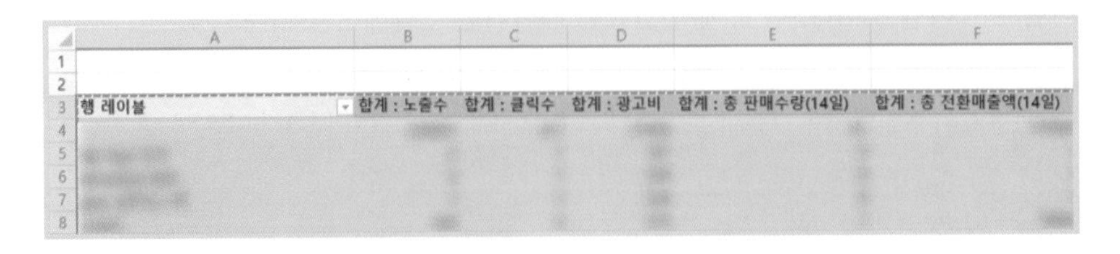

07_ 하단의 '+' 모양을 클릭해 새로운 시트를 만든 다음, 새로운 시트에서 마우스 우측 버튼을 클릭한 후 붙여넣기 옵션을 그림처럼 선택한다.

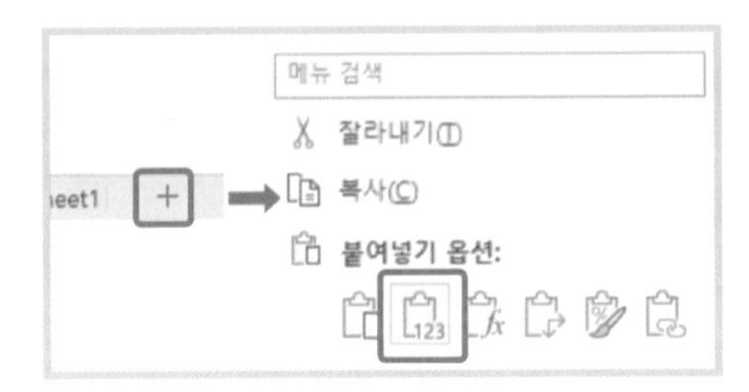

08_ 필요한 데이터가 추출되었다.

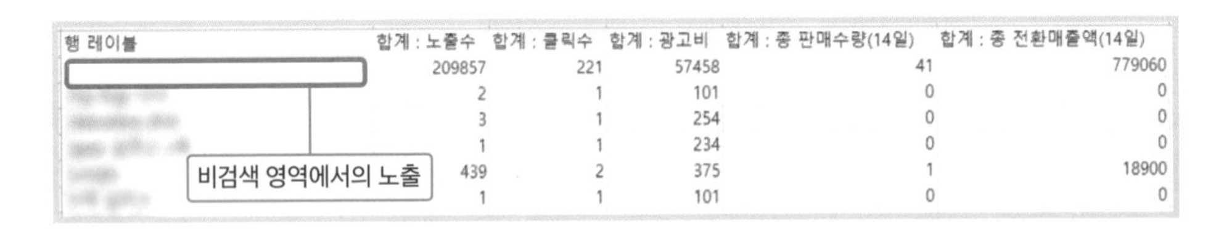

행 레이블	합계 : 노출수	합계 : 클릭수	합계 : 광고비	합계 : 총 판매수량(14일)	합계 : 총 전환매출액(14일)
	209857	221	57458	41	779060
	2	1	101	0	0
	3	1	254	0	0
	1	1	234	0	0
	439	2	375	1	18900
	1	1	101	0	0

- '행 레이블'에는 키워드명이 나타난다.
- 행 레이블이 빈칸으로 되어 있는 것은 '비검색 영역'에서의 노출이다.
- 키워드별로 '광고비'를 '클릭수'로 나누면 클릭단가를 알 수 있다.
- '총 전환매출액'을 '광고비'로 나누어 100을 곱하면 ROAS를 계산할 수 있다.

이렇게 효율적인 키워드와 비효율적인 키워드를 구분해서 광고 키워드를 관리해 주어야 한다.

광고 세팅부터 광고 보고서 분석까지 복잡해 보일 수 있지만 여러 번 하다 보면 금방 익숙해진다. 광고는 마법이 아니다. 광고를 진행하면 무조건 수익이 날 거라는 생각은 큰 오산이다. 수익을 창출하기 위해, 수익을 더욱 극대화하기 위해 광고를 꼼꼼하게 들여다봐야 한다.

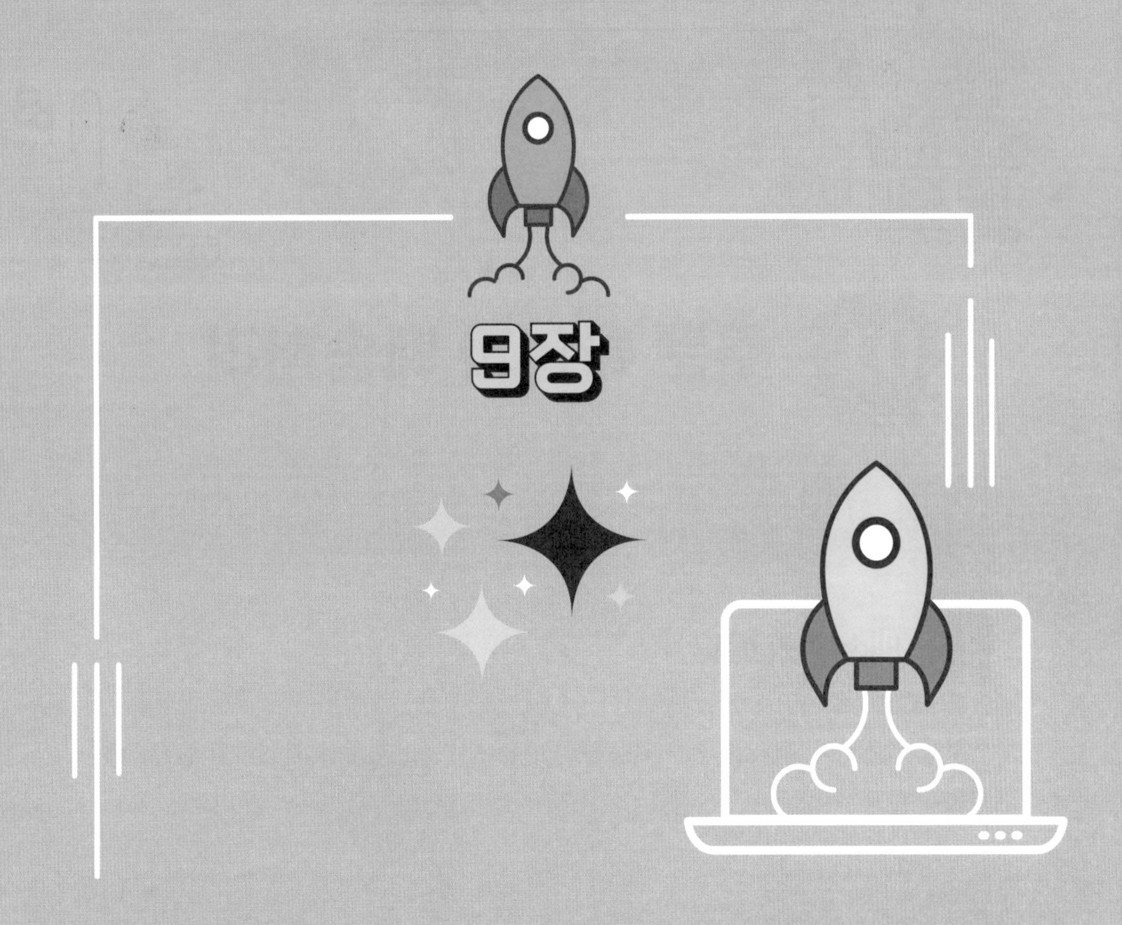

9장

상품등록 후 해야 할 일

01 주문 확인과 배송처리

1 배송 관리 메뉴

쿠팡 WING의 주문/배송 → 배송 관리 메뉴에서 주문현황을 확인하고 출고/배송 처리를 할 수 있다.

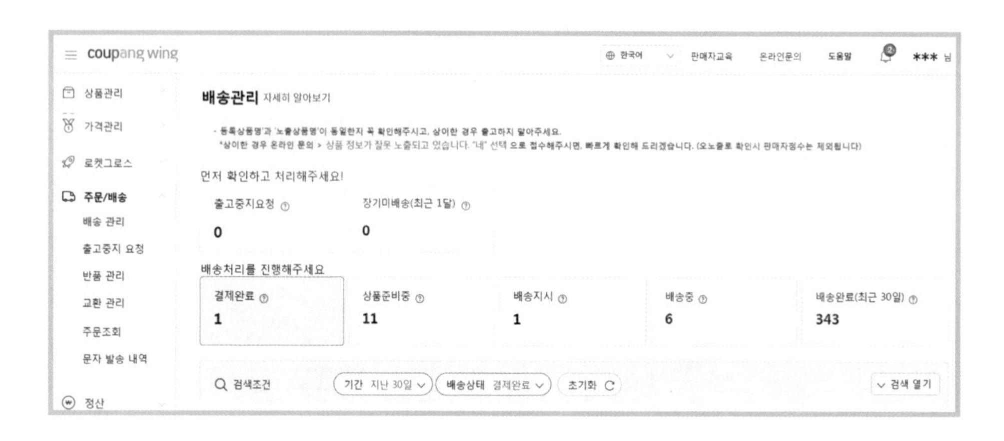

배송 관리에서 우선적으로 확인하고 처리해야 할 것은 '출고중지요청'과 '장기미배송' 건수이다. 사실 이 부분은 이따금씩 일어나는 이슈라서 무심코 넘길 수 있는데, 배송처리를 하기 전에 확인을 하는 것이 좋다.

출고중지요청은 배송이 시작되기 전에 반품접수 된 주문 건수다. 배송 시작 여부는 운송장번호 등록을 기준으로 한다. 출고중지요청이 있으면 건수를 클릭해 상품의 출고 여부에 따라 '출고중지완료' 또는 '이미출고' 처리를 진행한다. 출고중지요청에도 불구하고 상품을 출고하거나, 상품이 출고되었는데 판매자가 운송장번호를 등록하지 않아 생긴 출고중지요청 건에 대한 반품 배송비는 판매자가 부담한다.

장기미배송(최근 1달)은 운송장 등록 후 1달이 경과했으나 배송 결과를 확인할 수 없는 주문 건이다. 이로 인한 고객 분쟁 발생 시 분쟁처리 비용은 판매자 부담이다.

■ 배송 현황

[결제완료]

고객이 결제를 완료한 신규 주문 건이다. ⇨ **발주확인 처리** 버튼을 클릭하면 '상품준비중' 단계로 넘어간다.

결제완료 상태에서 고객이 취소접수를 하면 별도 승인 과정 없이 바로 환불 처리된다. 이 경우 해당 주문 건은 '주문조회' 메뉴에서 조회할 수 있습니다.

[상품준비중]

판매자의 주문 확인이 끝난 상태로, 아직 배송 정보가 입력되지 않은 주문 건이다. ⇨ 택배사와 운송장번호를 입력하고 **선택물품 배송** 버튼을 클릭하면 출고처리가 된다.

[배송지시]

운송장번호 업로드가 완료된 주문 건이다. 등록한 운송장번호의 배송 흐름이 확인되면 배송 진행 상태가 '배송중'으로 자동 변경된다.

[배송중]

택배사에서 고객에게 배송하고 있는 주문 건이다. 운송장번호를 선택해 배송추적을 할 수 있다. 운송장 수정은 개별 수정만 가능하다(대량 엑셀 운송장 수정 불가).

[배송완료]

배송이 완료된 주문 건이다. 배송완료 후 7일 째에 자동으로 구매확정 처리된다.

2 배송처리 하기

주문이 들어오면 판매자는 빨리 주문을 확인하고 배송처리를 해야 한다. 쿠팡의 판매자점수를 평가하는 항목 중 '정시출고완료'는 상품등록 시 설정한 '출고소요일' 내에 배송을 진행했는지를 보는 것으로, 출고소요일보다 지연되어 출고되면 페널티를 먹게 된다. 쿠팡에서 출고소요일 준수 여부는 택배사에서 운송장을 처음 스캔한 시간을 기준으로 한다.

1) 개별 주문 배송처리

01_ 쿠팡 WING → 주문/배송 → 배송 관리 → 결제완료를 클릭한다.

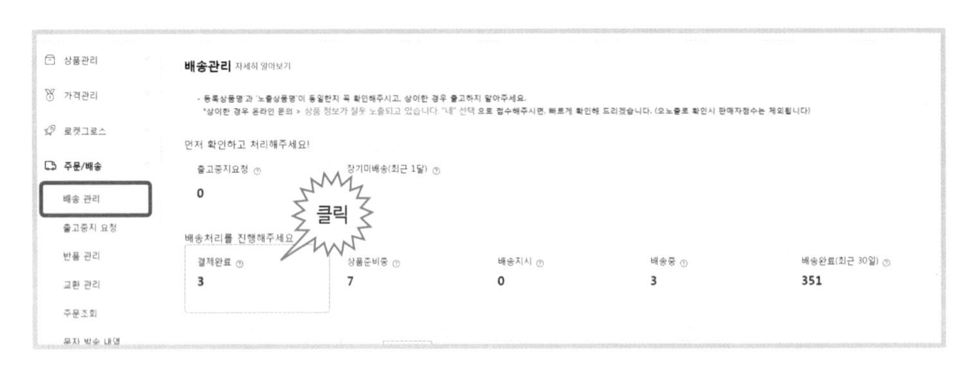

02_ [결제 완료] 목록에서 주문 상품을 선택하고 발주확인 처리 버튼을 클릭한다.

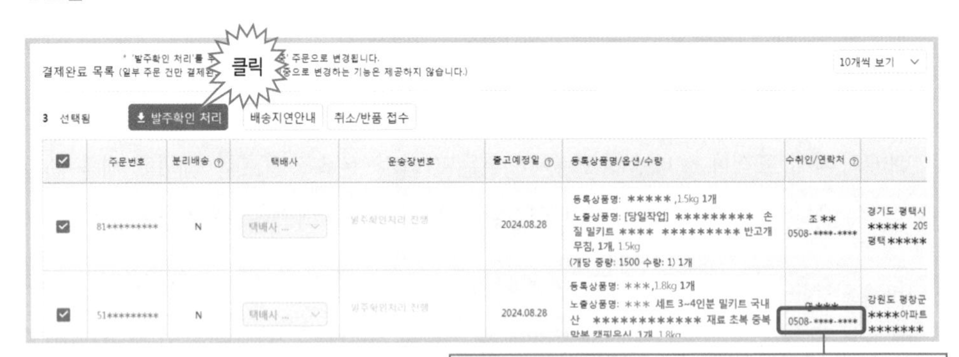

고객 안심번호는 배송완료 후 2일 동안 사용할 수 있다. 만료된 안심번호를 재발행한 경우 24시간 동안 사용할 수 있다.

03_ '배송사 선택' 팝업창이 뜬다. 택배사를 선택하고 사유를 입력한 후 다운로드 버튼을 클릭한다.

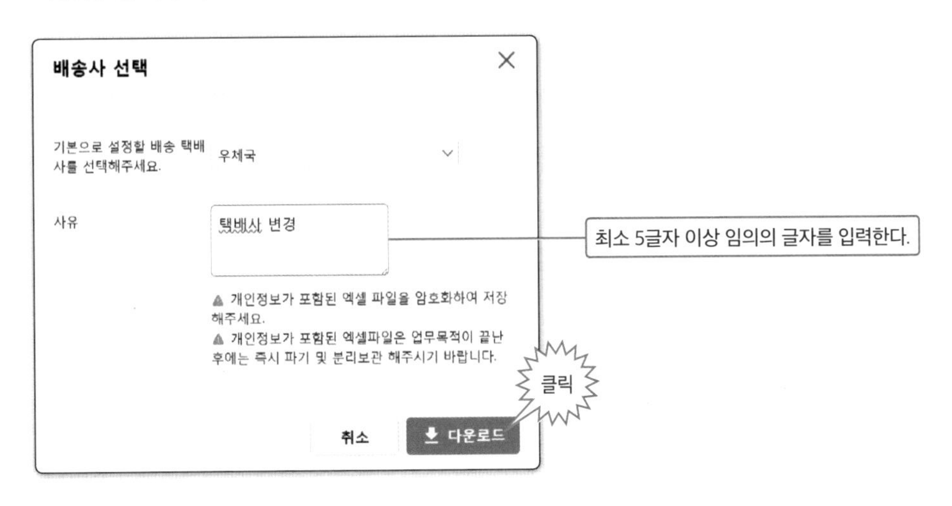

04_ [상품준비중] 단계로 넘어간다. 상품 체크 후 택배사를 선택하고 '운송장번호'를 입력한 후 선택물품 배송 버튼을 클릭한다.

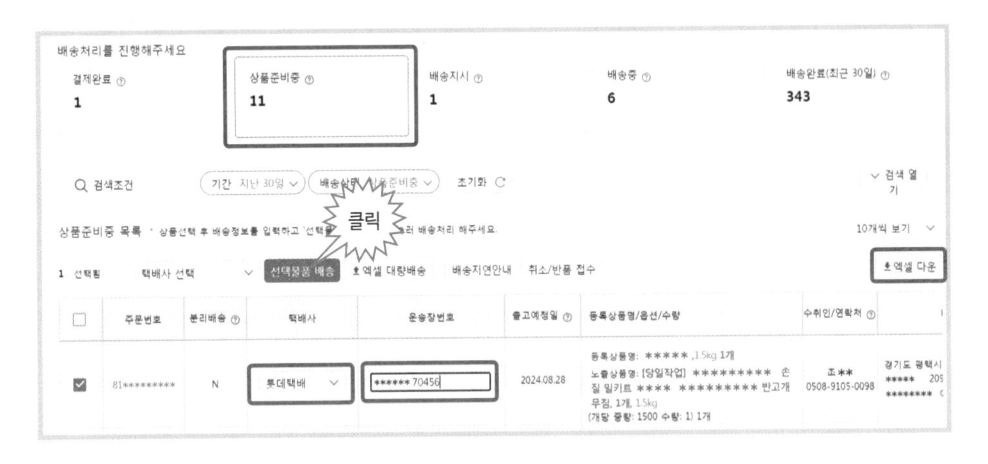

TIP! 대량 주문 건 배송처리

주문 물량이 많은 경우 ① **엑셀 다운** 버튼을 클릭해 다운받은 파일에 주문번호, 택배사, 운송장번호 등 필수 정보를 입력하고 저장한다. ② **엑셀 대량배송** 버튼을 클릭해 파일을 업로드하면 간편하게 배송처리를 할 수 있다.

05_ [배송지시] 단계로 넘어가면서 상품은 발송 대기 상태가 된다.

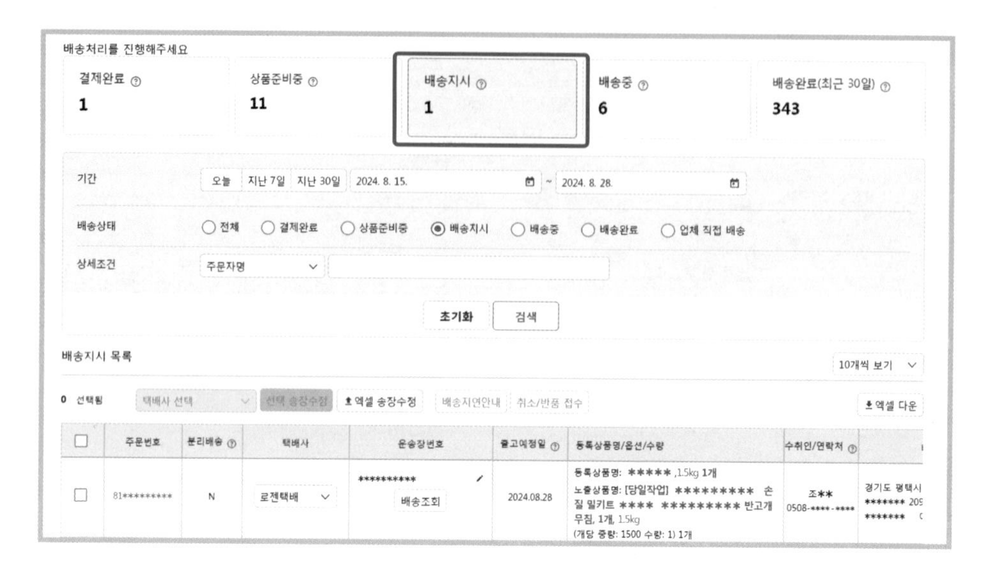

06_ 택배사에서 집하를 완료하고 운송장을 스캔하면 주문 상태가 [배송중]으로 변경된다. 이때부터는 배송조회 버튼을 클릭해 배송추적을 할 수 있다. 수시로 배송추적을 해 잘 배송되고 있는지를 체크한다.

클릭하면 배송 조회를 할 수 있다.

07_ 배송이 완료되면 [배송완료] 단계로 넘어가면서 배송이 완료된다.

▶ 고객이 구매확정을 해주지 않으면 이 배송완료일로부터 7일이 되는 날이 '자동 구매확정일'이 된다.

2) 분리배송

분리배송은 구매자가 한 번에 여러 개의 옵션 상품을 주문했는데 판매자의 사정에 의해 한꺼번에 배송하지 못하고 옵션별로 나누어 배송하는 것을 말한다.

분리배송은 옵션 단위로만 분리할 수 있으며, 같은 옵션의 수량을 나누어 발송하는 것은 안 된다. 분리 단위에 따라 각각의 운송장이 있어야 한다.

분리배송한 상품의 배송비와 반품배송비는 판매자가 부담해야 하며, 분리배송으로 처리한 주문을 다시 묶음배송으로 바꿀 수는 없다.

01_ 배송 관리에서 주문 확인을 하고 나면 **'상품준비중'** 단계에서 발송해야 할 상품을 확인할 수 있다. 만약 한 개의 주문번호에 복수의 옵션이 있을 경우 분리배송 버튼이 나타난다. 분리배송을 하고자 한다면 버튼을 클릭한다.

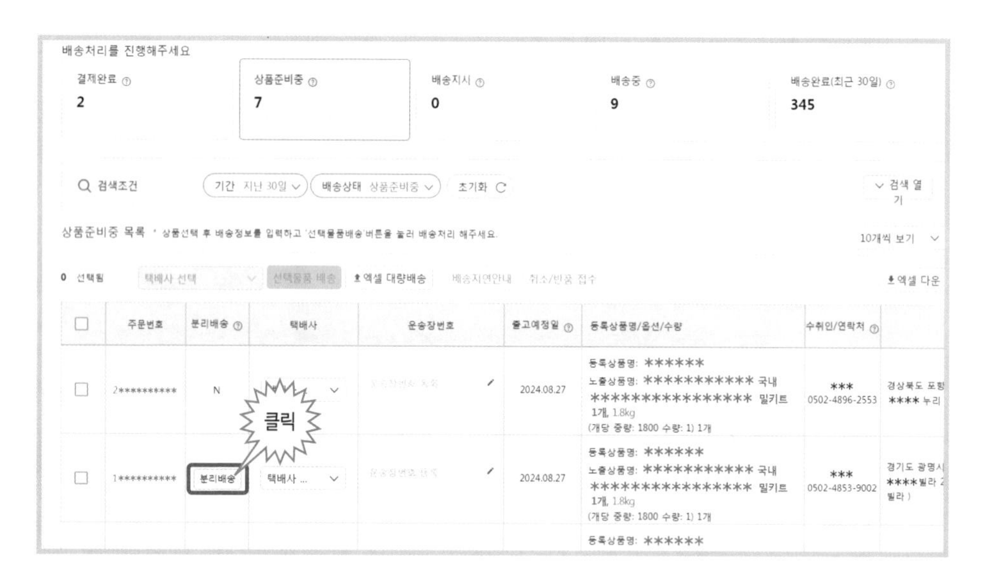

02_ 팝업창에서 분리배송할 상품을 선택하고 완료 버튼을 클릭한다.

분리배송(주문번호1 *********)

ⓘ 모든 상품들을 개별적으로 배송해야 할 경우, 우측의 '모든 상품 개별 배송'을 체크한 후 [완료] 버튼을 눌러주세요

분리배송할 상품을 선택해주세요. ☐ 모든 상품 개별 배송

	등록상품명/옵션/수량
☐	************ / 수량: 1 / 1
☐	************ / 수량: 2 / 2

완료 후에 오늘 출고할 상품에는 운송장 정보를 넣어주시고, 아닐 경우 분리배송 출고예정일을 입력해주세요.

클릭

취소 완료

03_ 분리배송에 따른 옵션별 '택배사'를 선택하고 '운송장번호'를 등록한 후 선택물품 배송을 클릭하면 운송장 등록이 완료된다.

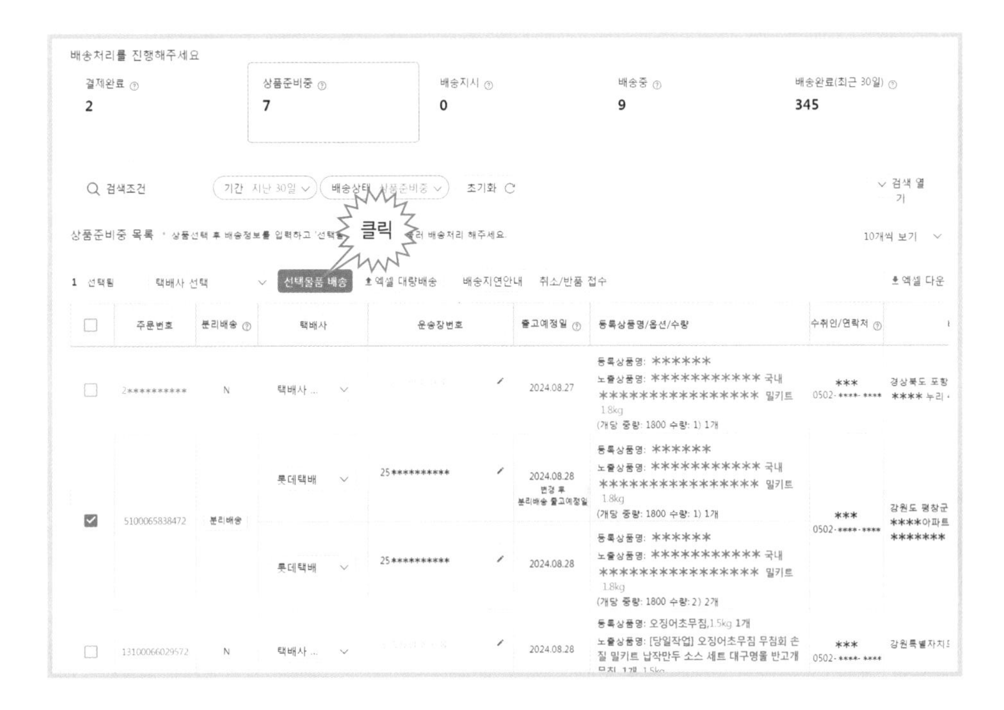

3) 묶음배송

'묶음배송(합포장, 합배송)'은 구매자가 판매자의 여러 상품을 같이 구매했을 때 한꺼번에 포장해 배송하는 것을 말한다. 묶음배송을 해야 구매자는 배송비를 한 번만 지급하면서 판매자의 여러 가지 상품을 구매할 수 있고, 판매자도 한 번에 여러 상품을 판매하고 배송할 수 있다.

묶음배송이 되기 위해서는 상품등록 시 다음과 같이 설정해 줘야 한다.

① 상품출고지 주소가 같아야 한다.(반품지 주소는 달라도 된다.)

② 묶음배송 '가능'이라고 설정해야 한다.

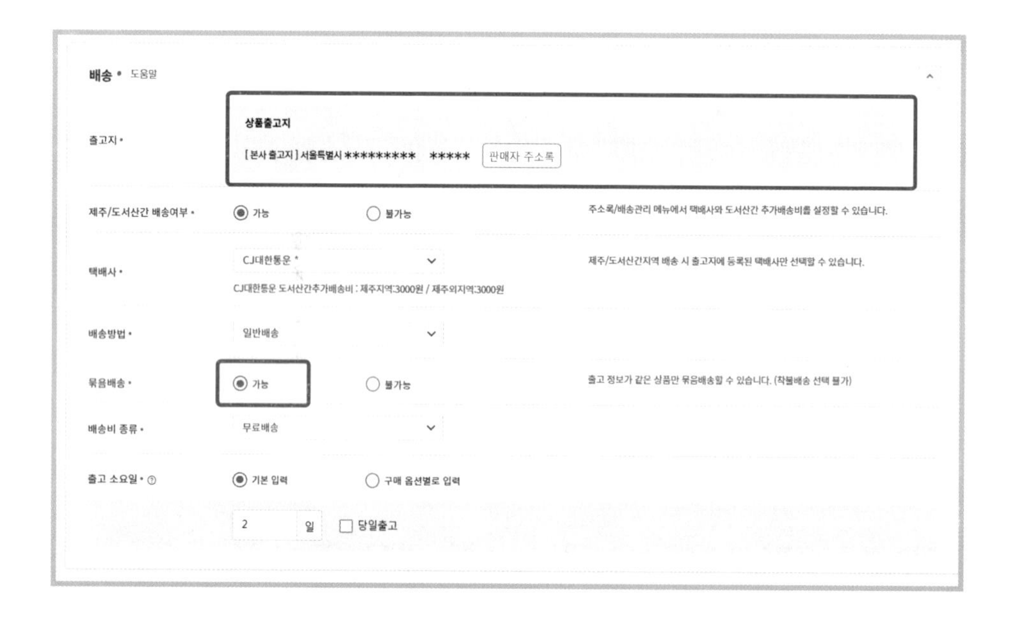

배송 관리의 **'상품준비중'** 단계에서 목록을 보면, 묶음배송이 가능하도록 설정해둔 여러 상품을 구매자가 같이 주문했을 때는 같은 주문번호 안에 있고 '분리배송' 버튼이 있다. 주문번호를 클릭하면 팝업창에서 여러 개의 주문 상품을 확인할 수 있다. 묶음배송을 진행할 때는 분리배송은 무시하고 개별 상품처럼 택배사와 송장번호를 입력하고 **선택물품 배송**을 클릭하면 묶음배송으로 진행된다.

4) 운송장 수정하기

운송장번호를 잘못 입력했을 때 배송 상태가 '배송지시'와 '배송중' 단계일 때는 운송장을 수정할 수 있다. 운송장번호를 수정한 후에는 배송 택배사를 다시 선택해 줘야 한다.

01_ 쿠팡 WING → 주문/배송 → 배송 관리를 클릭한다.

02_ '배송지시 또는 '배송중' 단계에서 운송장번호를 수정할 상품을 체크하고 택배사와 운송장번호를 수정하고 선택 송장 수정 버튼을 클릭하면 운송장이 수정된다.

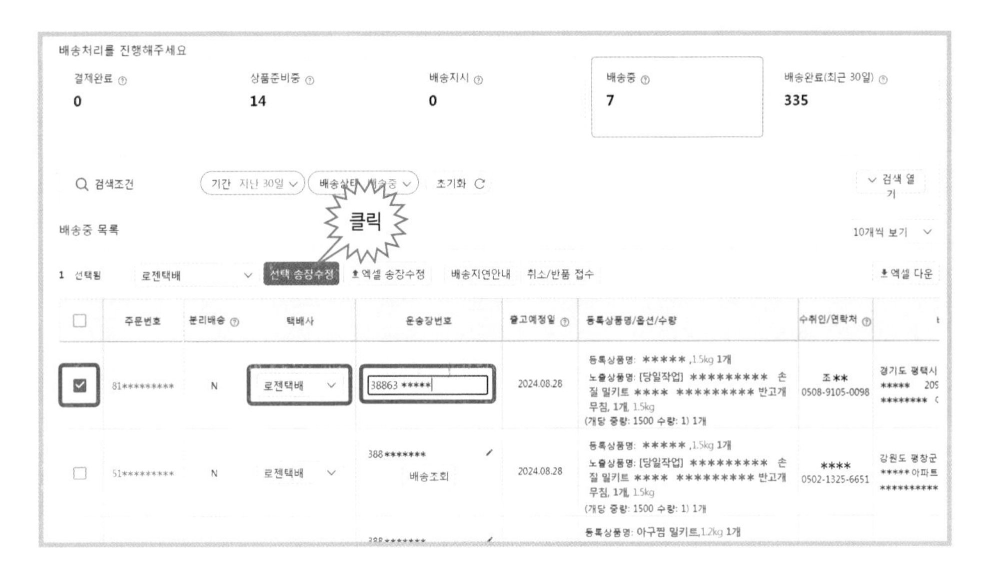

02 주문취소와 반품처리

판매 진행 과정에서 구매자의 변심이나 품절, 상품 불량, 오배송 등의 이유로 반품 및 취소가 일어나는 경우가 있다. 고객이 접수하는 시점의 배송 현황에 따라 '주문취소' 또는 '반품'으로 처리된다.

주문취소

판매자가 아직 주문 확인 처리를 하지 않은 **'결제완료'** 단계일 때는 주문취소가 된다. 고객이 취소를 접수하면 바로 주문이 취소된다. 판매자가 취해야 할 조치는 없다.

반품

판매자가 주문 확인 처리를 해 배송 상태가 **'상품준비중'**으로 바뀐 뒤부터는 반품으로 처리된다. 반품의 귀책 사유에 따라 해당 당사자가 반품배송비를 부담한다.

분류	배송 현황 상태	판매자 확인 필요 사항
주문취소	결제완료	고객이 주문취소를 하면 즉시 취소 및 환불 완료 → 종료 * 판매자 확인 및 조치 사항 없음
반품	상품준비중 이후	1. 출고중지요청 주문 확인 - 출고 전: [출고중지완료] 버튼 클릭 → 종료 - 출고 후: [이미 출고] 버튼 클릭 → 2. 회수 확인: [입고 완료] 클릭 → 3. 회수 상품 확인 - 상품에 문제 없음: [반품완료] 버튼 클릭 → 환불 완료 → 종료 - 상품에 문제 있음: [쿠팡확인요청] 버튼 클릭 → 진행 후 종료

1 주문취소

판매자가 아직 주문 확인 처리를 하지 않은 **'결제완료' 상태의 주문은 주문취소로 진행된다.**

1) 판매자에 의한 주문취소

'결제완료' 상태에 있는 주문 건 중에 재고가 부족하거나 품절 또는 판매 종료된 상품인 경우 판매자가 **취소접수**로 주문취소를 할 수 있다. 이때는 어쩔 수 없이 판매자 점수의 주문이행에서 페널티를 받게 된다.

01_ 쿠팡 WING → 주문/배송 → 배송 관리 → 결제완료를 클릭해 상품을 확인한다.

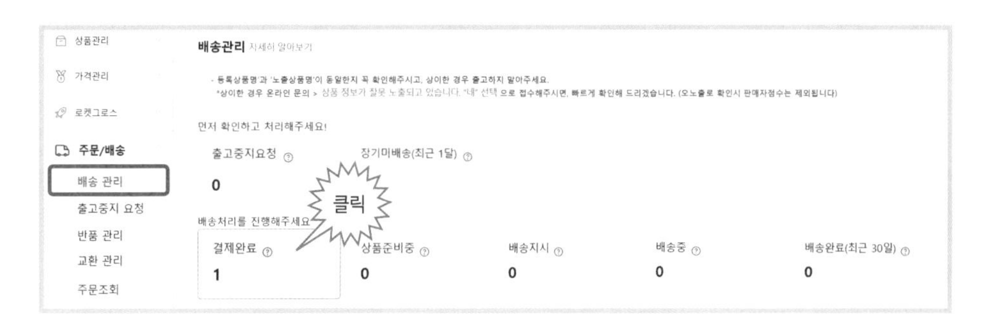

02_ 결제완료 목록에서 해당 상품의 취소접수 버튼을 클릭한다.

03_ 팝업창에서 '취소사유'를 선택하고 접수 버튼을 클릭한다. 그러면 고객에게 자동으로 취소 문자가 발송되고, 결제 금액이 고객에게 환불된다.

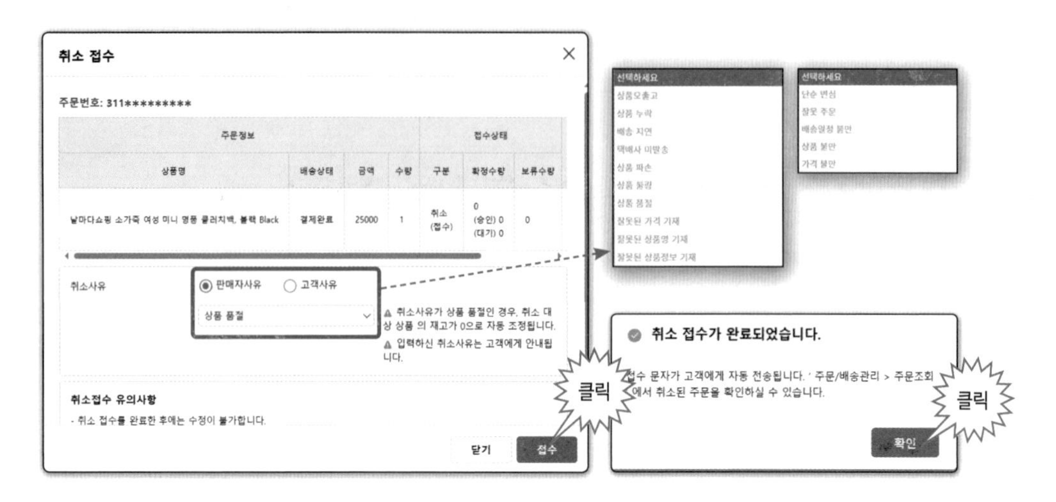

04_ 취소된 주문은 주문/배송 → 주문조회에서 확인할 수 있다. 상품 품절로 인한 취소 시 해당 상품이 자동으로 품절 처리된다.

주문조회 자세히보기

기간: 오늘 | 7일 | 30일 | 2024. 3. 30. ~ 2024. 4. 28.

전화번호

주문자명: 윤**

주문번호

초기화 | 검색

주문조회 목록 (총 1 건)

주문번호	주문일	주문대표상품	결제금액	주문자명
31********	2024.04.27	******************* 클러치백, 블랙 Black 포함하여 총 1건	25,000	윤**

상품 조회/수정 자세히 알아보기 수수료 안내

전체	판매요청전	판매대기	판매중	품절	판매중지	판매종료
5 건	2 건	0 건	2 건	1 건	1 건	0 건

검색어 | 상품번호 | 등록상품명 | 제조사명 | 브랜드명

2) 구매자의 주문취소

판매자가 아직 주문 확인 처리를 하기 전인 '결제완료' 단계일 때 구매자가 '주문취소'를 신청하면 자동 환불 처리된다. 취소사유가 고객 귀책이면 판매자점수에는 영향을 미치지 않는다. 고객은 다음의 과정으로 주문취소를 한다.

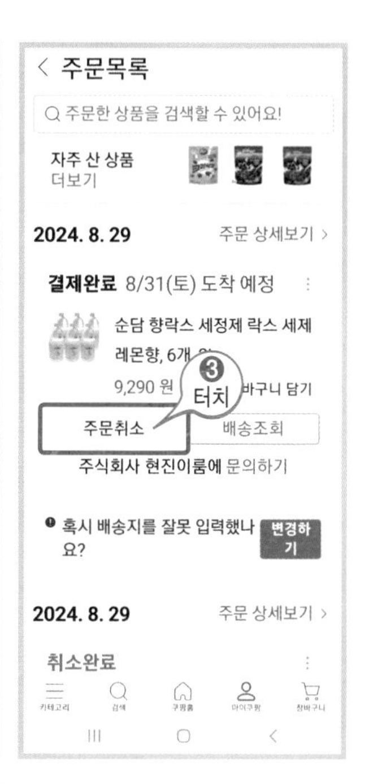

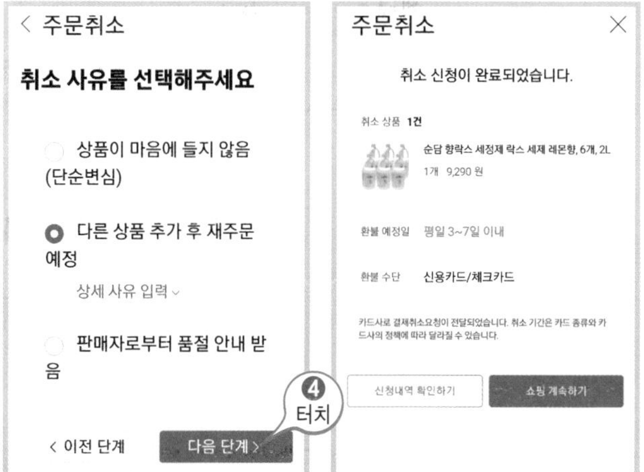

2 반품

판매자가 주문 확인 처리를 한 후 배송 상태가 '상품준비중', '배송지시', '배송중', '배송완료' 단계일 때는 '반품접수'로 반품처리를 할 수 있다.

1) 판매자가 반품 진행하기

주문 확인 후 재고 부족, 상품 오출고 등의 이유로 판매자가 반품접수를 해야 할 때가 있다. 또는 고객과 협의된 건은 판매자가 반품접수 또는 취소접수를 할 수 있다.

01_ 쿠팡 WING → 주문/배송 → 배송 관리에서 '상품준비중' 또는 '배송중' 상품의 반품접수 버튼을 클릭한다.

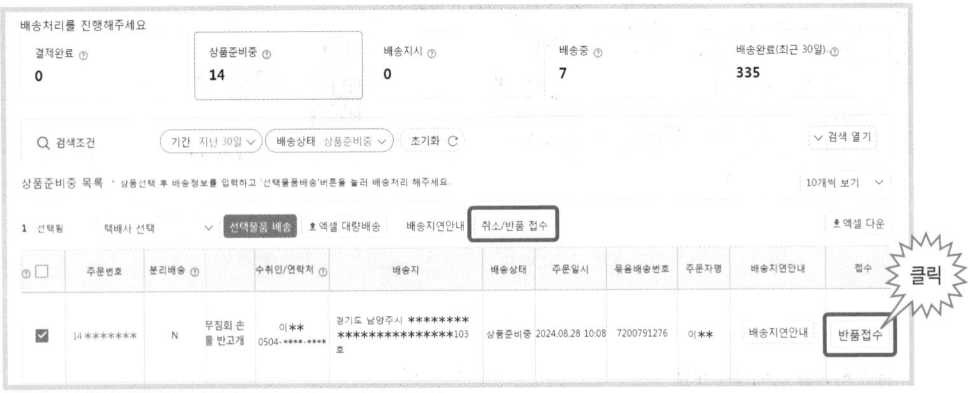

02_ 반품접수 팝업창에서 '반품접수수량', '반품사유', '배송비 부담 주체', '반품상품 회수여부', '상품 회수지 정보'를 선택하고 환불예정금액 조회를 클릭한다.

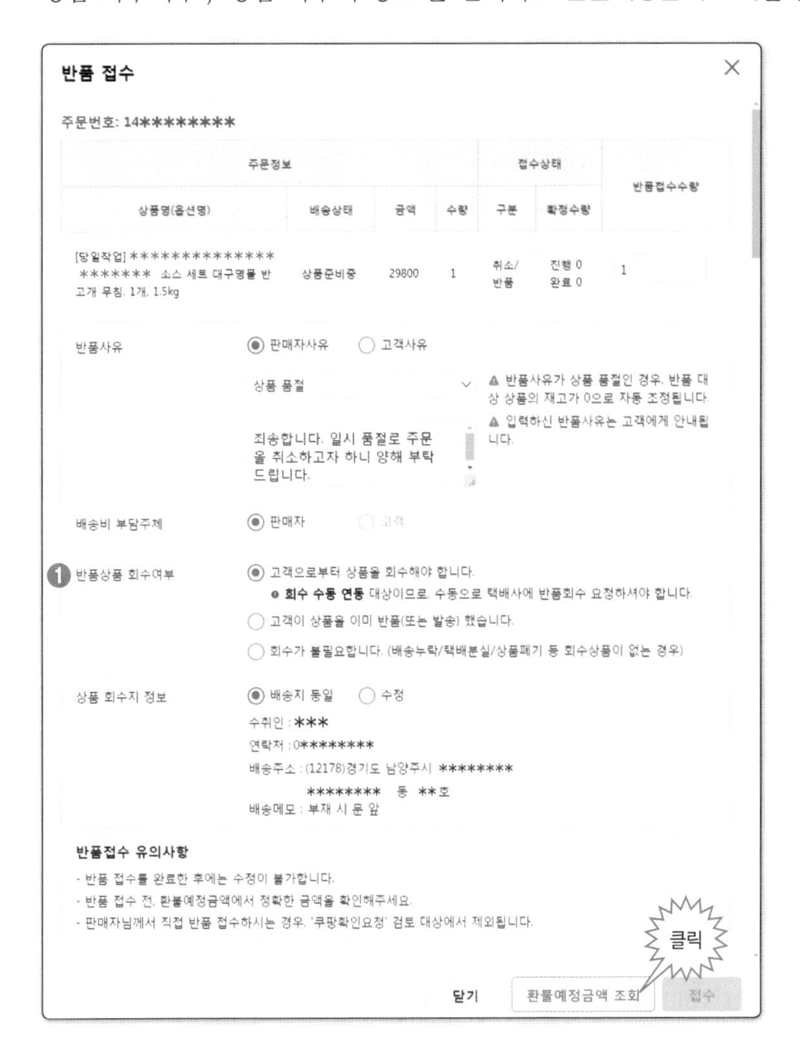

① **[반품상품 회수여부]**

- **고객으로부터 상품을 회수해야 합니다.**: 자동회수가 연동되어 있으면 '회수 자동 연동' 대상으로 표시되고, 택배사에 반품회수 요청을 할 필요가 없다.
- **고객이 상품을 이미 반품(또는 발송) 했습니다.**: 구매자가 직접 반품을 진행했거나 택배사에서 임의 반송한 경우 선택한다.

03_ '환불정보'에서 환불 예정 금액을 확인하고 접수를 클릭한다.

04_ 접수 완료 팝업창이 뜬다. 상품준비중 상태일 때는 출고중지 요청으로 접수된다.

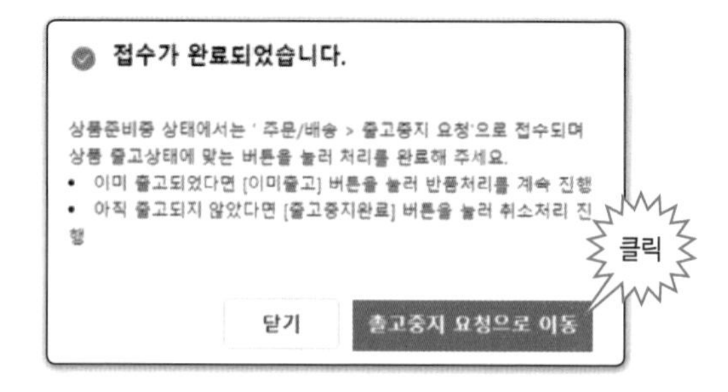

05_ '출고중지관리' 페이지로 넘어간다. '출고중지 처리' 항목에 있는 '출고중지 완료'와 '이미출고' 버튼이 있다. 출고를 하지 않았다면 출고중지완료 버튼을 클릭한다. 완료 버튼을 클릭한다.

출고중지요청 목록 (총1건)

0건 선택됨 | 출고중지완료 | 이미출고 | 엑셀 다운로드

☐	출고중지 처리	접수일	접수번호	배송상태	노출상품명/옵션/수량	결제금액	취소사유
☐	출고중지완료 이미출고	2024.08.29	********	상품준비중	**************무침회 손질 밀키트 *********	29,800원	업체로부터 품절되었다고 연락 ···

클릭

06_ 해당 접수 건은 '출고중지완료(최근 2주)'로 넘어간다. '출고중지 처리' 상태에 '출고중지 완료'로 표시된다. 주문 건 취소가 완료되었다.

07_ 접수번호를 클릭하면 반품 진행 상태를 확인할 수 있다.

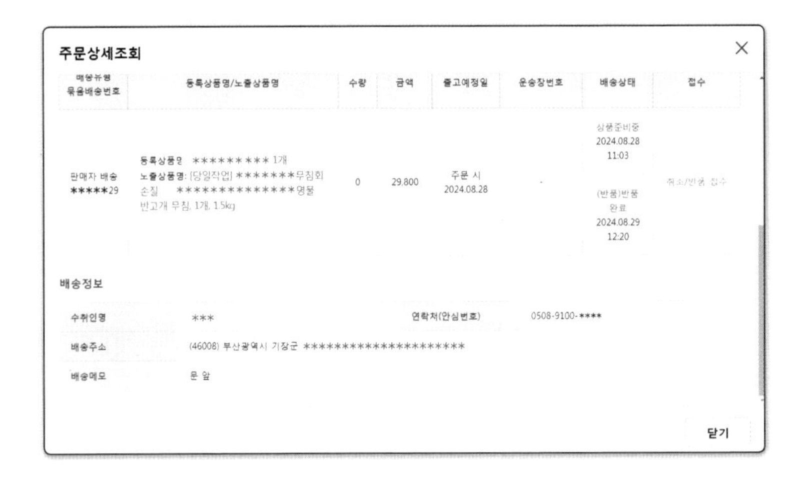

2) 고객의 반품 요청 처리하기

배송 상태가 '상품준비중' 이후일 때 고객이 반품을 요청할 때가 있다. 고객의 단순변심이거나 상품 수령 후 상품 파손, 오배송 등이 주된 반품 사유다.

판매자가 주의를 기울일 것은 취소 상품이 출고되지 않도록 배송처리를 하기 전에 '출고중지요청' 건이 있는지를 확인해야 한다. 만일 고객이 출고중지요청을 했는데 배송을 하면 왕복배송비는 판매자가 부담해야 한다.

01_ '상품준비중'일 때 고객이 취소요청(반품요청)을 하면 주문/배송 → 출고중지요청에서 확인할 수 있다.

02_ 출고중지완료와 이미출고 버튼이 있다.

[상품 출고 전] 제품 출고 전이라면 출고중지완료 버튼을 클릭해 완료하면 반품 처리가 종료되고 환불이 완료된다.

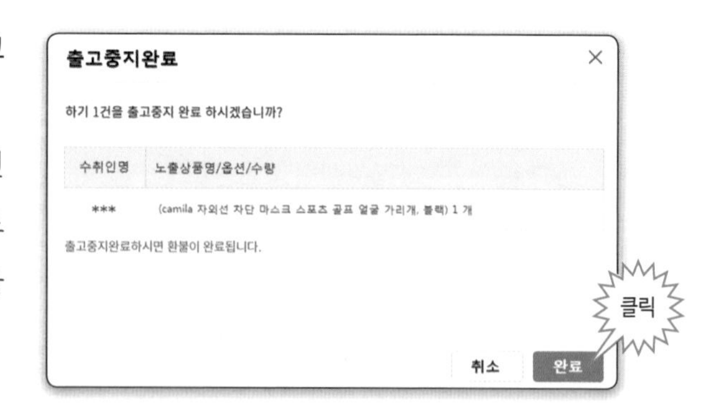

03_ [상품 출고 후] 제품을 이미 출고한 경우라면 이미출고 버튼을 클릭한다. 운송장번호를 입력하고 등록 → 완료 버튼을 클릭한다. 출고중지요청에도 불구하고 상품을 출고하거나, 상품이 출고됐는데 운송장번호를 등록하지 않았다면 왕복배송비는 판매자가 부담한다.

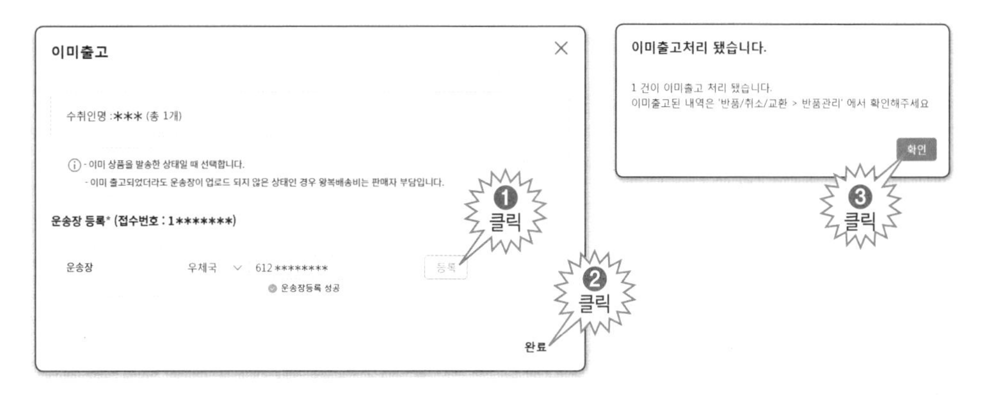

그러면 구매자에게는 이미 배송이 시작되었음을 알리는 문자와 수취거부 안내 문자가 간다.

등록한 운송장의 상품이 배송완료 처리되면 반품을 위해 회수접수가 자동으로 이루어진다.

이렇게 하고 나면 이제는 반품 건으로 진행된다.

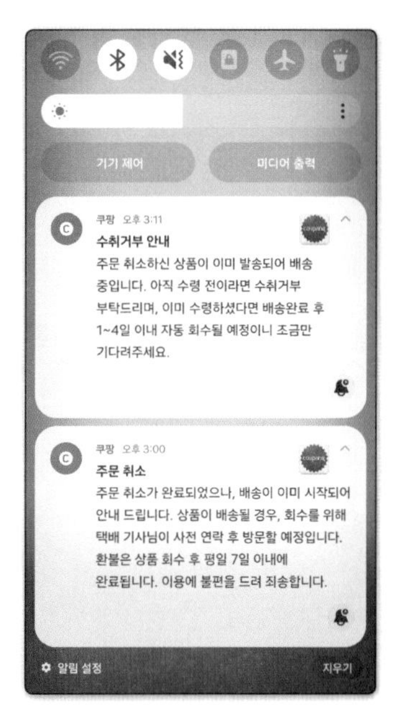

■ 반품 관리

'배송지시', '배송중', '배송완료' 단계일 때 고객의 반품 요청은 반품접수로 진행된다.

반품접수된 주문은 쿠팡 WING → **주문/배송** → **반품 관리**에서 확인할 수 있다.

반품접수 상품에는 **입고 완료**와 **쿠팡확인요청** 버튼이 있다. 회수한 상품에 문제가 있거나 추가로 배송비를 받아야 하는 경우 쿠팡확인요청을 클릭해 접수할 수 있다.

04_ 이제는 고객에게 이미 출고되었음을 알리고 반품 건으로 진행한다. 쿠팡 WING → 주문/배송 → 반품 관리를 클릭한다.

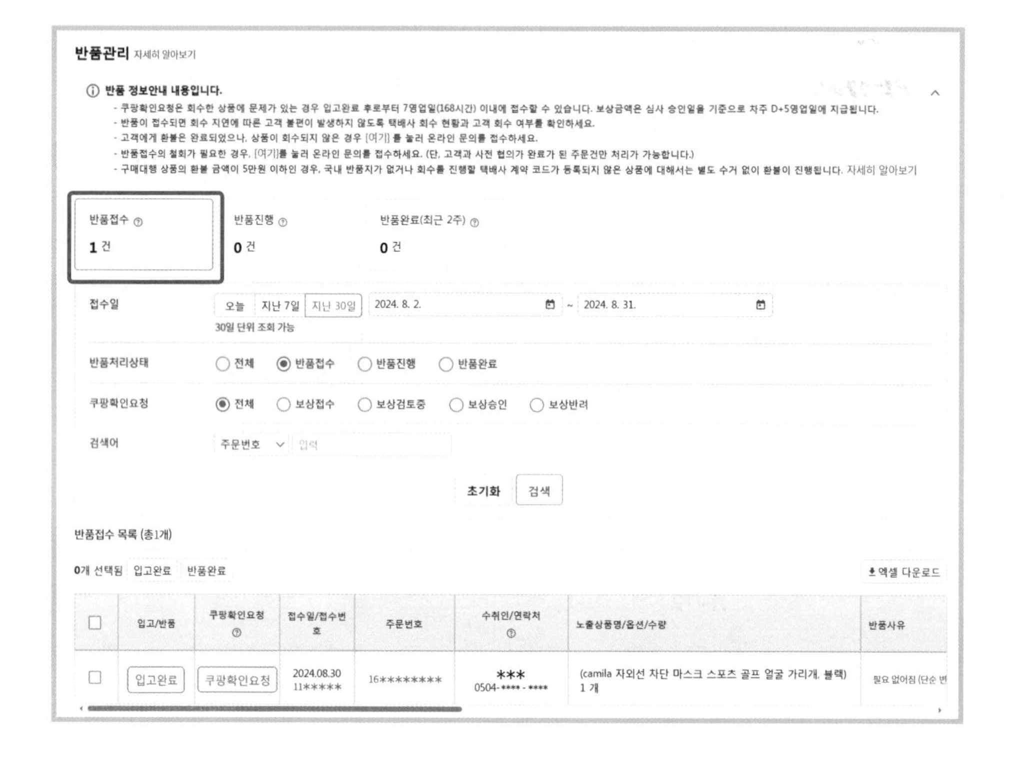

반품사유	❶ 배송비부담 ⓘ	입고상태	❷ 입고방법 ⓘ	입고 송장번호	반품상태	결제금액	주문자	배송상태
필요 없어짐 (단순 변심)	판매자 3,000	입고전	수동회수접수	운송장등록	반품접수	18,900	***	배송중

① **배송비 부담:** 반품 귀책 주체와 판매자가 정산받을 배송비가 표시된다.

* 판매자 귀책: 정산받을 배송비는 없다.
* 쿠팡 귀책: 확인되는 금액은 0원이나, 판매자가 등록한 반품배송비 금액이 정산된다.

② **입고방법**

* 자동회수접수: 계약된 택배사를 통해 자동회수가 진행되는 주문 건으로, 판매자는 택배사에 회수 접수를 하지 않아도 된다. 반품 상품 입고 후 반품 처리만 하면 된다. 상품 회수가 완료되지 않은 건은 쿠팡이 직접 연동되어 있는 택배사를 통해 상품 회수를 시도한다.
* 수동회수접수: 회수 계약된 택배사가 없어 판매자가 택배사로 회수 접수를 해야 하는 주문 건
  - **수취거부:** 상품 도착 전이라면 고객에게 수취거부를 해달라고 요청한다. 고객이 수취거부를 하면 상품은 판매자에게 회송된다.
  - **택배사 회수 접수:** 고객이 상품을 수령한 경우라면 판매자가 택배사에 연락해 회수 접수를 진행해야 한다. 아니면 고객에게 택배로 반품을 해달라고 요청해야 한다.
    (쿠팡윙 → 고객관리 → 고객센터 문의 → 문의 유형: 회수문의관리를 통해 상품 회수 여부를 확인하고 해당 반품 건이 상품 미회수 상태인 경우, 쿠팡에 상품 회수 지원을 요청한다. 그러면 쿠팡이 고객과 통화해 회수 가능 일정을 안내해준다. 판매자는 회수 일정에 맞춰 택배사에 상품 회수 접수를 하면 된다.)

TIP! 자동회수 연동하기

반품 상품 자동회수 서비스를 연동하려면 계약된 지정 택배사가 있어야 한다. 택배사명, 계약코드, 업체코드가 정확해야 자동회수 서비스 연동이 승인된다.

① WING → **판매자정보 → 주소록/배송정보 관리**에서 반품지를 생성할 때 '택배사 계약여부'를 '있음'으로 하고 택배사, 계약코드, 고객번호를 입력하고 반품지를 생성한다.
② 상품등록을 할 때 택배사 계약코드가 있는 반품지를 선택하면 반품 상품 자동회수 서비스가 연동된다.

▶ 자동회수 서비스가 연동된 상품은 'WING → 판매자정보 → 주소록/배송정보 관리'에서 반품지 정보를 변경하면 해당 반품지가 연동된 모든 상품의 반품지 정보가 변경된다.
▶ 상품등록 시 택배사 계약 정보 없이 생성한 반품지를 선택해 등록한 상품은 자동회수 서비스가 연동되지 않는다. 이때는 수동회수를 진행해야 한다.

05_ 반품 수거가 완료되면 입고완료 버튼을 클릭한다.

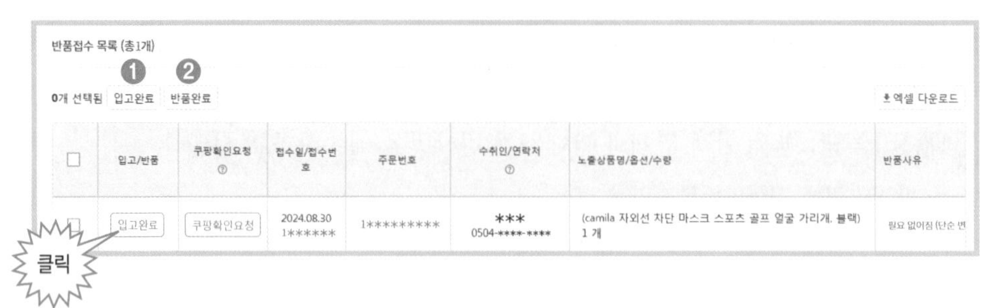

① **입고완료**: 판매자가 반품 상품을 수령한 경우 선택한다. 그러면 '반품완료'로 버튼이 변경된다. 입고완료로 처리하지 않고 바로 반품완료로 처리 가능하다.

② **반품완료**: 입고완료된 제품을 확인한 후 문제가 없으면 반품완료를 선택한다.
→ 환불이 완료된다.

06_ 입고완료 팝업창에서 반품 제품 정보를 확인하고 완료 버튼을 클릭한다.

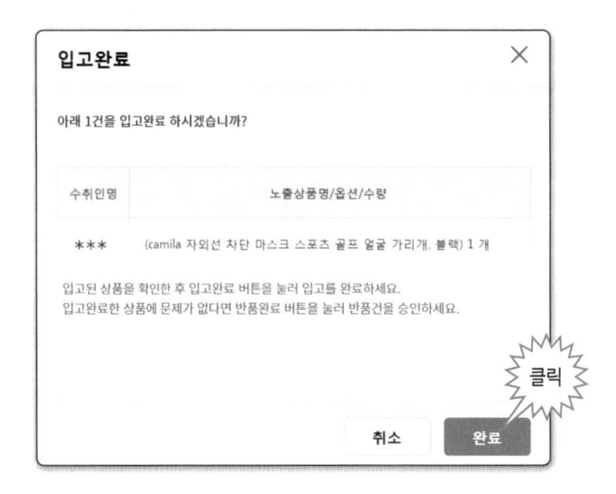

07_ 반품완료 버튼을 클릭한다. 팝업창에서 반품 제품의 정보를 확인한 후 완료 버튼을 클릭하면 반품완료 처리된다. 그러면 고객에게 환불된다.(판매자가 직접 반품 완료 버튼을 선택한 상품에 문제가 생기면 판매자의 책임이다.)

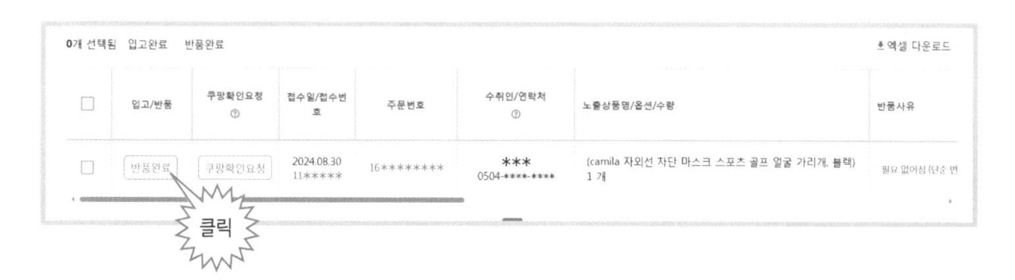

여기서 만일 회수 상품에 이상이 있을 경우는 **쿠팡확인요청** 버튼을 클릭해 쿠팡확인요청을 접수할 수 있다.

TIP! 반품 ↔ 교환 전환 요청 시

고객이 교환접수를 반품접수로, 반품접수를 교환접수로 전환하고자 할 때가 있다. 이때는 상품 회수 상태 또는 환불 상태에 따라 처리 방법이 달라지는데, 현재 윙에서는 해결 방법이 없으니 쿠팡에 온라인문의로 진행해야 한다.

〈교환 → 반품 전환 요청 시〉

상품 회수 전: 교환불가로 처리한 후 판매자콜센터 또는 온라인문의에 반품전환을 신청한다.

상품 회수 후:

- 교환상품 출고 전: 판매자콜센터 또는 온라인문의에 반품전환을 신청한다.
- 교환상품 출고 후: 교환상품 운송장번호를 등록한 후 판매자콜센터 또는 온라인문의에 반품전환을 요청한다.

〈반품 → 교환으로 전환 요청 시〉

- 환불 전: 판매자콜센터 또는 온라인문의에 반품철회를 요청한다.
- 환불 후: 고객에게 재구매를 안내한다.

3) 쿠팡확인요청 진행하기

반품 및 교환 진행으로 상품을 회수했는데 상품에 문제가 있거나, 고객에게 추가로 배송비를 받아야 하는 경우가 있다. 이때는 해당 상품의 **쿠팡확인요청** 버튼을 클릭해 쿠팡확인요청을 접수할 수 있다.

쿠팡확인요청은 상품이 판매자에게 입고 완료된 시점부터 **영업일 기준 168시간 이내**에 접수할 수 있다.

다음과 같은 경우 쿠팡확인요청을 접수할 수 있다.

① 반품배송비가 부족한 경우

- 고객이 판매자 귀책으로 반품 / 교환을 접수했으나 실제로 고객 귀책인 경우
- 판매자와 계약한 택배사가 아닌 다른 택배사로 상품을 회수해 추가 비용이 발생한 경우 등

② 회수한 상품 상태가 이상한 경우

- 회수한 상품에 구성품이 일부 누락된 경우
- 회수한 상품이 훼손된 경우
- 회수한 상품의 수량이 부족한 경우
- 다른 판매자의 상품을 회수한 경우 등

③ 배송비 부족 + 상품 이상인 경우

01_ 쿠팡 WING → 주문 / 배송 → 반품 관리 또는 교환 관리 메뉴에서 해당 상품의 쿠팡확인요청 버튼을 클릭한다.

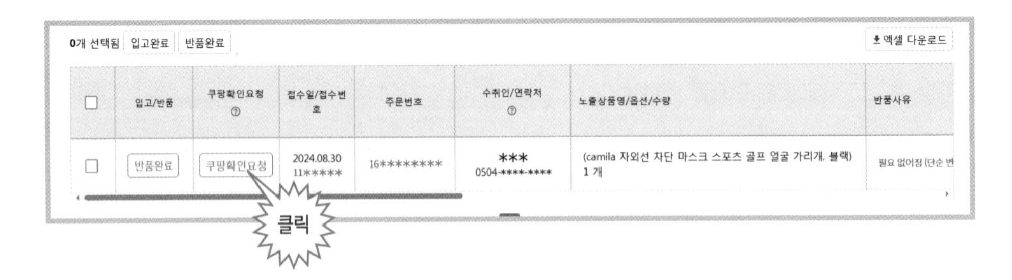

02_ 팝업창에서 '사유'를 선택한다. 확인요청 수량, 상세 사유 내용을 입력하고 관련 파일이 있으면 파일첨부를 한다. 접수 버튼을 클릭하면 접수가 완료된다.

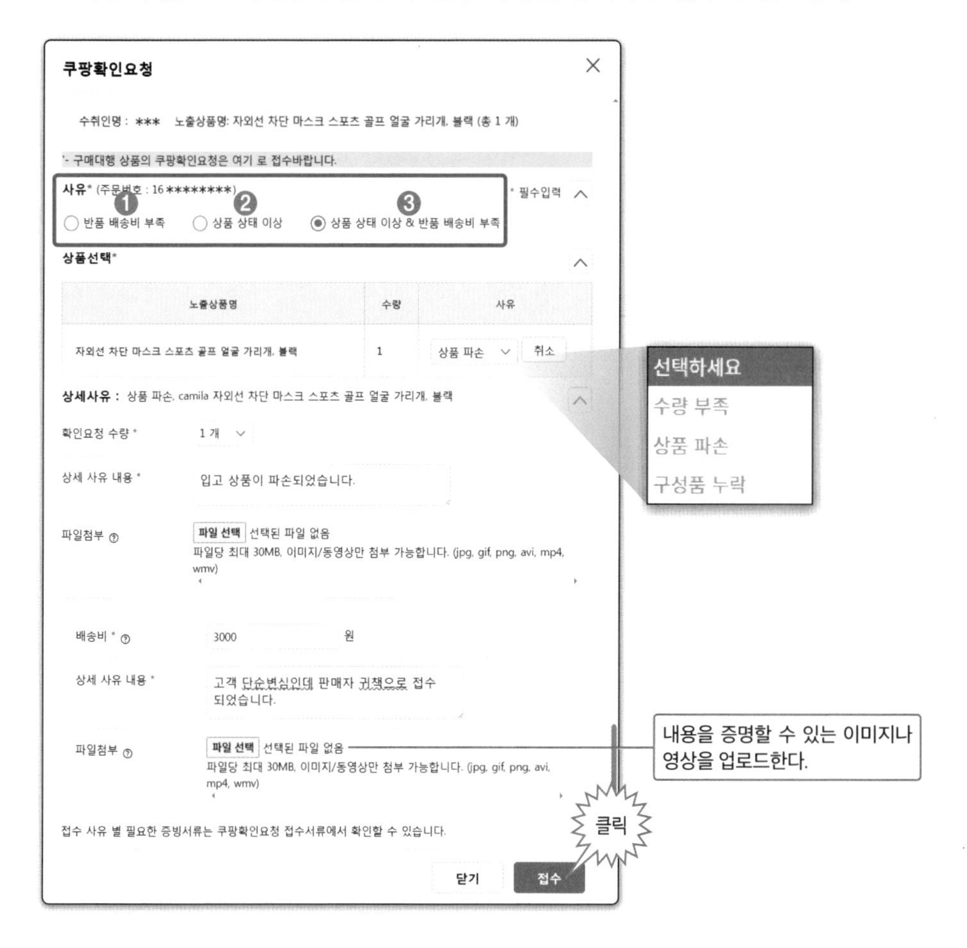

① **반품 배송비 부족**: 고객 반품 사유인 경우 회수 시 반품 배송비를 차감하고 환불한다. 만약 고객이 직접 반품을 하면서 착불로 반품을 한 경우 판매자는 편도 배송비에 대해 쿠팡확인요청을 할 수 있다.

② **상품 상태 이상**: 회수한 상품이 수량 부족, 상품 파손, 구성품 누락 등 이상이 있을 때 선택한다.

③ **상품 상태 이상 & 반품 배송비 부족**: 배송비와 상품 이상에 관한 사유를 동시에 접수할 때 선택한다.

03_‘쿠팡확인요청’ 열에서 진행 상태를 확인할 수 있다. ‘보상접수’, ‘보상검토중’, ‘보상승인’, ‘보상반려’로 진행상태가 표시된다.

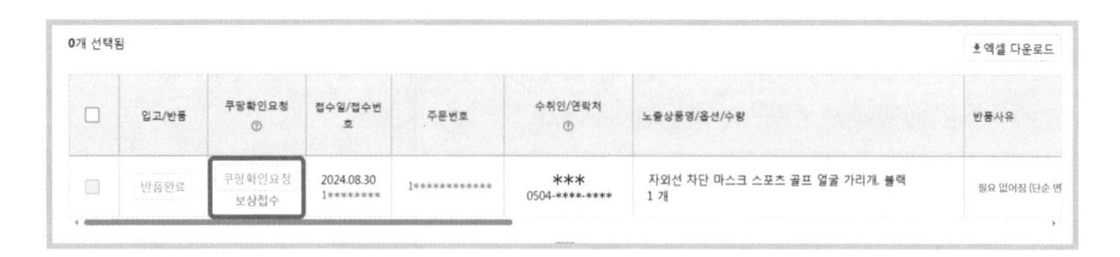

보상접수: 쿠팡확인요청을 접수 완료한 상태. 이때는 보상접수를 클릭해 철회를 할 수 있다.

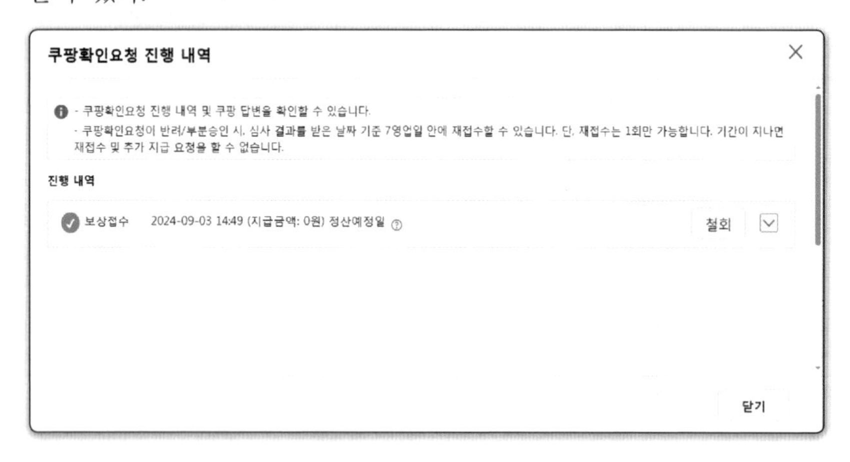

보상검토중: 접수한 내용을 검토하고 있는 상태

보상승인: 접수된 내용을 승인한 상태

보상반려: 반려하거나 부분승인한 상태. 반려 또는 부분승인된 쿠팡확인요청은 심사결과를 받은 날짜 기준 7영업일 내에 1회에 한해 재접수할 수 있다.

▶ 심사결과는 접수 시점 기준으로 반품은 5영업일 이내, 교환은 8영업일 이내에 확인할 수 있다.

▶ 쿠팡확인요청의 추가지급은 심사 승인 후 다음주 5영업일에 지급된다. 쿠팡 WING → **정산** → **추가지급**에서 확인할 수 있다.

4) 쿠팡확인요청 온라인 접수하기

쿠팡의 택배사가 반품 상품을 스캔 처리하면 자동 환불 처리된다. 이른바 쿠팡의 '빠른환불' 정책이다. 판매자는 회수 상품 확인 후 문제가 있으면 WING→주문/배송→반품 관리에서 '쿠팡확인요청' 버튼을 클릭해 확인요청을 진행할 수 있다. 반품이 입고된 후 영업일 기준 168시간 내에 접수해야 한다.

이렇게 진행을 한 뒤에도 문제가 해결되지 않거나 쿠팡확인요청 접수가 어려운 경우는 온라인문의를 통해 쿠팡확인요청을 접수하면 된다.

01_ 쿠팡 WING에서 온라인문의를 클릭한 후 반품/취소/교환을 클릭한다.

02_ '쿠팡확인요청' 항목의 '쿠팡확인요청(온라인)'을 클릭한다.

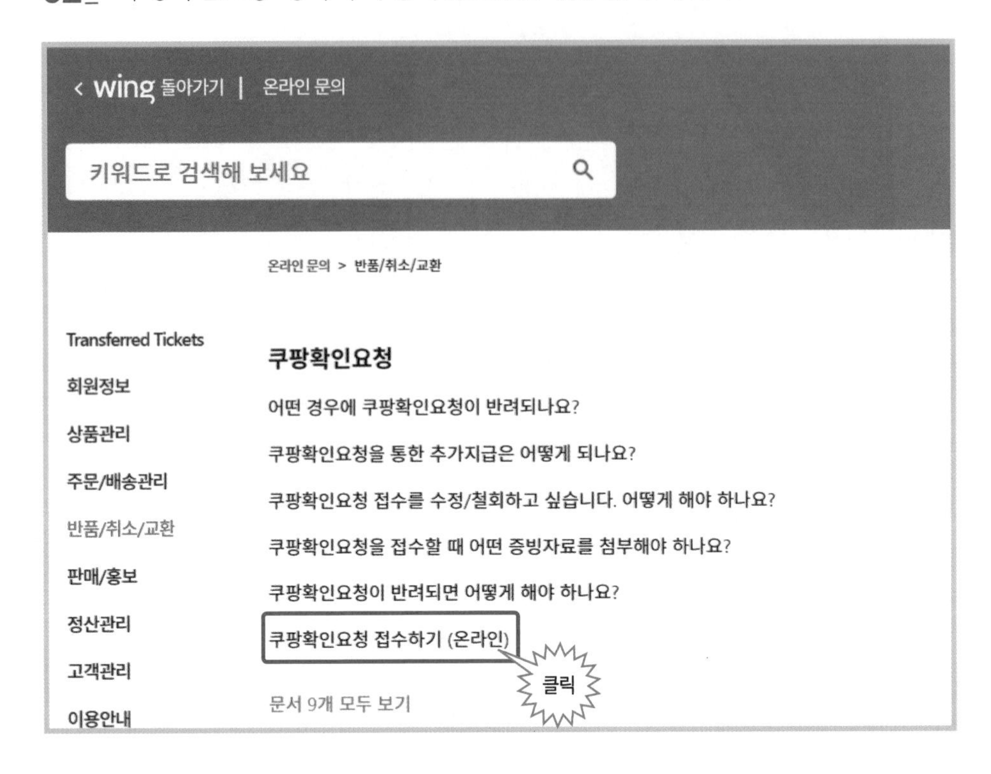

03_ 화면 하단에 있는 '온라인 문의하기'를 클릭한다.

04_ 제목을 입력하고 설명에는 반품/교환 접수번호, 주문번호, 보상접수 금액 등 요청에 관한 세부 정보를 입력한다. 접수 유형을 선택하고, 첨부할 파일이 있으면 파일을 첨부한다. 그리고 제출 버튼을 클릭하면 된다.

5) 고객이 반품을 취소하고 싶다고 할 때

반품 및 교환 접수를 한 고객이 마음이 바뀌어 접수 취소를 문의하는 경우, 다음과 과정으로 접수 취소를 하라고 안내한다.

고객은 마이쿠팡 → 취소·반품·교환목록 → 접수 취소를 탭해 반품 및 교환 접수의 취소를 요청할 수 있다.

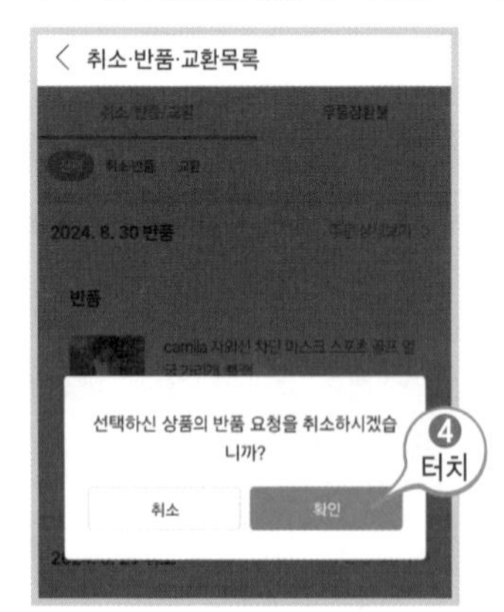

03 교환 처리하기

쿠팡은 고객의 단순변심에 의한 교환처리는 제한하고 있다. **상품이 배송 진행 중일 때 고객은 교환 요청을 할 수 없고 배송 완료 후에 진행할 수 있다.**

고객이 교환 요청을 하면 쿠팡 WING → **주문/배송** → **교환 관리**에서 교환접수 주문을 확인할 수 있다. 회수한 상품에 문제가 있거나 추가로 배송비를 받아야 하는 경우는 쿠팡확인요청을 접수할 수 있다.

1 교환 처리하기

고객이 교환을 하고자 하는 경우 상품의 현재 배송 상태에 따라 고객의 요청과 처리 방법이 달라진다.

■ 결제완료 단계

배송 상태가 결제완료 단계일 때는 교환접수 기능이 없어 고객은 교환처리를 할 수 없다. 고객은 주문취소를 하고 교환을 원하는 상품으로 다시 주문해야 한다.

■ 상품준비중, 배송지시, 배송중 단계

고객은 교환접수를 할 수 없고, 주문취소 또는 반품접수를 해야 한다.

배송준비중 단계일 때의 주문취소는 쿠팡 WING → **주문/배송** → **출고중지 요청**에서 확인하고 해당 상품의 처리 상태에 따라 **출고중지완료**, **이미출고** 버튼을 클릭해 반품 진행을 하면 된다.

배송지시, 배송중 단계일 때는 **주문/배송** → **반품 관리**에서 확인하고 처리하면 된다.

■ 배송완료 단계

배송완료 후에는 고객이 교환 요청을 할 수 있다. 이때도 고객의 단순변심에 의한 교환접수는 제한되며, 상품 하자 등 판매자 사유에 의한 교환접수만 가능하다.

01_ 쿠팡 WING → 주문/배송 → 교환 관리에서 교환접수 건을 확인한다.

① **교환취소**: 고객이 교환접수 후 단순변심으로 인해 교환요청을 취소한 주문 건

② **교환접수**: 고객이 교환 요청한 주문 건. 교환이 접수되면 교환 지연이 발생하지 않도록 택배사 회수 현황을 확인하고, 교환할 제품을 발송하며 운송장을 등록한다.

③ **교환진행**: 교환이 진행되고 있는 주문. 교환 상품의 운송장이 등록되어 '배송지시' 또는 '배송중'인 상품이다.

④ **교환완료 (최근 2주)**: 최근 2주 동안 교환 완료된 주문 건

02_ 상품 회수 후 이상이 없으면 입고완료 버튼을 클릭한다. 팝업창에서 회수된 제품의 정보를 확인한 후 완료 버튼을 선택하면 입고완료 처리된다.

03_ 교환할 상품을 발송한 후 운송장을 등록하고 선택물품 배송 버튼을 클릭한다. 교환 상품 배송이 완료되면 교환처리가 완료된다.

2 반품에서 교환으로 변경 처리하기

고객이 반품접수를 했다가 마음이 바뀌어 교환을 요청하는 경우가 있다. 환불 전이라면 반품의 귀책 사유자가 누구냐에 따라 처리 방법이 달라진다. 환불 후라면 고객에게 원하는 상품으로 재구매를 하라고 하면 된다.

■ 고객 귀책의 반품일 때

1. 고객에게 마이쿠팡에서 '반품 철회'를 요청한 후 판매자의 계좌로 왕복배송비를 입금하고 상품을 반품하라고 한다.
2. 상품 입고 확인, 배송비 확인 후 교환 상품을 발송한다.

■ 판매자 귀책에 의한 반품일 경우

1. 고객에게 마이쿠팡에서 '반품철회'를 하고 '교환접수'를 하라고 한다.
2. 상품이 회수되면 이상 유무를 확인하고 쿠팡 WING → 주문/배송 → 반품관리에서 '입고완료' 버튼을 클릭해 처리한 후, 교환 상품을 배송하고 운송장을 등록해 교환 상품을 배송한다.

04 쿠팡 CS 처리하기

판매를 하다 보면 필연적으로 고객으로부터 문의나 불만사항을 받게 된다. 이러한 고객 문의나 클레임에 발빠르게 답변하고 대처해 악성 리뷰가 달리지 않도록 해야 한다. 쿠팡 판매에 있어 CS(Customer Service, 고객 서비스) 건은 대부분 상품 및 배송에 관한 것이다.

1 고객 문의 확인과 답변

상품등록 후에는 판매자는 수시로 고객 문의가 있는지 확인해야 한다. 쿠팡 WING →**고객관리** 메뉴에서 고객 문의를 확인하고 답변을 달 수 있다.

고객 문의에 대한 답변은 '판매자점수'에 영향을 미친다. 지난 30일 기준 상품 문의에 대한 '24시간 내 답변'이 95점 이상이 목표점수다. 이 점수 미만이 되어도 판매 자격이 제한되는 것은 아니지만 좋은 고객 경험을 위해서는 높은 수준의 점수를 유지해야 한다.

1) 쿠팡윙 앱 설치하기

쿠팡 판매자라면 스마트한 판매 활동을 위해 쿠팡윙 앱은 필수로 설치해야 한다. 플레이스토어나 앱스토어에서 '쿠팡윙'을 검색해 설치하고 판매자의 쿠팡윙 아이디로 로그인하면 된다.

쿠팡윙 앱에서는 주문 확인, 배송, 반품, 통계, 정산, 고객문의 등 PC 쿠팡윙에서 하는 대부분의 판매 활동을 쉽게 확인 및 처리할 수 있다.

취소/반품/교환 최근 11:43
최근 30일 기준
출고중지요청 0 >
반품접수 1 >
교환접수 0 >

'푸시알림 설정'을 해놓으면 알림을 받아볼 수 있다.

2) 고객 문의 처리하기

고객 문의는 고객이 상품이나 배송 등에 관해 판매자에게 문의한 내용이다. '문의유형'은 고객이 상품을 구매한 후 주문목록을 통해 문의하면 **주문문의**로 표시되고, 상품 상세페이지에 있는 '상품문의' 버튼을 클릭해 문의하면 **상품문의**로 표시된다. 상품문의는 주문을 하지 않은 고객도 할 수 있다.

01_ 쿠팡 WING → 고객관리 → 고객 문의에서 고객 문의를 확인할 수 있다.

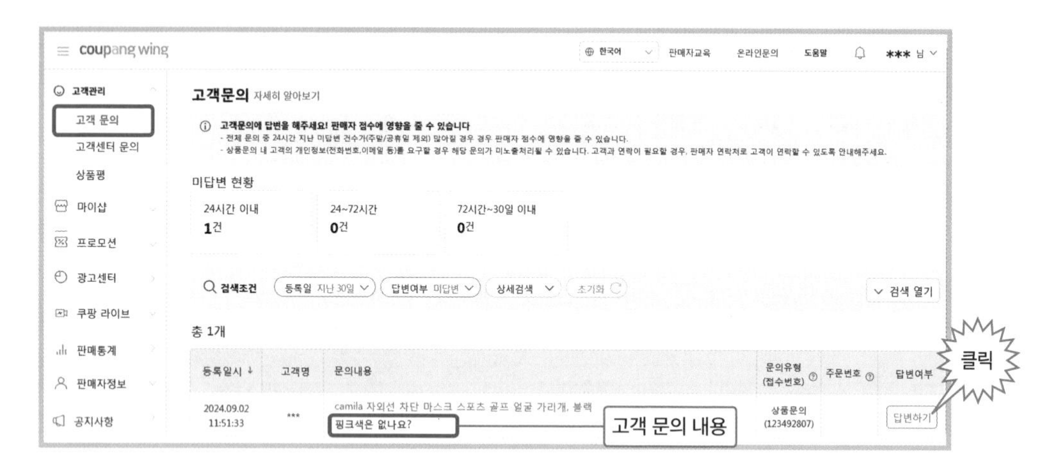

02_ 고객 문의를 확인하고 답변하기 버튼을 클릭한 후 답변을 입력하고 저장하기를 클릭하면 답변이 완료된다.

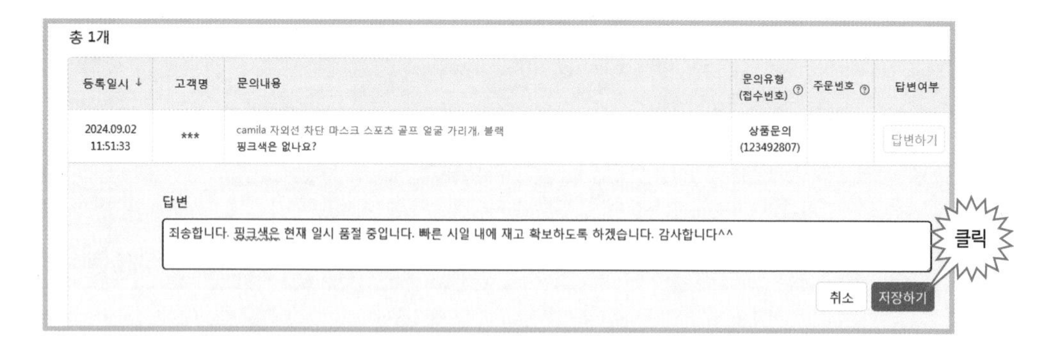

03_ 답변을 달고 나면 수정 및 삭제할 수 없다. 만일 답변의 수정 및 추가 설명이 필요하면 추가답변 버튼을 클릭해 답변을 달면 된다.

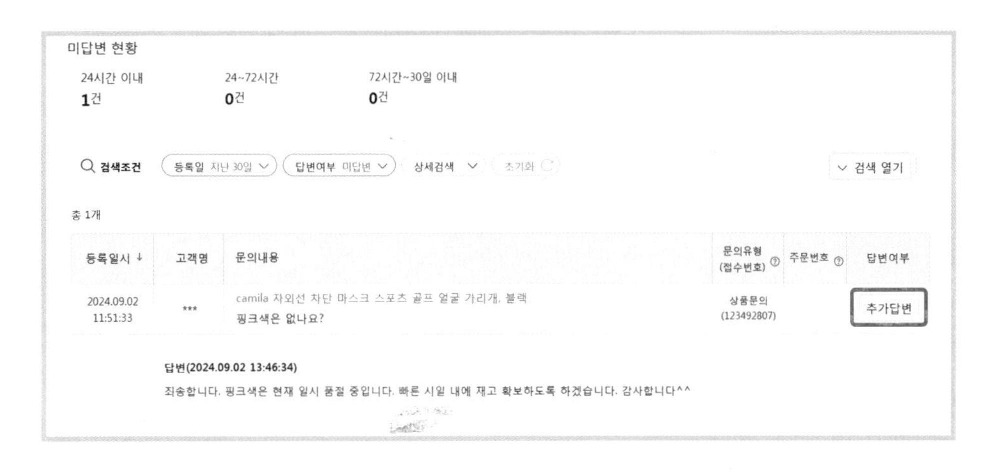

TIP! '상품문의'는 아이템위너에게 접수된다

쿠팡 아이템페이지 구조에서 상품문의는 아이템위너인 판매자에게 접수된다.
A 판매자 상품이 아이템위너일 때 접수된 상품문의는 B 판매자 상품이 아이템위너로 변경될 경우 A 판매자에게 전달되지 않는다. 예를 들어 고객이 A 판매자가 아이템위너일 때 상품을 구매했는데 → B 판매자로 아이템위너가 변경된 후 → 고객이 해당 상품의 '상품문의'(또는 문의하기) 버튼을 클릭해 문의하면 현재 아이템위너인 B 판매자에게 고객문의가 접수된다.
따라서 '상품문의'로 유입된 문의가 해당 판매자의 문의가 아닐 경우 "쿠팡 고객센터 1577-7011 또는 1:1 문의로 문의하시기 바랍니다."라고 답변을 달아주면 된다.

3) 고객센터 문의 처리하기

'고객센터 문의'는 판매자의 주문 건과 관련해 쿠팡측에서 판매자에게 전달한 내용을 확인할 수 있는 곳이다.

판매자가 문의 내역을 확인만 하면 되는 문의와 문의 내역에 직접 답변해야 하는 문의가 있다. 한 번 작성한 답변은 수정 및 재답변을 할 수 없다.

01_ 쿠팡 WING → 고객관리 → 고객센터 문의를 클릭하면 고객센터 문의를 확인할 수 있다. 해당 상품의 상세보기 버튼을 클릭한다.

① **처리상태:** 미확인(판매자의 확인이 필요한 상태), 미답변(판매자의 답변이 필요한 상태), 처리완료(처리 완료 상태)

② **상세보기:** 고객 문의에 대한 상세 내용을 확인하고 답변을 달 수 있다. 처리상태가 '미답변' 또는 '미확인'일 때는 클릭해 답변을 달 수 있다.

02_ 쿠팡 문의 내용 확인 및 답변을 작성하고 답변제출을 클릭한다.

TIP! 빠른 반품과 교환 처리는 최고의 CS!

쿠팡 CS의 대부분은 상품 품질과 배송에 관한 것이다. 판매자는 출고소요일 내에 배송처리를 하고 배송 흐름을 수시로 체크해 배송지연이 생기지 않도록 해야 한다.

상품 관련 문의에는 빠르게 답변을 해주고 반품 및 교환 요청 시에는 보다 빠른 처리를 위해 효율적인 방안을 모색해야 한다.

- 불량으로 인한 상품 회수와 교환은 시일이 많이 소요되어 고객 항의가 많이 일어나는 CS건이다. 상품 불량 및 파손이 확실하면 고객에게 확인 사진을 보내 달라고 한 후 상품 회수 전에 새로운 상품을 바로 보내주거나 맞교환으로 처리하면 좋다.
- 저가 상품인 경우 왕복배송비로 인해 상품을 회수하면 손해인 경우도 있다. 이때는 고객에게 불량 상품은 반송하지 말고 폐기하거나 사용하라고 안내하고 새 상품을 재발송해 주면 고객에게 좋은 CS 경험을 남겨줄 수 있다.

4) 상품평

01_ 쿠팡 WING → 고객관리 → 상품평을 클릭하면 상품평을 확인할 수 있다.

02_ '검색조건'에서 별점이 낮은 상품평을 확인하고 고객의 불만사항을 파악해 개선하면 판매 증대에 도움이 된다.

2 상품평과 상품 문의 신고하기

1) 상품평 신고하기

상품평은 고객의 주관적인 의견으로 부정적인 내용이라 하더라도 함부로 삭제할 수 없다. 다만 상품의 기능 및 효과에 오해의 소지가 있는 글, 비방, 욕설, 도배 등의 게시물, 허위정보, 개인정보, 저작권 불법 도용, 상업적 목적의 광고성 글이라면 판매자가 신고할 수 있다.

신고한 내용은 1~2일 내 쿠팡 홈페이지 약관 및 정책 중 '상품평 및 상품문의 운영원칙'에 근거해 처리되며, 처리 결과는 별도 통보되지는 않는다.

01_ 상품 상세페이지에서 해당 상품평의 '신고하기'를 클릭한다.

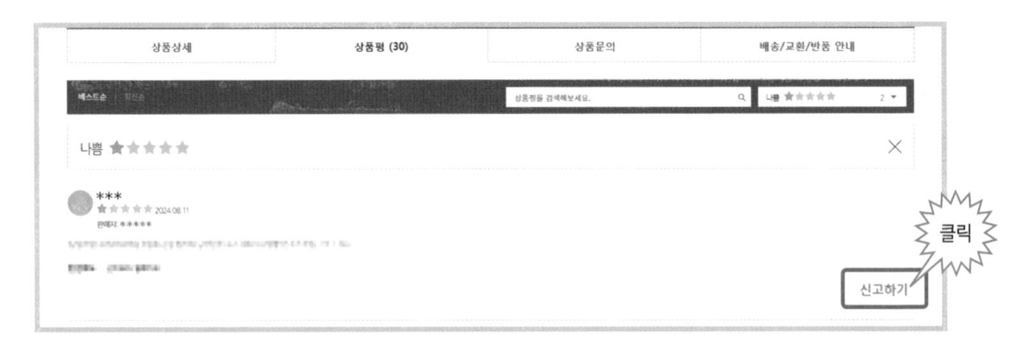

02_ 쿠팡 회원 아이디로 로그인 한 후 '상품평 신고하기' 팝업창에서 신고 사유 선택, 신고 이유를 입력한 후 등록하기를 클릭하면 된다.

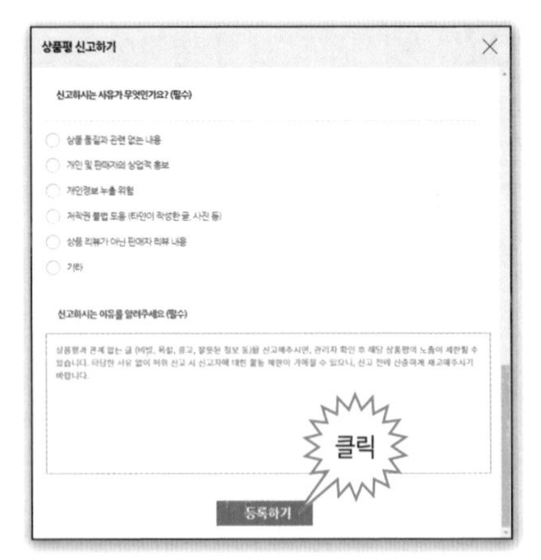

2) 판매자 리뷰 / 상품문의 신고하기

■ 판매자 리뷰

고객이 남긴 평가 중 비방, 욕설, 광고, 도배, 복사글, 허위정보, 개인정보, 저작권 불법 도용, 상업적 목적 등의 판매자에 관한 악의적인 리뷰나 해당 상품 자체와 관계없는 글, 양도, 광고, 욕설, 비방, 도배, 개인정보 등의 고객 문의가 있으면 쿠팡 WING에서 온라인문의를 진행하면 된다.

쿠팡은 '홈페이지 약관 및 정책' 중 '상품평 및 상품문의 운영원칙'에 근거해 블라인드 여부를 검토한 후 답변을 준다.

온라인 문의 시 기입 사항

* **판매자 리뷰**

- 상품ID:
- 평가작성일시:
- 평가내용(캡쳐화면 또는 원문):
- 신고 사유:

* **고객 문의**

- 상품문의번호:
- 상품문의 등록일:
- 주문번호:
- 상품ID:
- 옵션ID:
- 요청 사유:

01_ 쿠팡 WING → 온라인문의 → 고객관리 → 상품평 / 상품문의 → '상품평과 상품문의는 어떻게 지우나요?'를 클릭한다.

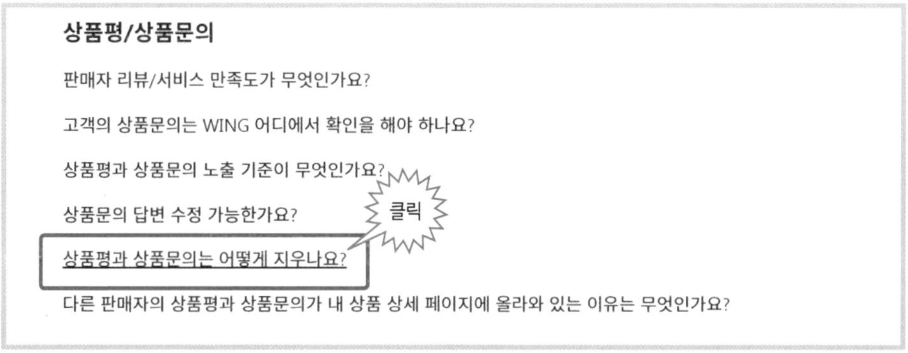

상품평/상품문의

판매자 리뷰/서비스 만족도가 무엇인가요?

고객의 상품문의는 WING 어디에서 확인을 해야 하나요?

상품평과 상품문의 노출 기준이 무엇인가요?

상품문의 답변 수정 가능한가요?

상품평과 상품문의는 어떻게 지우나요?

다른 판매자의 상품평과 상품문의가 내 상품 상세 페이지에 올라와 있는 이유는 무엇인가요?

클릭

02_ 화면 하단의 온라인 문의하기를 클릭한 후 내용 입력 후 제출을 클릭하면 된다.

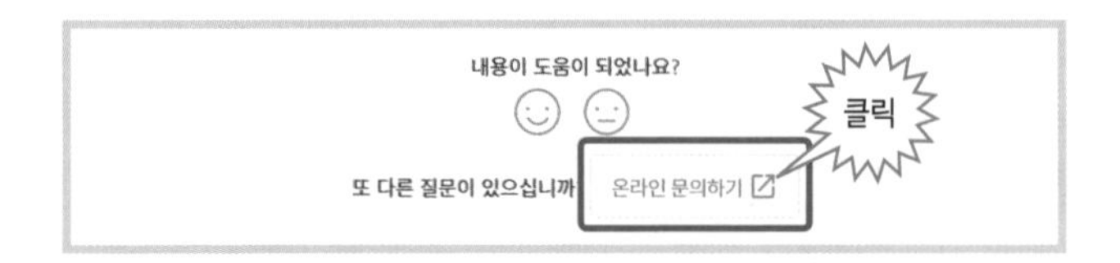

온라인 문의하기

요청 유형을 아래에서 선택하세요.

[마켓플레이스/로켓그로스] 판매 활동 관련 문의가 있습니다.

판매자 코드(Vendor ID)

판매자님의 업체코드를 입력해주세요.

제목 *

로켓그로스 문의인 경우에만 체크해주세요

☐ CGF/CGF LITE 체크 X, 마켓플레이스 문의 체크 X, (구)로켓그로스 문의 체크 X

주문번호

대표 주문번호 1개만 숫자로 입력 가능합니다. 주문번호가 여러개인 경우, 설명 또는 양식에 맞게 기재 바랍니다.

상품정보가 있습니까?

☐

반품접수를 철회하시겠습니까?

☐ 반품 접수 철회가 필요한 경우에만 체크하세요.

설명 *

요청에 관한 세부 정보를 입력하세요. 저희 지원 스태프가 가능한 빨리 자세한 답변을 드리도록 하겠습니다.

옵션명

상품 ID (Product ID)

상품명

C코드 판매자 + CGF 문의라면 체크해주세요.

☐

문의하고자 하는 내용이 오류/오노출로 의심되는 경우 체크해주세요.

☐ 체크했습니다.

첨부 파일

파일 추가 또는 파일을 여기로 드래그

제출

클릭

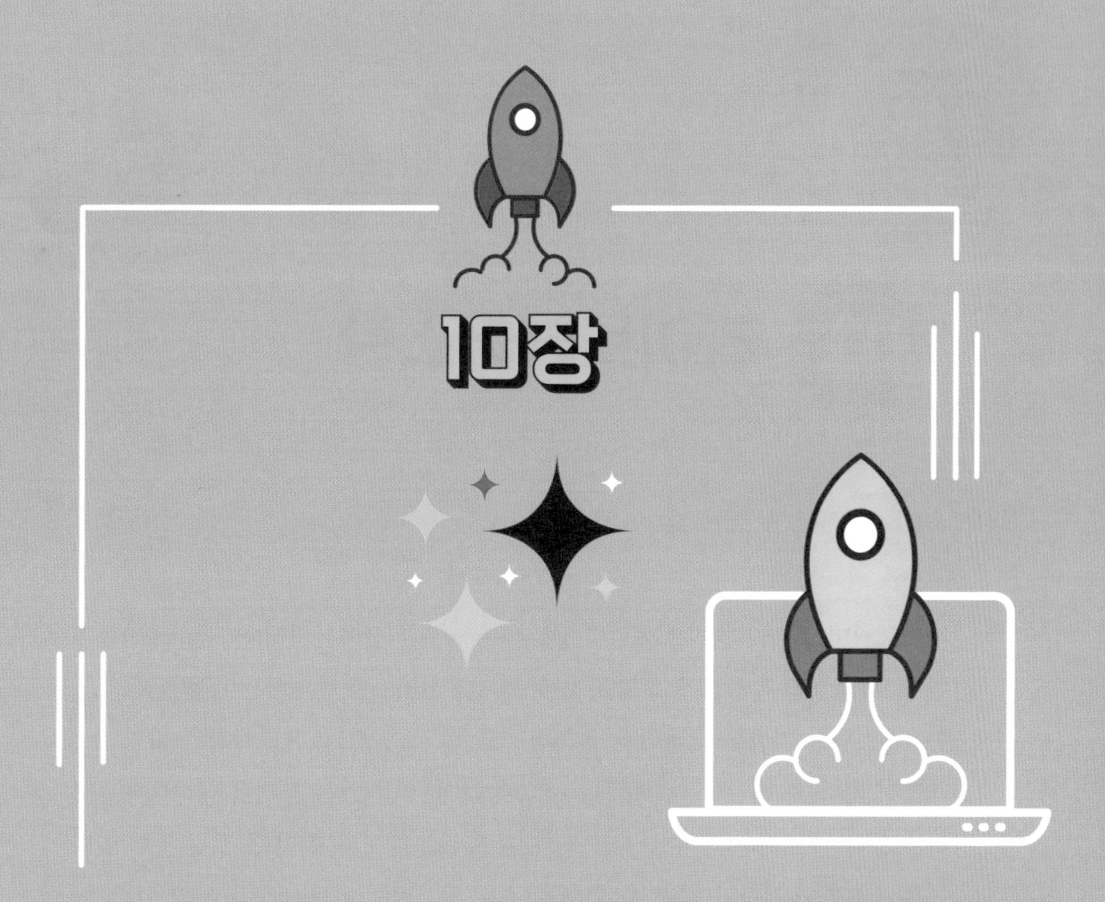

10장

쿠팡 라이브와 숏츠 진행하기

01 라이브커머스란

라이브커머스란 라이브 스트리밍(live streaming)과 전자상거래(e-commerce)를 합성한 말로, 실시간 온라인 방송을 통해 상품이나 서비스를 판매하는 것을 말한다.

TV 홈쇼핑의 기반을 모바일로 옮겨왔다고 볼 수 있으며, 온라인과 모바일 쇼핑 거래액이 매년 최대치를 갱신해가는 시대에 라이브커머스는 두각을 나타내며 급성장하고 있다. 대표적인 라이브커머스 플랫폼으로는 네이버, 카카오, 쿠팡 등이 있다.

기존의 온라인 시장과 달리 라이브커머스는 실시간 라이브 방송을 통해 현장감을 살리면서도, 구매자가 필요로 하는 정보와 궁금증을 즉각적으로 제공하고 해소해 줄 수 있다는 점이 큰 장점이다. 온라인 쇼핑을 넘어 모바일 쇼핑이 익숙해진 타깃 연령 2050 세대에 각광을 받고 있으며 그 연령대도 점차 넓어지고 있는 추세다.

이제 전문 쇼호스트뿐 아니라 일반 셀러들도 라이브커머스를 통해 상품을 판매하고 있으며, 라이브커머스는 이커머스 세계에서 선택이 아닌 필수가 되고 있다. 라이브커머스를 통해 온라인 쇼핑의 성공 경험을 맛본 구매자들은 반복적으로 라이브커머스를 통해 제품에 대한 검증을 하게 되고, 그 구매층이 점점 넓어지면서 라이브커머스는 이전에 없던 글로벌한 시장을 창조하고 있다.

1 라이브커머스의 장점

기존의 온라인 쇼핑과 구별되는 라이브커머스의 장점은 다음과 같다.

첫째, 라이브커머스는 구매자와 판매자의 쌍방향 소통이 가능하다.

기존 온라인 쇼핑은 제품에 대한 일방적 정보전달을 토대로 구매자가 수동적으로 구매를 결정하는 것인데 반해, 라이브커머스는 구매자가 실시간 방송을 보며 쌍방향으로 소통하면서 구매를 하게 된다.

구매자는 채팅창을 통해 궁금한 점이나 구매 전환을 방해하는 요소들을 바로 문의하고 해결한다. 신속한 답변과 궁금점 해결은 제품 신뢰도를 상승시키고 구매로 이어지게 한다. 또 제품에 대한 설명을 충분히 듣고 구매를 결정했기 때문에 실제 상품을 받은 뒤 변심에 의한 반품률도 현저히 떨어진다. 이는 구매자와 판매자의 쌍방향 소통이 원활한 라이브커머스만의 장점이다.

둘째, 구매 전환율이 좋다.

홈쇼핑이든 라이브커머스든 결국 판매를 목적으로 하는 방송이기에 모든 방송의 실적은 정량적 매출액으로 확인된다. 일반적인 이커머스의 구매 전환율은 약 1% 이하로, 독보적인 제품의 차별점이 없다면 가격 경쟁에 의해 매출이 결정되는 경우가 많다. 그러나 라이브커머스는 일반적으로 관심이 있는 상품을 선택해 방송을 시청하기 때문에 보다 적극적인 참여와 구매가 일어난다. 라이브커머스의 구매 전환율은 5~8%로 정도 된다. 결국 라이브커머스는 판매라는 목적에 상당히 부합하는 타깃형 채널이라는 점이 검증되었다.

라이브커머스의 구매 전환율이 좋은 이유는 다양하다. 요즘 모바일을 누구나 필수로 사용하고 있다. 모바일을 단순히 전화나 문자, 인터넷 서핑을 하는 것에 그치지 않고 자산 관리와 모니터링, 상품이나 서비스를 구매하는 데 적극적으로 활용한다. 어쩌면 활용한다는 표현보다는 사람들의 삶 깊숙이 스며 있다는 말이 더 정확할 것이다. 모바일 사용자를 타깃으로 상품을 판매하는 라이브커머스에게는 더 없이 좋은 시장환경이다. 모바일을 사용하는 누구나 라이브커머스를 선택하고 볼 수 있으며, 제품 구매에 참여할 수 있기 때문이다. 별도의 시청료를 낼 필요도 특별한 자격도 필요 없기에 소비를 할 수 있는 전체 인구를 대상으로 볼 때 진입 장벽이 제로에 가깝다.

더군다나 요즘은 모바일에 결제 시스템을 대부분 연동해 사용하기 때문에, 모바일 기반인 라이브커머스를 통해 상품을 접하면 보다 쉽게 결제까지 이루어진다. 결제 비밀번호만 누르면 되는 쿠팡페이, 네이버페이, 카카오페이, 토스페이 등의 간편결제 시스템이 폭발적으로 성장했고, 신용카드 연동이나 계좌 연동도 이커머스를 사용하는 사람은 대부분 활용하고 있다. 이런 시스템의 변화는 이커머스 전반에 엄청난 기회를 가져다주었다. 카드번호를 입력하고 받을 주소를 입력하는 번거로운 결제 과정이 생략되고, 이미 모바일에 저장된 배송지와 결제 방법을 몇 번 터치만 하면 구매가 완료되는 일사천리 시스템이기 때문이다. 결제 과정에서의 이탈을 최소한으로 줄여주는 고마운 환경이다.

셋째, 실시간 혜택을 통한 프로모션이 가능하다.

라이브커머스도 홈쇼핑처럼 방송 전 촘촘한 기획과 상품 판매를 촉진하기 위한 프로모션 정책을 확정하고 시작한다. 그런데 라이브커머스는 판매자와 구매자 간의 실시간 소통이 활발하고 잠재 구매자의 욕구를 파악하고 즉각적으로 반영하기가 용이하기에 계획되지 않았던 이벤트나 추가 혜택을 제공해 보다 공격적인 프로모션을 할 수 있다.

적극적인 소통을 하는 고객, 퀴즈를 맞춘 고객에게 추가 할인 쿠폰을 제공하거나 무상으로 상품을 제공하는 등의 이벤트는 시청자 모수가 홈쇼핑보다 상대적으로 적은 라이브커머스가 잠재 고객으로 하여금 구매나 방송 참여 동기를 더 자극하는 효과가 있다. 이런 이벤트들은 시청자의 입장을 관망자에서 참여자로 변화시키고, 방송에 더욱 몰입하게 함으로써 상품 판매는 물론이고 방송의 재미를 더해 단골을 확보하는 데도 긍정적인 요소로 작용한다.

넷째, 라이브커머스의 확장성은 무한하다.

앞서 이야기한 것처럼 라이브커머스가 전성시대를 이룰 수밖에 없는 다양한 근거와 실제적인 이유, 장점들이 있지만 그보다 더 중요한 것이 있다. 저자가 바라보는 라이브커머스 최고의 장점은 아직도 변모 중인 무한한 확장성에 있다.

국내 쇼핑 플랫폼이 확보하고 있는 고객층을 넘어 중국, 아시아, 미국 등의 쇼핑 인구를 끌어올 수 있다면 라이브커머스의 매출액은 지금과는 비교도 안 될 것이다. 가장 큰 장벽인 언어와 결제 솔루션만 라이브커머스에 적용되는 시점이 온다면 시장은 폭발적으로 성장할 것이다. 실시간 통역 솔루션은 이미 한 모바일 회사에서 개발을 완료해 출시했고, 아직 세상에 나오지 않은 기술들이 많이 대기 중이다. 중국 전자상거래 회사인 타오바오는 최근 전 세계 어디든 1시간 안에 배송을 완료하는 진짜 '로켓' 배송을 하겠다고 나섰다. 이 배송 서비스가 이벤트성에 그칠지 혹은 보편화될지는 지켜볼 일이지만 이미 이러한 시도가 이루어지고 있기에 허무맹랑한 기대만은 아닐 것이다. 혹 1시간 안에 배송이 되지 못하더라도 로켓 기술을 기반으로 2일 이내에만 배송이 안정적으로 완료될 수 있다면 글로벌 시장은 분명 반응할 것이다. 상상할 수 없는 자본이 투입되는 시장이기에 참여 회사는 굉장히 제한적이지만, 역설적으로 수혜자는 다방면으로 확장될 것이다.

이렇듯 라이브커머스는 기술력과 자본력의 성장과 함께 무한한 확장이 가능한 비즈니스 모델이다. 한때 유행에 그치고 사라지는 수많은 서비스와 플랫폼과는 달리 이커머스의 단점을 보완해 주는 라이브커머스만의 무기가 있기에 지속적으로 유연하게 성장해 나갈 것이다.

02 쿠팡 라이브 개요

쿠팡은 국내 쇼핑앱 사용률 1위, 최소이탈률 1위, 10~50대 연령대별 사용률 1위다. 쿠팡의 재구매율은 70%가 넘는다. 쿠팡은 높은 성과지표를 보이면서 플랫폼의 파워를 증명하고 있다. 그렇기 때문에 판매자는 쿠팡과 쿠팡 라이브를 선택한다.

1 쿠팡 라이브의 장점

누구나 진행할 수 있다

쿠팡 라이브는 '크리에이터 협업'과 '셀프 라이브'로 라이브를 진행할 수 있다. 직접 라이브를 진행하기가 부담스러운 판매자는 크리에이터와의 협업을 통해 진행할 수 있고, 셀러가 직접 '셀프 라이브'를 통해 상품을 홍보하고 광고할 수 있다. 쿠팡에 입점만 되어 있으면 판매 등급이나 매출과 상관없이 누구나 진행할 수 있다.

실시간 매출+다시보기 매출로 매출 신장

라이브를 진행하면 실시간 라이브 방송 매출뿐 아니라 '다시보기'를 통한 추가 매출이 일어난다. 라이브 방송은 한 번의 방송만으로도 추가 광고 비용 없이 얼마든지 추가 판매 효과를 낼 수 있다.

구매 전환율이 높아진다

라이브를 진행하면 판매자의 상세페이지에 자동으로 축약 버전의 다시보기 영상이 노출된다.(해당 VOD에서 판매하는 모든 상품이 아이템위너인 경우에만 노출된다.) 다시보기 영상이 있는 상세페이지의 구매 전환율이 그렇지 않은 것보다 9% 정도 높다.

노출 지면의 확대

쿠팡 앱에서 쿠팡라이브 아이콘을 탭하면 '쿠팡라이브 진행 중' 또는 '진행했던 라이브' 위젯에 라이브가 노출된다. 이 외에도 각종 라이브 기획전과 숏츠 탭이 구성되어 있으며, 상품을 검색하면 검색결과 페이지에서 라이브와 숏츠가 노출된다.

<쿠팡 라이브와 다시보기 노출 위치 예시>

메인 메뉴 메뉴바

메인페이지 라이브 위젯

라이브 홈

라이브 기획전

숏츠 전용 위젯

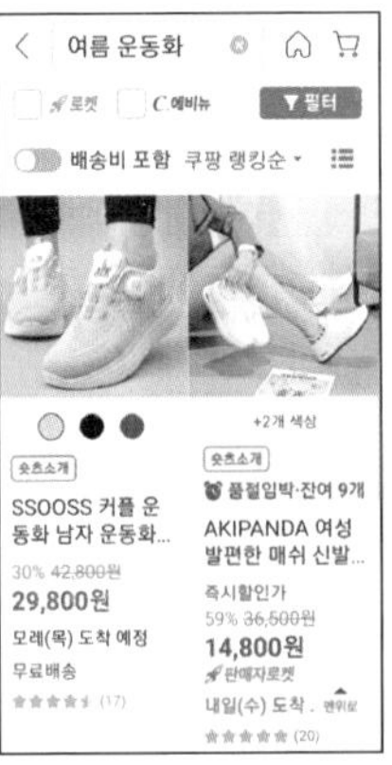

검색결과 페이지 배지

검색결과 페이지 라이브 위젯

상세페이지 다시보기/추천상품 위젯

03 쿠팡 라이브 진행하기

1 쿠팡 라이브 개통하기

쿠팡 라이브를 진행하려면 먼저 라이브 개통이 필요하다.

01_ WING → 라이브 & 숏츠 → 라이브 홈 → 쿠팡 라이브 판매자 가입하기를 클릭한다.

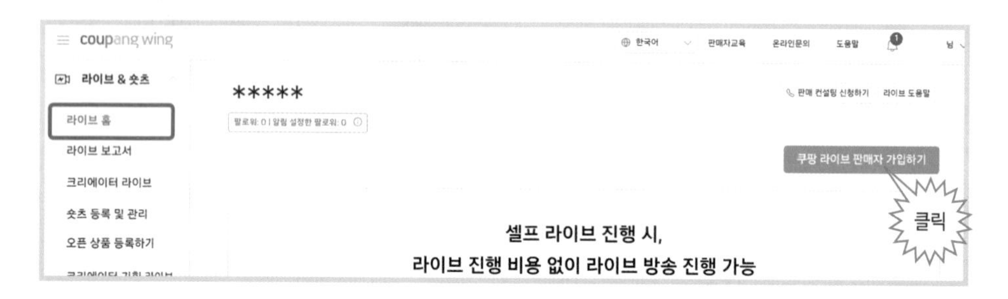

02_ 판매자 정보를 확인하고 이용약관과 개인정보 수집 및 이용에 동의 체크한 후 제출 버튼을 클릭한다.

쿠팡에서 가입 승인을 해주면 쿠팡 라이브를 진행할 수 있다.

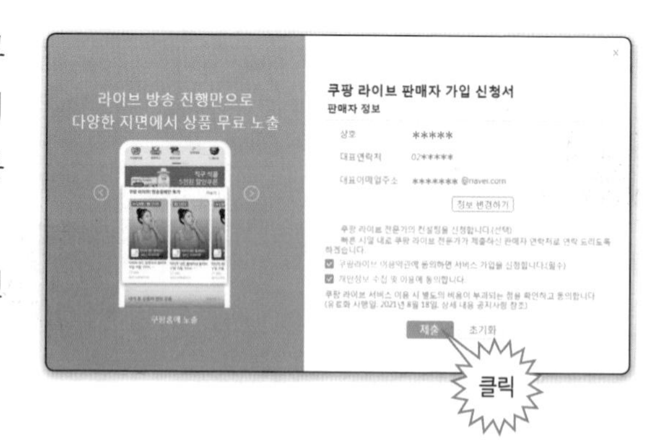

2 쿠팡 라이브 종류

쿠팡 라이브의 방송 유형은 '크리에이터 라이브', '셀프 라이브', '숏츠'가 있다.

크리에이터 라이브는 쿠팡 마켓플레이스에 등록되어 있는 크리에이터와의 협업을 통해 방송하는 것으로 전문적인 방송이라 할 수 있다. 주체자에 따라 '판매자 요청 라이브'와 '크리에이터 기획 라이브'로 나뉜다.

'판매자 요청 라이브'는 판매자가 쿠팡에 등록된 크리에이터를 검색한 후 방송을 제안하면 크리에이터가 방송을 기획해 진행하는 라이브다. '크리에이터 기획 라이브'는 크리에이터가 기획한 컨셉의 방송을 라이브 룸에 등록해 판매자를 공개 모집한 후 방송하는 라이브다. 크리에이터 1명과 다수의 판매자가 매칭될 수 있다.

이처럼 쿠팡은 전문적인 방송 인력과의 협업을 통해 라이브를 진행할 수 있다.

셀프 라이브는 판매자가 직접 방송을 기획 및 진행하거나 자체적으로 크리에이터를 섭외해 판매자 계정에서 진행하는 라이브다. 언제 어디서든 최소한의 장비와 온라인 환경만 있다면 라이브 진행으로 상품을 홍보할 수 있다. 크리에이터 앱/웹으로 로그인해 라이브 방송의 일정과 상품 구성을 선택해 직접 방송을 등록하고 쿠팡 승인 후(1~2일 소요) 방송을 진행하면 된다. 방송 30분 전까지 라이브의 제목, 소개, 이벤트 내용 등이 수정 가능하여 판매자의 상황에 맞추어 방송 내용을 조정할 수 있다.

숏츠도 판매자가 진행하는 라이브다.

쿠팡 라이브 방송 형태	크리에이터 라이브		셀프 라이브	숏츠
	판매자 요청 라이브	크리에이터 기획 라이브		
진행 방법	크리에이터에게 방송 요청하기	크리에이터가 기획한 방송에 참여하기	판매자가 직접 방송하기	
방송 진행자	크리에이터		판매자	
쿠팡 라이브 플랫폼 수수료	라이브와 다시보기를 통해 판매된 상품 판매 매출의 5% (* 라이브 플랫폼 수수료는 윙 입점 판매 수수료와 구별되며, 부가세 별도임)			
크리에이터 수수료	방송 요청 시 합의된 금액 혹은 수수료	크리에이터가 정한 상품당 참여 비용 혹은 수수료	없음	

3 라이브 준비하기

라이브를 요청하기 전에 판매자는 준비 사항으로 '판매자 정보'를 등록하고 '월별 예산'을 설정한다.

1 판매자 정보 등록하기

01_ 쿠팡 WING→라이브 & 숏츠→라이브 방송 계정 관리를 클릭한다.

02_ '라이브 방송 계정 정보'의 수정 버튼을 클릭해 프로필 사진을 등록한다. 고객에게 노출되는 프로필 사진은 판매자의 첫인상을 결정하는 중요한 정보다. 나의 브랜드나 대표 상품을 등록하면 된다.
크리에이터에게 보여질 '판매자 정보'도 수정을 클릭해 작성한다.

라이브 방송 계정 관리 라이브 도움말

라이브 방송 계정 수정 판매자 방송 계정 관리 추가/삭제

라이브 방송 계정 정보 | 라이브 방송 계정의 이름과 프로필 사진을 설정합니다

프로필 사진:

계정 이름: *****

자기소개:

수정

판매자 정보 | 크리에이터에게 보여질 판매자 정보를 설정합니다

판매자명 : -

*담당자(필수):-

*이메일(필수):-

*전화번호(필수):-

홈페이지(선택):-

페이스북(선택):-

카카오톡(선택):-

인스타그램(선택):-

수정

2 월별 예산 설정하기

할인 쿠폰을 적용할 경우 라이브 진행 전에 월별 예산을 설정한다. 월별 예산이 설정되지 않으면 라이브 등록 시 승인되지 않을 수 있으며, 쿠폰 발행이 불가하다.

▶ 쿠팡 WING → 프로모션 → 할인쿠폰 관리를 클릭한다. '월별 예산 설정' 버튼을 클릭해 예산을 설정한다.

▶ 라이브 전용 쿠폰은 WING → 라이브 & 숏츠 → 라이브 요청/방송 관리 → 라이브 방송 관리 → 상세보기를 통해 생성할 수 있다. (라이브 판매가 - 할인 쿠폰 = 최종가격이다.)

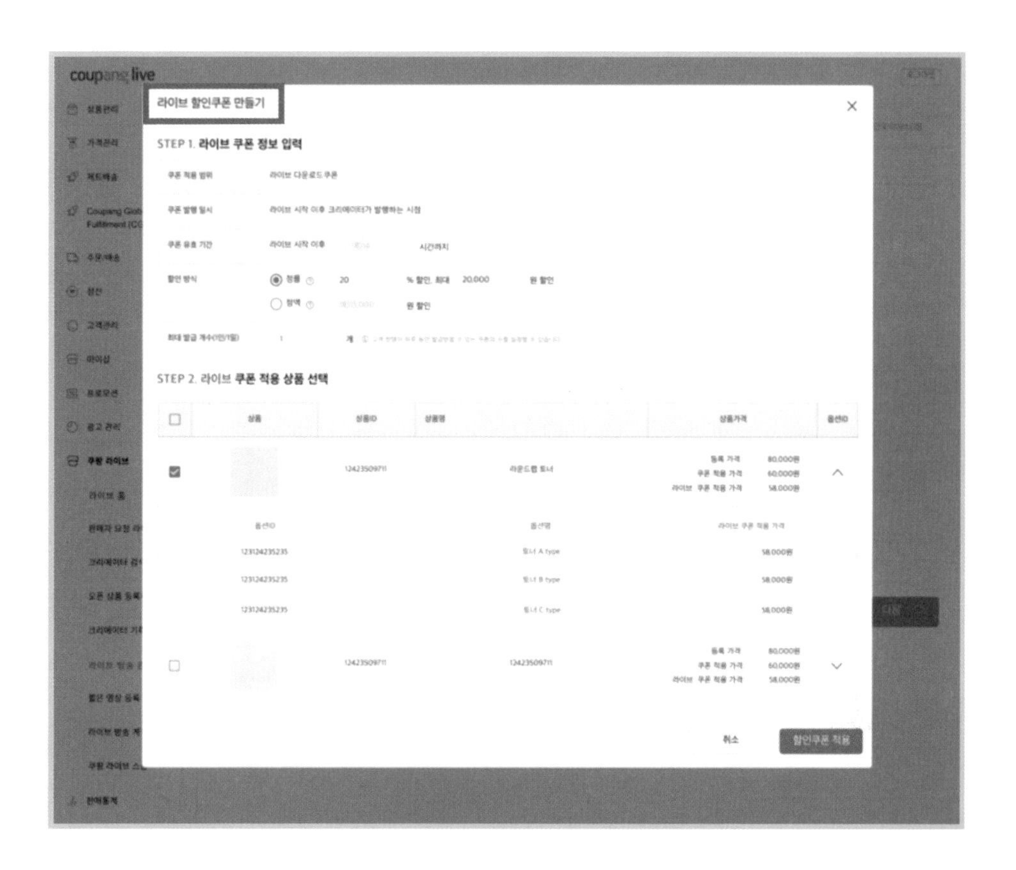

4 판매자 요청 라이브 진행하기

판매자(업체)가 직접 쿠팡 크리에이터를 검색하고 선정해 라이브 방송을 요청할 수 있는 라이브다. 크리에이터는 본인의 스케줄, 희망하는 출연료 및 커미션 등에 따라 제안받은 방송을 수락해 판매자와 협의 후 방송을 진행한다.

01_ 쿠팡 WING → 라이브 & 숏츠 → 크리에이터 라이브를 클릭한다. 상품 선택을 클릭한다.

02_ 라이브를 진행할 상품을 선택하고 상품 선택 버튼을 클릭한다.

03_ '라이브 방송 상품 가격 확정'에서 라이브 방송 동안만 판매될 윙 상품가를 확인 및 설정하고 다음 버튼을 클릭한다.(아이템위너가 아닐 경우 아이템위너 가격에 맞춰야 방송 승인 가능성이 높다.) 확인을 클릭한다.

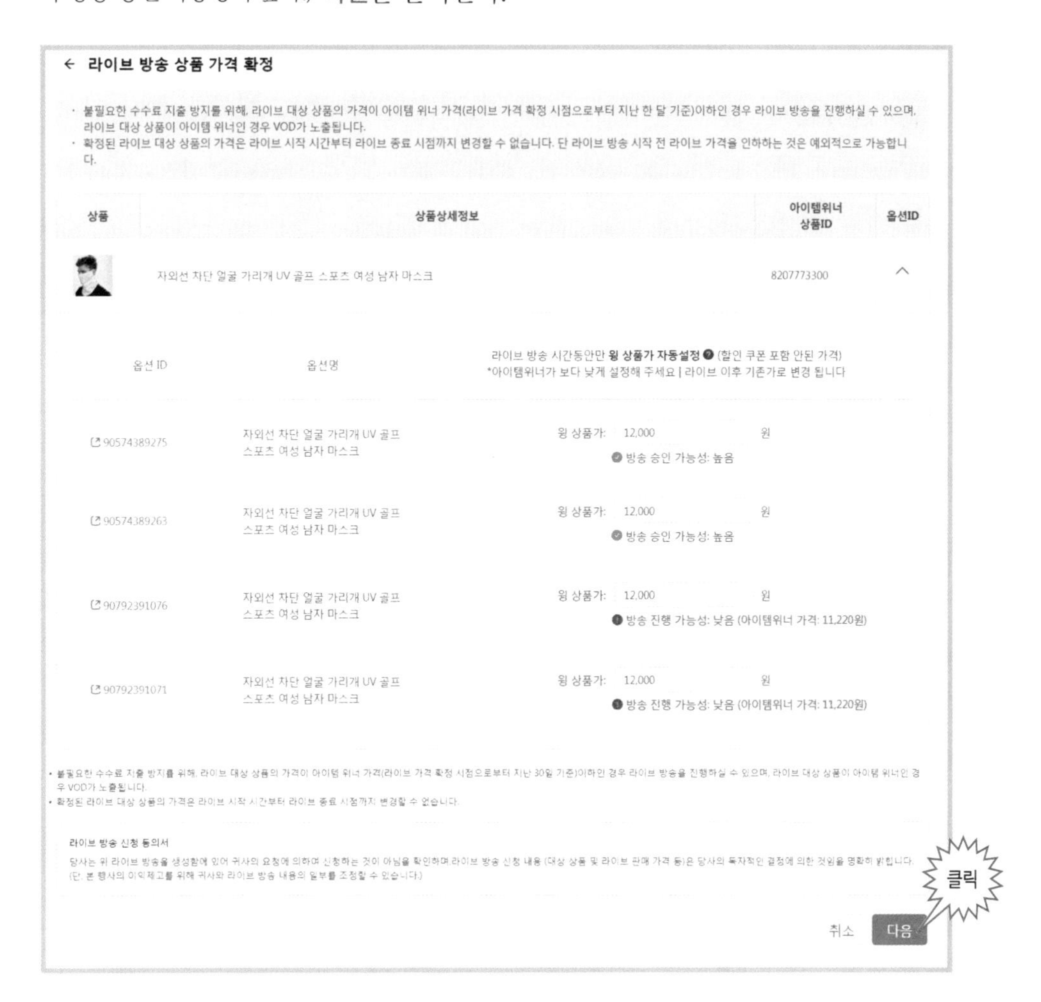

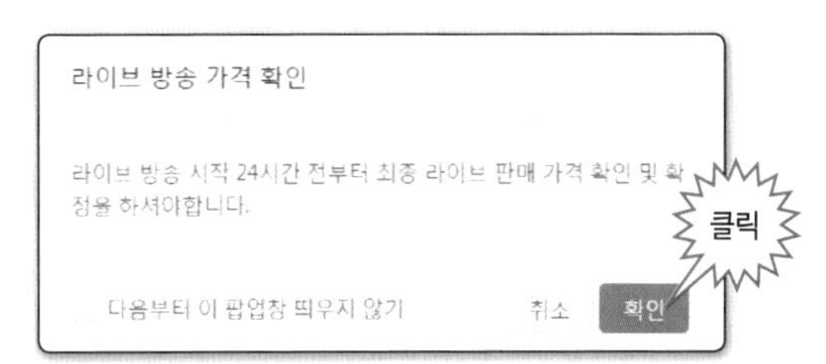

04_ 방송 가능시간, 서비스 가격(고정비), 서비스 가격(판매수수료)을 설정하고 크리에이터 추천 버튼을 클릭한다.(서비스 가격은 고정비와 판매수수료 중 하나만 선택해도 되고 중복 설정해도 된다. 크리에이터 추천을 받기 위한 것이므로 대략 입력하면 된다.) 그러면 '크리에이터 추천' 목록이 나온다.

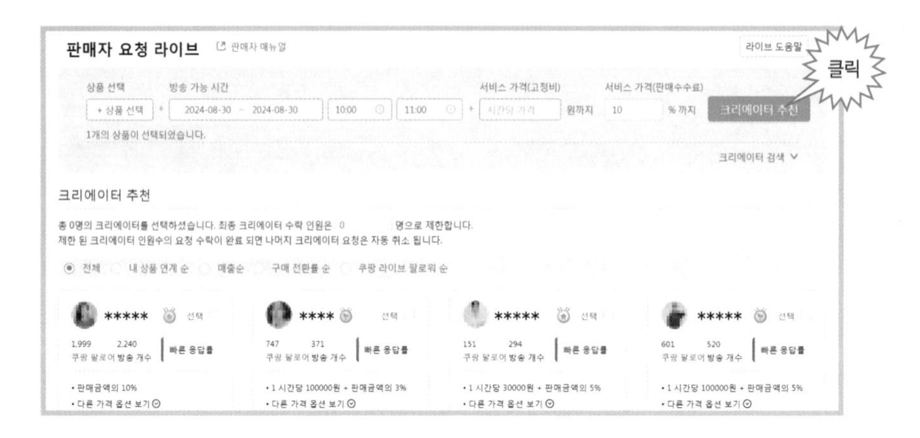

05_ 원하는 크리에이터를 선택하고 '크리에이터 상세보기' 팝업창에서 '라이브 서비스 가격'을 선택 또는 새로운 서비스 가격을 제안하고 선택 버튼을 클릭한다.

06_ 크리에이터가 선택되었다. 다음 버튼을 클릭한다.

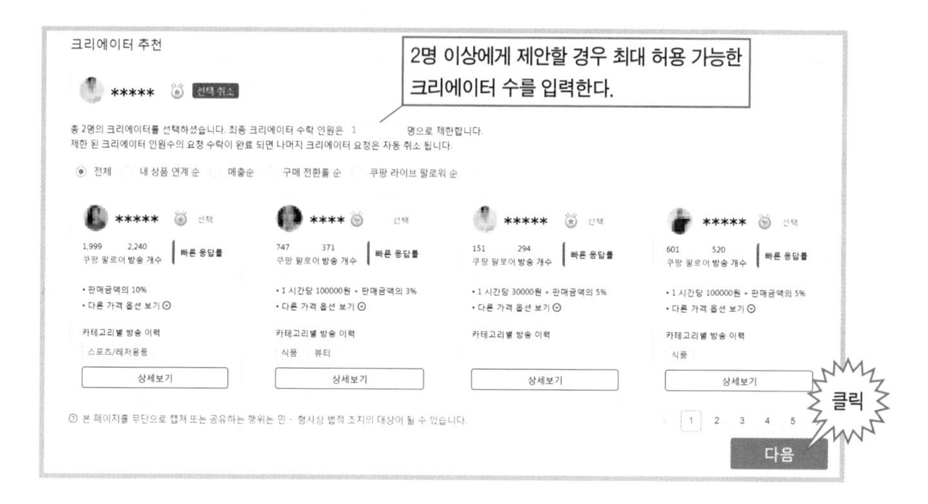

07_ 판매자 라이브 요청 내용을 입력하고 요청 버튼을 클릭하면 요청이 완료된다.

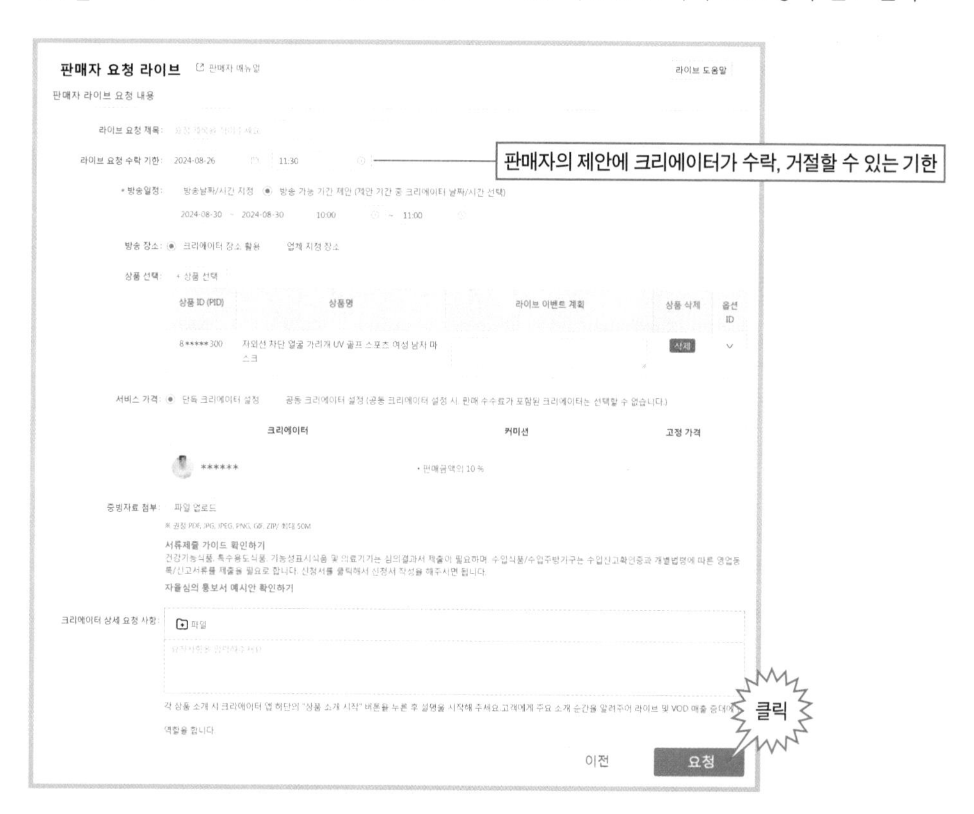

08_ 라이브 요청 후 크리에이터가 수락하기 전까지 WING → **라이브 요청/방송 관리 → 라이브 요청 관리** 탭에서 내용을 수정할 수 있다.

라이브 방송 관리 탭에서 요청 목록 및 크리에이터 수락 여부를 확인할 수 있다.

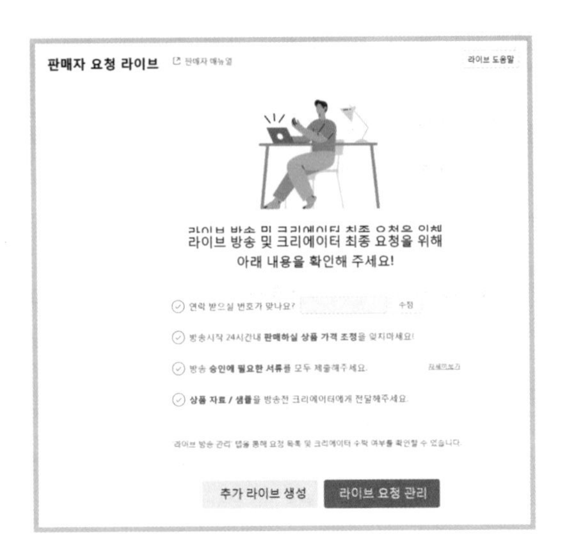

09_ 라이브 요청 관리 탭에서 요청 진행 사항을 확인할 수 있다.

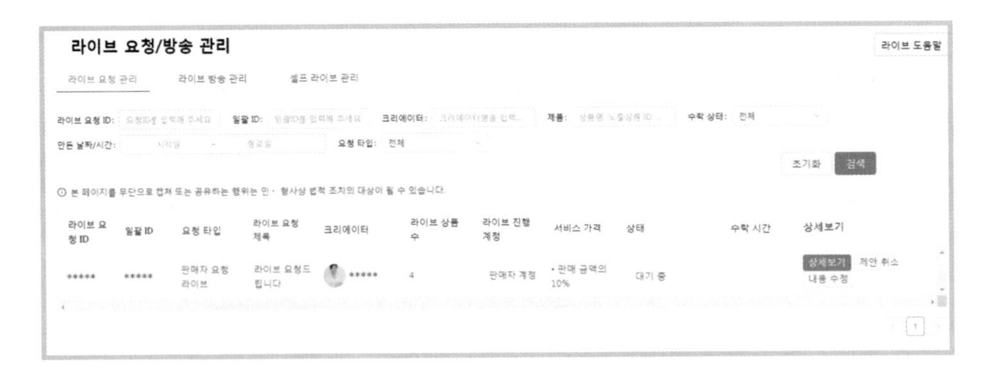

라이브 요청 ID	일괄 ID	요청 타입	라이브 요청 제목	크리에이터	라이브 상품 수	라이브 진행 계정	서비스 가격	상태	수락 시간	상세보기
*****	*****	판매자 요청 라이브	라이브 요청드립니다	*****	4	판매자 계정	• 판매 금액의 10%	대기 중		상세보기 제안 취소 내용 수정

▶ 크리에이터가 수락하기 전까지 WING → **라이브 요청/방송 관리 → 라이브 요청 관리** 탭에서 내용을 수정할 수 있다.

▶ 라이브 방송 시작 시간 24시간 전부터 **라이브 방송관리 → 상세보기**를 통해 라이브 판매가 확인 및 수정이 가능하다.

▶ **라이브 방송 관리 → 상세보기 → 쿠폰 목록**에서 라이브 쿠폰을 생성할 수 있다.

10_ 이후 크리에이터가 수락을 하면 공개되는 연락처를 통해 크리에이터와 세부사항을 협의한다. 협의한 내용에 따라 크리에이터가 방송을 등록하고 진행한다.

5 크리에이터 기획 라이브 진행하기

크리에이터가 기획한 컨셉의 방송을 라이브 룸에 등록하면 판매자는 상품을 등록해 참여할 수 있다. 크리에이터는 등록된 모든 상품을 해당 라이브에서 판매한다.

01_ WING → 라이브 & 숏츠 → 크리에이터 기획 라이브를 클릭한다. 라이브 제목이나 크리에이터 이름을 검색한 뒤 원하는 라이브 룸의 참여하기 버튼을 클릭한다.

02_ 상품 추가 버튼을 클릭 후 판매할 상품을 추가하고 다음 단계 버튼을 클릭한다.

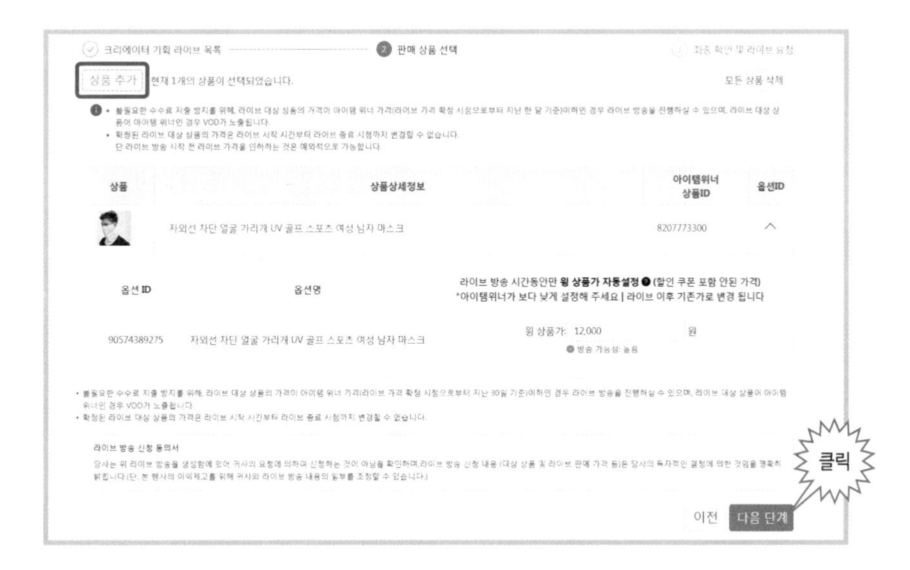

03_ 상세내용을 확인하고 완료 버튼을 클릭하면 참여 요청이 완료된다.

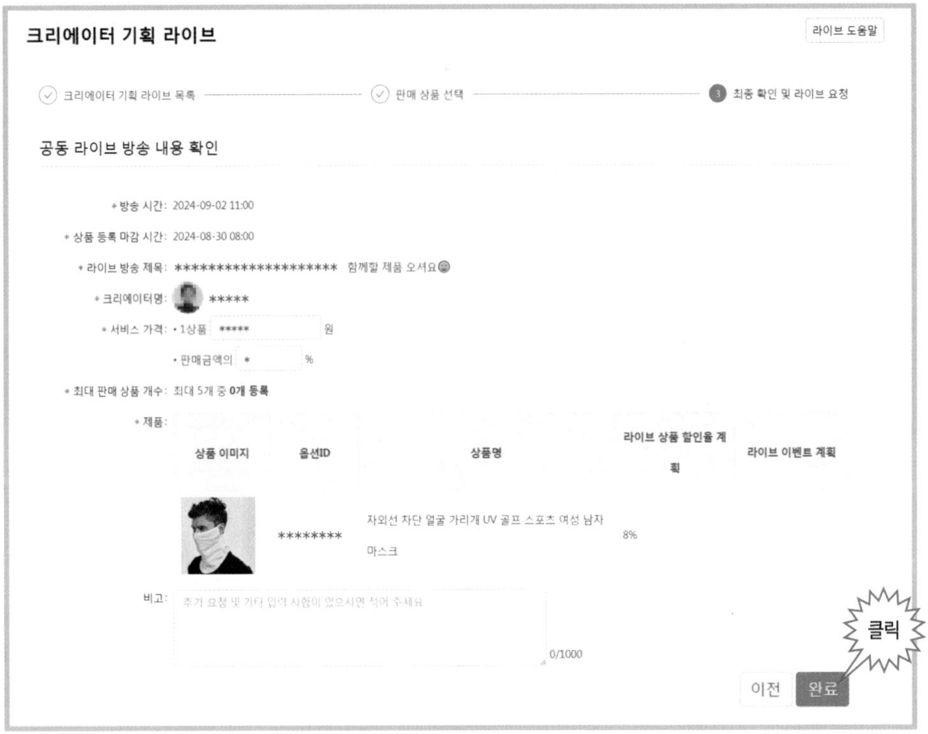

크리에이터 기획 라이브
라이브 도움말
크리에이터 기획 라이브 목록
판매 상품 선택
3 최종 확인 및 라이브 요청
공동 라이브 방송 내용 확인
* 방송 시간: 2024-09-02 11:00
* 상품 등록 마감 시간: 2024-08-30 08:00
* 라이브 방송 제목: ******************** 함께할 제품 오서요
* 크리에이터명: *****
* 서비스 가격: • 1상품 ***** 원
• 판매금액의 * %
* 최대 판매 상품 개수: 최대 5개 중 0개 등록
* 제품:

상품 이미지	옵션ID	상품명	라이브 상품 할인율 계획	라이브 이벤트 계획
	********	자외선 차단 얼굴 가리개 UV 골프 스포츠 여성 남자 마스크	8%	

비고: 추가 요청 및 기타 입력 사항이 있으시면 적어 주세요
0/1000
이전 완료
클릭

04_ 라이브 요청 후 크리에이터가 수락하기 전까지 '라이브 요청 관리' 탭에서 내용 수정이 가능하다.

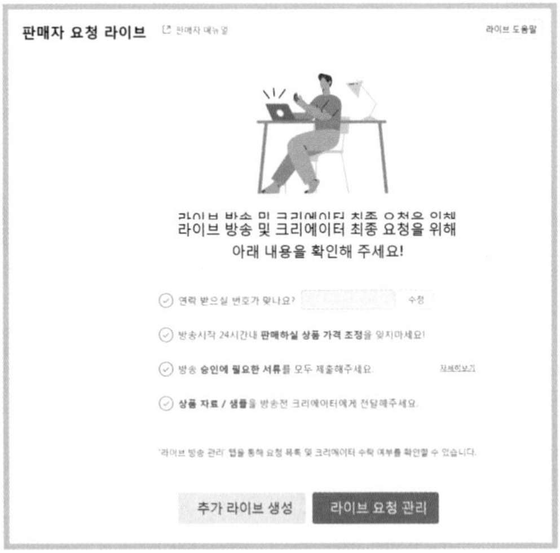

판매자 요청 라이브
라이브 도움말
라이브 방송 및 크리에이터 최종 요청을 위해
아래 내용을 확인해 주세요!
연락 받으실 번호가 맞나요? 수정
방송시작 24시간내 판매하실 상품 가격 조정을 잊지마세요!
방송 승인에 필요한 서류를 모두 제출해주세요. 자세히보기
상품 자료 / 샘플을 방송전 크리에이터에게 전달해주세요.
'라이브 방송 관리' 탭을 통해 요청 목록 및 크리에이터 수락 여부를 확인할 수 있습니다.
추가 라이브 생성 라이브 요청 관리

6 셀프 라이브 진행하기

셀프 라이브는 판매자가 직접 방송을 기획 및 진행하거나 자체 크리에이터를 섭외해 진행하는 라이브다.

1) 라이브 등록하기

01_ [라이브 방송 계정 수정] 라이브 화면 및 예고 페이지에 보여질 판매자 계정 정보를 설정한다. WING → 라이브 & 숏츠 → 라이브 방송 계정 관리 → 라이브 방송 계정 수정 탭에서 수정 버튼을 클릭해 라이브에 맞게 설정한다.

02_ [라이브 방송 계정 추가] 판매자 방송 계정 관리 추가/삭제 탭에서 신규 계정 등록 버튼을 클릭한다.

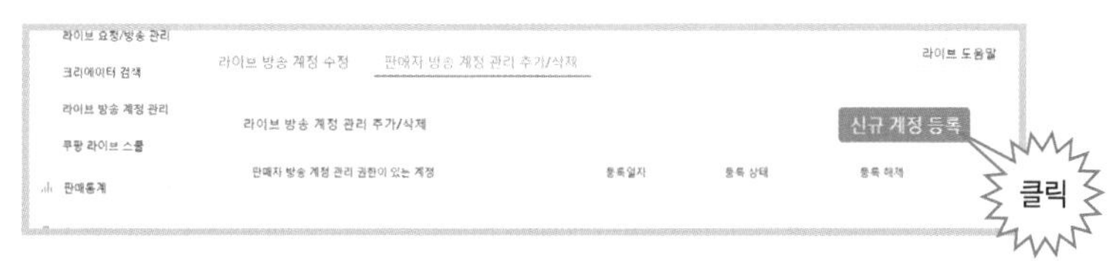

▶ 모바일 Creator APP 로그인 시 필요한 계정을 연동한다.

▶ **신규 계정 등록**에서 쿠팡 개인 ID로 로그인해 연결하기로 셀프라이브를 위한 계정을 등록한다.

03_ [라이브 등록하기] 쿠팡 WING → 라이브 & 숏츠 → 셀프 라이브를 클릭한다. 라이브 등록하기를 클릭한다.

04_ '라이브 등록하기'에서 상품 추가 버튼을 클릭한다.

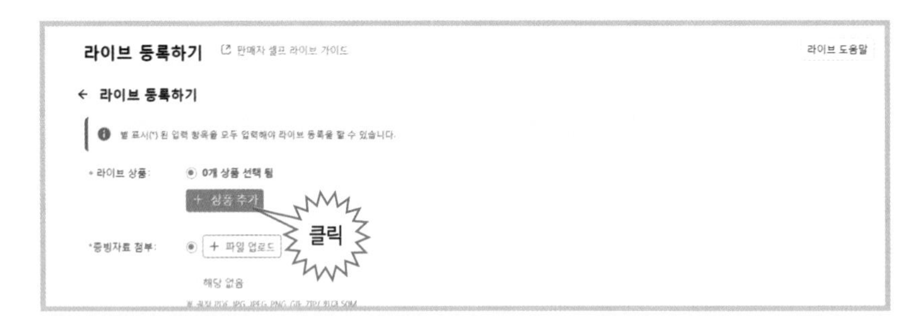

05_ 라이브 상품을 선택하고 상품 선택을 클릭한다.

06_ 라이브 방송 상품의 가격을 확정하고 동의하고 선택하기를 클릭한다.

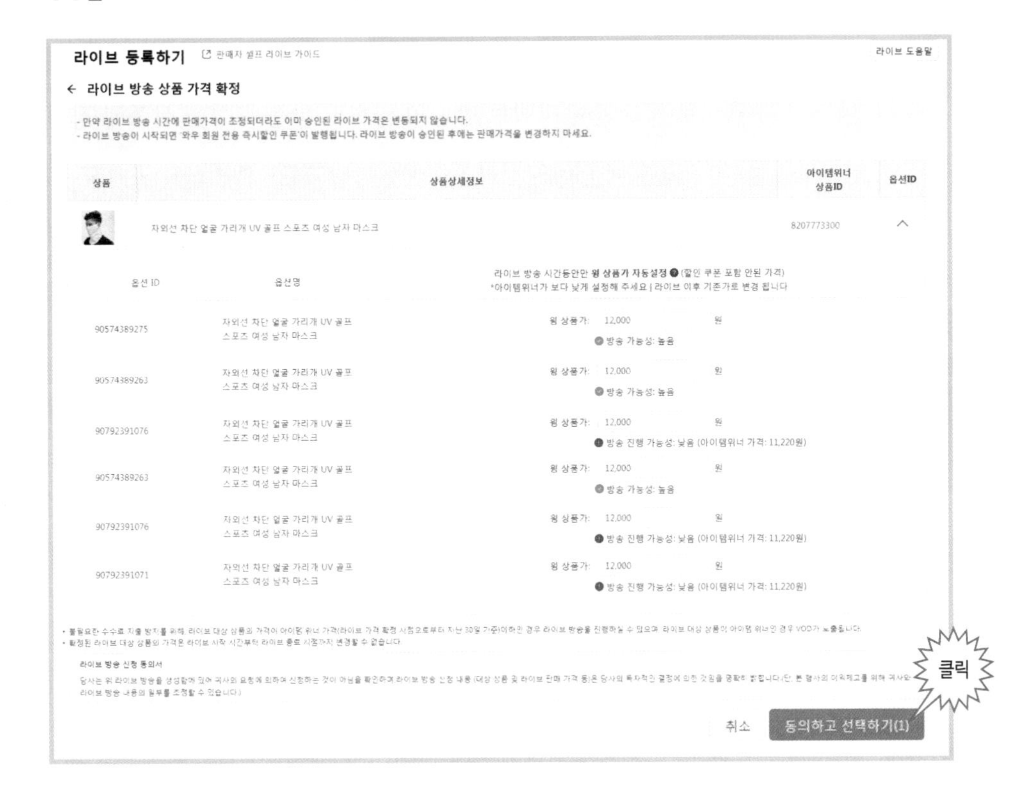

07_ 라이브를 등록한 후 승인을 기다린다.

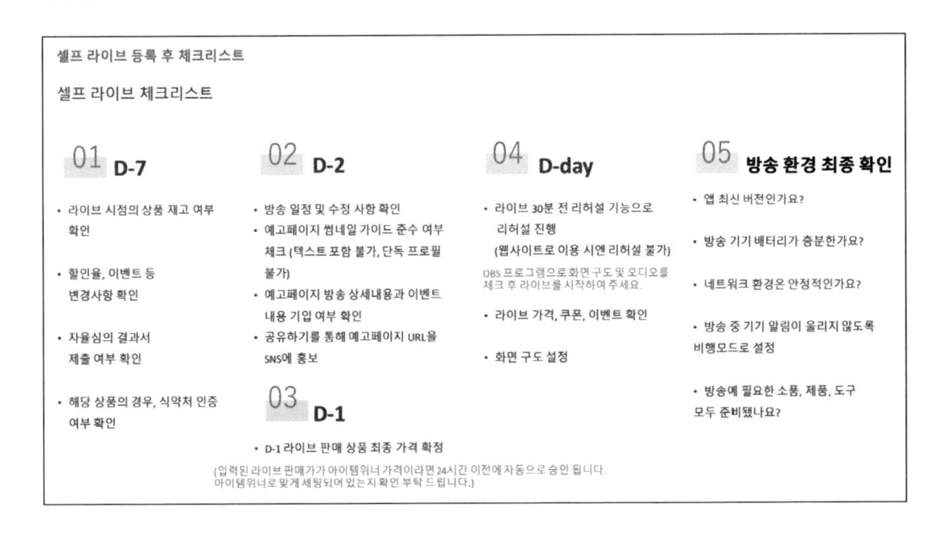

2) 라이브 방송 진행하기

1. 라이브 방송 예약하기

크리에이터 앱/웹으로 로그인해 라이브 방송의 일정과 상품 구성을 선택해 직접 방송을 등록하고 쿠팡의 승인을 기다린다.(1~2일 소요) → 승인이 완료되면 방송을 진행할 수 있다. 방송 30분 전까지 라이브 제목, 소개, 이벤트 내용 등이 수정 가능하다.

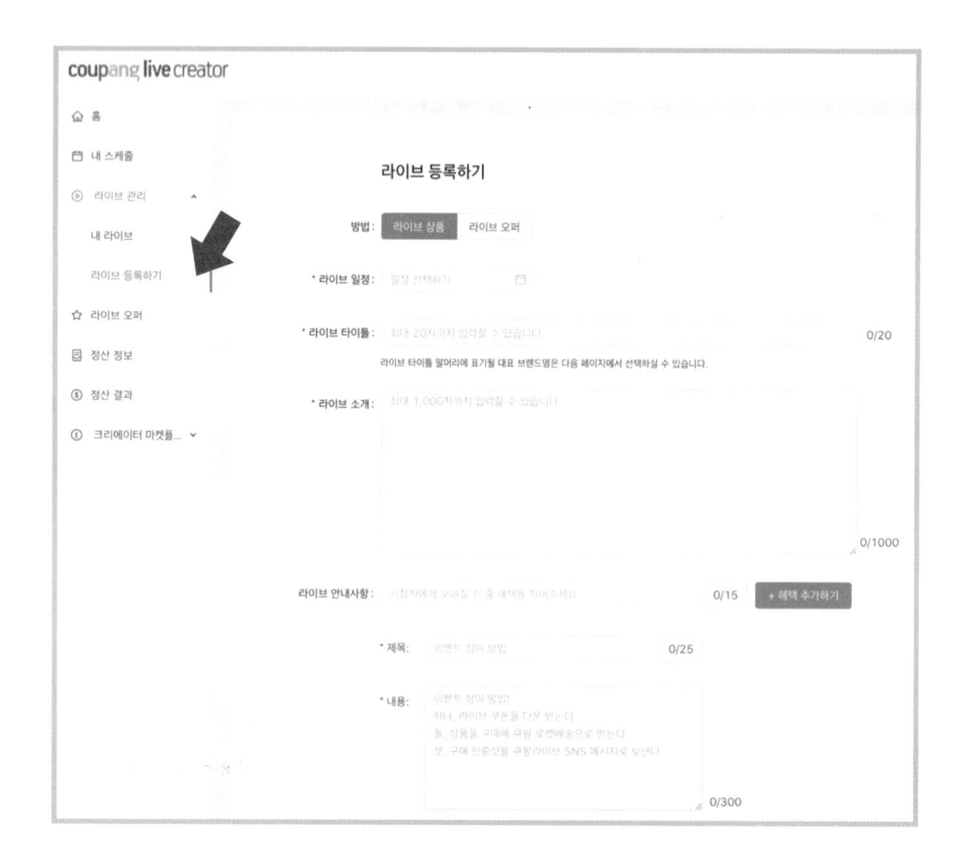

2. 라이브 방송 송출하기

쿠팡 크리에이터 앱을 통해 모바일 기기만으로도 실시간 방송 송출이 가능하다. 전문 스튜디오가 아니더라도 오피스 또는 자택 등의 자투리 공간에서 간단한 조명 세팅과 삼각대 만으로도 좋은 방송 환경을 준비할 수 있다.

7 라이브 요청 관리

쿠팡 WING → 라이브 & 숏츠 → 라이브 요청/방송 관리 → 라이브 요청 관리 탭에서 요청한 라이브 리스트 및 수락 현황을 확인할 수 있다.

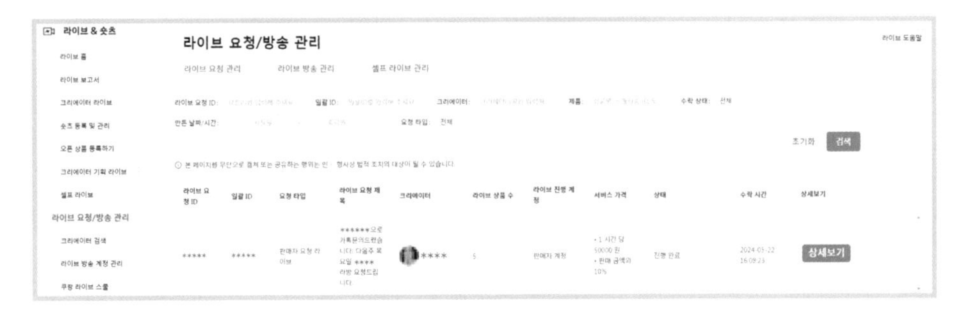

▶ 크리에이터가 방송을 수락한 후 직접 방송을 등록하며, 등록된 라이브의 예고 링크 등의 정보는 상세 보기를 통해 확인할 수 있다.

※ 요청한 라이브가 수락된 이후 크리에이터의 전화번호가 추가로 공개되니 크리에이터와 연락 후 방송에 필요한 내용을 협의하면 된다.

※ 크리에이터가 라이브를 등록하면 '심사중' 상태로 표시되며 쿠팡의 승인이 마무리되면 '예약됨'으로 상태가 변경된다. 크리에이터가 라이브 방송을 아직 생성하지 않았다면 '진행 라이브 정보'는 보이지 않는다.

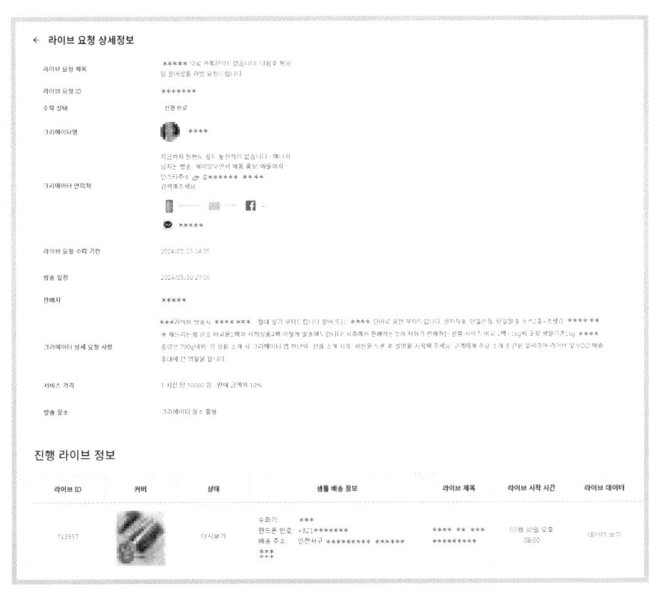

라이브 방송 관리 탭에서 **상세보기** 및 **데이터 보기**를 통해 라이브 방송의 결과를 확인할 수 있다.

8 쿠팡 라이브 수수료

쿠팡 라이브 서비스 수수료는 다음과 같다.

1. 쿠팡 라이브 서비스 이용 수수료: 판매금액의 5%
2. 크리에이터 출연료 및 수수료(크리에이터별 상세 조건은 상이함. 선정 시 확인 가능)

* 부가세 별도
* 판매금액 기준: 최종결제가 기준(쿠팡판매가 - 할인 쿠폰 가격 = 최종결제가)
* 쿠팡 라이브 서비스 이용 수수료와 크리에이터 판매수수료는 쿠팡 라이브 생방송 및 다시보기(VOD)를 통해 주문이 발생하여 판매된 금액을 기준으로 산정한다.
* 크리에이터 수수료는 방송 송출일 기준으로 30일 동안(방송 송출일 포함 총 31일)만 부과되며, 쿠팡 라이브 서비스 이용 수수료는 다시보기(VOD)를 제공하는 기간 동안 지속적으로 부과된다.
* 수수료 정산: 라이브 방송일 기준 익월 25일, 쿠팡이 판매자에게 지급할 타 대금에서 순차적으로 상계한다.
* 정산은 쿠팡 WING → 정산 → 라이브 정산현황에서 확인할 수 있다.

04 매력적인 쇼호스트가 되는 법

일반인은 대체로 카메라 앞에 서서 남들에게 이야기하는 것에 대해 거부감과 불편함이 있다. 특히 나이가 좀 있거가 내향적인 사람은 더욱 그렇다.

2007년에 탄생한 아이폰은 우리 삶의 많은 것을 변화시켰다. 스마트폰을 통해 사람들은 언제 어디서든 유튜브, 틱톡, 인스타그램 등 동영상 플랫폼에 접근할 수 있게 되었고, 이들 온라인 기반의 매체가 TV, 신문 등 레거시 미디어를 밀어내면서 콘텐츠 생산의 주류가 되었다.

웹과 앱의 동영상 플랫폼에 익숙한 요즘 세대들은 언제 어디서든 자신을 표현하는 데 주저함이 없다. MZ세대들은 자신을 이야기하고 어필하는 것에 주저함이 없고, 오히려 온라인 매체를 통해 자신을 알리는 것에 적극적이고 즐거워하고 있다. 이런 것을 보면 아무래도 젊은 세대들이 라이브커머스에 더 어울리고 적극적이라고 할 수 있다. 하지만 라이브커머스는 성향이나 세대에 상관없이 누구나 어렵지 않게 진행할 수 있다. 커머스 방송은 거창한 연설이나 논리적인 설명을 요하는 것이 아니라 상품을 정확하게 잘 소개하여 시청자가 내 상품을 구매하게 하면 된다.

평범한 사람도 라이브커머스에서 매력적인 쇼호스트가 되어 자신의 상품을 판매할 수 있다. 매력적인 쇼호스트에게 사람들은 끌리고, 그가 소개하는 상품을 신뢰하게 된다. 시청자를 팬으로 만드는 호감 가는 쇼호스트가 갖추어야 할 것에 대해 알아보자.

1) 표정

쇼호스트는 구매자와 상품을 연결해 주는 결정적 역할을 한다. 방송 시작과 함께 가장 먼저 시청자의 눈을 이끄는 것이 쇼호스트의 표정이다.

쇼호스트의 표정은 단순히 미관상 좋아 보이는 것만이 전부가 아니다. 쇼호스트의 표정에서 느낄 수 있는 친근하고 자신감 있는 태도는 쇼호스트에 대한 신뢰를 갖게 하고, 이는 자연스레 제품에 대한 믿음으로 이어진다. 제품을 소개하는 쇼호스트의 표정이 어딘가 모르게 불안하고 조급해 보인다면, 고객은 제품을 신뢰하지 않게 되고 이는 곧 고객 이탈로 이어진다.

시청자를 단순히 단발성 구매자로 만드느냐 진정한 팬으로 만드느냐는 쇼호스트의 자신감과 표정에서 비롯된다. 전문 쇼호스트처럼 교육기관에서 교육을 받거나 훈련을 하지 않았더라도 반복적인 연습을 통해 얼마든지 매력적인 쇼호스트가 될 수 있다. 그러기 위해서는 제품을 소개하고 고객을 설득하는 자신의 표정과 제스처 등을 객관적으로 바라볼 수 있도록 카메라 연습과 모니터링을 해야 한다. 무의식적으로 나타나는 표정이나 습관은 없는지, 자신의 표정이 잠재 고객들에게 믿음을 줄 수 있는지, 고객 이탈을 초래하는 비호감인 부분은 없는지를 살펴보고 방해 요소를 제거하고 개선해야 한다.

모바일 환경에서 손쉽게 열 수 있는 라이브커머스의 장점을 십분 살려 최소한의 장비로 소규모 라이브를 자주 열어보는 것도 성장에 도움이 된다. 첫술에 배부를 수는 없지만, 그렇게 쌓인 결과물을 모니터링하면서 개선할 부분을 찾아 고쳐나가면 차츰 더 좋은 방송을 하게 될 것이다.

자신감 있는 표정으로 웃으며 렌즈와 아이 콘택트 하는 것은 쇼호스트의 기본 덕목 중 하나다. 상품의 정보를 전달할 때는 세상에 더 없는 전문가처럼 신뢰감을 주는 표정으로, 실시간 댓글로 소통할 때는 제일 친한 친구나 가족과 대화하듯 편안하고 친근한 표정으로 고객과의 감정적 연결을 원활하게 이끌어야 한다.

쇼호스트는 표정을 통해 상품과 구매자가 긍정적으로 교감할 수 있게 하고, 구매자와의 상호작용과 유대감을 통해 상품 판매로 완결될 수 있도록 해야 한다.

2) 발성과 발음

호감 가고 신뢰 가는 쇼호스트로서의 표정이 준비되었다면 이제는 발성(發聲)과 발음(發音) 연습을 통해 전달력을 높여야 한다. 발성은 목소리를 내는 기술을 말하고, 발음은 말이나 단어를 발설하는 방법을 말한다. 라이브커머스를 비롯해 다양한 판매 활동에서 발성과 발음은 매우 중요한 요소다.

먼저 안정적인 발성과 정확한 발음은 상품 정보 전달을 쉽게 할 수 있도록 돕는다. 쇼호스트가 준비한 내용이 아무리 전문적이고 매력적이라 할지라도 전달력이 떨어지면 시청자가 상품을 제대로 이해하지 못하게 되고 이는 구매 결정을 방해하는 요소로 작용한다.

고객이 구매하는 것은 상품이지만, 그 상품의 가치를 알아볼 수 있게 잘 전달해야 하는 것은 쇼호스트의 몫이다. 발성과 발음은 쇼호스트의 전달력에 있어 가장 핵심적인 역할을 하기에 스스로 연습을 통해 실력을 향상시키려는 노력이 필요하다.

녹화나 녹음을 통해 자신의 목소리가 어떻게 들리는지 확인해 보고 다음과 같은 몇 가지 사항을 체크해보자.

* 목소리의 높낮이는 편안한가
* 목소리에서 단단한 자신감이 느껴지는가
* 전달하고자 하는 내용이 잘 들리는가
* 문맥과 상황에 맞는 언어를 적절히 사용했는가

라이브커머스는 공중파보다는 방송 심의나 규제에서 자유로운 편이라 표현에 있어 좀 더 실감 나고 직접적인 설명을 선택해도 무방하다. 그렇다 하더라도 비적절한 신조어를 남발하거나 시청자가 거부감을 느낄 수 있는 언사를 하는 것은 경계해야 한다.

구매자는 기본적으로 쇼호스트에 대한 신뢰감이라는 렌즈를 통해 쇼호스트가 소개하는 상품을 바라본다는 것을 기억하자. 신뢰감을 잃을 만한 언어적, 비언어적 표현은 스스로 쇼호스트를 폄하하는 것과 같다.

언어적 표현 중 특히 정확한 발음은 쇼호스트의 전문성을 나타내는 중요한 자질이다. 발음이 부정확하거나 불분명하면 전달하는 내용에 대해 신뢰를 하기가 어려워지며, 쇼호스트의 자격을 의심받게 된다. 라이브커머스 방송 안에서는 상품과 서비스에 대해 설명할 수 있는 유일한 스피커가 쇼호스트라는 사실을 기억하고, 실수하기 쉬운 어려운 발음은 미리미리 연습하고 준비하는 노력이 필요하다.

판매하려는 상품에 대한 신뢰를 우선적으로 확보하기 위해서는 정확한 발음은 물론 강약 조절을 통한 안정적이고 편안한 발성이 전제되어야 한다. 이는 쇼호스트의 전달력을 끌어올려 상품의 가치를 빛나게 하는 매력 요인이다. 평생 말해 온 발성을 단번에 바꾸기는 어렵지만, 발음 훈련만큼은 꾸준히 반복한다면 눈에 띄게 개선할 수 있다. 발성과 발음은 쇼호스트로서의 전문성을 끌어올릴 수 있는 직접적 요인이 된다는 것을 명심하자.

3) 제스처 / 핸들링

쇼호스트의 제스처와 핸들링은 라이브커머스나 홈쇼핑 등 상품 판매를 목적으로 하는 방송에서 시청자의 구매 결심 단계에 큰 영향을 미치는 스킬이다. 상품을 소개할 때 적절한 제스처와 핸들링을 가미하면 시청자의 관심을 유도할 수 있고, 자칫 지루해질 수 있는 방송에서 시각적 즐거움을 주며 집중력을 향상시킬 수 있다.

언어적 요소에서 미처 표현하지 못한 다양한 의미가 제스처나 핸들링을 통해 시청자에게 효과적으로 전달될 수 있으며, 같은 내용이라도 언어 표현만으로 할 때보다 더 생동감 있고 명확하게 내용을 전달하는 효과가 있다. 상품의 기능이나 장점, 아름다움 등을 효과적으로 전달해 고객이 상품을 꼭 구매하도록 '설득'해야 하는 쇼호스트에게 제스처와 핸들링은 전달력을 한층 높일 수 있는 좋은 무기가 된다.

제스처와 핸들링에서 가장 많이 활용되는 부분은 손이다. 깨끗하고 청결한 손, 정갈하게 정리된 손톱은 쇼호스트와 상품의 호감도를 돋보이게 하는 필수 불가결한 요소다. 아름다운 피부를 돋보이게 하는 화장품 광고에서 여배우의 손톱을 본 적이 있는가? 화려한 컬러나 장식을 손톱에 붙인 경우는 거의 보지 못했을 것이다. 깔끔하고 정갈하게 정리한 손톱, 피부나 제품이 부각되도록 수수하게 마무리한 손톱이 괜한 연유에서 그런 것은 아닐 것이다.

위생과 직결되는 식품의 경우 긴 손톱이나 매니큐어가 칠해진 손톱은 거부감을 불러일으키기 십상이다. 손과 손톱은 항상 깨끗하게 관리하고, 제스처나 핸들링을 할 때는 방송을 보는 시청자에 대한 공손한 애티튜드가 드러나도록 유연하고 부드럽게 움직이도록 하자.

제스처는 쉽게 이해가 가면서도 핸들링은 어떻게 해야 할지 막막한 경우가 있을 것이다. 핸들링은 쇼호스트가 상품을 직접 만지면서 설명하는 부분이다. 주로 상품을 어떻게 사용하는 것이 효과적인지 시연을 하는 경우에 손으로 제품을 터치하고 움직이는 과정에 해당한다.

핸들링을 할 때는 내 시각이 아니라 카메라를 통해 시청자에게 보여지는 각도에서 제품의 상세나 활용 모습이 잘 보일 수 있도록 해야 한다. 그러기 위해 모니터 화면을 자주 체크하면서 상품이 돋보이도록 다음 사항에 주의를 기울여야 한다.

* 제품이 화면 중앙에 잘 위치하고 있는가
* 핸들링하는 손이 제품을 많이 가리고 있지는 않은가
* 보기에 어지럽거나 지나치게 현란하지는 않은가

핸들링을 할 때는 방송 전에 충분한 리허설을 통해 동선을 미리 확인하고 시청자로 하여금 너무 분주하게 느껴지지 않도록 준비하는 게 좋다.

평소 말하는 습관 중에 불필요한 제스처나 핸들링이 많은 경우가 있다. 이는 녹화해서 모니터링을 해보지 않으면 스스로 알기가 어려운 부분이다. 방송을 녹화해 보고 혹시 의도하지 않은 제스처가 많지는 않은지, 시청자의 주의를 집중시키는 것이 아니라 오히려 산만하게 하는 핸들링은 없는지 모니터링해보자.

간결하고 호감가는 제스처로 시청자들을 잘 설득할 수 있다면, 제품 판매는 물론이고 시청자를 자꾸 불러들이는 매력 있는 쇼호스트로 거듭날 수 있을 것이다.

05 쿠팡 라이브 완판 전략

성공하는 라이브를 진행하기 위해서는 미리 계획을 세워야 한다. 아무리 전문가라 하더라도 준비와 연습 없이는 매끄러운 방송을 하기가 어렵다. 특히 라이브커머스의 성공은 판매 성과가 말해주는데, 준비 없이 무턱대고 시작하면 소기의 목적을 달성할 수 없다.

억대 매출! 반드시 사게 하는 쿠팡 라이브 완판을 위해서 판매자는 판매 전략에 따라 상품을 구성하고 그에 맞게 방송 계획을 세우고 진행해야 한다. 다음과 같은 전략을 세우고 라이브 방송을 진행하면 도움이 된다.

1) 팔리는 상품에 기획력을 더하라

상품 기획이 얼마나 중요한지 모르는 사람은 없을 것이다. 상품 자체가 가진 가치와 유용성 못지않게 중요한 것이 바로 상품을 어떻게 마케팅하느냐다. 그 마케팅의 성공 유무를 판가름하는 중요한 요소 중 하나가 바로 상품 기획력이다.

소비자는 단순히 필요한 제품만을 구매한다고 생각하는가? 그렇지 않다. 우리는 의외로 필요하지 않은 제품도 많이 구매한다.

상품 기획력의 핵심은 평소에 필요하다고 생각하는 제품은 더 경쟁력 있게 만들고, 필요성을 느끼지 못하는 제품은 필요하게 느끼도록 하거나 고객 욕구를 공략해 구매하도록 만드는 것이다. 즉 고객의 니즈(Needs, 필요)와 원츠(Wants, 욕구)를 건드리는 것이다.

여러분은 평범한 셀러가 되고 싶은가, 아니면 억대 매출의 성공한 셀러가 되고 싶은가. 만약 억대 매출을 목표로 쿠팡 라이브에 도전하고자 한다면 억대 매출에 걸맞는 기획력 있는 상품을 개발해야 한다. 그렇다면 어떻게 기획을 해야 억대 매출에 가까워질 수 있을까?

답은 간단하다. '팔리는 상품'을 발굴하는 것이다.

* 소비자가 반드시 구매해야 하는 상품
* 소모 주기가 빨라 반복적으로 구매해야 하는 상품
* 공급이 적은 저경쟁 상품

이것이 팔리는 상품이다. 이런 아이템을 발굴하기 위해서는 우리의 삶을 변화시키고 있는 시대의 흐름을 읽고, 소비자의 변화된 니즈와 욕구를 정확하게 파악해야 한다.

너무 막연하고 거창하게 느껴진다면 나와 내 가족, 가까운 지인들의 삶을 떠올려보자. 우리는 생애 주기나 역할, 시대의 흐름에 따라 필요한 요소들이 달라지고 소비하는 상품도 스트리밍 된다. 적당한 아이템이 떠올랐다면 다양한 데이터 검색을 통해 내 생각과 실제 통계에 어떤 차이가 있는지 검증하는 과정을 거친 후 아이템을 최종 선정하면 된다.

2) 타깃층을 집중 공략하라

라이브커머스 방송 시 타깃 설정은 판매 성과를 향상시키고 한정적인 재화를 활용해 효율적인 마케팅을 펼치는 데 매우 중요하다.

내가 판매할 상품의 40~50%를 구매할 만한 특정한 타깃을 명확하게 설정하는 것은 억대 매출에 가까워지는 필요조건이라 할 수 있다. 타깃은 상품에 대한 관심이 높은 특정 그룹을 구별하는 것으로 나이, 성별, 관심사, 삶의 방식 등 다양한 요인을 고려해 구체적인 프로필을 설정하는 것이 핵심이다. 단순히 연령이나 성별만으로 일반화하기보다 취향이나 라이프스타일, 경제적 안정성, 추구하는 가치관 등을 세분화해 구체적이고 명확하게 설정하는 것이 중요하다.

이렇게 명확한 고객 타깃층을 설정하게 되면 쇼호스트는 타깃층이 선호할 만한 제품이나 혜택을 결정하고 강조할 수 있으며, 이는 라이브 방송을 통해 판매 성과를 높이는 데 매우 중요한 셀링포인트가 될 수 있다.

또 타깃 설정은 한정적인 마케팅 재화를 효율적으로 사용할 수 있도록 돕는다. 특정 고객들의 수요와 니즈 등을 잘 파악해 그들이 선호하는 서비스나 경품 등을 설계하고 해당 그룹에 집중 홍보한다면 극대화된 효과를 창출할 수 있다. 이는 셀러의 비용을 절감하면서 매출을 높일 수 있는 선순환을 가져온다.

그렇다면 라이브 방송에서 셀러가 타깃층에 집중할 수 있는 방법은 무엇일까?

라이브커머스 방송은 상품이나 서비스 판매를 목적으로 하지만 홈쇼핑과 달리 '소통'의 성격이 강한 것이 큰 차별점이다. 일방적 판매라기보다는 시청자와의 활발한 소통을 통해 상호작용을 하며 유대감을 기반으로 상품을 판매하는 것이다. 따라서 쇼호스트는 타깃층이 정해지면 타깃층이 선호하는 콘텐츠와 커뮤니케이션 스타일의 조정을 통해 고객의 관심과 호감을 이끌어내고, 제품 구매로 이어지도록 매력을 어필해야 한다. 자신의 개인 경험을 녹여 공감대를 강조하거나 감성적 욕구를 적극 공략해 구매를 이끌어내는 것이다.

3) 더하지 않고 빼는 셀링포인트 전략

잘 팔리는 제품은 왜 잘 팔릴까?

조현준의 《왜 팔리는가 - 뇌과학이 들려주는 소비자 행동의 3가지 비밀》에 의하면 인간은 올바른 의사결정보다 신속한 의사결정을 한다. 정확하지만 느린 판단보다 부정확하지만 빠른 판단을 하는 쪽으로 진화됐다는 것이다.

여기서 우리는 어떤 인사이트를 발견할 수 있을까? 저자는 흔히 말하는 셀링포인트를 늘리기보다 핵심적인 셀링포인트만을 남기고 제거하는 전략을 적용해야 한다고 생각한다. 특히 지면이 한없이 할애되는 일반적인 상세페이지가 아닌, 도입 20초 안에 이탈이 발생될 수 있는 라이브커머스의 특성상 셀링포인트는 더더욱 간결하고 명확해야 한다. 그러기 위해서는 더하지 않고 줄이면서, 핵심적이고 강력한 셀링포인트 한두 가지를 먼저 추려보자.

* 내 상품의 차별점
* 내 상품의 특장점
* 구매 동기 자극 요소
* 구매의 유익과 혜택
* …

내 상품의 다양한 셀링포인드를 열거해보고 덜 중요한 요소들은 제거해보자. 그렇게 추려낸 핵심적이고 강력한 셀링포인트 한두 가지를 도입부 전면에 내세우고, 이를 뒷받침하는 객관적 증거와 감성적 호소를 곁들여 고객이 고민하지 않고 제품 구매에 대한 빠른 판단을 내릴 수 있도록 유도하는 것이다.

소위 대박 상품이라고 일컫는 억대 매출의 상품은 고객의 능동적이고 행복한 구매 동기가 있어야 탄생한다는 것을 기억하자. 단순히 좋은 제품을 괜찮은 가격에 판매하면 잘 팔릴 거라는 생각은 순진한 바람에 불과하다. 셀러는 타깃층이 라이브를 보면 상품을 구매할 수밖에 없도록 철저한 사전조사를 통해 더하지 않고 빼는 전략으로 강력한 셀링포인트을 구사해야 한다.

4) 라이브 방송만의 혜택을 강조하라

라이브커머스 방송은 전통적인 쇼핑 경험과는 다른 다양한 혜택을 제공할 수 있다. 관심 있는 상품군을 선택해서 스스로 들어온 시청자들이 구매까지 하도록 하기 위해서는 다양한 전략이 요구된다. 그중 가장 심플한 전략이 혜택 제공이다. 라이브 방송에서만 제공하는 혜택은 구매를 결정짓는 요소가 된다. 라이브 방송에서 특별한 혜택을 제공해 주지 않는다면 소비자는 시간을 굳이 할애하면서 방송을 시청할 이유가 없다. 그렇기 때문에 고객이 꼭 라이브 방송을 시청하며 상품과 서비스를 구매하도록 혜택과 이벤트를 구성하고 강조하는 과정이 필요하다.

라이브 방송만의 혜택과 이벤트는 가격이나 구성에서 이득을 주는 방법이 가장 널리 알려져 있다. 기존에 판매되던 구성에 추가 구성을 준다든지, 할인율을 상시보다 일시적으로 더 높여 라이브 방송 시청자에게만 가격적 이익을 주는 방법 등이다. 검색 몇 번이면 같은 구성 제품의 가격이 얼마인지, 역대 할인가는 얼마인지를 알 수 있는 똑똑한 소비자들이기에 그들이 납득할 만한 혜택을 구성하고 강조하는 것이 중요하다. 이런 혜택은 구매를 망설이는 시청자의 구매 욕구를 자극해 즉각적인 구매로 전환할 수 있도록 돕는 장치가 된다.

또 방송의 고객 참여를 높이고 호응을 유도하기 위해 퀴즈 이벤트 등을 통해 경품을 제공하거나 할인 쿠폰 이벤트를 하는 것도 유효한 방법 중 하나다. 라이브커머스 방송은 단순히 제품을 판매하기만 하는 일방적 방송이 아닌 소통에 기반한 상호작용이 판매율에 매우 중요한 영향을 끼치는 플랫폼이다. 그렇기에 이런 이벤트와 고객 혜택은 서로의 신뢰관계를 구축하고 브랜드와 제품을 긍정적으로 바라볼 수 있는 요소로 작용한다. 쇼호스트의 관심과 성의, 친절하고 재치 있는 소통 등은 제품에 대한 집중도를 높이고 이는 효과적인 판매로 이어진다.

06 쿠팡 숏츠 개요

1 숏츠 전성시대

세상에 태어난 지 불과 몇 년 만에 전 세계 동영상 시장을 석권한 '숏츠'는 주로 60초 내외의 짧은 동영상을 말한다. 유튜브, 틱톡, 인스타그램 등의 플랫폼을 통해 전 세계적인 인기를 끌며 사용자가 급증했다.

숏츠라고 통칭하는 짧은 길이의 동영상은 이용량이 해마다 증가하고 있다. 이제 대세는 짧은 동영상이라 할 만큼 숏츠의 인기는 나날이 높아지고 있다. 숏츠는 단순히 영상을 소비하는 것에 그치지 않고 다양하고 크리에이티브한 아이디어를 결합한 콘텐츠를 생산하며, 서로 공유하고 향유하는 문화로 발전하고 있다.

국내 쇼핑 앱 분야에서 독보적인 1위를 달리고 있는 쿠팡에서도 이 숏츠의 수요와 영향력을 인지하고 상품 판매 활성화를 위해 숏츠 기능을 추가했다. 쿠팡 판매자 계정만 있다면 누구나 숏츠를 올릴 수 있으며 판매 시 5%의 추가 수수료가 발생하기는 하지만 별도의 광고료 없이 업로드해 홍보에 활용할 수 있다.

현재 쿠팡 숏츠는 다양한 페이지에서 노출되며 구매자의 소비 여정을 따라다니면서 트래픽을 올리는 데 도움을 주고 있고, 숏츠를 통한 매출액도 늘어나는 양상이다. 노출과 판매를 높이기 위해 광고를 집행하는 전통적 방법에서 벗어나 숏츠를 통해 추가 노출과 매출을 창출할 수 있다는 점에서 쿠팡 셀러라면 영민하게 숏츠 활용을 할 필요가 있다.

숏츠는 텍스트보다 쉽고 빠르게 필요한 정보를 확인할 수 있으며, 공유가 간편해 전파와 확산에 용이한 장점을 갖고 있다. 쿠팡에서 숏츠는 주로 상품이 갖고 있는 특장점을 극대화해서 보여주거나 복잡한 설명을 간략하게 보여줌으로써 심리적 허들을 낮춰주는 등 셀러의 판매 활동에 긍정적으로 활용된다.

쿠팡에서도 숏츠 활성화를 위해 숏츠 콘텐츠를 많이 노출해 주며 소위 밀어주는 정책을 펼치고 있으니 다양한 방법으로 상품을 노출하는 기회로 삼으면 좋다.

2 왜 쿠팡에 숏츠를 등록해야 할까?

■ 고객 노출 증가

쿠팡에서는 숏츠 등록 상품이 상대적으로 노출이 더 많다. 쿠팡은 숏츠 등록 상품이 보여지는 구좌가 여러 곳이어서 숏츠 등록을 안 한 상품보다 등록한 상품이 더 많이 노출되는 구조다. 광고 집행을 하지 않고서도 내 제품이 더 많이 노출되기에 제품 홍보에 도움이 될 뿐 아니라 이를 통해 매출 증가에 직접적인 도움이 된다.

■ 구매 전환율 상승

숏츠는 시각적인 매력으로 구매를 더욱 자극한다. 숏츠는 이미지나 동영상 등 시각적인 콘텐츠를 활용해 상품을 보다 입체적이고 매력적으로 돋보이게 할 수 있다. 사용자의 시선을 끌고 관심을 유발하며, 정보 전달을 직관적으로 할 수 있다. 상품의 아름다움이나 활용법, 강점 등 글로 설명하기 모호하고 복잡한 것들도 짧은 시간 안에 풍부하고 다채롭게 전달할 수 있다. 이는 시청자로 하여금 사용자 경험을 향상시키고 구매를 자극하는 효과를 불러온다.

■ 광고비가 없다

광고는 판매와 연결되지 않아도 상품 노출 및 클릭만으로도 광고비가 발생하는 구조이나 현재 쿠팡 숏츠는 별도의 광고비 없이 노출을 할 수 있다. 물론 판매로 연결될 경우 추가 수수료를 내긴 하지만 이는 판매 마진에서 충분히 상쇄가 되기 때문에 셀러에게 리스크가 없다고 볼 수 있다. 광고비 없이 추가 노출을 많이 할 수 있으니 쿠팡 숏츠를 하지 않을 이유가 없다.

TIP! 숏츠의 노출과 판매수수료

- 숏츠는 아이템위너 가격 이하의 상품만 노출된다.
- 동영상을 통해 구매가 발생하면 윙 판매 카테고리 수수료 외에 매출액의 5%가 라이브 수수료로 부과된다.

■ 소셜 미디어에 다양하게 활용할 수 있다

쿠팡 숏츠는 한 번 제작하면 쿠팡 내에서 뿐 아니라 유튜브, 인스타그램, 틱톡 등 소셜 미디어 플랫폼에 쉽게 공유할 수 있다. 쿠팡 셀러는 다양한 플랫폼을 활용해 수백수천 가지 상품을 판매하는 경우가 많기 때문에 쿠팡에서 만든 숏츠 영상을 멀티 콘텐츠로 활용할 수 있다는 점에서 매우 유용하다.

3 숏츠 노출 구좌

숏츠 영상을 등록하면 기존에 등록된 상품페이지에 자동으로 노출된다. 등록된 영상은 노출이나 클릭에 따른 과금 없이 검색 영역과 비검색 영역에서 다양한 위젯을 통해 노출된다.

- 메인화면 위젯
- 추천위젯: 이 상품의 연관 영상
- 리뷰위젯: 이 상품을 소개한 영상
- 상품 검색 페이지

4 상세페이지 내용으로 숏츠를 만들자

가장 쉽게, 효율적으로 쿠팡 숏츠를 만들려면 상품 상세페이지 내용을 활용하면 된다.

상세페이지는 핵심 공략집이다

상세페이지는 셀러가 수많은 검증과 분석을 통해 제품이 가장 잘 팔릴 수 있는 포인트를 발굴해 이를 논리적으로 설득하는 페이지다. 때문에 셀러의 판매 전략과 방향성이 잘 녹여져 있다. 이 내용을 축약해 숏츠로 만들면 짧은 시간 안에 고객에게 셀링포인트를 효과적으로 어필하는 결과를 가져올 수 있다.

숏츠는 짧지만 강력하다

상세페이지는 대개 긴 설명과 다양한 정보를 포함하기에 처음부터 끝까지 보려면 꽤 많은 시간이 소요된다. 이 내용을 압축해 숏츠로 만들면 짧은 시간 내에 간결하게 정보를 파악할 수 있다.

쿠팡에 등록되는 숏츠는 평균 30초 이내이며, 초반 5초에 구매 여부가 거의 결정된다는 통계가 있다. 보는 시간은 굉장히 짧더라도 전달하는 메시지의 힘은 강력하다는 것을 알 수 있다. 반드시 보여주고 싶은 핵심 메시지를 상세페이지 도입부에 배치하듯이 숏츠 또한 초반 5초에 집중해야 한다.

가장 가려운 부분을 숏츠로 긁어주자

소비자가 궁금해하고 가려워하는 부분을 숏츠를 통해 긁어주면 어떨까. 글과 정지 이미지만으로는 해결되지 않던 의문점이 시원하게 해소되면서 소비자는 구매를 결심하게 될 것이다. 상세페이지에 충분히 설명했지만 구매 확신을 가지기 힘든 포인트들을 짧은 영상으로 보여주며 소비자의 고민을 해결해 주는 것이다. 예를 들어 원터치 텐트라면 얼마나 간편하게 펴고 접을 수 있는지를 숏츠로 보여준다면 편의성을 중점적으로 보는 원터치 텐트 소비자는 구매 동기가 더욱 향상될 것이다.

5 숏츠가 불러올 효과

작은 움직임이나 변화가 쌓여 결과적으로 큰 현상을 만들어낸다는 스노볼(Snowball) 효과는 세상에서 비일비재하게 일어난다. 쿠팡을 비롯한 이커머스 사업에서도 마찬가지다.

기존의 이커머스 방식은 판매자가 올린 이미지나 텍스트에서 얻은 정보를 기반으로 기존 구매자들의 후기를 조합해 상품 가치를 예측하고 구매하는 과정을 거쳐왔다. 이때 온라인 시장에서는 상품의 퀄리티 차이를 세밀하게 파악하기 어렵기 때문에 가격 기준이 구매 결정에 큰 영향을 끼친다. 그러다 보니 실제 상품을 받은 후 퀄리티에 만족감을 충분하게 느끼지 못하는 경우도 많았다.

이런 소비자 경험이 반복되면서 구매자들은 후기가 없는 상품을 구매하는 것에 두려움을 느끼고 구매를 포기하거나, 설명이나 사진이 만족스럽더라도 실제 상품 퀄리티에 대한 확신이 부족해 구매를 보류하기도 한다.

그렇다면 쿠팡 숏츠가 등록되면 구매자는 어떤 변화를 경험하게 될까?

결론부터 말하면, 동영상을 통해 상품을 입체적으로 본 구매자는 자신의 선택에 대해 보다 나은 확신을 가질 수 있고 구매 전환에 대한 동기를 더 부여받을 수 있게 된다.

쿠팡이 자체적으로 테스트한 VOD 노출 테스트 결과를 보면 영상 노출 전보다 영상 노출 후 구매 전환율이 18.7% 높아졌고, 고객당 상품 구매도 21.8% 이상 증가한 것을 알 수 있다. 쿠팡 숏츠로 인한 매출 변화를 리뷰하는 셀러들의 데이터를 보면 최소 한 자릿수에서 두 자릿수까지 매출이 증가했다는 후기를 볼 수 있다.

구매 확신에 결정적인 기여를 하게 되는 숏츠 구매 전환율은 쿠팡뿐만 아니라 여타 플랫폼에서도 유의미한 결과를 나타낼 것이라 예상된다. 숏츠가 쇼핑 플랫폼에 등장한 것은 얼마 되지 않았지만 온라인 쇼핑 세계에 엄청난 변화를 가져올 것은 분명하다. 이왕 온라인에서 상품을 판매하고 있다면 더 발 빠르게 숏츠 노출을 선점하는 것이 유익하지 않을까? 더구나 쿠팡처럼 숏츠를 등록했을 때 상품 노출을 더 많이 해준다면 말이다.

6 매출이 발생하는 숏츠 길이의 비밀

매출 발생 영상의 평균시청 지속시간을 보면 3초 이내에 영상에서 이탈하는 경우는 매출이 발생하지 않았다. 최소 5초 이상 영상에 머물러야 매출이 발생하기 시작했으며, 30초 이하 구간에서 수익이 가장 많이 발생했다.

이것은 영상의 길이보다는 평균 시청시간을 고려해야 하며, 초반 5초 이내에 소비자를 머무르게 할 수 있는 후킹 요소를 삽입해 구매 전환율을 높이도록 해야 한다는 것을 의미한다.

쿠팡이 가이드하는 숏츠의 성공 비결은 두 가지다.

① 5초 안에 모든 걸 보여주기

② 제품의 가장 생동감 있는 상황을 보여주기

영상을 굳이 길게 제작할 필요도, 언박싱이나 리뷰와 같이 제품을 처음부터 끝까지 보여줄 필요도 없다. 제품의 가치가 가장 빛나는 하이라이트 부분을 가장 생동감 있게, 5초 안에 보여주는 것이 쿠팡 숏츠의 관건이다.

07 쿠팡 숏츠 만들기

1 숏츠를 만들기 전에

1) 기획

숏츠를 만들기 위해서는 셀러의 판매 전략과 셀링포인트가 탄탄하게 준비된 상세페이지를 활용해 영상의 전개를 기획한다.

흔히 영상 제작 시 콘티를 작성하여 영상 내용과 자막, 촬영 구도를 사전 기획하는데 이 기획에서 영상의 성공 유무가 거의 결정된다.

앞에서 강조한 것과 같이 영상 초반에 소비자의 마음을 사로잡을 후킹 요소를 넣어 구매 전환율을 높이는 데 기여하도록 한다.

2) 촬영

쿠팡 숏츠는 고가의 장비로 비싸게 만들 생각은 애초에 버리는 것이 좋다. 숏츠 제작에 주로 사용되는 카메라는 핸드폰 카메라이므로 해상도만 잘 나오는 핸드폰 하나면 충분하다. 다만 촬영하는 제품이 화면에 잘 보일 수 있게 촬영을 진행해야 하고, 최대한 화면이 흔들리지 않고 고정된 상태로 안정되게 촬영하도록 주의를 기울여야 한다. 규격은 9:16 비율로 업로드 하기 위해 세로로 촬영해야 한다.

만약 직접 촬영하는 것이 어렵다면 유튜브에 업로드되어 있는 현지 사이트 영상을 활용하는 것도 추천한다. 이미 제품 소싱 단계에서 영상을 등록한 제품들이 다수 존재하는데 이를 적극 활용하는 것이다. 이때 주의할 점은 한국의 광고 영상은 저작권 문제로 활용이 불가하다. 분쟁의 소지가 있으니 주의하자.

3) 편집

동영상 편집을 할 수 있는 프로그램은 많이 있다. 컴퓨터의 경우 프리미어 프로, 다빈치 리졸브, 파이널컷, 곰믹스, 브류 툴을 많이 사용하고, 핸드폰의 경우에는 캡컷 툴을 많이 사용한다.

영상은 툴이 중요한 게 아니라 어떻게 구성하는지가 중요하기 때문에 무료 툴 중 자신에게 가장 편한 걸 선택해 사용하면 된다.

여기서 꿀팁이 있다면 바로 사운드다. 영상을 만들 때 사운드는 정말 중요한 요소다. 영상에 노래 하나만 넣어도 분위기가 바뀌고 흥미를 유발해 판매에 긍정적인 영향을 준다. 음악은 유튜브 스튜디오에서 오디오 보관함을 누르면 무료로 많은 음악을 다운받을 수 있다. 아무래도 제품과 잘 맞는 음악을 찾는 센스가 필요하다.

더빙까지 하고자 한다면 네이버 클로바더빙(https://clovadubbing.naver.com/)을 활용하자. 출처만 표기한다면 15,000자까지 무료로 사용이 가능하고, 스탠더드의 경우 가격이 저렴하기 때문에 구매를 하는 것도 추천한다.

2 캡컷으로 초간단 숏츠 만들기

동영상 편집에 문외한이더라도 휴대폰 편집 툴 '캡컷'으로 간단하게 숏츠를 만들 수 있다. 캡컷은 플레이스토어나 앱스토어에서 '캡컷'을 검색해 설치하면 된다.

1) 캡컷의 화면 구성과 기능

캡컷 툴을 켜면 처음에 보이는 화면이다. 직관적으로 기능을 알 수 있게 구성되어 있다.

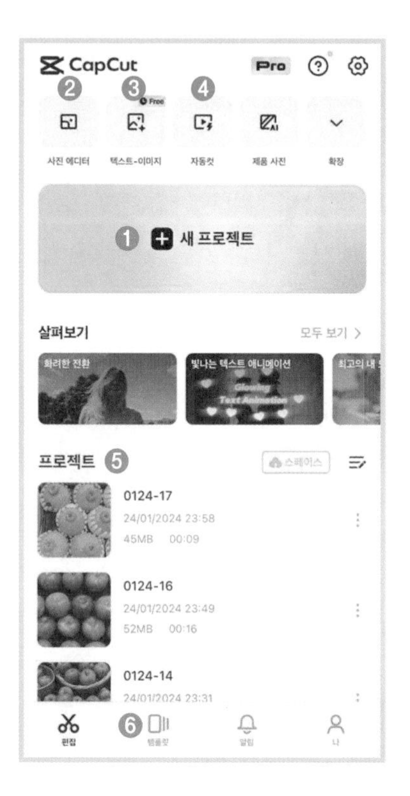

① **새 프로젝트**: 갤러리에 저장된 사진과 영상을 불러와 숏츠 편집을 시작할 수 있다.
② **사진 에디터**: 갤러리 사진을 불러와 크기, 텍스트, 스티커 등 자유롭게 편집할 수 있다.
③ **텍스트-이미지**: 연상하는 이미지를 구현하기 위해 관련되는 텍스트를 입력하면 자동으로 이미지를 제공해 사용할 수 있게 해준다.
④ **자동컷**: 촬영해 둔 사진, 동영상을 선택하면 AI가 분석해 주요 포인트만 남기고 컷 편집(제거)을 해준다. 또한 다양한 효과가 적용된 스타일을 추천하여 템플릿 메뉴처럼 쉽고 간편하게 작업할 수 있다.
⑤ **프로젝트**: 커버 이미지나 제목을 누르면 기존에 편집하던 화면으로 연결돼 추가 편집이 가능하다.
⑥ **템플릿**: 영상 편집을 즐겨하는 크리에이터들의 작품을 제공하는 공간이다. 다양한 편집 효과를 이용한 템플릿이 있으며, 자신의 사진이나 영상으로 교체한 후 템플릿에서 제공하는 효과, 오디오 등을 그대로 사용할 수 있다.

01_ [편집 시작하기] 새 프로젝트를 탭한 후 갤러리에 저장된 비디오 중 편집할 비디오를 선택한다.

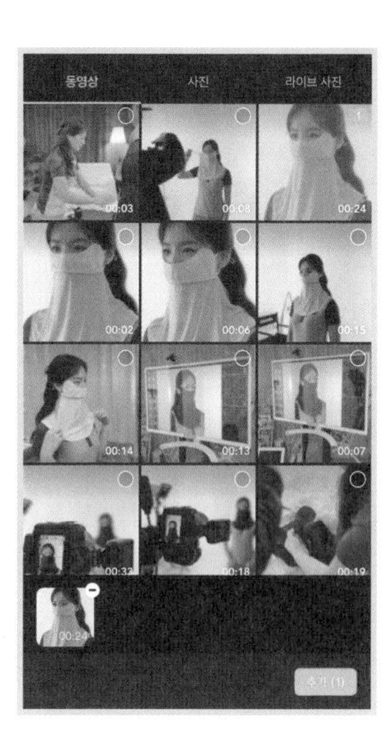

02_ [동영상 사이즈 설정] 아래 바에서 가로 세로 비율을 탭하여 9:16 사이즈를 선택한다.

03_ [동영상 화면 분할] 숏츠로 활용하고 싶은 구간을 선택하고 나누어 원하는 길이의 새로운 동영상을 생성한다.

동영상을 특정 시간대나 장면으로 잘라 장면을 강조하거나 짧은 동영상으로 변환해 소셜미디어에 쉽게 공유할 수 있게 한다.

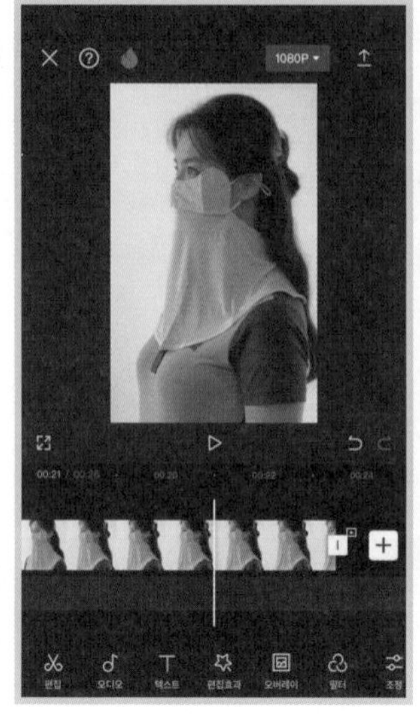

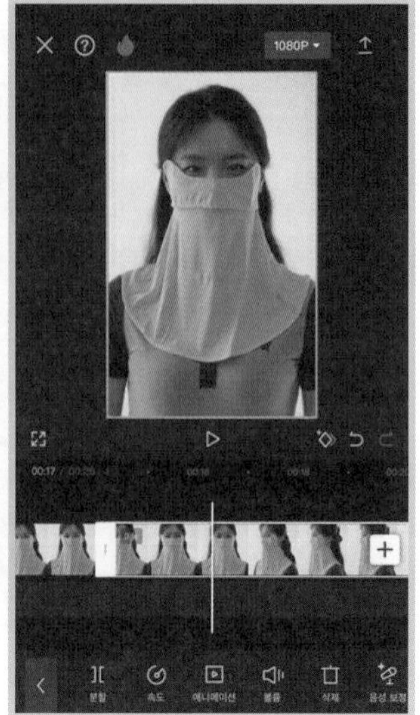

04_ [자막 삽입] 텍스트 → 글자 넣기 → 스타일 → 폰트 설정하기 순서로 자막을 삽입할 수 있다. 텍스트를 추가하려는 부분에 클릭 또는 터치해 텍스트 편집 모드로 진입한다. → 사용 가능한 폰트 목록에서 원하는 폰트를 선택한다.

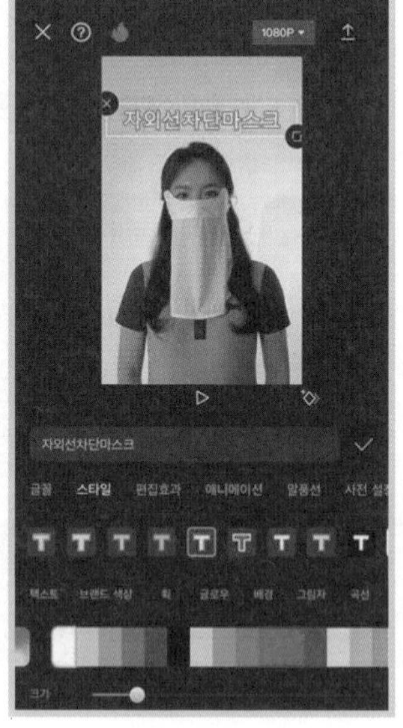

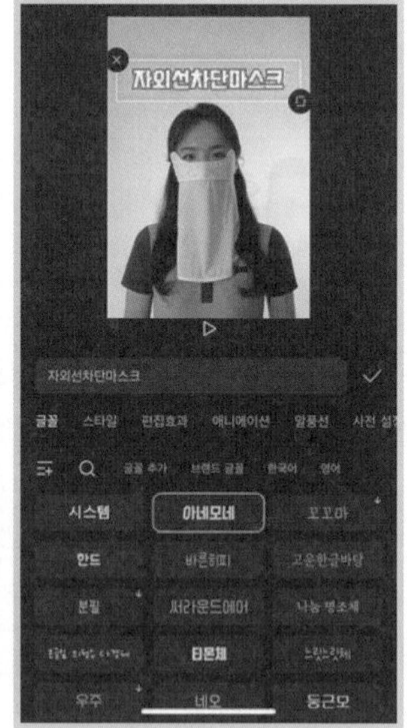

05_ [오디오 삽입하기] 오디오 → 사운드에서 어울리는 음악을 선택 후 삽입한다.

캡컷에는 무료로 제공하는 다양한 종류의 음악이 장르별로 분류되어 있다. 무료로 제공되는 음악이라서 개인적인 용도로 사용하는 것은 문제가 없지만, 상업적으로 사용할 경우 저작권 이슈가 있을 수 있으니 반드시 확인해야 한다.

음악 삽입 후 음악의 속도나 볼륨 등도 조절 가능하다.

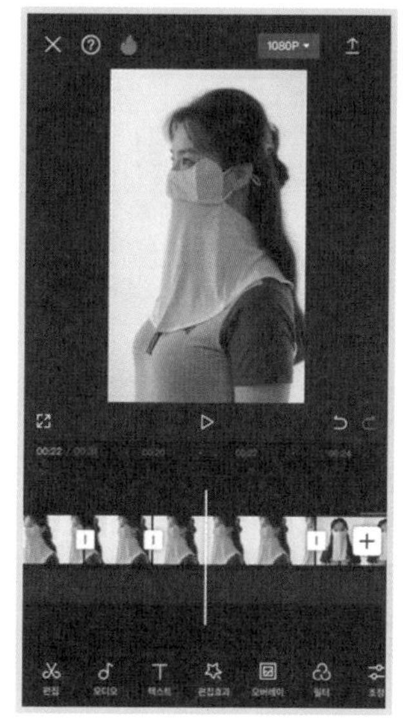

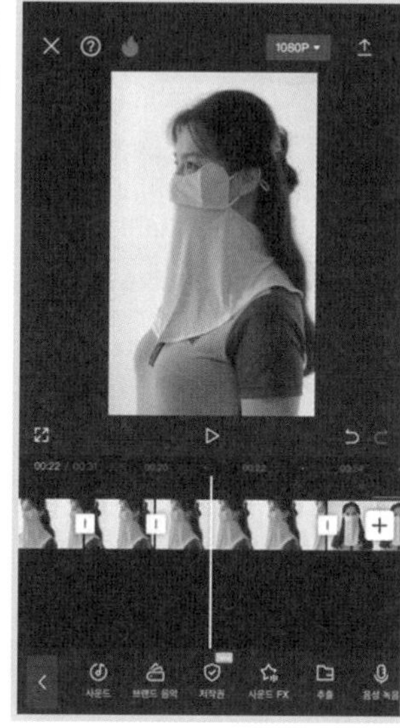

06_ [더빙하기] 상품의 셀링포인트나 강조점을 직접 녹음하여 더빙할 수 있다.

먼저 더빙하고자 하는 멘트를 정리해 녹음한 후 목소리 변화 기능, 속도 조절 기능 등을 활용해 원하는 목소리 효과를 편집한다.

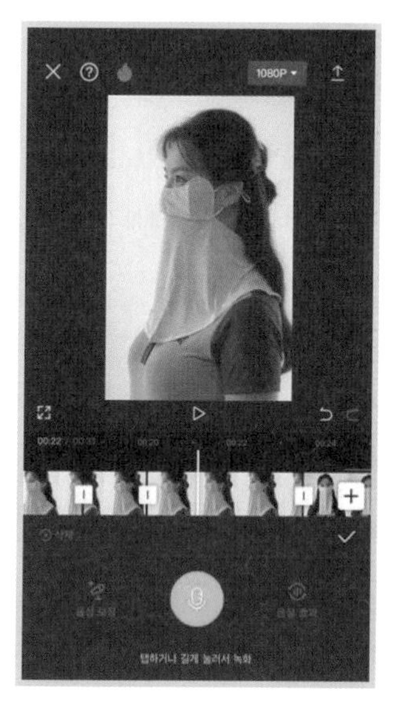

07_ [완성된 영상 저장하기] 순서에 따라 원하는 형태로 동영상 편집을 완료했다면 저장 후 내보내기를 하면 영상 저장이 완료된다.

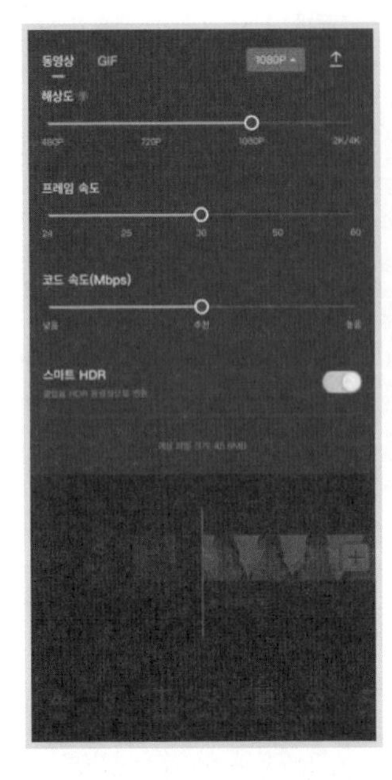

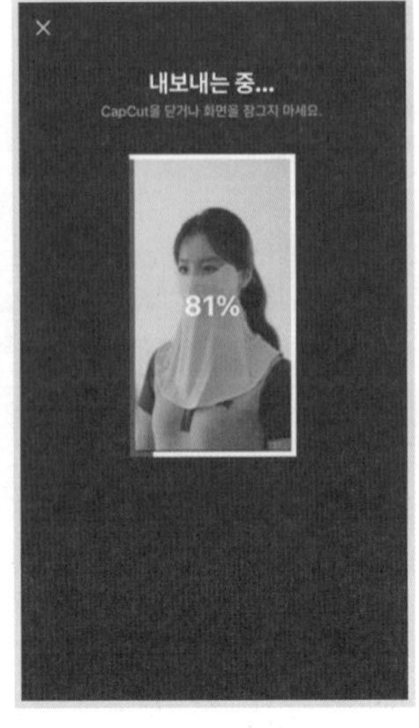

저장 순서는 오른쪽 상단에서 [1080P] 클릭 → 프레임 속도 30 체크 → 내보내기 → 100% 완료되면 갤러리 저장을 탭하면 된다.

해상도는 1080P 추천, 프레임 속도는 매 초당 그래픽 하드웨어가 화면을 새로 고치는 횟수를 설정하는 것으로 30 그대로 사용하는 것을 추천한다. 갤러리 저장이 완료된 숏츠는 바로 쿠팡, 틱톡, 인스타그램 등 소셜미디어에 공유가 가능하다.

3 쿠팡 숏츠 등록과 관리

1) 숏츠 등록하기

쿠팡 숏츠는 마켓플레이스에 등록된 상품이라면 등록할 수 있다. 쿠팡 숏츠는 셀러의 편의를 충분히 고려해 설계되었기 때문에 등록과 관리가 쉽고 편리하다. 다만 현재 모바일 등록 지원이 불가하기에 다음과 같은 순서로 PC에서 진행해야 한다.

등록 상품 중 아이템위너 가격 이하의 상품만 노출되며, 쿠팡 기준에 맞는 영상을 별도로 제작하지 못한 경우 라이브 1회 방송 후 10분 이내의 VOD가 자동으로 생성될 수 있다.

라이브에 자신이 있는 셀러라면 라이브와 숏츠를 동시에 등록할 수 있으니 일석이조의 효과를 노리고 지혜롭게 잘 활용해 보자.

01_ WING → 라이브 & 숏츠 → 숏츠 등록 및 관리 → 숏츠 등록하기를 클릭한다.

02_ '숏츠 등록하기' 페이지에서 상품선택 버튼을 클릭해 홍보하고자 하는 상품을 선택하고 상품선택을 클릭한다.

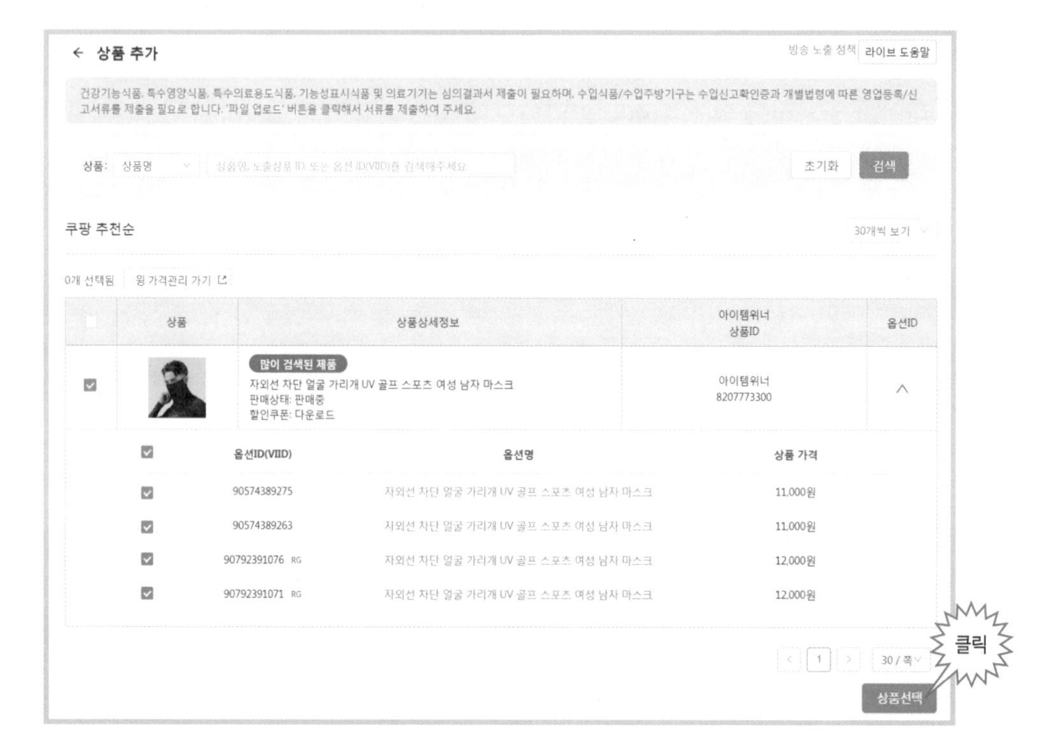

TIP! 숏츠 등록이 가능한 상품 조건

- 숏츠에 등록하고자 하는 상품이 직전 6개월간 총 매출이 10만 원 이상 발생한 경우 숏츠 등록이 가능하다.
- 단, 상품의 등록기간이 30일 이하인 경우는 매출이 발생하지 않은 상품이라도 숏츠 등록이 가능하다.

03_ 숏츠의 제목, 내용, 태그를 입력하고, **동영상 등록**을 클릭해 동영상을 업로드한다. 커버 이미지, 증빙자료 첨부 등을 하고 등록하기 버튼을 클릭하면 된다.

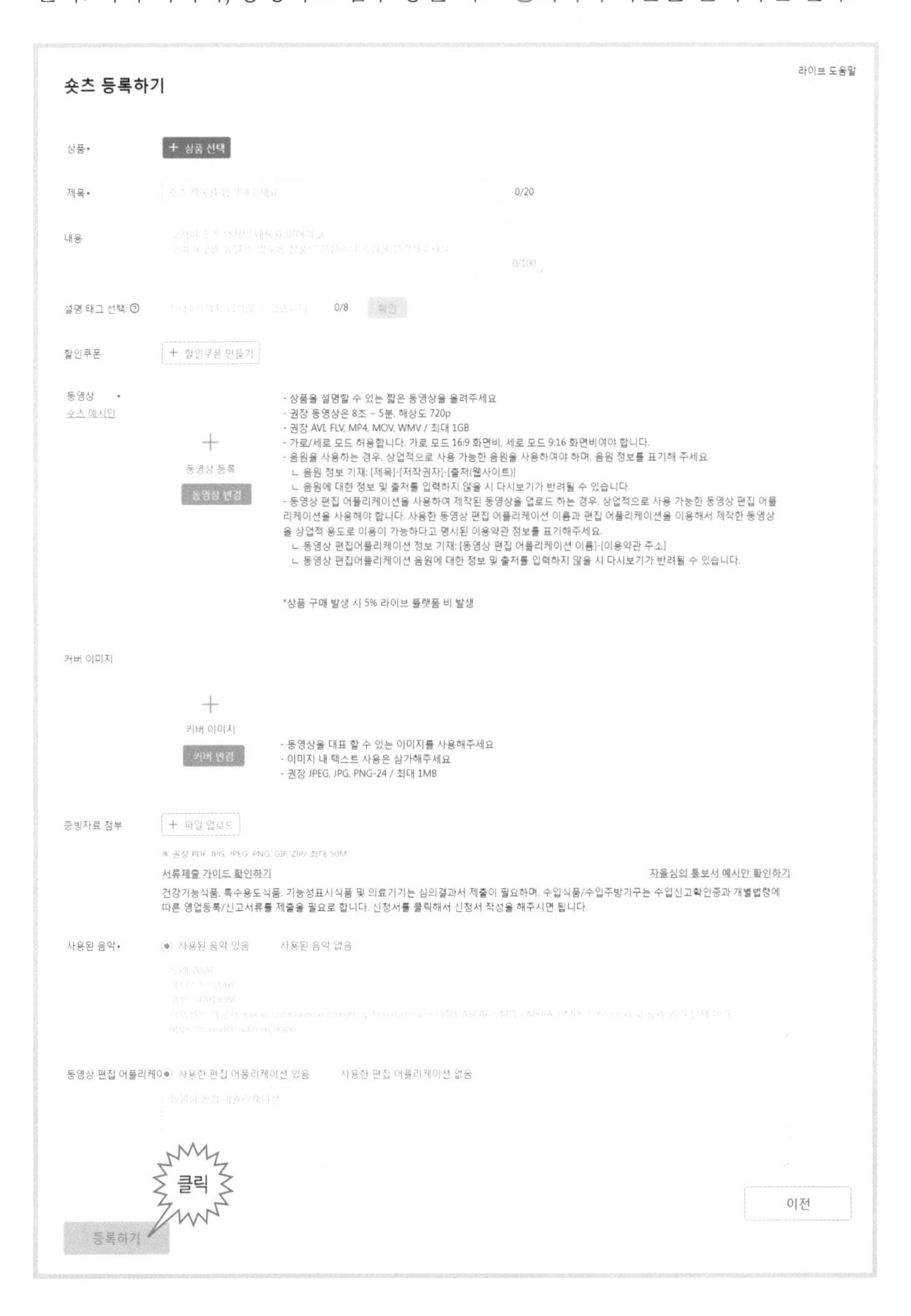

2) 영상 업로드 후 관리

숏츠 업로드를 하게 되면 유튜브 스튜디오에서처럼 쿠팡에서도 영상에 관한 다양한 데이터를 확인할 수 있다.

숏츠의 노출수, 숏츠 방문 건수, 숏츠 순방문자 수, 상품 상세설명 조회 건수, 구매자가 숏츠를 장바구니에 담기 한 건수, 구매한 고객 수 등 셀러에게 필요한 유의미한 데이터를 제공하고 있다.

라이브 & 숏츠
라이브 홈
라이브 보고서
크리에이터 라이브
숏츠 등록 및 관리
오픈 상품 등록하기
크리에이터 기획 라이브
셀프 라이브
라이브 요청/방송 관리
크리에이터 검색
라이브 방송 계정 관리
쿠팡 라이브 스쿨
판매통계

숏츠 등록 및 관리
라이브 도움말
등록하신 숏츠 영상에 상품의 장점이나 특징을 모두 입력하셨나요?
고객들은 작성된 상품의 장점이나 특징을 통해 상품을 이해하고 구매 욕구가 올라갈 수 있어요!
제목
상태 전체
초기화 검색
숏츠 등록하기

영상 ID	숏츠 제목	등록 날짜	상태	데이터 보기	상세보기	삭제하기
777896	********************* 포도	2024-07-23 11:46	승인됨	데이터 보기	상세보기	삭제하기 URL 생성기

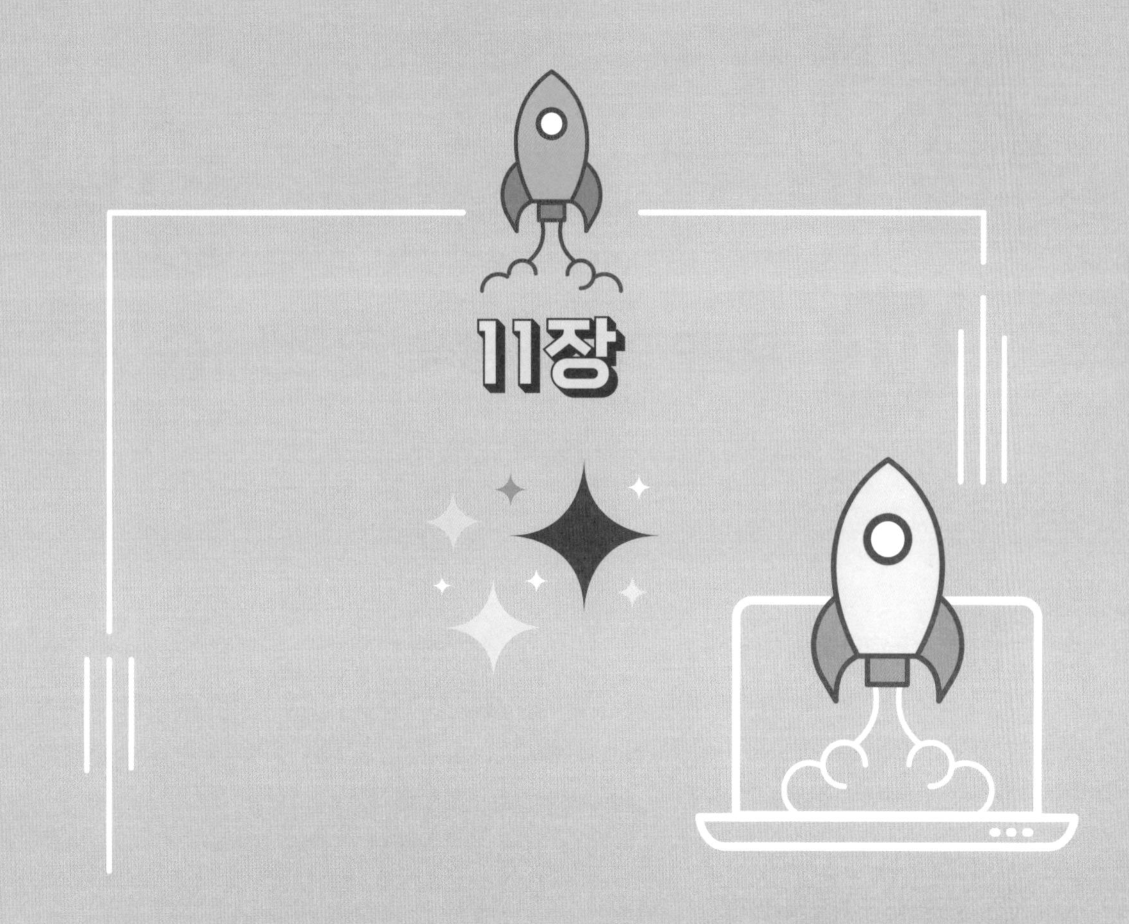

11장

로켓배송과 로켓그로스로 매출 극대화하기

01 쿠팡만의 판매 방식, 로켓배송

1 로켓배송이란?

로켓배송은 판매자가 직접 상품을 등록하고 배송하는 시스템이 아니라 쿠팡이 판매자의 상품을 매입해 등록, 관리, 배송하는 시스템이다.

판매자가 쿠팡에 로켓배송을 진행하기 위해서는 로켓배송에 입점해야 한다. 계정 생성 후 로켓배송의 판매자 관리페이지인 '서플라이어 허브'에 로그인하면 된다. 기존의 WING 사용자라면 로켓배송 신규 가입 필요 없이 WING 계정으로 로켓배송 시스템을 이용할 수 있다.

입점 후 판매자가 로켓배송 상품을 등록하면 쿠팡 BM(브랜드 매니저)이 매입 여부를 결정하고, 매입가는 협력사와 쿠팡 BM이 협의해 결정한다.

간이과세자는 로켓배송 입점이 제한된다. 온라인 판매가 금지된 의약품, 주류 등을 비롯해 일부 카테고리 상품은 로켓배송을 진행할 수 없다.

2 로켓배송의 장단점

처음 판매를 시작할 때 많은 셀러가 마켓플레이스 방식으로 시작한다. 그러다 어느 정도 판매 경험이 쌓이면 로켓그로스, 로켓배송으로 판매 방식을 확장한다.

이들 판매 방식은 서로간 장단점이 있고 개별 상품에 따라, 판매자의 상황에 따라 유불리가 있으므로 종합적으로 검토하고 판매를 하면 된다.

1) 장점

로켓배송의 장점은 다음과 같다.

첫째, 시간 비용이 절약된다. 로켓배송은 판매자가 자신의 상품을 쿠팡 회사에 판매하는 것이기에 상품을 쿠팡 물류센터로 보내주고 대금을 정산받으면 끝이다. 그만큼 셀러의 시간이 절약된다.

마켓플레이스 판매 방식에서 판매자가 해야 하는 주문 확인, 배송, 반품 및 교환 처리, CS 등 판매 과정에서 해야 하는 일들을 할 필요가 없다. 그 시간에 판매자는 새로운 아이템 발굴이나 다른 중요한 일에 집중할 수 있다.

둘째, 마켓플레이스보다 판매가 잘된다. 로켓배송 상품은 쿠팡이 직매입해 판매하는 상품이다. 쿠팡이 상품을 매입할 때는 고객의 원츠(wants)와 니즈(needs), 트렌드, 상품성, 판매 가능성 등 여러 가지를 따져보고 결정하고, 타 상품보다 경쟁 우위에 있을 조건으로 매입한다. 그러다 보니 대부분의 로켓 상품이 아이템위너가 된다. 여기에 쿠팡의 빠른 배송 시스템인 로켓배송을 이용하기 때문에 배송 면에서는 마켓플레이스 판매보다 월등히 우위에 있고, 고객만족 또한 우수하다. 그러다 보니 로켓배송 상품은 상위에 노출되고, 이는 많은 판매로 이어진다.

셋째, 재고 부담이 없다. 마켓플레이스 판매는 늘 재고 관리에 신경 써야 한다. 위탁 판매인 경우도 도매처의 재고가 충분한지 늘 체크하고 관리해야 한다. 사입 판매인 경우 물건이 팔리지 않으면 재고는 판매자의 손실이 된다. 하지만 로켓배송은 계약한 물량만 쿠팡에 납품하면 되기에 재고 부담이 전혀 없다.

2) 단점

로켓배송은 다음과 같은 단점이 있다.

첫째, 상품 컨트롤이 어렵다. 로켓배송은 공급 계약을 할 때 보통 판매가의 60~70% 선에서 결정되는데, 쿠팡은 아이템위너 가격을 맞출 것을 요구한다. 만일 동종의 상품을 판매하는 타 판매자가 가격을 내리면 추후 로켓배송 상품은 판매가를 더 내려 공급해야 하는 경우가 생긴다. 아이템위너를 유지하기 위해서는 가격이 중요하기 때문이다. 로켓배송은 상품을 쿠팡에 입고하고 나면 내 상품이 아니다. 가격이나 수량, 공급가 등 판매자가 상품을 컨트롤하는 데 한계가 있다.

둘째, 마켓플레이스 상품의 판매가 어렵다. 로켓배송으로 공급하면 내가 쿠팡 마켓플레이스나 타 오픈마켓에서 판매하고 있는 같은 상품은 판매를 기대하기 어렵다. 쿠팡 마켓플레이스에서의 판매는 거의 없다고 볼 수 있으며, 타 마켓에서도 쿠팡 로켓배송 판매가를 맞추지 못하면 판매가 줄어든다. 때문에 로켓배송으로 공급할 때는 나의 마켓플레이스 상품과 타 플랫폼 상품이 영향을 받을 수 있다는 것을 염두에 두고 진행해야 한다.

셋째, 마켓플레이스보다 정산 주기가 길다. 로켓배송은 일별 입고 확정 수량으로 세금계산서를 발행하는데, 이 '세금계산서 발행일자+60일째' 되는 날에 정산금이 지급된다. 마켓플레이스의 월정산이 한 달 간 구매확정된 상품에 대해 '매월 말일+15영업일' 후에 지급되는 것과 비교하면 정산 기간이 길다. 이는 운용 자금이 부족한 셀러에게는 부담이 될 수 있다.

판매 방식이 어떻든 판매자는 이익을 많이 남기는 것이 우선이다. 판매 방식별 장단점이 있지만 제일 중요한 것은 나한테 어떤 것이 실질적으로 많은 이익을 가져다 주는지를 따져보면 된다. 마켓플레이스가 로켓배송보다 수익이 많다면 굳이 로켓배송을 진행할 필요는 없다. 하지만 그렇지 않다면 로켓배송으로 힘들이지 않고 내 상품을 판매할 수 있다. 수익을 따져볼 때는 주문관리, 반품관리, CS 관리비용, 시간비용, 배송비 등을 꼼꼼히 따져봐야 한다.

02 로켓배송으로 판매하자

1 로켓배송 입점하기

1) 마켓플레이스 판매자

WING 사용자는 로켓배송 신규 가입이 필요하지 않으며, 기존 WING 계정으로 로켓배송 시스템을 이용할 수 있다.

01_ 쿠팡 WING → 온라인문의 → 로켓배송 → 로켓 - 입점 → [로켓배송] 로켓배송에 어떻게 입점하나요?'를 클릭한다.

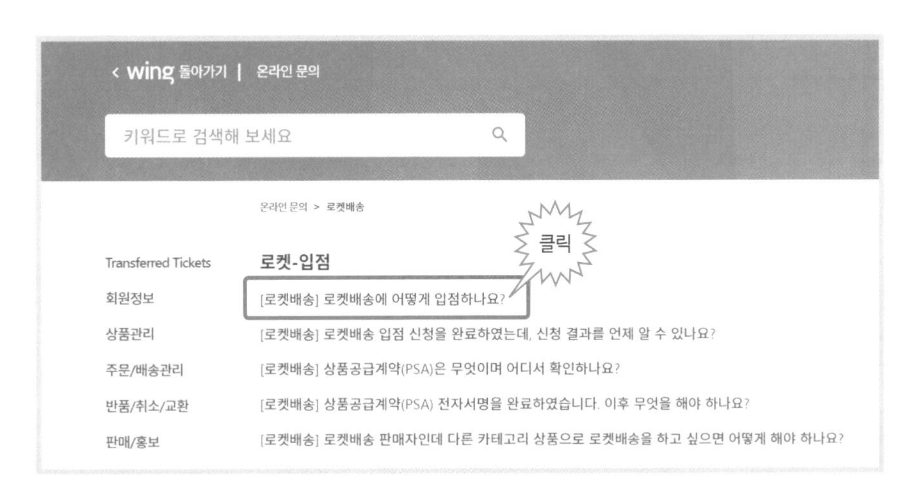

02_ 화면 하단에 있는 온라인 문의하기를 클릭한다. 문의 유형을 **로켓배송 입점 문의**를 선택하고 제목, 설명 등 필수 입력 사항을 입력하고 제출을 클릭한다.

온라인 문의하기

요청 유형을 아래에서 선택하세요.

[로켓배송] 입점/담당 BM 연결/그 외 로켓배송 관련 문의가 있습니다.

판매자 코드(Vendor ID)

판매자님의 업체코드를 입력해주세요.

온라인 문의 작성 전, 로켓배송 관련한 도움말 및 가이드를 다음 링크에서 확인 부탁드립니다.

https://helpseller.coupangcorp.com/hc/ko/categories/360001753154

로켓배송 문의 유형을 선택해주세요.

로켓배송 입점 문의

로켓배송 입점 문의
담당 BM 연결 요청
그 외 로켓배송 관련 문의

제목 *

로켓그로스 문의인 경우에만 체크해주세요

CGF/CGF LITE 체크 X, 마켓플레이스 문의 체크 X, (구)로켓그로스 문의 체크 X

설명 *

요청에 관한 세부 정보를 입력하세요. 저희 지원 스태프가 가능한 빨리 자세한 답변을 드리도록 하겠습니다.

발주번호가 있습니까?

상품정보가 있습니까?

세금계산서를 발행 하였습니까?

사업장 이메일

사업장 연락처

사업장 연락처를 기재해주세요.

간이과세자 여부를 선택해주세요. *

간이과세자는 로켓배송 입점이 제한됩니다.

판매를 원하는 상품의 카테고리를 입력해주세요. *

카테고리에 따라 상품 공급이 제한될 수 있는 점 참고 바랍니다.

판매하고 싶은 상품의 정보(쿠팡 내 상품 URL)를 입력해주세요. *

쿠팡 URL이 아닌 경우 입점신청이 불가합니다. 만약 쿠팡에 등록된 상품이 없는 경우, 유사 상품의 URL을 기재해주세요.

첨부 파일

파일 추가 또는 파일을 여기로 드래그

클릭

제출

03_ 입점 가능한 경우 업무일 기준 최대 10일 내 담당자 회신이 온다.(입점이 불가한 경우 회신이 오지 않는다.)
승인이 나면 담당 BM을 통해 로켓배송 물류 계약을 진행하면 된다.

2) 마켓플레이스 미입점자

WING 사용자가 아닌 사람은 다음의 과정으로 로켓배송에 입점한다.

01_ 쿠팡 홈페이지에서 입점신청 → 로켓배송을 클릭한다.

02_ 입점 신청하기를 클릭한다.

03_ 개인정보를 입력하고 제출하기를 클릭한다.

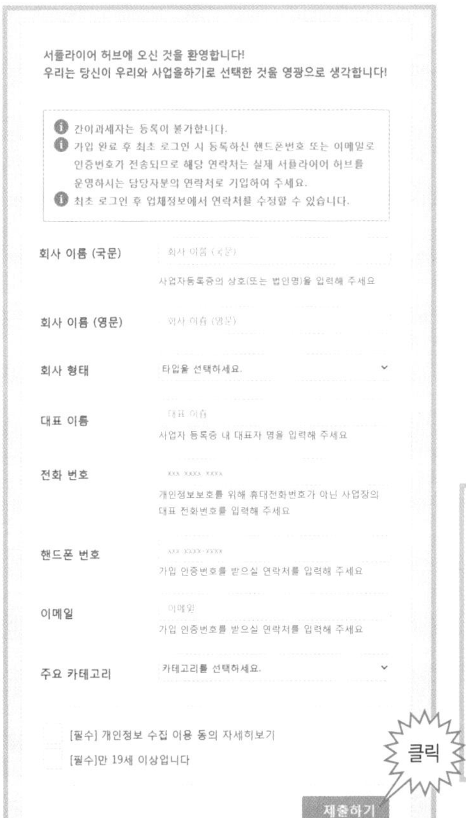

그러면 다음과 같은 메시지를 받게 된다.

04_ 쿠팡에서 이메일이 온다. 메일에 있는 **임시 등록 코드**를 확인하고 supplier.coupang.com을 클릭한다.

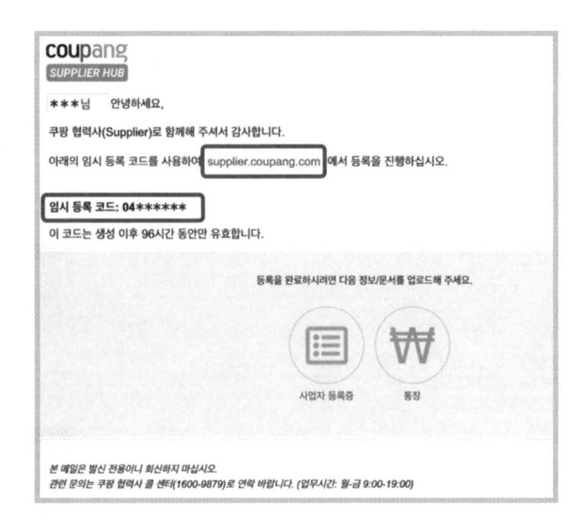
coupang
SUPPLIER HUB

***님 안녕하세요,

쿠팡 협력사(Supplier)로 함께해 주셔서 감사합니다.

아래의 임시 등록 코드를 사용하여 supplier.coupang.com 에서 등록을 진행하십시오.

임시 등록 코드: 04******

이 코드는 생성 이후 96시간 동안만 유효합니다.

등록을 완료하시려면 다음 정보/문서를 업로드해 주세요.

사업자 등록증 통장

본 메일은 발신 전용이니 회신하지 마십시오.
관련 문의는 쿠팡 협력사 콜 센터(1600-9879)로 연락 바랍니다. (업무시간: 월-금 9:00-19:00)

05_ 이메일 주소를 확인하고 임시 등록 코드를 입력한 후 다음을 클릭한다.

06_ 본인의 사업자등록번호를 검색한 후 사업자 정보를 입력하고 다음을 클릭한다.

하단 사업자 등록 관련 세부사항을 확인해주세요

사업자 등록 번호 ***-**-***** 검색

사업자 등록 번호 ***-**-*****

사업자명 *******

업체주소
우편 번호 ***** 검색
기본 주소 서울 특별시 *** ***** ***
상세 주소 *****

클릭

다음

07_ 이용약관에 동의하고, 사업자등록증, 통장사본 등록, 쿠팡 관계자 정보를 입력하고 다음을 클릭한다.

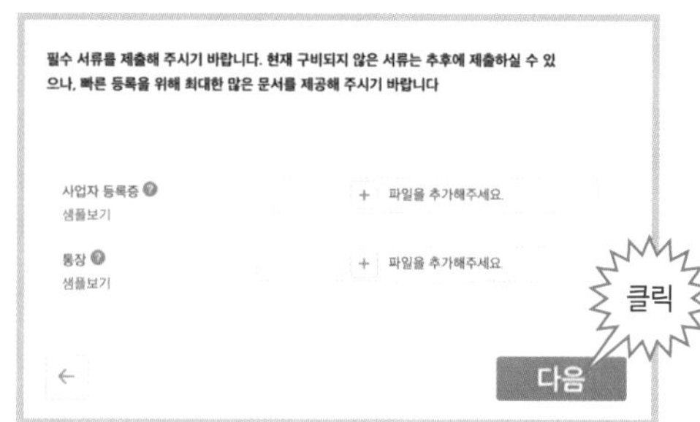

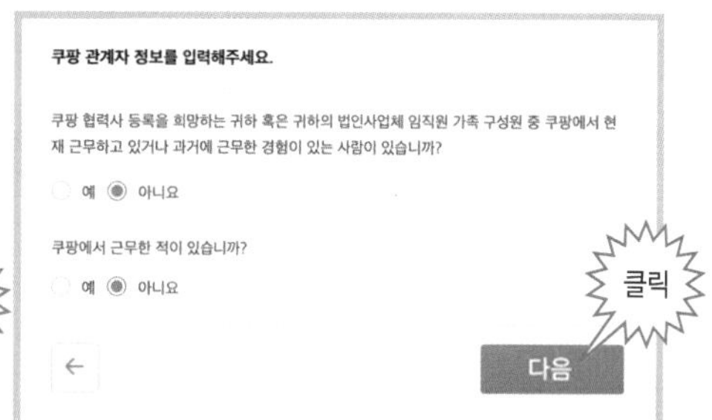

08_ 쿠팡 서플라이어 허브 계정 생성을 위해 '사용자 이름(ID)'과 '비밀번호'를 설정하고 인증하기를 클릭한다.

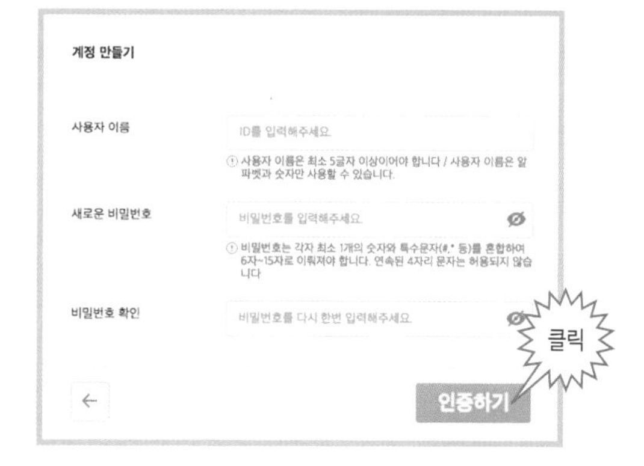

09_ 계정이 생성되고 서플라이어 허브로 자동 이동된다. 또는 Supplier Hub 바로가기 버튼을 클릭하면 된다. 서플라이어 허브 아이디와 비밀번호를 입력해 로그인한다.

2 상품공급계약서 작성하기

입점 완료 후 서플라이어 허브에 로그인하면 계약서를 확인할 수 있다. 이 계약서를 체결해야 정상적인 거래가 시작된다.

상품공급계약(PSA)은 필요한 상품을 공급하는 것을 약정하는 문서이며, 계약서에는 공급으로부터 입고 및 검수를 거쳐 대금의 지급과 공급물품의 이상 발생에 대한 처리에 이르기까지 일련의 사항이 포함된다. 전자서명으로 진행되며 최초 계약기간 만료 후 1년씩 자동 갱신된다.

01_ 서플라이어 허브에서 홈→필수진행사항→새로운 계약 가능을 클릭한다. 또는 홈→계약→[표준] 상품공급계약을 클릭한다.

02_ 계약 내용을 확인하고 전자서명을 한다. 쿠팡 담당 BM이 최종 서명을 하면 상품공급계약이 완료된다. 계약이 완료되면 홈을 비롯한 서플라이어 허브의 모든 메뉴를 열람 및 확인할 수 있다.

3 상품 견적서 등록하기

이제 로켓배송을 진행할 상품을 등록할 차례다. 로켓배송의 상품등록은 판매자가 견적서 작성 및 등록으로 쿠팡에 로켓배송을 제안하는 것이다. 상품 등록은 담당 BM과 별도 협의 없이 등록할 수 있지만 매입 여부는 등록 이후 담당 BM이 결정한다.

01_ 서플라이어 허브 → 상품 → 개별 상품 등록을 클릭한다.

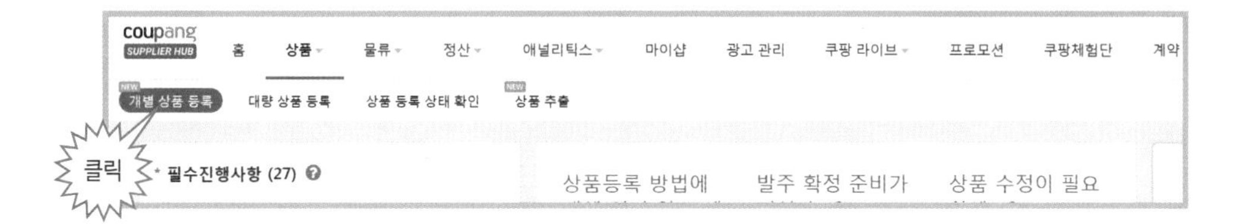

02_ [기본정보] 상품명과 카테고리를 입력하고 다음을 클릭한다.

① **상품명**: 쿠팡에서 노출하고자 하는 상품명을 입력한다.

* 상품명에는 반드시 속성값(색상, 사이즈, 무게 등)이 포함되어야 한다.
* 하드 번들(같은 상품이 여러 개 묶음으로 되어 있는 형태) 상품은 상품명 앞에 PACK 또는 BOX를 기재한다.

② **카테고리**: 직접 입력하거나 **카테고리 구조로 선택**을 클릭해 단계별로 선택한다.

03_ [상품정보] 상품 상세정보를 입력하고 다음을 클릭한다.

① **브랜드**: 상표권이 등록된 상품 브랜드 입력. 브랜드는 상품 패키지 또는 상세 콘텐츠에서 확인 가능해야 한다. 브랜드가 없거나 자제 제작 상품은 '브랜드 없음'을 체크한다.

② **공급가**: 공급사가 쿠팡에 제공할 가격을 입력한다.(부가세 포함 가격)

③ **쿠팡 판매가**: 공급사가 제안하는 소비자 판매가를 입력한다. 공급가보다 금액이 커야 한다.

▶ 실제 로켓배송 상품의 판매가는 매입 후 쿠팡 내부 정책에 따라 판매 가격이 결정된다.

④ **권장소비자가격**: 제조사가 권장하는 소비가격을 입력한다.

⑤ **상품 바코드**: 바코드가 있는 경우 제품의 바코드를 입력한다.

▶ 바코드는 견적서, 제품 실물, 상세이미지(노출되어 있는 경우)의 바코드 정보가 일치해야 한다.

▶ 알파벳 대문자, 숫자, 하이픈만 사용 가능. 6~14자 내에서 사용 가능

⑥ **쿠팡 바코드**: 상품의 고유 바코드가 없거나 운영 규정에 부합하지 않는 경우 체크를 하면 쿠팡 바코드가 발주서에 자동 발급된다.

⑦ **제조사**: 상품 제조사의 등록 사업자명을 입력한다. 제조사의 등록 사업자명이 어려울 경우는 상품의 바코드 소유 업체명을 입력한다.

⑧ **거래타입**: 상품을 등록하는 협력사의 업체 유형을 선택한다. 위탁, 사입으로 판매하는 일반 판매자는 '기타 도소매업자'를 선택하면 된다.

⑨ **과세여부**: 상품의 과세 여부를 선택한다. 대부분의 일반 상품은 '과세', 도서와 농축산물 등은 '면세', 중소기업 세금감면 대상은 '영세'다.

⑩ **수입여부**: 상품의 수입 여부를 선택한다. OEM 상품도 수입된 상품이면 수입상품이다. 병행수입상품은 병행수입면장을 첨부해야 한다.

⑪ **검색태그**: 상품 관련 검색어를 쉼표로 구분하면서 입력한다. 한 단어당 20자 이내, 최대 150자까지 입력 가능하다.

⑫ **검색 부가 정보**: 비노출 속성 정보. 고객이 상품을 구매할 때 검색 필터로 사용되는 정보다. 상세히 제공할수록 고객에게 더 많이 노출된다.

04_ [이미지/콘텐츠] 대표이미지, 추가이미지, 상품 상세 콘텐츠를 등록하고 다음을 클릭한다.

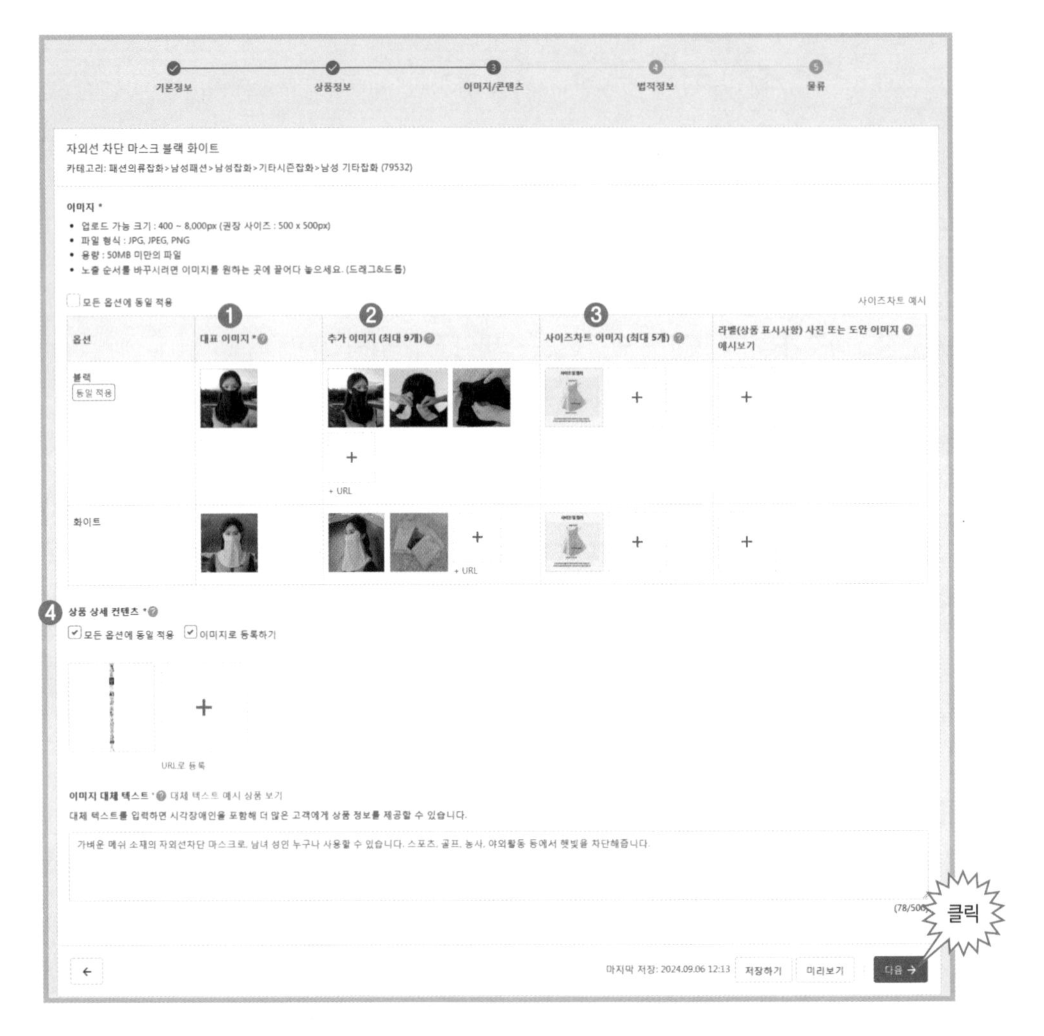

① **대표이미지**: 검색결과 페이지에 보이는 대표이미지를 등록한다.

② **추가이미지**: 상품페이지 상단에 노출되는 이미지로 최대 9개까지 등록 가능하다.

③ **사이즈차트 이미지**: 제품 사이즈 표시사항이 전부 표시되는 이미지를 등록한다.

▶ 의류/잡화 카테고리의 경우 '사이즈차트 이미지'를 필수로 등록해야 한다.

④ **상품 상세 컨텐츠**: 상품 상세이미지를 등록한다.

05_ [법적정보] 인증서, 상품정보제공고시를 입력하고 다음을 클릭한다.

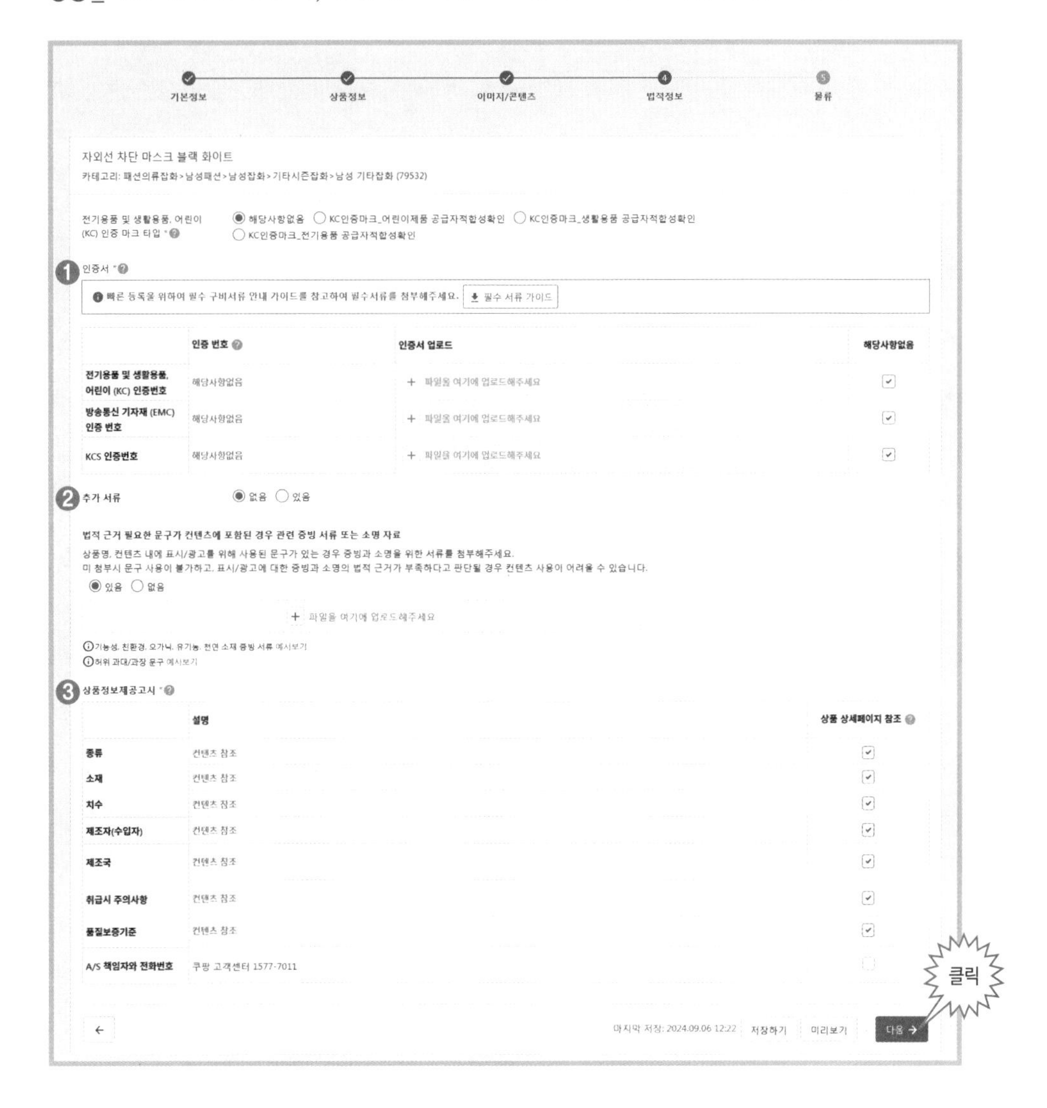

① **인증서**: 인증 대상이면 인증 번호를 입력하고 인증서를 업로드한다.

② **추가 서류**: 인증정보, 인증서에 해당하지 않는 서류는 '추가 서류'에 업로드한다.

③ **상품정보제공고시**: 카테고리에 따라 작성해야 할 상품정보제공고시 사항이 다르다.

▶ A/S 책임자와 전화번호: '쿠팡 고객센터 1577-7011'을 입력한다. 브랜드사에서 A/S 센터를 운영하는 경우 해당 브랜드의 서비스 센터 연락처를 입력한다.

06_ [물류] 물류 정보를 입력하고 상품등록을 클릭하면 견적서 등록이 완료된다.

① **박스 내 SKU 수량**: 쿠팡 물류센터에 입고되는 한 박스 안의 SKU의 총 개수를 입력한다.

② **유통기간**: 제조일로부터 실물 기준의 유통기간 일수를 숫자로 입력한다. 유통기간이 없는 상품은 0을 입력한다.

② **취급주의 사유**: 유리 또는 액체류는 반드시 취급주의 항목을 선택한다.

④ **한 개 단품 포장 무게**: 고객에게 발송되는 포장된 상태의 단품(실제 1개 제품) 무게를 입력한다.

▶ 등록한 상품 판매 단위 무게를 입력한다.

▶ 단위(g)를 제외하고 숫자(정수)만 입력한다.

⑤ **한 개 단품 포장 사이즈**: 고객에게 발송되는 포장된 상태의 단품 포장 사이즈를 입력한다. 단위(mm)는 제외하고 숫자(정수)만 입력한다.

▶ 단일 상품 포장 기준 가로+세로+높이의 합이 2500mm 이하의 상품만 납품 가능하다.

4 상품등록 확인하기

상품등록 후에는 서플라이어 허브→상품→상품 등록 상태 확인에서 등록 진행 상태를 확인할 수 있다.

① 상태

상품 검수중: 쿠팡이 검수를 진행 중인 상태

상품 검수 반려: 쿠팡 검수가 반료된 상태

* 가격/정책 쿠팡 기준 미달: 등록한 공급가가 쿠팡의 기준/정책에 부합하지 않으면 반려된다. 상품의 공급가를 다시 제안해 주거나 담당 BM에게 문의한다.

상품 검수 완료: 쿠팡 검수가 완료되어 발주서가 발행된 상태

② 등록 진행 단계

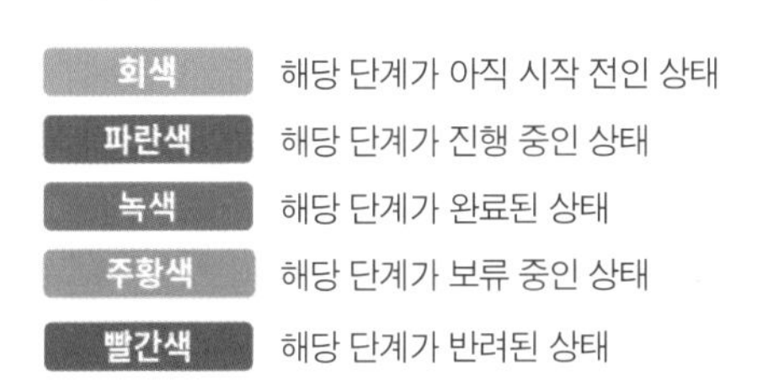

회색	해당 단계가 아직 시작 전인 상태
파란색	해당 단계가 진행 중인 상태
녹색	해당 단계가 완료된 상태
주황색	해당 단계가 보류 중인 상태
빨간색	해당 단계가 반려된 상태

5 상품 발주서 확인하기

상품 검수가 완료되면 발주서가 생성된다. 발주서 확정을 진행한다.

01_ [발주 확인] 서플라이어 허브 → 물류 → 발주리스트를 클릭하면 발주서를 확인할 수 있다. **발주 번호**를 클릭한다.

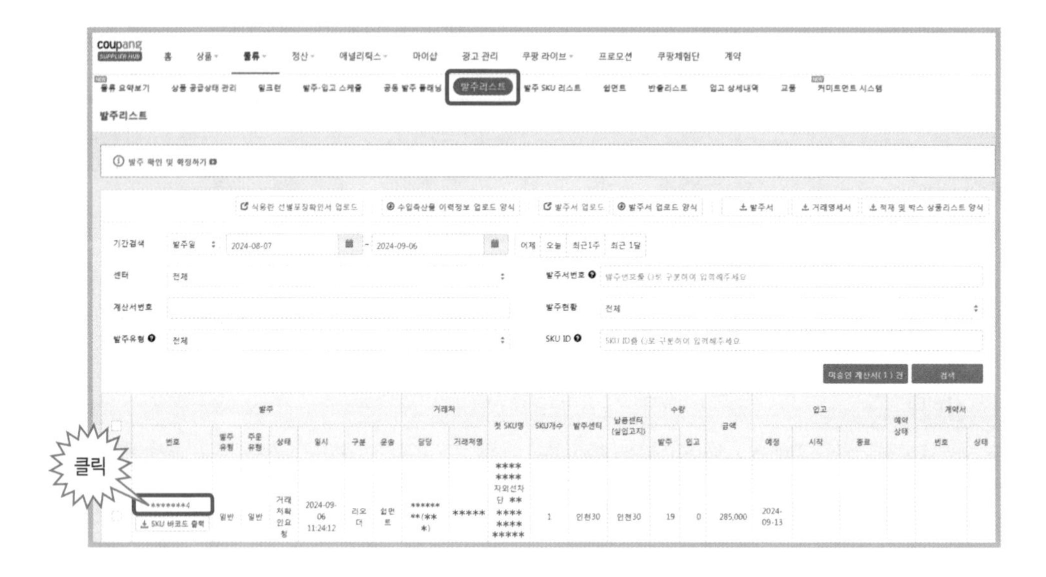

02_ [발주 확정] 발주상세 페이지에서 내역을 확인하고 하단에 있는 수정 버튼을 클릭한다.

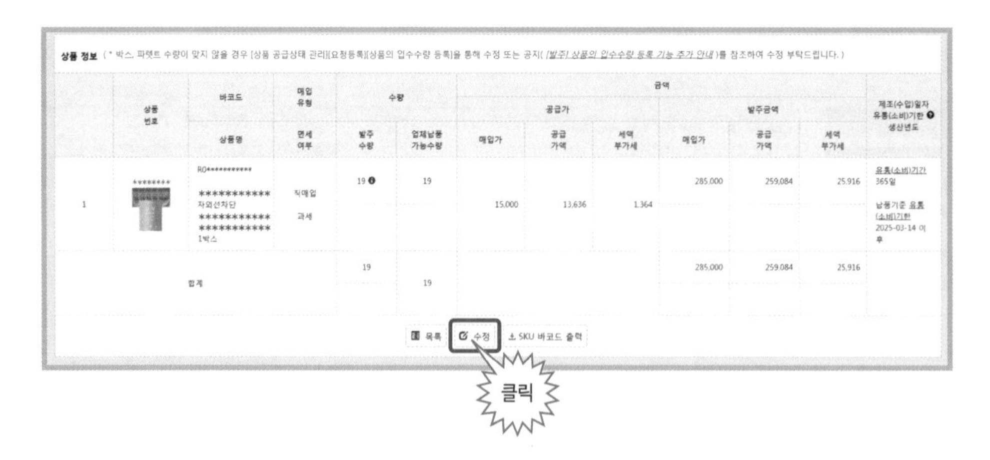

03_ 발주서 수정 페이지에서 회송 정보, 입고 유형을 확인 및 수정할 수 있다.

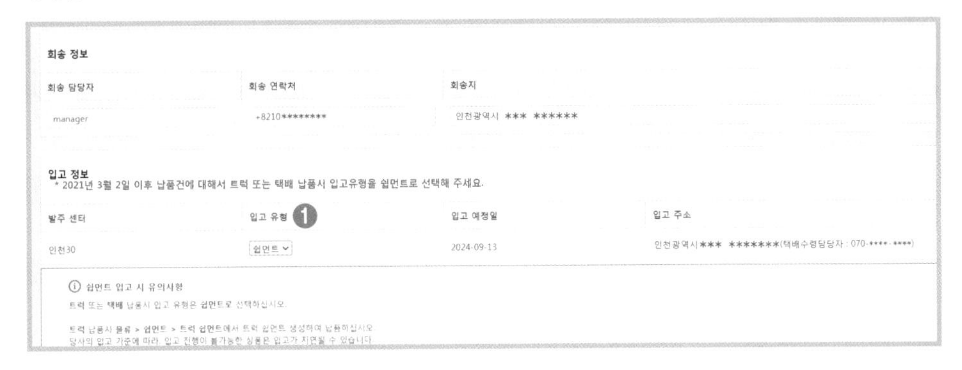

① **입고유형**

쉽먼트: 트럭 또는 택배 납품 시 쉽먼트를 선택한다.

밀크런: 쿠팡이 계약된 차량을 통해 입고를 대행해 주는 서비스

04_ 상품 정보를 확인한다. 실제 업체납품 가능수량을 수정할 수 있다. 확인 및 수정하고 저장을 클릭한다.

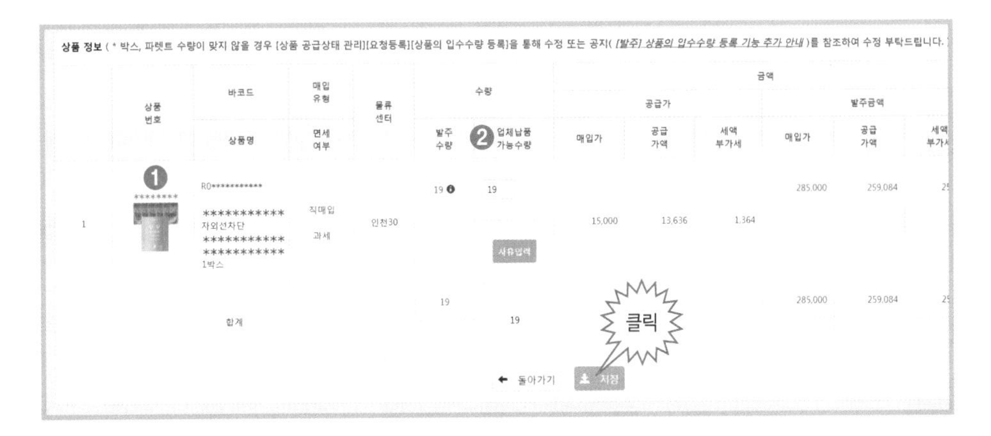

① **상품번호**: 상품번호를 클릭하면 상품 SKU 정보를 확인할 수 있다.

② **업체납품 가능수량**: 발주 수량보다 많게 입력할 수 없다. 적게 입력할 경우 '사유입력'을 클릭해 사유를 선택한다. 납품이 불가한 경우 납품 수량을 '0'으로 입력한다.

05_ 안내문을 읽고 체크한 후 업체확인을 클릭하면 발주 확정이 완료된다.

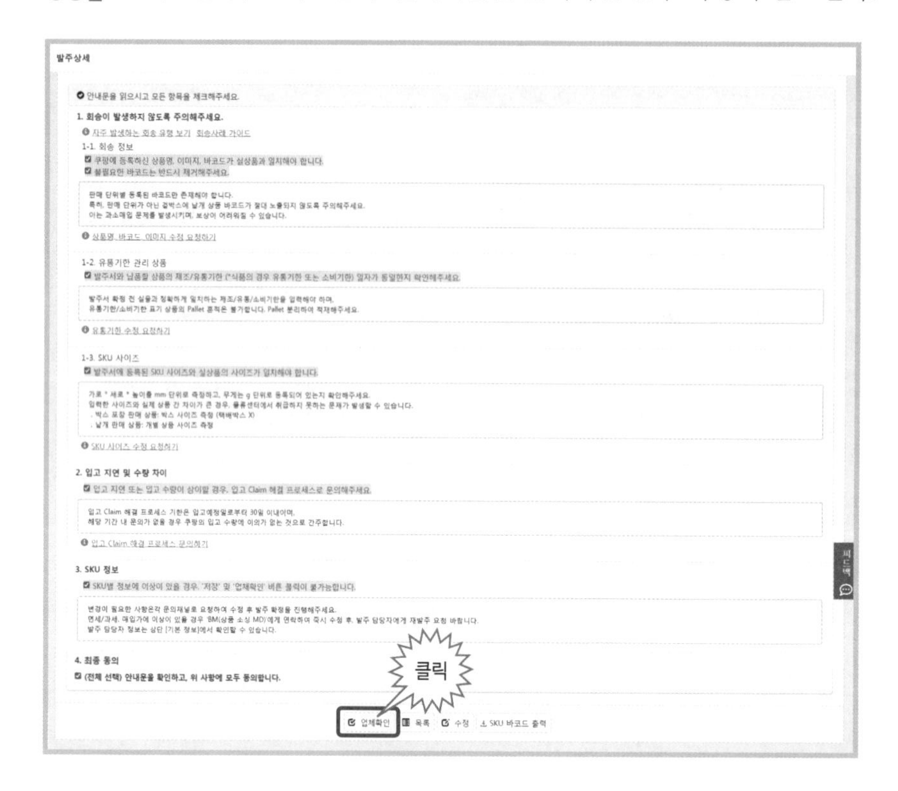

06_ 발주서 확정 후 '쉽먼트 접수 안내' 또는 '밀크런 접수 안내' 팝업창이 뜬다. 팝업창 안내에 따라 다음 단계로 진행할 수 있다.

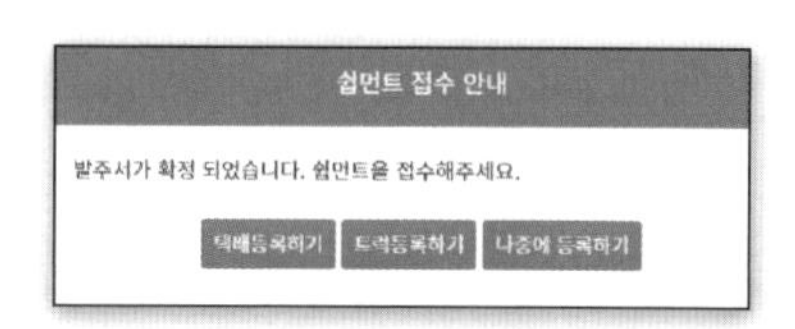

07_ 발주 확정이 완료되었다.

6 상품 입고(납품)하기

상품 발주 확정이 완료된 후에는 쿠팡 물류센터에 상품을 납품하기 위해 먼저 쉽먼트 등록을 해야 한다. 로켓배송의 상품 입고 프로세스는 **쉽먼트 등록 → 상품 개별 포장 → 상품 발송 준비 → 상품 납품** 단계로 진행된다.

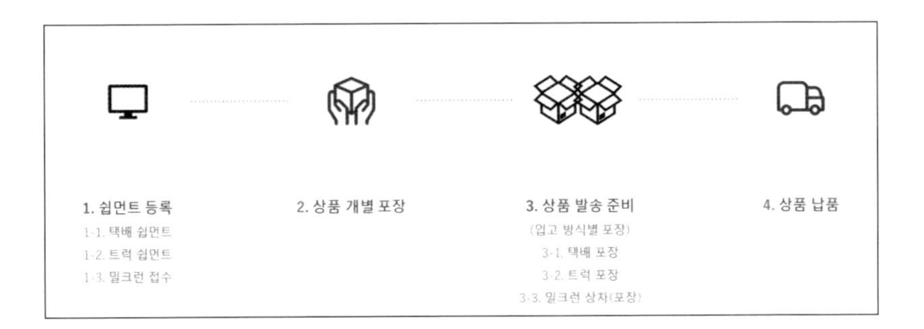

▶ 쉽먼트는 하나 또는 다수의 발주서(Purchase Order, PO)에 속한 상품의 운송 단위(=트럭 또는 택배)를 말한다.

▶ 입고 방식은 택배, 트럭, 밀크런 중 선택할 수 있다. 택배와 트럭으로 납품하는 경우 쉽먼트 작성은 필수다. 트럭 납품 시에는 반드시 팔레트에 적재해야 한다.

▶ 택배 입고는 최대 9박스까지 할 수 있고, 10박스 이상인 경우 트럭 또는 밀크런 입고를 해야 한다.

▶ 쉽먼트는 배송 정보 및 수령 확인 여부를 업체에서 확인할 수 있는 장점이 있다.

1) 쉽먼트 등록하기

쉽먼트 등록은 입고 예정일 D-1일까지만 가능하다.

택배 쉽먼트: 협력사가 택배로 쿠팡 물류센터로 납품하는 것으로 협력사가 택배 발송 작업을 완료한 후 택배업체를 통해 운송을 진행하는 유형

트럭 쉽먼트: 협력사가 자가 트럭 또는 3PL 운송사를 통해 자체적으로 입고 예약 후 발송 준비 및 배송하는 유형

01_ [출고지 등록] 먼저 상품을 보낼 출고지를 등록 또는 확인한다. 서플라이어 허브→물류→쉽먼트→업체 기본정보 설정→출고지 추가를 클릭해 상품 출고지 정보를 입력한다.

02_ [쉽먼트 생성] 서플라이어 허브→물류→쉽먼트→택배 쉽먼트→쉽먼트 생성을 클릭한다.

03_ [출고지 선택] 팝업창에서 출고지를 선택하고 다음을 클릭한다.

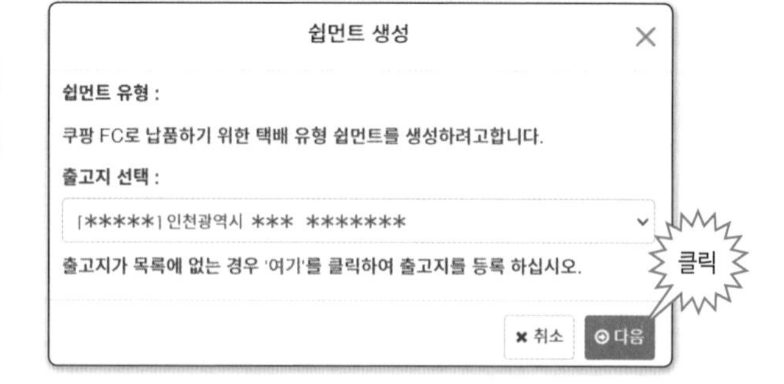

04_ [발주서 선택] 발주서를 선택한 후 발주서 선택 완료 버튼을 클릭한다.

▶ 입고예정일과 납품 물류센터가 동일한 발주서는 쉽먼트를 함께 등록할 수 있다.

05_ [박스 수량] 발송할 전체 박스 수량을 입력한 후 박스 수량 확인 버튼을 클릭한다.

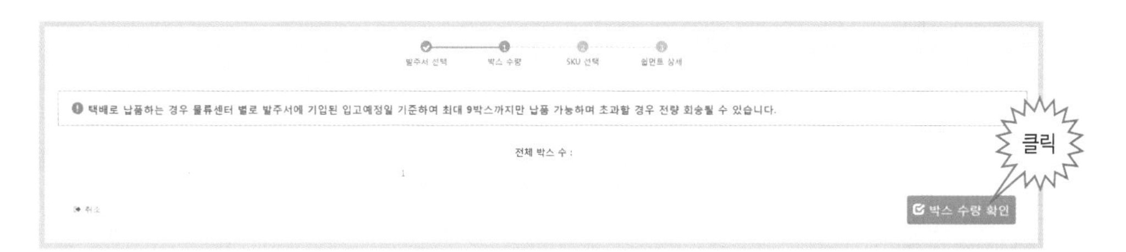

06_ [SKU 선택] 박스를 선택하고 납품 수량을 입력한다. 입력 후 SKU 선택 완료 버튼을 클릭한다.

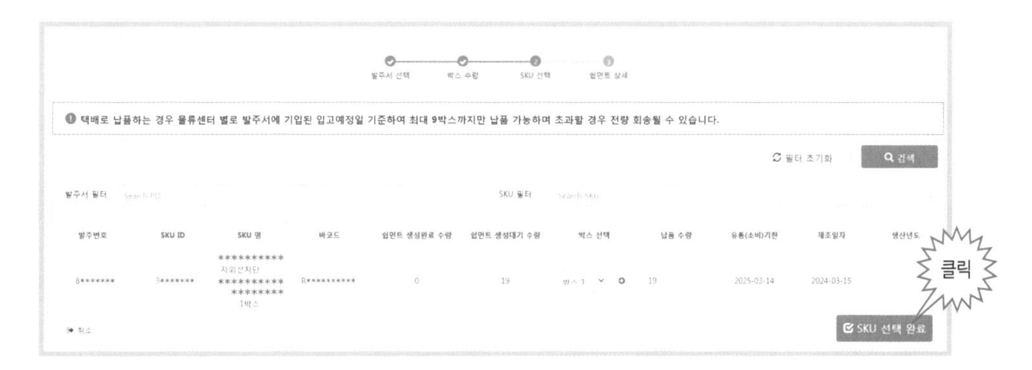

07_ [쉽먼트 상세] 택배사, 발송일, 송장번호를 입력하고 택배 쉽먼트 완료 버튼을 클릭한다.

08_ 생성된 쉽먼트는 서플라이어 허브 → 물류 → 쉽먼트 → 택배 쉽먼트에서 확인할 수 있다.

① **Label**: 버튼을 클릭해 택배 쉽먼트 서류를 출력한 후 택배 박스 겉면에 부착한다.

② **내역서**: 버튼을 클릭해 서류를 출력한 후 택배 박스 안에 동봉한다.

2) 바코드 출력하기

01_ 물류 → 발주리스트에서 해당 상품의 SKU 바코드 출력 버튼을 클릭한다.

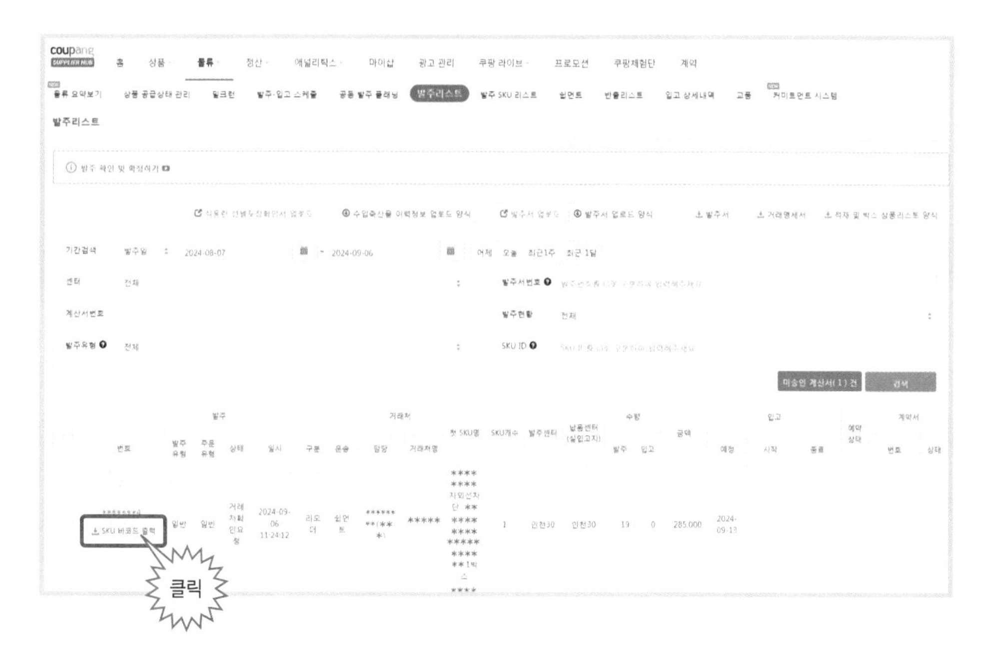

02_ 출력할 SKU ID를 선택한다. 출력할 'Page Type'을 선택하고 '인쇄할 라벨 수'에서 출력할 바코드 수량을 입력한다. 출력 버튼을 클릭하면 바코드를 출력할 수 있다.

3) 상품 발송하기

택배로 납품할 경우 개별 상품에 상품 바코드를 부착하고, 택배 박스에 등록한 수량에 맞게 넣은 후 포장해 발송하면 된다.

01_ 택배 박스 안에 출력한 '쉽먼트 내역서(shipment_ManiFest_document)'를 동봉한다.

02_ 택배 박스 윗면 우측 상단에 출력한 '쉽먼트 라벨(shipment_Label_document)'을 붙인다. 택배 운송장은 택배 박스 윗면 좌측 상단에 부착한다.

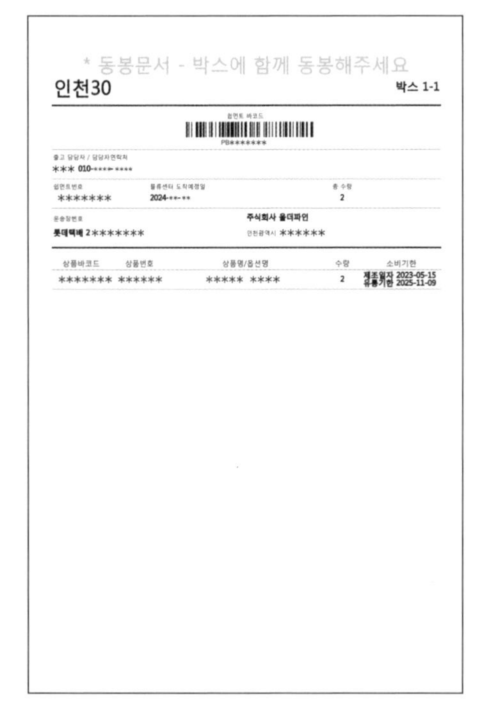

쉽먼트 내역서

쉽먼트 라벨

7 로켓배송 대금 정산

로켓배송으로 납품한 상품의 대금을 정산받기 위해서는 쿠팡에서 역발행되는 세금계산서를 협력사가 승인해야 한다.

▶ 세금계산서는 발주서의 일별 입고 확정 수량을 기준으로 **상품 입고일**(입고 스캔 작업 완료일) **D+1일**자에 발행된다.

▶ 정산대금은 **세금계산서 발행일자 +60일**째에 지급된다.

01_ 서플라이어 허브 → 협력사명 → 내 계정 → 사업자 정보를 수정해주세요 → 업체 기본 정보 → 담당자 정보를 클릭해 정산 담당자의 정보를 등록 및 확인한다.

02_ 물류 → 발주리스트를 클릭한다. '거래명세서확인 요청'으로 **검색**한다. 리스트에서 해당 발주 번호를 클릭한다.

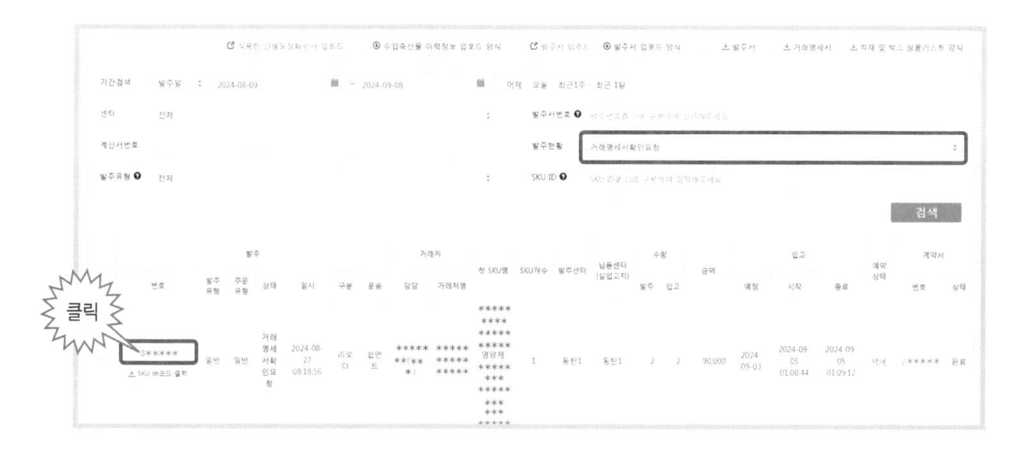

03_ 입고 수량과 금액 등을 확인하고 거래명세서 확인 버튼을 클릭한다.

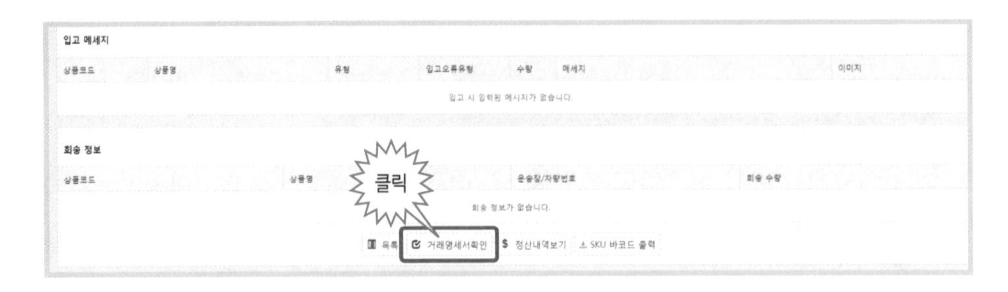

04_ 발주 상태가 '거래명세서 확인'으로 변경된 것을 확인할 수 있다.

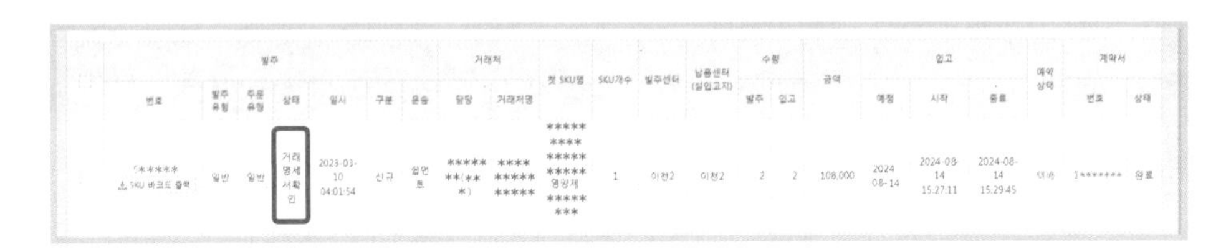

05_ 입고 확정 후 익일에 쿠팡에서 협력사 정산 담당자 메일로 세금계산서 승인 요청 메일을 발송한다. 계산서는 승인 요청 후 익월 3일 안으로 승인해야 한다.

정산 → 일반매입계정(구: 발주정산내역서)에서 미승인된 계산서 보기를 클릭한다. 세금계산서 금액 등을 확인하고 승인 버튼을 클릭한 후 공인인증서로 서명을 완료한다.

06_ 세금계산서를 기준으로 대금 지급처리 결과를 확인할 수 있다. 정산 → 공제금액계정 → 지급처리결과에서 계산서를 확인한 수 있다. 상세보기를 클릭하면 상세 내역을 확인할 수 있다.

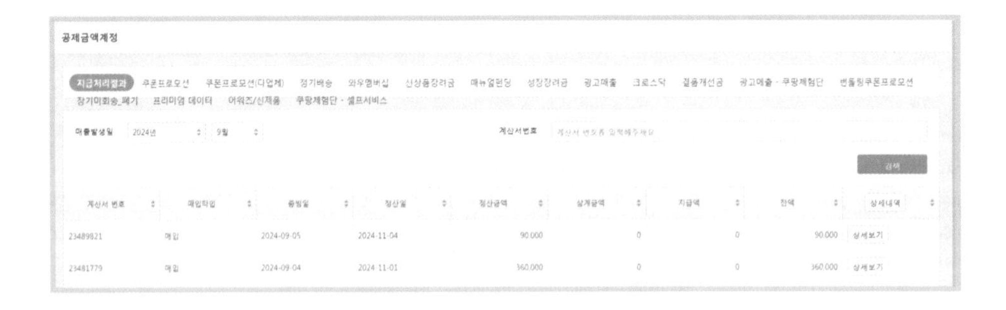

03 로켓그로스 개요

1 로켓그로스란 무엇인가?

로켓그로스는 판매자가 쿠팡 물류센터에 상품을 입고시키면 이후 과정은 쿠팡풀필먼트에서 로켓배송 상품과 동일하게 입고, 보관, 배송, CS 응대 등 상품 관리를 해주는 서비스다. 로켓그로스는 쿠팡풀필먼트서비스(CFS)의 물류 인프라와 '판매자로켓' 배지를 활용할 수 있다.

로켓그로스는 일반 판매자가 하기 힘든 로켓배송이라는 특급 배송을 할 수 있고, 로켓배송 필터 및 '판매자로켓' 배지로 노출되어 판매에도 좋은 영향을 미친다. '판매자로켓' 배지 부착 여부와 로켓필터 노출 여부는 상품의 가격 경쟁력이나 쿠팡 정책 준수 여부 등에 따라 달라질 수 있다. 쿠팡 WING → **상품관리** → **로켓그로스 배지 관리**에서 판매자로켓 배지 노출 여부를 확인하고 관리할 수 있다.

■ 입고 제한 상품

로켓그로스는 아래의 카테고리 / 상품군은 운영이 불가하다.

- ＊ 상품이 변질되기 쉬운 신선식품, 냉장냉동식품, 식물
- ＊ 특정 화학성분의 함양 지수가 높은 디퓨저, 손 소독제, 탈취제, 세정제, 연료, 액상형 각종 클리너, 살충제 류
- ＊ 에어로졸, 스프레이 형태로 1mpa 이상의 고압가스를 이용하여 충전한 제품
- ＊ 사이즈, 무게 기준 초과 상품
  - 기준: 단일상품(포장재 포함) 가로 + 세로 + 높이 합 250cm 이하 + 30kg 이내
- ＊ 설치배송이 필요한 상품
- ＊ 오픈 대상 카테고리라 하더라도, 등록한 상품의 특성이 위와 같을 경우 등록이 제한됨
- ＊ 라이센스 미보유 상품(오징어게임, 디즈니, 샤넬 등) *보유 시 서류를 반드시 첨부
- ＊ 서비스 운영상 불법적인 상품의 유통 및 보관 방지를 위한 사전 검수가 어려운 전자담배 액상

운영 불가 카테고리는 상품 등록 시 카테고리 선택에서 '로켓그로스 불가'로 표시된다.

2 로켓그로스 판매수수료와 서비스 비용

로켓그로스 상품의 **판매수수료는 마켓플레이스 상품과 동일하게** 카테고리별 수수료율에 따라 적용된다.

쿠팡 WING → **도움말** → **로켓그로스** → **로켓그로스 서비스 비용** → **로켓그로스 판매수수료 & 비용 안내**에서 자세한 서비스 비용을 알 수 있다. 2025년 1월 6일부터 로켓그로스 비용이 변경 및 추가 적용되었다. 로켓그로스 비용은 다음과 같다.(VAT 별도)

1 입출고/배송 비용

구분	입출고 비용	배송 비용
부과 내용	물류센터 상품 입고(하차, 진열) 및 상품 판매로 인한 출고(피킹, 포장)를 위해 부과되는 비용	상품을 고객에게 배송하기 위해 부과되는 비용
부과 기준	(카테고리, 사이즈 유형, 판매가에 따라) 판매된 상품 개수당 비용 부과	(카테고리, 사이즈 유형, 판매가에 따라) 주문 상품당 1회만 부과
부과 시점	판매 완료 시 부과	판매 완료 시 부과

'입출고/배송 비용 확인하기'에서 카테고리를 선택하면 사이즈별 입출고 비용을 확인할 수 있다.(입출고비, 배송비에 대한 프로모션은 2027.01.31까지 진행.)

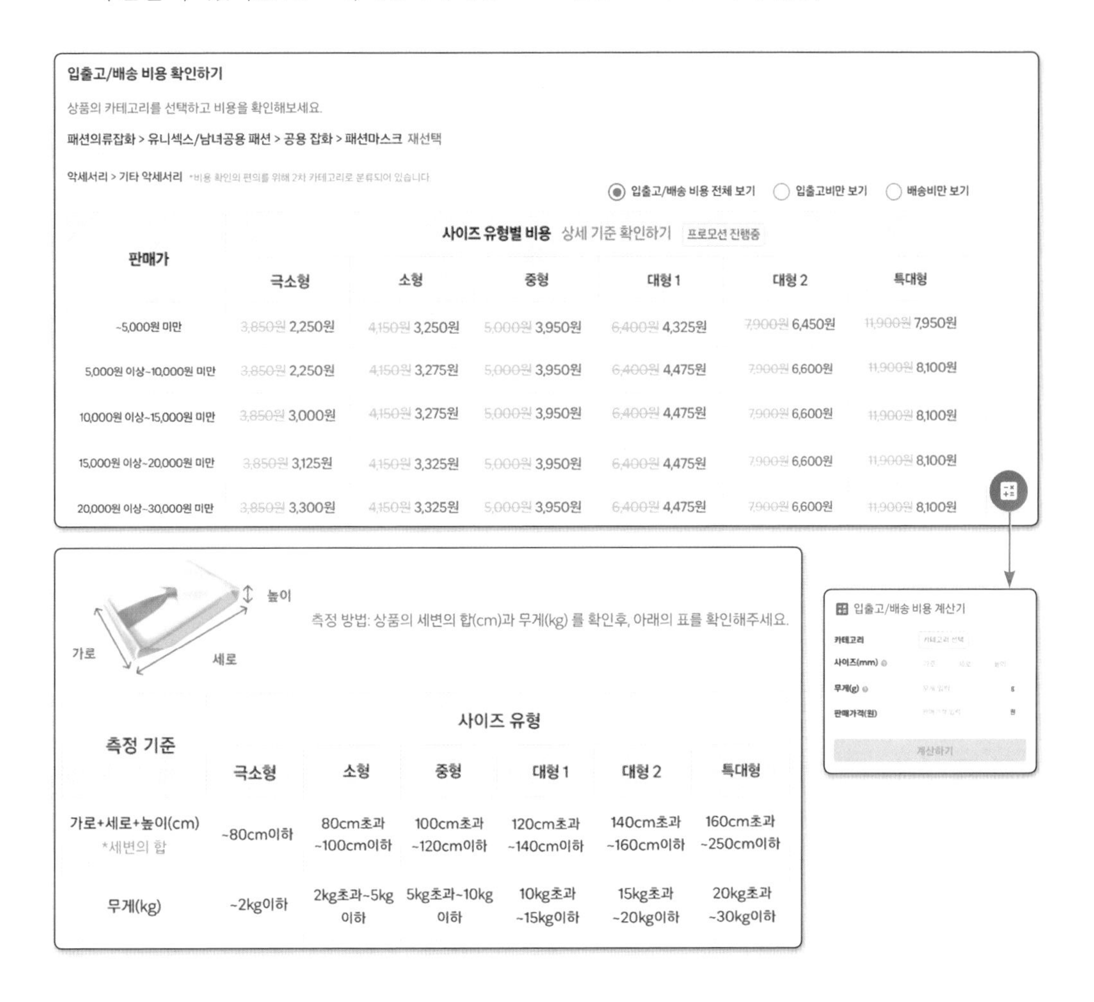

판매가	극소형	소형	중형	대형 1	대형 2	특대형
~5,000원 미만	~~3,850원~~ 2,250원	~~4,150원~~ 3,250원	~~5,000원~~ 3,950원	~~6,400원~~ 4,325원	~~7,900원~~ 6,450원	~~11,900원~~ 7,950원
5,000원 이상~10,000원 미만	~~3,850원~~ 2,250원	~~4,150원~~ 3,275원	~~5,000원~~ 3,950원	~~6,400원~~ 4,475원	~~7,900원~~ 6,600원	~~11,900원~~ 8,100원
10,000원 이상~15,000원 미만	~~3,850원~~ 3,000원	~~4,150원~~ 3,275원	~~5,000원~~ 3,950원	~~6,400원~~ 4,475원	~~7,900원~~ 6,600원	~~11,900원~~ 8,100원
15,000원 이상~20,000원 미만	~~3,850원~~ 3,125원	~~4,150원~~ 3,325원	~~5,000원~~ 3,950원	~~6,400원~~ 4,475원	~~7,900원~~ 6,600원	~~11,900원~~ 8,100원
20,000원 이상~30,000원 미만	~~3,850원~~ 3,300원	~~4,150원~~ 3,325원	~~5,000원~~ 3,950원	~~6,400원~~ 4,475원	~~7,900원~~ 6,600원	~~11,900원~~ 8,100원

측정 기준	사이즈 유형					
	극소형	소형	중형	대형 1	대형 2	특대형
가로+세로+높이(cm) *세변의 합	~80cm이하	80cm초과 ~100cm이하	100cm초과 ~120cm이하	120cm초과 ~140cm이하	140cm초과 ~160cm이하	160cm초과 ~250cm이하
무게(kg)	~2kg이하	2kg초과~5kg 이하	5kg초과~10kg 이하	10kg초과 ~15kg이하	15kg초과 ~20kg이하	20kg초과 ~30kg이하

2 보관비

* 매 입고 시 30일 동안 무료(* 2025.03.31까지 60일 무료 보관 프로모션 유지)
* 이후 CBM 기준 상품 1개의 부피에 따라 비용 부과

보관 기간	1CBM당 일 보관비
1~30일	~~1,000원~~ 0원(상시 프로모션 진행중)
31~60일	2,000원
61~120일	2,500원
121~180일	3,500원
181일 이상	5,000원

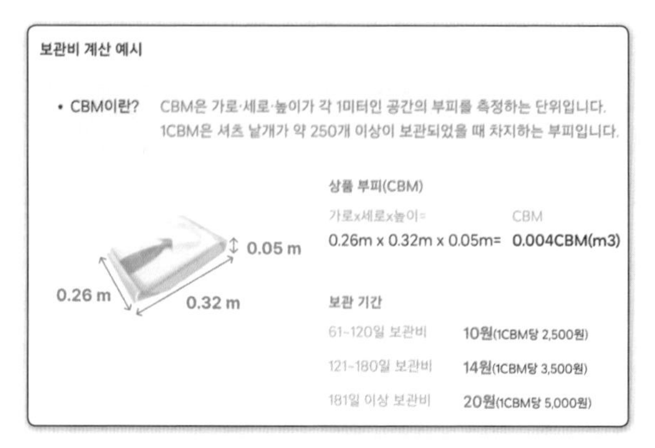

3 반품 회수비

* 반품 또는 교환 발생 시, 쿠팡에서 고객으로부터 상품을 회수하는 데 드는 비용
* 매월 20개까지 무료(판매자당)
* (카테고리, 사이즈 유형, 판매가에 따라) 상품당 부과 (2025.06.30까지 프로모션 진행)

4 반품 재입고비

* 고객 반품 / 교환 시 회수된 상품을 검품하여 쿠팡 물류센터에 재입고하는 작업에 대한 비용
* 매월 20개까지 무료 / 판매가에 따라 300원부터(2025.06.30까지 프로모션 진행)
* 재입고 수량당 비용 부과

5 반출비

* 상품이 보관된 장소에서 반출할 수 있도록 처리하는 작업에 대한 비용
* 매월 20개까지 무료(판매자당), 이후 개당 300원(프로모션 진행중)

6 부가 서비스비

* 바코드 부착비(바코드 부착 대행 시 작업 비용): 사이즈 유형별로 125원부터

04 로켓그로스 진행하기

1 로켓그로스 상품 등록하기

쿠팡 마켓플레이스 판매자는 별도 가입 없이 쿠팡 WING에서 상품을 등록할 수 있다. 이후 쿠팡 물류센터 입고와 관리는 로켓그로스 메뉴에서 하면 된다.

판매자는 로켓그로스와 마켓플레이스에 동일 상품을 동시에 등록해 판매할 수 있다. 하지만 두 상품 중에서 고객 경험이 뛰어난 상품만 노출된다. 아이템위너 선정 방식과 동일하다고 할 수 있다. 또 여러 판매자의 상품과 결합되는 경우 가격, 빠른 배송, 고객 응대 등을 고려해 고객 경험이 뛰어난 상품이 아이템위너로 선정된다.

TIP! 로켓그로스 진행 전 알아야 할 사항

① 판매자배송과 로켓그로스는 동일한 상품을 동시에 판매할 수 있다.
② 로켓배송과 로켓그로스는 동일한 상품을 동시에 판매할 수 없다.
③ 로켓그로스 고객 배송비 정책은 로켓배송과 동일하다.
  * **19,800원 무료배송:** 로켓배송 상품은 최소 주문금액 19,800원 이상이 충족돼야만 구매 가능(와우멤버십 회원이 아닐 경우, 19,800원 미만 시 주문 불가)
  * **와우멤버십 회원 혜택 적용:**
    - 최소 주문금액 제한 없이 무조건 무료배송으로 상품 구매 가능
    - 배송 완료 후 30일 이내 무료 교환/반품 가능(교환/반품 제한사항에 해당하지 않는 경우)
④ 로켓그로스 상품은 로켓배송 선물 포장 서비스를 제공하지 않는다.

01_ 쿠팡 WING에서 상품등록을 클릭한다. '판매방식 선택'에서 로켓그로스(쿠팡 풀필먼트서비스 배송)를 선택한다.(판매자배송과 동시에 선택해 등록해도 된다.)

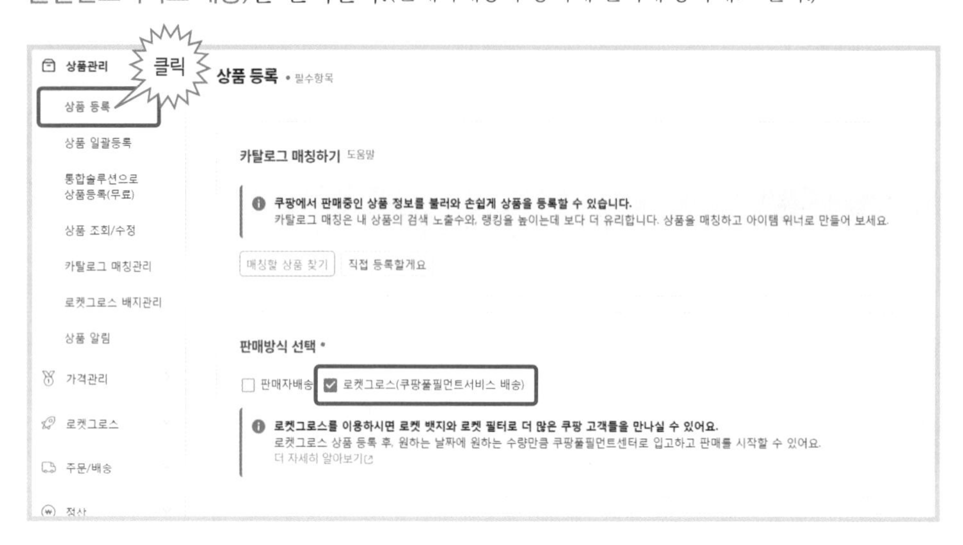

02_ 노출상품명을 입력하고 카테고리를 선택한다. 로켓그로스는 등록할 수 있는 카테고리가 제한되어 있다. 등록 불가 카테고리인 경우 '로켓그로스 불가'라고 표시된다.

카테고리 • 도움말

카테고리 검색 | 카테고리 선택

패션의류잡화	교육수강권	IT 모바일	경영	e-비즈니스
뷰티	국내도서	가정 살림	경제	경영일반
출산/유아동	외국도서	건강 취미	마케팅/세일즈	경영전략/경영혁신
식품		경제 경영	정부간행물	경영철학/기업윤리
주방용품		국어 외국어 사전	총람/연감	관광/호텔경영
생활용품		대학교재	투자/재테크	기업/경영자스토리
가구/홈데코		만화/라이트노벨		무역
가전/디지털		문학		생산/품질/유통관리
스포츠/레저		사회 정치		서비스/고객만족
자동차용품		수험서/자격증		조직/인적자원관리
도서		어린이		중소기업/신사업경영
문구/오피스		여행		창업/장사

선택한 카테고리 : 도서>국내도서>경제 경영>경영>창업/장사 재선택 판매수수료 : 10.8 %, (VAT 별도, 정률)

03_ 옵션을 등록한다. 옵션명과 옵션값을 설정하고 옵션목록으로 적용 버튼을 클릭한다. 정상가, 판매가를 입력한다. '상품바코드'는 '별도 입력'으로 표시되는데 등록 마지막 단계인 '로켓그로스 물류 입고 정보' 항목에서 입력할 수 있다.

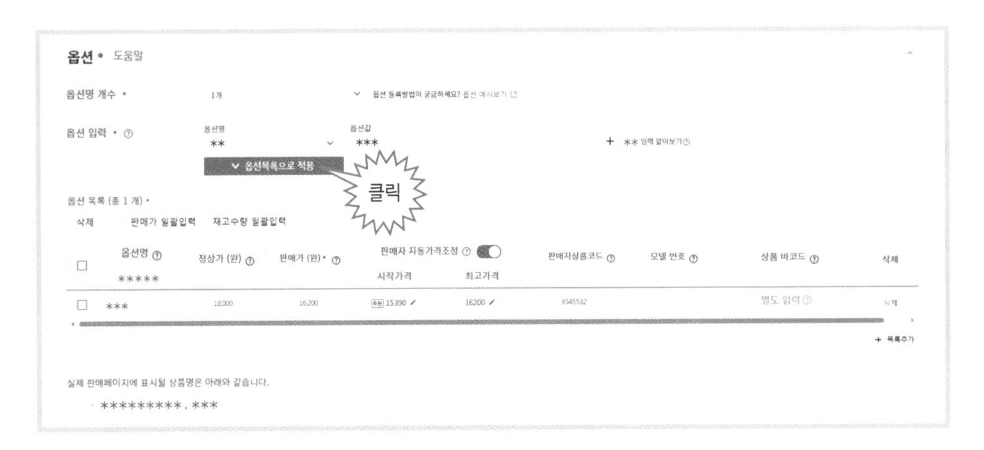

판매자배송과 로켓그로스 동시 등록 시에는 각각의 상품을 설정할 수 있다.

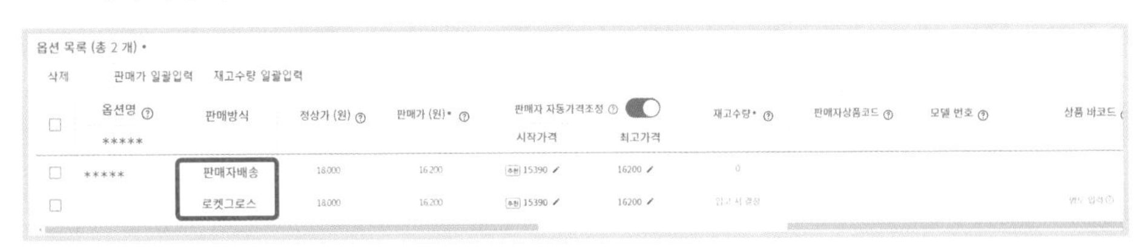

04_ 상품이미지, 상세설명, 상품 주요 정보, 검색어, 검색필터, 상품정보제공고시, 구비서류 등 나머지 상품정보를 입력한다.

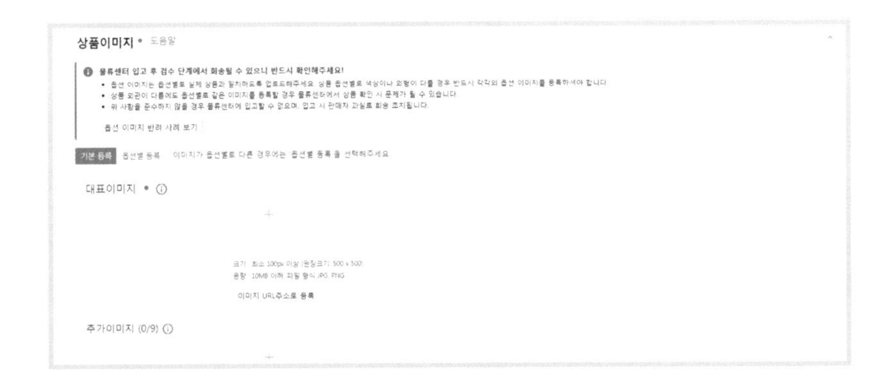

05_ [로켓그로스 물류 입고 정보] 로켓그로스 물류 입고 정보는 '지금 입력할게요'와 '나중에 입력할게요'를 선택할 수 있다.

① **나중에 입력할게요:** 여기서 입력하지 않고 '로켓그로스 입고 생성페이지'에서 입력할 수 있다.

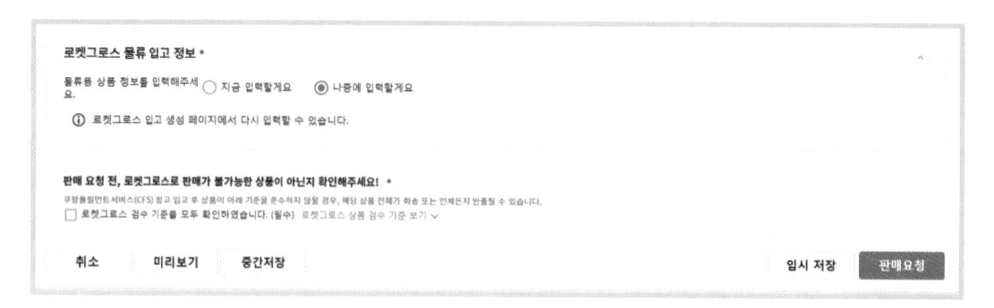

② **지금 입력할게요:** 선택하면 아래로 '상품 바코드'와 '물류 추가정보'를 설정할 수 있다.

로켓그로스 물류 입고 정보 •

물류용 상품 정보를 입력해주세요. ◉ 지금 입력할게요 ○ 나중에 입력할게요

물류입고용 상품명 ************* **** 11 / 34

물류센터 입고 시 실제 상품 포장에 있는 상품명과 대조용으로 사용됩니다.

상품 바코드 •

이 제품의 상품 표준 바코드를 입력해주세요.

상품을 관리하기 위한 고유 번호로 표준 바코드는 대부분 제조사에서 상품 포장지에 표기하고 있습니다. 바코드 예) GTIN-8, 13, 14, UPC-A, ISBN 자세히 알아보기

상품 바코드 오등록으로 인한 상품 회송에 주의하세요!

1. 실물 상품에 표시된 바코드와 윙 상에 등록하신 바코드가 일치해야 합니다.
2. 세트(묶음) 상품의 경우 낱개 상품의 바코드를 사용할 수 없으며 세트 상품 기준의 바코드를 입력해주세요.
3. 상품에 표준 바코드가 없는 경우 쿠팡 바코드를 사용해 주세요. (단, 쿠팡 바코드는 상품 입고 전 해당 바코드를 전용 라벨지에 인쇄하여 상품마다 부착해주세요.)
4. 위 사항을 지키지 않을 경우 물류센터에 입고할 수 없으며, 입고 시 판매자 과실로 회송됩니다.

옵션검색 켜기

옵션명	옵션 이미지	상품 바코드	표준 바코드가 없나요? 전체 선택
*****		**************	쿠팡 바코드 사용

물류 추가 정보 •

물류 상세정보를 입력해주세요.

제품의 사이즈 유형 및 물류 유형에 따라 취급 가능한 물류센터를 배정합니다.

기본등록 옵션별 등록

상품의 라벨(포장지)에 소비기한이 표시되어 있습니까?

○ 소비기한 있음 ◉ 해당없음

	옵션명	취급주의 여부 일괄적용	개별 판매 단위 상품의 사이즈 유형 일괄적용
	*****	예(Y)	Small(소) Medium(중) Large(대)

판매 요청 전, 로켓그로스로 판매가 불가능한 상품이 아닌지 확인해주세요! •

쿠팡풀필먼트서비스(CFS) 창고 입고 후 상품이 아래 기준을 준수하지 않을 경우, 해당 상품 전체가 회송 또는 언제든지 반출될 수 있습니다.

로켓그로스 검수 기준을 모두 확인하였습니다. (필수) 로켓그로스 상품 검수 기준 보기

취소 미리보기 중간저장 임시 저장 판매요청

06_ '로켓그로스 검수 기준을 모두 확인하였습니다.'에 체크하고 판매요청을 클릭하면 로켓그로스 상품이 등록된다.

07_ 상품목록으로 가면 로켓그로스 상품이 등록된 것을 확인할 수 있다.

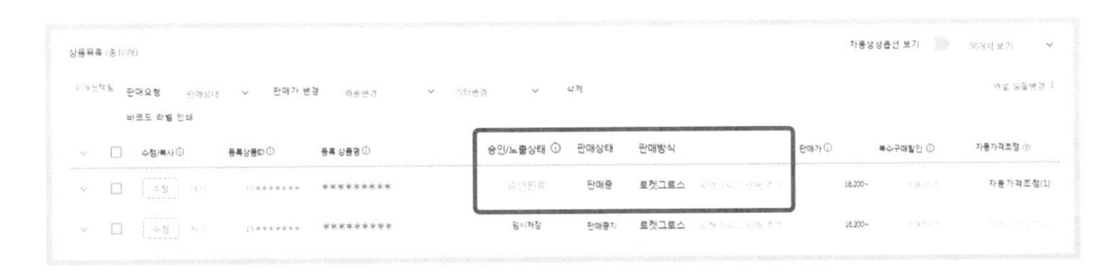

승인/노출상태가 '승인완료'로 되고 판매상태가 '판매중'으로 되면 입고 요청이 가능하다.

2 로켓그로스 등록 상품의 수정과 삭제

로켓그로스 상품의 수정은 마켓플레이스 상품과 마찬가지로 **상품관리 → 상품조회/수정**에서 해당 상품의 **수정** 버튼을 클릭해 할 수 있다. 하지만 로켓그로스 상품은 상품등록 후 판매자가 직접 수정할 수 있는 것이 제한적이다.

* 수정 가능 항목: 가격
* 수정 제한 항목: 카테고리, 옵션명, 옵션값(입고 전은 수정 가능), 판매방식 선택 해제 불가

또한 로켓그로스로 등록한 상품은 상품목록에서 삭제할 수 없다. 판매방식이 전체인 경우에도 일부 판매 방식(판매자배송 또는 로켓그로스)만 삭제하는 것은 제한된다.

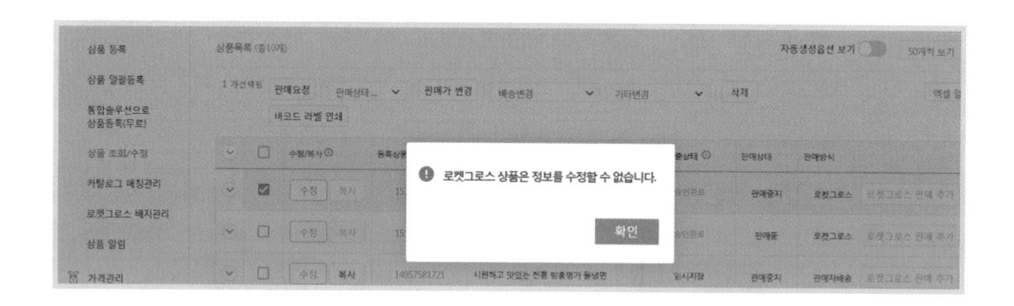

바코드는 '수정 제한 케이스'로 입고 시점 및 여부와 상관없이 수정이 제한된다. 바코드 수정이 필요한 경우 새로운 바코드(=변경하고자 하는 바코드)로 상품을 재등록 및 새로운 입고요청을 생성해야 한다.

기존에 WING에 등록한 상품의 바코드를 단종 처리해도, 이미 한 번 등록한 상품은 중복 바코드로 상품 등록이 제한된다.

따라서 '판매요청' 버튼을 클릭해 상품등록을 한 이력이 있거나 또는 잘못 등록한 상품은 상품의 판매상태를 '판매중지'로 해놓고 새로운 상품을 다시 등록해서 입고를 진행해야 한다.

3 입고 생성하기와 취소

1) 입고 생성하기

로켓그로스 상품등록을 완료했다면 이제 상품 입고를 생성할 차례다.

01_ 쿠팡 WING → 로켓그로스 → 입고관리 → 입고생성하기를 클릭한다.

02_ 입고할 상품을 선택하고 다음을 클릭한다.

입고 생성하기

1 상품 선택 2 입고 정보 입력 3 물류센터/일정 확정 4 배송 구성 5 배송 정보 입력

윙에서 선택하기 엑셀로 업로드하기

등록상품명

등록상품 ID

옵션 ID

상품등록일 전체 어제 오늘 7일 30일

초기화 검색

상품 목록 (총 1건) 10개씩 보기

> 전체 옵션보기

등록상품명 등록상품 ID	상품승인상태	카테고리	상품등록일
********** 1*******	승인완료	창업/장사	2024-09-11

취소 임시저장 다음 (1) 클릭

03_ '배송유형'은 **쿠팡에서 픽업(밀크런), 택배로 보내기, 트럭으로 보내기** 3가지가 있다. 배송 유형을 선택하고 '출고지'와 '회송지'를 선택한다. 상품 정보를 확인 및 입고 수량을 입력하고 다음을 클릭한다.(다음은 '택배로 보내기' 진행 과정이다. '밀크런'과 '트럭으로 보내기'도 별 차이 없다.)

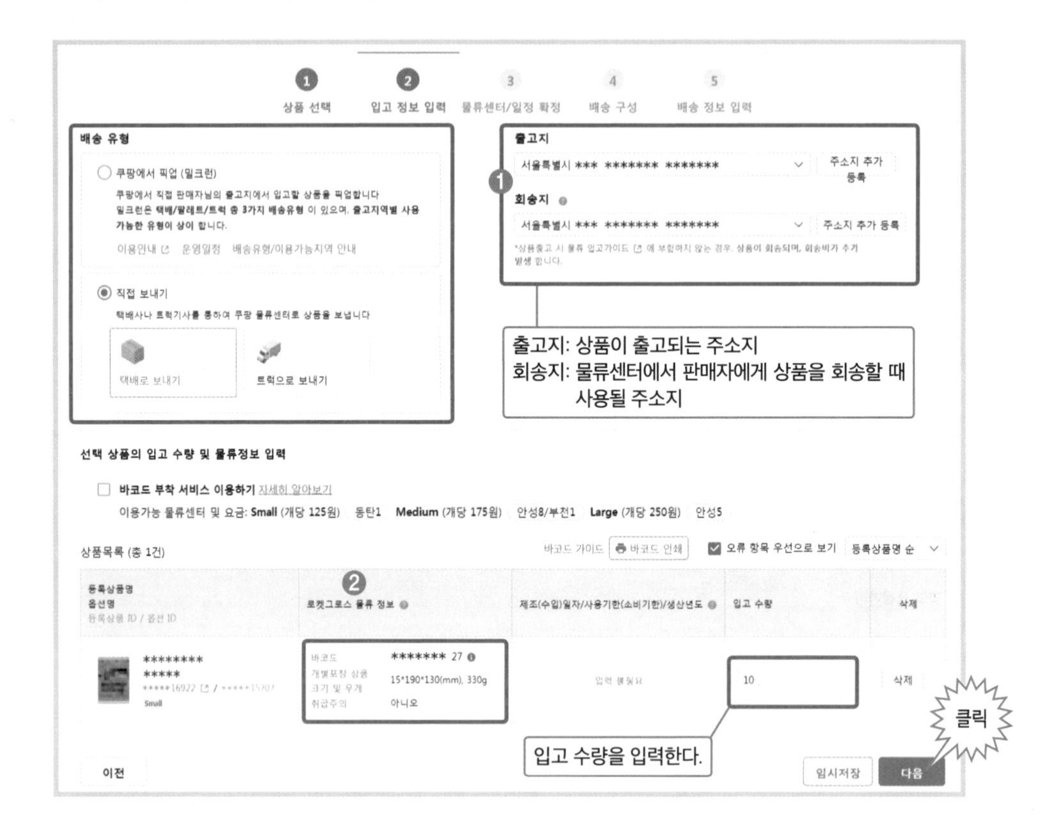

① **출고지, 회송지**

- 출고지/회송지가 설정되지 않은 경우, 출고지/회송 담당자를 변경하는 경우, '주소지 추가 등록' 버튼을 클릭해 새 주소지를 등록 및 사용할 수 있다.
- 주소지는 '국내 주소지(도서산간 포함)'만 가능하며, 해외 주소지는 가능하지 않다.
- 이미 생성한 입고요청서의 회송지/출고지는 수정이 불가하다.

② **로켓그로스 물류 정보:** 상품등록 시 입력한 로켓그로스 물류 정보를 확인할 수 있다. 상품등록 시에 '나중에 할게요'를 선택해 입력하지 않았다면 '로켓그로스 물류 정보'를 클릭해 물류 정보를 입력한다.

04_ 물류센터 / 일정을 확정한다. 상품이 물류센터에 도착할 예정일을 선택하고, 물류센터를 선택한 후 다음을 클릭한다.

05_ 배송 구성을 한다. '박스 수'를 선택하고 박스별 수량을 입력한 후 다음을 클릭한다. 대량인 경우 '엑셀로 일괄 구성'을 선택해 엑셀 파일 다운로드, 업로드로 진행할 수 있다.

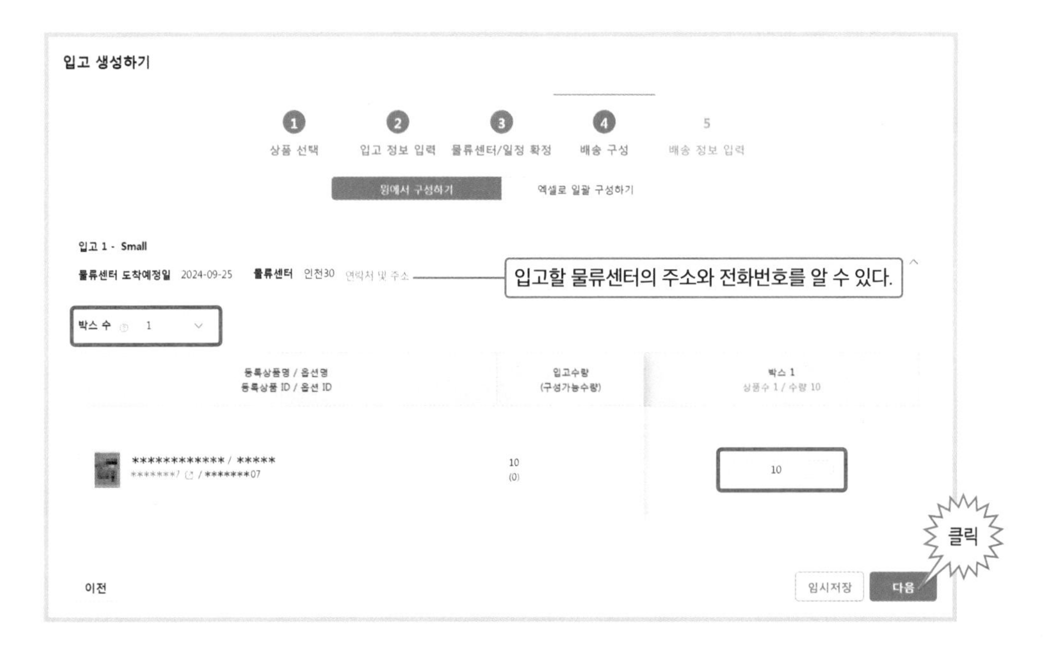

06_ 배송 정보에서 택배사와 송장번호를 입력하고 제출하기를 클릭한다.

1 상품 선택 2 입고 정보 입력 3 물류센터/일정 확정 4 배송 구성 5 배송 정보 입력

배송정보를 정확하게 입력해주세요. 입력하신 정보가 정확하지 않은 경우, 입고생성이 실패됩니다.
입고생성 실패 시 물류센터 도착예정일 및 물류센터가 재배정되며, 배송 구성 또한 재입력이 필요합니다.

입고 1 물류센터 도착예정일 2024-09-25 물류센터 인천30 연락처 및 주소

송장번호는 제출 완료 후 입고 상세에서 수정할 수 있다.

박스 목록 (총 1 박스)

박스 1
상품수 1 / 수량 10
상품 확인하기

우체국 612*******

택배사 일괄적용

판매자는 로켓그로스 검수 기준 / 개인정보 제3자 제공 / 반품 재판매 옵션 적용 에 동의합니다. (필수)

- 로켓그로스 검수 기준을 준수하지 않은 상품을 입고함으로써 발생하는 모든 손해와 책임(회송/반출 비용, CFS 및 그 계열회사의 손해, 행정처분 및 형사처벌을 포함한 모든 법적 책임을 포함하며, 이에 한정하지 아니함)이 판매자에게 있음을 확인합니다.
- 입고 이력이 없는 로켓그로스 상품의 경우 재판매 옵션이 "활성화"로 기본 설정되며 로켓그로스에서 설정한 권장 할인율이 적용됩니다. 재판매옵션의 "비활성화"나 할인율변경을 원하시는 경우 [로켓그로스 > 고객반품 관리]에서 설정을 변경하시기 바랍니다. 재판매옵션 기능 자세히 보기

클릭

이전 ⓘ 제출 후 배송에 필요한 문서를 출력할 수 있습니다. 임시저장 제출하기

07_ 입고 회송 방지 가이드 팝업창이 뜨고, 입고 생성 제출이 완료된다.

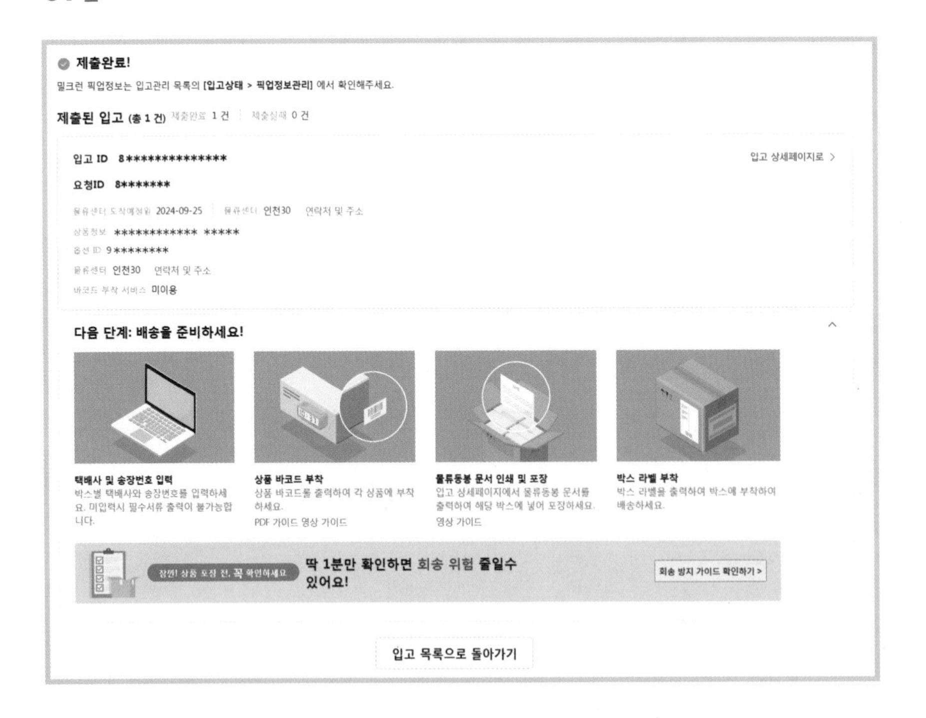

08_ **입고관리**의 '입고 목록'에서 입고상태에 '입고생성완료'로 표시되어 있다.

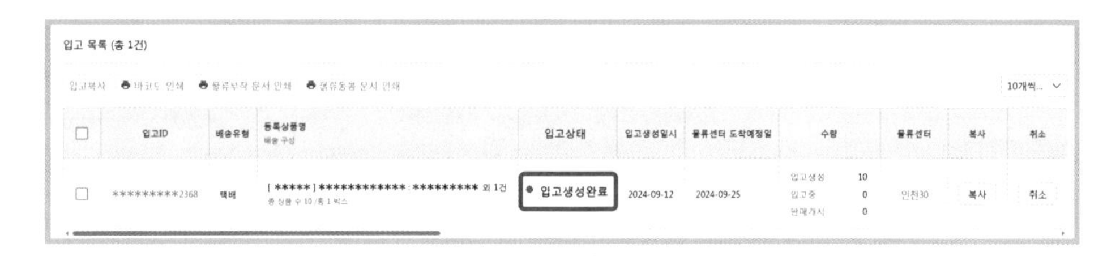

2) 입고 생성 취소하기

입고 생성을 완료했는데 입고 생성에서 잘못을 발견했거나 상품에 문제가 있어 입고를 못 하는 경우가 생길 수 있다. 입고 생성이 완료된 입고는 수정할 수 없고 취소만 가능하다. 그럴 때는 쿠팡 WING → 로켓그로스 → 입고관리에서 해당 상품의 입고ID를 클릭한 후 입고 상세페이지에서 입고 취소 버튼을 클릭해 입고를 취소한다. 그리고 입고 생성하기를 클릭해 다시 입고를 생성하면 된다.

만일 입고 생성 전에 입고를 하지 못할 상황이 발생했다면 '입고 생성하기'를 하지 않으면 된다.

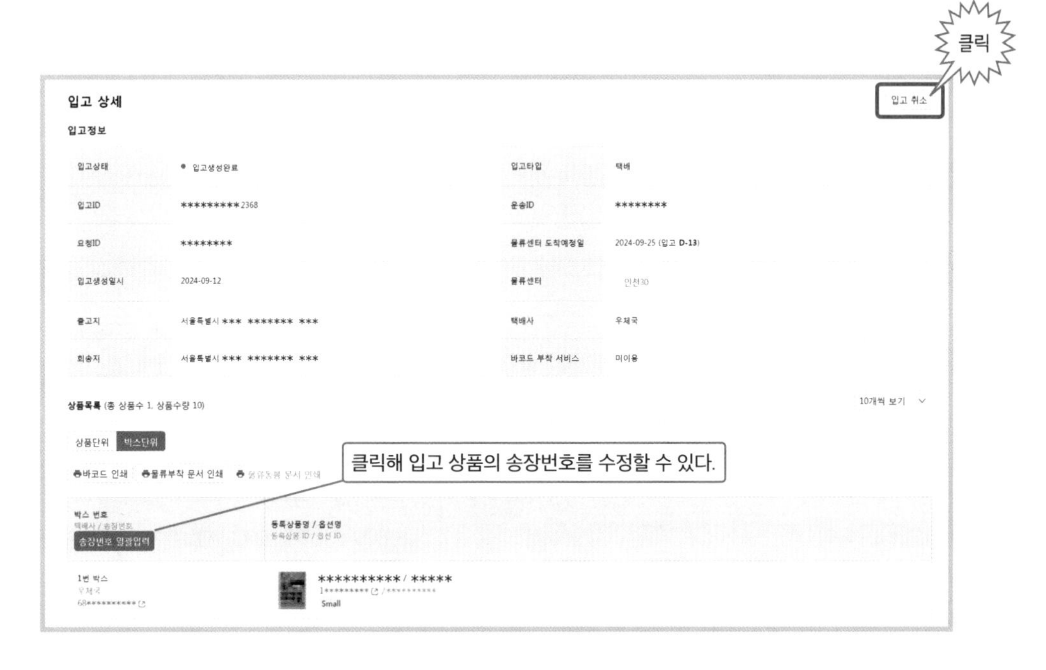

4 상품 입고하기

이제 예정입고일에 상품이 쿠팡 물류센터에 입고될 수 있도록 택배 발송을 진행하면 된다.

1) 바코드와 문서 출력하기

쿠팡 WING → 로켓그로스 → 입고관리에서 입고 상품을 선택한 후 필요 문서를 출력한다.

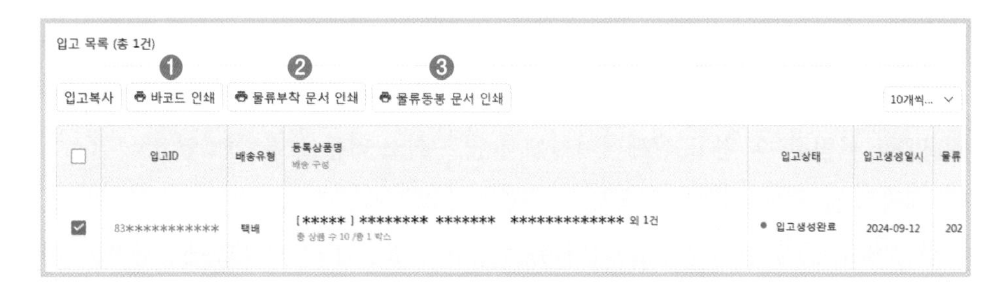

① 바코드 인쇄: 바코드를 부착해야 한다면 상품 개수만큼 바코드를 인쇄한 후 개별 상품에 붙인다.

▶ 쿠팡 바코드를 사용했다면 개별 판매 상품마다 해당 바코드를 부착해야 한다.

▶ 개별 상품에 표준 바코드가 붙어 있는 상품이면 별도로 바코드를 출력해서 붙이지 않아도 된다.

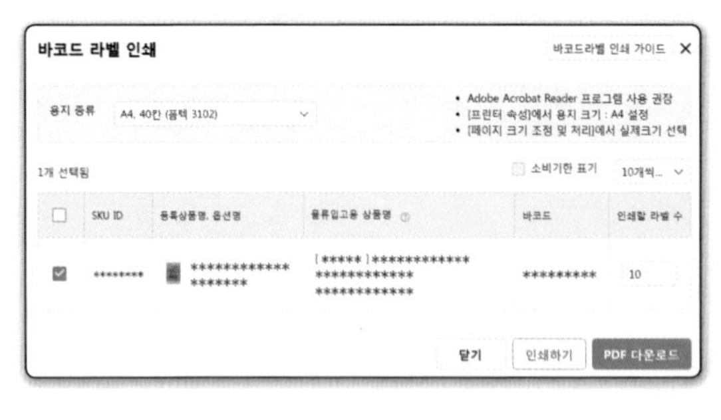

② 물류부착 문서 인쇄: 출력한 후 택배 박스에 부착한다.

③ 물류동봉 문서 인쇄: 출력한 후 박스에 동봉한다. 한 박스에 동일한 옵션이 담겨져 있는 박스의 경우 물류동봉 문서는 필요 없다.

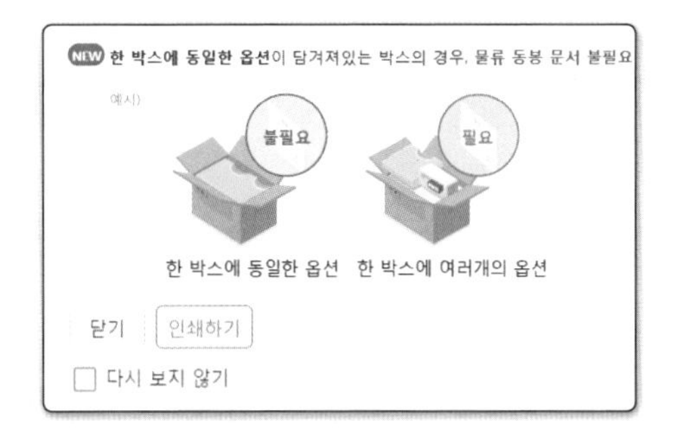

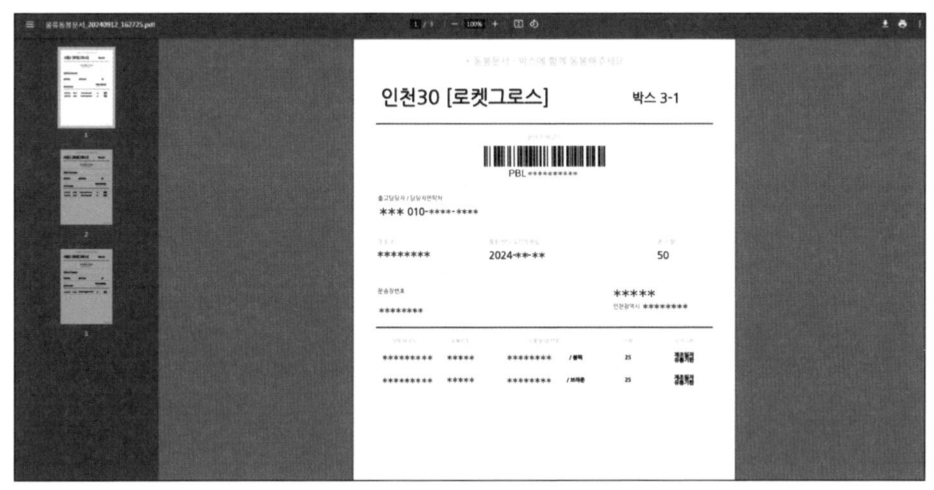

2) 택배 박스 포장하기

1. 해당하는 경우 택배 박스 안에 **물류동봉 문서**를 넣어 포장한다.
2. 박스 겉면에는 택배 송장 라벨 외 출력한 **물류부착 문서**를 부착한다.
3. 택배사를 통해 배송한다.

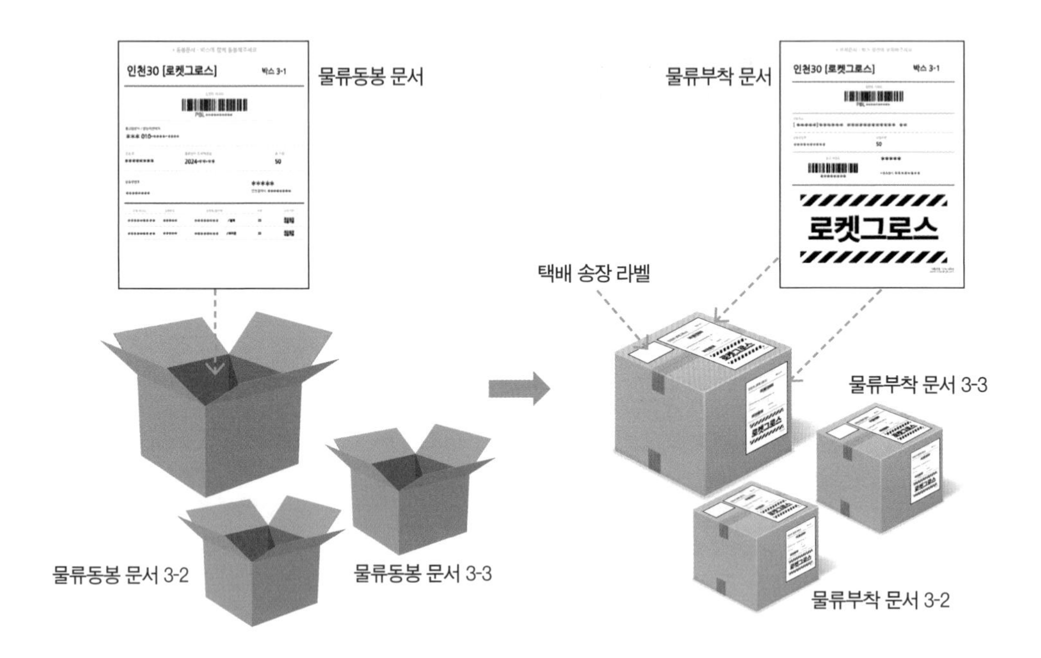

▶ 박스 안에 상품 혼재 시 반드시 세로 파티션으로 상품별로 구분 가능하게 한다.

▶ 판매되는 상품의 박스에는 택배 송장을 붙일 수 없다. 별도 외부 박스를 사용하거나 박스 외부를 랩핑해야 한다.

▶ 로켓그로스 상품은 세 변(가로, 세로, 높이)의 길이 합이 250cm 이하이고 무게가 30kg 이하인 상품만 입고할 수 있다.

* 쿠팡친구 배송 기준: 세 변의 길이 합 220cm 이하, 무게 21kg 이하
* 일반 배송(3PL) 기준: 세 변의 길이 합 250cm 이하, 무게 30kg 이하
* 예시) 230cm, 24kg 상품은 로켓그로스로 물류센터 입고는 가능하지만 일반 배송된다.

5 상품 입고 확인하기

로켓그로스 상품을 쿠팡 물류센터로 발송한 후 쿠팡 WING → 로켓그로스 → 입고관리 → 입고 목록에서 상품의 '입고상태'를 확인할 수 있다.

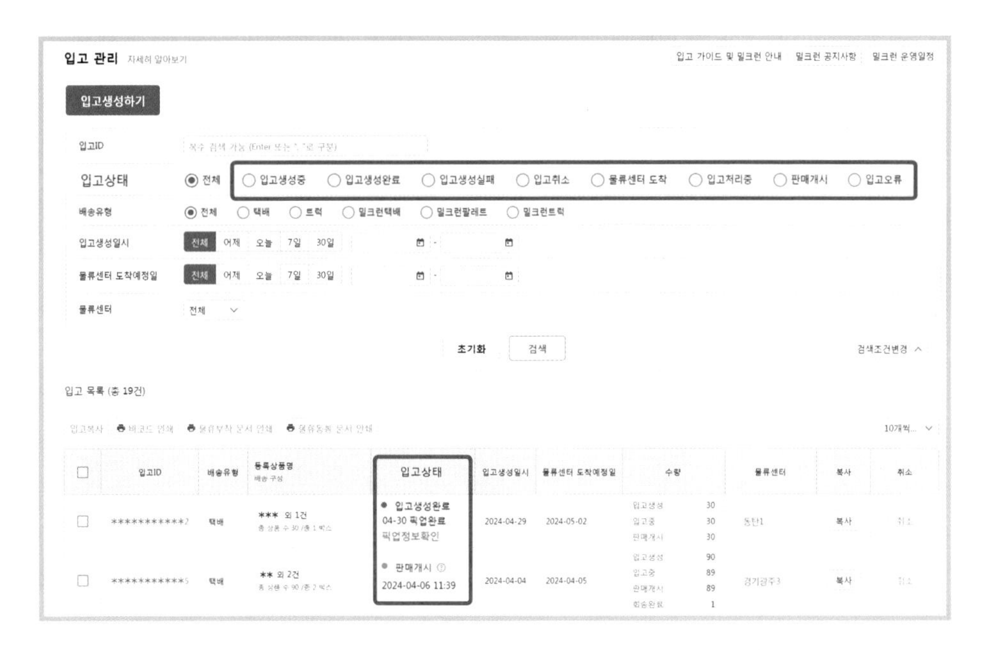

입고상태	내용
입고 생성중	제출한 입고서가 생성 중인 상태
입고생성완료	제출한 입고서가 생성 완료된 상태 밀크런의 경우 하단의 '픽업정보 확인'을 클릭하면 픽업 일정을 확인할 수 있다.
입고생성실패	제출한 입고서의 생성이 실패한 상태(실패 일시 확인 가능)
입고취소	제출한 입고요청서의 배송정보 미입력 등으로 생성이 취소된 상태
물류센터도착	물류센터에 도착한 상태(물류센터에 도착해 스캔이 된 시점)로 도착 일시 확인 가능
입고처리중	입고 중인 상태
입고완료	물류센터로 발송한 상품이 입고완료된 상태
판매개시	물류센터로 발송한 상품이 판매가능한 재고로 전환되기 시작한 상태
입고오류	검수 결과 입고오류 상품이 발생한 상태 - 판매자의 대표 메일로 입고 오류 사유를 안내해준다.

■ 입고 오류

상품이 로켓그로스 입고 기준에 맞지 않을 경우 회송될 수 있다. 회송이 결정되면 판매자 대표 메일로 회송 여부 및 사유에 관한 안내가 온다.

상품별 입고 상세 현황은 쿠팡 WING → **로켓그로스** → **입고관리** → **입고 ID**를 클릭해 '입고 상세'에서 확인할 수 있다. '입고오류 목록'에서 오류 내용을 확인할 수 있다.

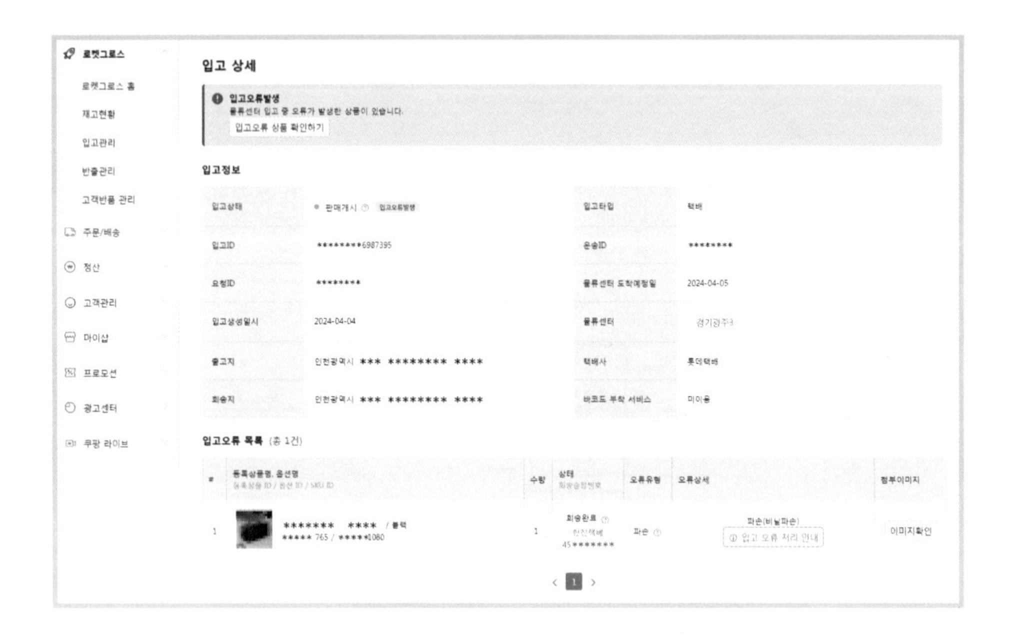

6 재고 관리와 반출 요청

로켓그로스 재고는 쿠팡 WING → **로켓그로스** → **재고현황**에서 확인 및 관리할 수 있다. 여기서도 상품을 추가로 입고하거나 반출, 가격관리를 진행할 수 있다.

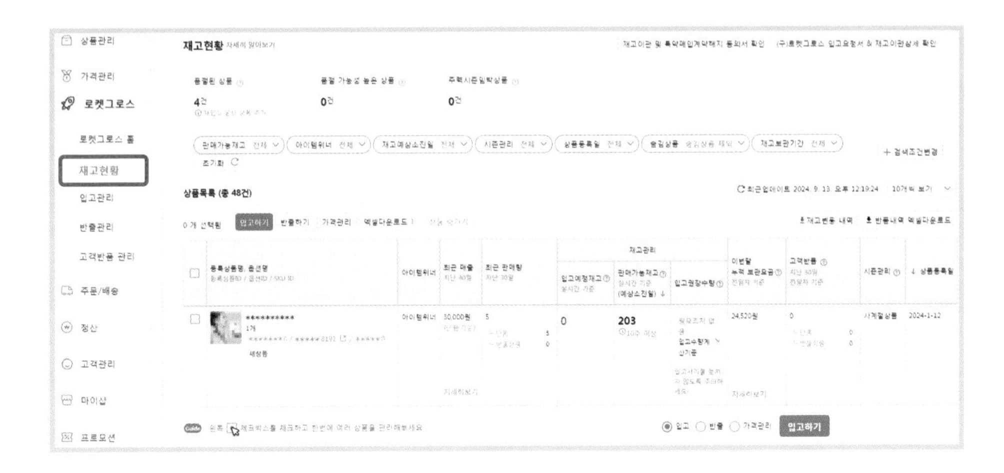

1) 반출 요청하기

01_ 쿠팡 WING → 로켓그로스 → 반출관리 → 신규 반출요청 생성 버튼을 클릭한다.

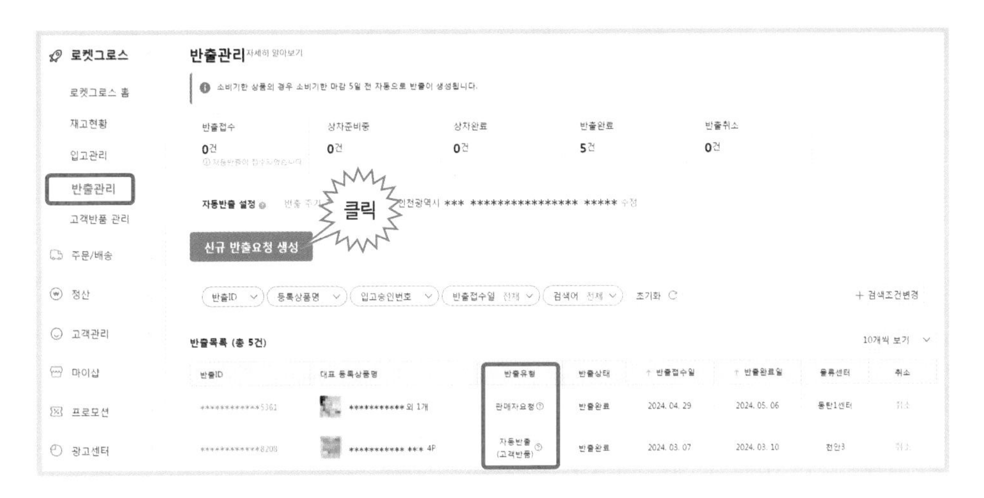

* 판매자 요청: 물류센터 보관 재고를 판매자가 직접 요청한 반출
* 자동반출(고객반품): 고객 반품된 상품들에 대해 자동으로 생성되는 반출 건

02_ '반출방법', '반출지', '연락처', '반출사유' 등을 입력하고 다음을 클릭한다.

반출 생성하기

1 기본 정보 입력 2 상품 선택 3 반출 정보 확인

기본정보

반출방법 착불택배 트럭

반출지 ** *** 주소지 추가 등록

담당자 연락처 010 - **** - ****

반출사유 판매부진 및 과재고 관리 보관요금 절감 상품하자/불량으로 판매 불가 타플랫폼 재고보충 필요 로켓그로스 이용중지 기타

클릭

다음

03_ 반출할 상품을 선택, 반출요청 수량을 입력한 후 다음을 클릭한다.

▶ 반출요청 시 보관기간이 오래된 상품이 우선으로 반출된다.

▶ 전체수량을 반출 요청하는 경우 판매중지된 상품이나 자동반출 상품도 함께 반출되므로 표시된 반출가능 수량보다 많은 수량이 반출될 수 있다.

04_ [반출 정보 확인] 반출 정보를 확인하고 제출하기를 클릭한다.

7 로켓그로스 정산

로켓그로스로 판매를 하면 상품 판매에 따른 **판매수수료**와 풀필먼트서비스 제공에 따른 **풀필먼트서비스요금**(보관요금, 입출고요금, 배송요금 등)이 부과된다. 로켓그로스 정산은 판매 수수료와 추가 상계금액(밀크런 이용액, 광고비 등), 쿠팡풀필먼트서비스(CFS) 요금을 제외하고 상품판매 대금을 정산한다.

정산 유형은 마켓플레이스와 동일하게 '월정산'과 '주정산'을 제공한다.

항목		마켓플레이스 상품	로켓그로스 상품
매출 인식일		배송완료일 D+7일(또는 구매확정 시점)	판매수수료: 결제완료일 기준 입출금요금, 배송요금: 배송완료일 기준
지급일	주정산	주 판매마감일(일요일) D+15 영업일(70%) 판매마감일 해당 월의 익익월 1일(30%)	주 판매마감일 D+20 영업일(70%) 판매마감일 해당 월의 익익월 1일(30%)
	월정산	월 판매마감일 D+15 영업일(100%)	월 판매마감일 D+20 영업일(100%)
공제항목		다운로드 쿠폰, 즉시할인 쿠폰, 스토어 할인, 판매자서비스이용료 등	다운로드 쿠폰, 즉시할인 쿠폰, 밀크런 이용액, 광고비, 쿠팡풀필먼트서비스 요금 등

정산대금은 로켓그로스 정산일에 로켓그로스 가상계좌로 지급되며, 지급된 정산 대금은 언제든지 등록된 판매자 대표 정산 계좌로 인출할 수 있다.(입금자명: 쿠팡페이)

정산 현황은 주/월 마감일로부터 영업일 기준 D+3일 이후 최초 확정된 정산 내역을 확인할 수 있다.

쿠팡 WING → 정산 → 로켓그로스 정산현황에서 확인할 수 있다. 상세보기 버튼을 클릭하면 상세내역을 확인할 수 있다.

상품관리
가격관리
로켓그로스
주문/배송
정산
로켓그로스 정산현황
(구)로켓그로스 세금계산서
정산 현황
매출내역
부가세 신고내역
우대수수료 환급조회
매입 세금계산서

로켓그로스 정산현황 자세히 알아보기

정산관리 엑셀 다운로드 목록 | 로켓그로스 수수료 & 요금 가이드 >

정산현황 | 광고비 내역 | 밀크런 내역

로켓그로스 가상계좌 내역보기

281,000 원 인출하기

지급 예상금액 **393,339** 원 조회 자동인출

기준일 정산일 7일 30일 2024. 8. 13. ~ 2024. 10. 13.

초기화 검색

정산 리포트 목록 총 18건 최근 업데이트: 2024-09-13 04:13:54

정산일	정산유형	지급비율	매출인식일	최종지급액	상세 리포트	
2024-09-02	주별	30	2024-07-22~2024-07-28	0	상세보기	엑셀 다운로드
2024-09-02	주별	70	2024-07-29~2024-07-31	6,858	상세보기	엑셀 다운로드

매출 상세내역

매출금액 (A)	판매액 (a)	58,640
	취소액 (b)	12,000
	소계 (a-b)	**46,640**
판매수수료 (B)		**4,595**
상계금액 (C)	판매자할인쿠폰	1,790
	ㄴ즉시할인쿠폰	1,790
	ㄴ다운로드쿠폰	0
	소계	**1,790**
판매기준 매출액 (A-B-C=D)		**40,255**
지급액 (H)정산대상액의 70%		**28,179**
추가 상계금액 (I)	밀크런 이용액 (c)	0
	광고비 (d)	0
	정산 차감 (e)	0
	소계 (c+d+e)	**0**
쿠팡 풀필먼트서비스 요금 (J)	* 본 요금은 '쿠팡풀필먼트서비스'에서 청구하는 요금입니다	
	전체 요금 (f)	234,112
	ㄴ입출고 요금	4,346
	ㄴ보관 요금	194,601
	ㄴ바코드 부착 서비스 요금	0
	ㄴ배송 요금	6,986
	ㄴ지난 정산 미납 요금	28,179
	ㄴ기납부된 요금	0
	다음 정산으로 이월 (g)	205,933
	이번 정산 요금 (f-g)	**28,179**
재고 손실 보상 (K)		6,858
최종지급액 (H-I-J+K)		**6,858**

1) 정산 대금 인출과 자동인출

로켓그로스 정산현황에서 **인출하기** 버튼을 클릭한다. 인출할 금액을 입력하고 인출하기 버튼을 클릭하면 등록된 판매자 대표 정산 계좌로 이체된다.

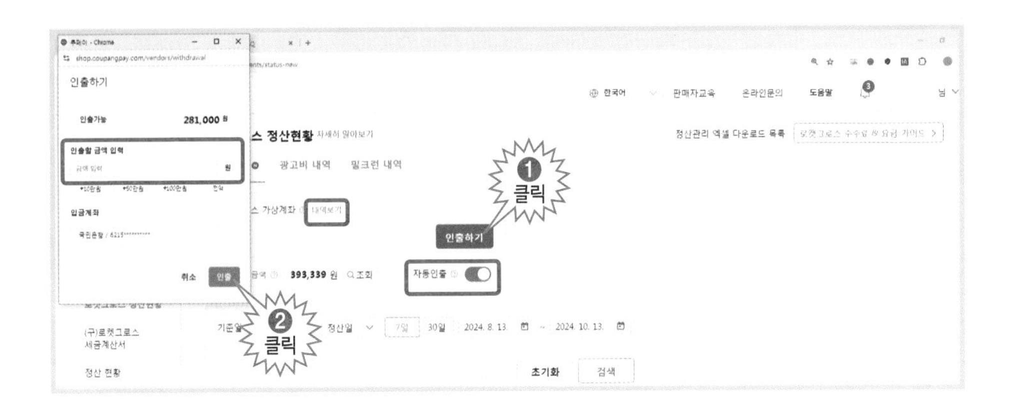

① **자동인출**: 자동인출을 ON으로 하면 정산지급 당일에 가상계좌 잔액 전체가 판매자 대표 정산 계좌로 입금된다. 자동인출을 설정했어도 인출 가능 금액이 있으면 **인출하기** 버튼을 클릭해 수동으로 인출할 수 있다.

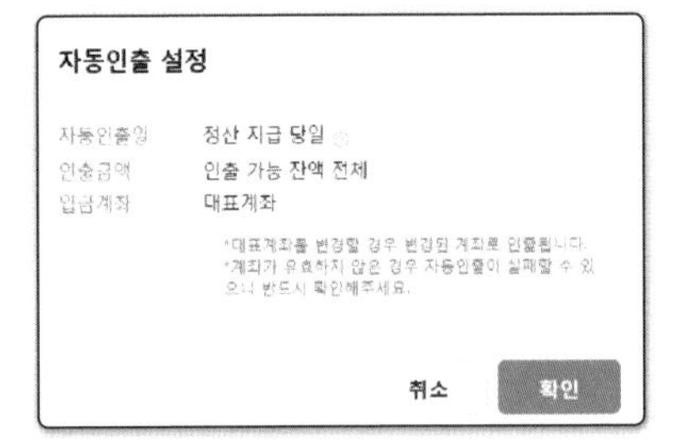

인출 내역은 내역보기를 클릭하면 확인할 수 있다.

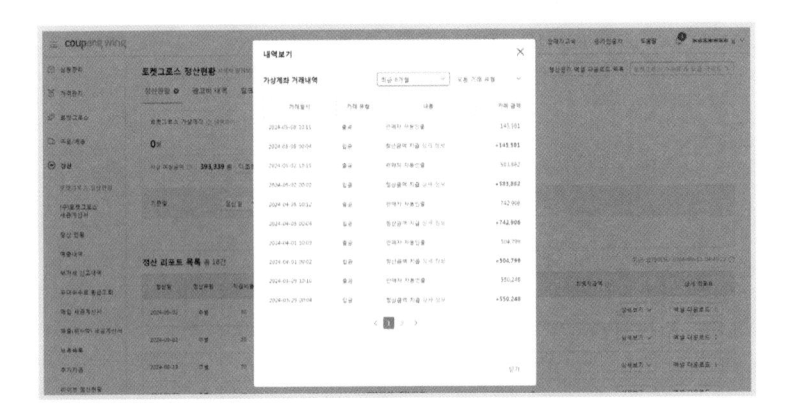

"엄마, 내 흰 셔츠 어딨어? 까만 구두도 있어야 돼."

딸아이가 동아리 발표회 때 입을 옷과 구두를 갑자기 찾는다. 단체 연주회라 옷차림을 통일해야 된다고 했다. 흰색 무지 셔츠는 어쩌다 한 번 입는 옷이라 어디 잘 보관해 둔 줄 알았는데 아무리 찾아봐도 없다. 발목을 다쳐 깁스를 하고 있어 외출을 할 수 없는 상황에서 어떻게 해야 할지 막막했다. 아이도 시험이 코앞이라 옷 사러 갈 시간이 없다고 했다.

다행히 딸아이는 사흘 뒤에 흰 셔츠에 까만 구두를 신고 연주회를 할 수 있었다. 모바일 앱으로 주문한 옷과 구두는 다음 날 아침에 도착했다.

"엄마! 쿠팡 없었으면 어쩔 뻔했어."

이는 어느 지인의 이야기다. 누구나 한번쯤 이런 경험이 있을 것이다. 지인은 아마 쿠팡 '로켓배송'이나 '판매자로켓' 상품을 주문했을 것이다. 왜 네이버쇼핑이나 다른 온라인 마켓이 아닌 쿠팡었을까? 그것은 배송 기간 때문이다. 시간이 없어 당장 내일 받아야 하는데, 다른 마켓에서는 이런 경험을 제공해 주기가 쉽지 않다. 이 이야기에서 판매자인 우리는 생각해 볼 것이 있다.

고객한테 쿠팡의 가장 큰 강점은 빠른 배송이다. 쿠팡에서 처음 판매를 하는 셀러는 마켓플레이스(판매자배송) 방식으로 많이들 한다. 이렇게 판매를 하면서 경험이 쌓이고 경쟁력 있는 상품이 생기면 로켓그로스 방식으로 판매해야 한다. 위 에피소드처럼 로켓배송이 그 무엇보다 강력한 구매 포인트기 때문이다.

현재 개인 셀러가 쿠팡에서 경쟁력 있게 판매할 수 있는 시스템이 로켓그로스다. 이는 타 플랫폼에서 제공해주지 못하는 쿠팡만의 강력한 무기다.

부디 독자 여러분이 쿠팡에서 저마다의 무기를 잘 활용해 성공하는 셀러가 되기를 기원하면서, 그것을 위한 충실한 활용서와 인사이트가 되기를 기대하면서 이 책을 마무리한다.

하지혜·오대장